白云鄂博稀土资源综合利用的若干基础问题

薛向欣 何金桂 张 波 著

科学出版社

北 京

内 容 简 介

包头白云鄂博稀土矿是一种富含稀土与铁等有价组元的多金属共伴生资源，是世界上储量最大的稀土矿床。它是稀土行业和钢铁行业的重要战略资源，合理开发利用白云鄂博稀土矿对世界稀土格局具有举足轻重的影响。作者及其团队在国家自然科学基金重点项目及 973 计划等国家科技计划的支持下，围绕白云鄂博稀土矿开展了一些相关的稀土基础研究。本书结合国内外稀土研发情况和产业现状，系统分析、介绍了独居石和氟碳铈矿的清洁冶炼工艺，白云鄂博矿含稀土选铁尾矿硫酸铵焙烧、浸出及矿相重构，白云鄂博矿弱磁选铁尾矿分离回收有价元素等内容。

本书可供稀土科技工作者、相关专业的研究人员、工程技术人员、高等学校师生阅读参考。

图书在版编目（CIP）数据

白云鄂博稀土资源综合利用的若干基础问题 / 薛向欣，何金桂，张波著. -- 北京：科学出版社，2024. 11. -- ISBN 978-7-03-079704-9

Ⅰ. F426.1

中国国家版本馆 CIP 数据核字第 2024FC0319 号

责任编辑：李明楠 孙 曼 / 责任校对：杜子昂
责任印制：赵 博 / 封面设计：图阅盛世

科学出版社 出版
北京东黄城根北街 16 号
邮政编码：100717
http://www.sciencep.com

涿州市般润文化传播有限公司印刷
科学出版社发行 各地新华书店经销

*

2024 年 11 月第 一 版 开本：720×1000 1/16
2024 年 11 月第一次印刷 印张：20 1/2
字数：413 000
定价：160.00 元
（如有印装质量问题，我社负责调换）

前　言

我国的稀土研发和产业形成最早始于白云鄂博地区的稀土矿。以往稀土产品的出口及围绕该资源所做出的稀土发展战略也都是围绕白云鄂博稀土矿而言的。白云鄂博稀土铁矿实际上是一种富含稀土与铁等有价组元的多金属共伴生资源，自 20 世纪 60 年代开始开采以来，该资源的利用一直采用高炉流程，即选铁精矿先入高炉，然后从选铁精矿的尾矿中再选稀土精矿，之后稀土精矿进入稀土化工过程，从而获得各种所需要的稀土中间或终端产品。正是这种流程，使我国的稀土产业蓬勃发展。现在我国仅以占全世界不到四成（36.7%）的稀土资源（白云鄂博矿、四川氟碳铈矿、离子型稀土矿等）并依靠相关流程，稀土产品市场就占据了世界市场的 80%。这可能就是邓小平同志所言"中东有石油，中国有稀土"的原因吧。

我本人的稀土启蒙始于大学，不仅知道了稀有金属冶金中包含稀土的分离，还知晓了白云鄂博稀土矿中的稀土是轻稀土；在硕士研究生阶段，我接触到了在研究传感类稀土功能材料的老师；在博士研究生阶段，我了解了更多在大宗材料如钢和铝中应用稀土的研究工作。我们团队进入稀土领域始于将某些稀土化合物作为添加剂用于所制备的材料体系中，以提高材料的整体性能。进入稀土研究领域后，在国家自然科学基金重点项目及 973 计划等国家科技计划的支持下，我们团队开始围绕白云鄂博稀土矿开展一些相关的稀土基础研究，至今已经有 20 多年的历史。在这个过程中经历了许多波折，但最后回过头去看，还是形成了一些"量"的成果。至于这些"量"的积累是否能达到"质"的转变，这要看我们对研究成果的归纳和提炼。正是在这种想法下，我们将所做过的一些基础工作归纳整理，撰写了本书。

本书共有 5 章，第 1 章从稀土资源的概况说起，介绍了目前稀土研发情况和产业现状；第 2 章介绍了稀土资源中的主要矿物独居石的特点和相关清洁分解工艺研究；第 3 章介绍了氟碳铈矿资源化利用新技术的理论与实践研究，重点介绍了清洁分解工艺基础；第 4 章介绍了白云鄂博矿含稀土选铁尾矿硫酸铵焙烧、浸出及矿相重构；第 5 章介绍了白云鄂博矿弱磁选铁尾矿分离回收有价元素铁、稀土、铌和钪。上述研究基本上形成了一个体系。希望本书的出版能给稀土科技工作者提供借鉴，能为我国的稀土研发和产业形成提供参考。

本书涉及的研究工作得到了国家自然科学基金重点项目和 973 计划项目的支

持，相关研究工作得到了黄小卫院士等稀土界专家的指导。同时，杨合教授、李勇副教授对本书涉及的研究工作付出了心血，在此表示衷心感谢！何金桂博士、张波博士、武吉硕士、孙旭硕士均为本书相关研究付出了心血和努力，尤其是何金桂博士对本书的完成和文字处理付出了大量的心血，在此深表谢忱！

在书稿完成之际，本人阅读了《有研科技集团有限公司（北京有色金属研究总院）稀土发展七十年：1952-2022》，深感差距所在，与前辈和其他业内人士的研究相比，本书仅是冰山一角，仅是一个初学者的总结而已。诚望各界斧正！

薛向欣

2024 年 10 月

目　录

前言
第1章　绪论 ··· 1
　1.1　稀土资源的概况 ··· 1
　　1.1.1　世界稀土资源的分布 ·· 1
　　1.1.2　我国稀土资源分布的具体情况 ·· 3
　　1.1.3　白云鄂博稀土矿中有价组元赋存状态 ··································· 4
　1.2　稀土资源的综合利用现状 ·· 6
　　1.2.1　混合型稀土矿综合利用 ··· 6
　　1.2.2　氟碳铈矿综合利用 ··· 9
　　1.2.3　离子吸附型稀土矿综合利用 ·· 12
　1.3　白云鄂博稀土尾矿的特征 ··· 13
　参考文献 ·· 15
第2章　独居石清洁分解工艺研究 ·· 17
　2.1　实验材料和方法 ··· 18
　　2.1.1　实验原料 ·· 18
　　2.1.2　实验原理 ·· 18
　　2.1.3　实验方法 ·· 19
　　2.1.4　浸出率的计算 ·· 19
　2.2　反应体系的热力学分析 ·· 20
　2.3　焙烧过程和参数对独居石分解的影响 ······································· 20
　　2.3.1　焙烧温度对独居石分解的影响 ··· 20
　　2.3.2　氢氧化钠添加量对独居石分解的影响 ································· 22
　　2.3.3　氢氧化钙添加量对独居石分解的影响 ································· 23
　　2.3.4　焙烧时间对独居石分解的影响 ··· 25
　2.4　焙烧矿微观分析与表征 ·· 26
　2.5　本章小结 ·· 28
　参考文献 ·· 29
第3章　氟碳铈矿资源化利用新技术的理论与实践研究 ························· 30
　3.1　含氟硫酸铈溶液的热力学性质研究 ·· 30

- 3.1.1 实验方法 ·· 31
- 3.1.2 Ce(SO$_4$)$_2$-HF-H$_2$SO$_4$-H$_2$O 体系的密度 ·············· 32
- 3.1.3 Ce(SO$_4$)$_2$-HF-H$_2$SO$_4$-H$_2$O 体系的折光率 ············ 36
- 3.1.4 Ce(SO$_4$)$_2$-HF-H$_2$SO$_4$-H$_2$O 体系的电导率 ············ 38
- 3.1.5 Ce(SO$_4$)$_2$-HF-H$_2$SO$_4$-H$_2$O 体系的活度系数 ········· 40
- 3.1.6 本节小结 ·· 48

3.2 HDEHP/HEHEHP 萃取 Ce^{4+}和 F$^-$的界面性质研究 ·········· 49
- 3.2.1 实验方法 ·· 50
- 3.2.2 数据处理 ·· 50
- 3.2.3 萃取剂/Ce^{4+}-H$_2$SO$_4$ 体系界面性质研究 ·················· 51
- 3.2.4 萃取剂/Ce^{4+}-F$^-$-H$_2$SO$_4$ 体系界面性质研究 ············· 53
- 3.2.5 关于第三相的讨论 ··· 56
- 3.2.6 本节小结 ·· 57

3.3 氟与稀土分离实验 ··· 58
- 3.3.1 F-Ce-B 体系 ·· 59
- 3.3.2 F-Ce-Al 体系 ··· 63
- 3.3.3 F-Ce-Zr 体系 ··· 67
- 3.3.4 本节小结 ·· 78

3.4 氟碳铈矿络合焙烧-硫酸浸出过程强化 ······························ 78
- 3.4.1 实验原料 ·· 79
- 3.4.2 实验步骤 ·· 80
- 3.4.3 铝盐种类的选择 ·· 81
- 3.4.4 焙烧过程热分解机理及动力学研究 ··························· 83
- 3.4.5 浸出过程分析 ··· 88
- 3.4.6 焙烧温度的影响 ·· 90
- 3.4.7 焙烧时间的影响 ·· 92
- 3.4.8 $n(Al^{3+})/n(F^-)$的影响 ·· 92
- 3.4.9 硫酸浓度的影响 ·· 95
- 3.4.10 浸出温度的影响 ··· 95
- 3.4.11 浸出时间的影响 ··· 96
- 3.4.12 本节小结 ··· 97

3.5 硫酸浸出液中氟与稀土的分离及氟的资源化利用 ··············· 97
- 3.5.1 硫酸浸出液中氟与稀土的分离 ································ 98
- 3.5.2 氟的资源化利用 ·· 99
- 3.5.3 本节小结 ··· 103

3.6 铈的还原反萃动力学研究 ·················· 104
3.6.1 实验设备 ·················· 104
3.6.2 实验方法 ·················· 104
3.6.3 萃取和反萃反应机理 ·················· 106
3.6.4 反萃动力学研究 ·················· 106
3.6.5 反萃速率方程的推导 ·················· 113
3.6.6 反萃机理探讨 ·················· 113
3.6.7 本节小结 ·················· 115
3.7 本章小结 ·················· 116
参考文献 ·················· 117

第4章 白云鄂博矿含稀土选铁尾矿硫酸铵焙烧、浸出及矿相重构 ·················· 121
4.1 实验原料与研究方法 ·················· 122
4.1.1 实验原料 ·················· 122
4.1.2 实验原理与方法 ·················· 124
4.1.3 实验结果评价指标 ·················· 130
4.2 选铁尾矿煤基直接还原-磁选渣硫酸铵焙烧实现稀土高效分离 ·················· 131
4.2.1 选铁尾矿煤基配钙直接还原及过程物相转变实验研究 ·················· 131
4.2.2 硅酸盐稀土渣硫酸铵焙烧及稀土浸出过程实验研究 ·················· 140
4.2.3 本节小结 ·················· 149
4.3 低温处理选铁尾矿硫酸铵焙烧、浸出及物相转变实验研究 ·················· 150
4.3.1 选铁尾矿适度还原磁选渣硫酸铵焙烧过程实验研究 ·················· 150
4.3.2 选铁尾矿硫酸铵焙烧实验研究 ·················· 158
4.3.3 稀土浸出液制取稀土氧化物探索性实验研究 ·················· 163
4.3.4 本节小结 ·················· 165
4.4 单一矿物硫酸铵焙烧实验研究 ·················· 166
4.4.1 氟碳铈矿精矿硫酸铵焙烧实验与焙烧过程中的物相转变 ·················· 166
4.4.2 独居石在硫酸铵焙烧过程中的物相转变 ·················· 172
4.4.3 脉石矿物在硫酸铵焙烧过程中的物相转变 ·················· 174
4.4.4 本节小结 ·················· 176
4.5 本章小结 ·················· 177
参考文献 ·················· 178

第5章 白云鄂博矿弱磁选铁尾矿分离回收有价元素铁、稀土、铌和钪 ·················· 181
5.1 弱磁选尾矿的工艺矿物学 ·················· 181
5.1.1 弱磁选尾矿组成分析 ·················· 181
5.1.2 本节小结 ·················· 186

5.2 弱磁选尾矿磁化焙烧实验 ··· 187
   5.2.1 研究方法 ·· 187
   5.2.2 磁化焙烧热力学分析 ·· 190
   5.2.3 弱磁选尾矿气基磁化焙烧 ·· 197
   5.2.4 弱磁选尾矿煤基磁化焙烧 ·· 203
   5.2.5 磁化焙烧表观动力学 ·· 207
   5.2.6 单矿物在还原焙烧过程中的转变 ·· 217
   5.2.7 本节小结 ·· 227
5.3 弱磁选尾矿强磁选铁实验 ··· 228
   5.3.1 研究方法 ·· 228
   5.3.2 稀选尾矿的强磁选工艺 ·· 231
   5.3.3 强磁选精矿矿物检测 ·· 235
   5.3.4 本节小结 ·· 237
5.4 弱磁选尾矿在 NaOH-Ca(OH)$_2$-C 体系中的焙烧实验 ····················· 238
   5.4.1 实验原理 ·· 239
   5.4.2 实验材料与方法 ·· 239
   5.4.3 主要矿物在焙烧过程中的反应 ·· 239
   5.4.4 焙烧矿的浸出实验 ·· 252
   5.4.5 本节小结 ·· 252
5.5 萤石尾矿中有价组元的浸出 ··· 253
   5.5.1 研究方法 ·· 253
   5.5.2 实验原理 ·· 261
   5.5.3 实验设备及方法 ·· 262
   5.5.4 主要含铁硅酸盐矿物在 Ca(OH)$_2$-C 体系中的反应 ·························· 264
   5.5.5 铌矿物在 Ca(OH)$_2$-C 体系中的反应 ··· 269
   5.5.6 铌与钪的硫酸浸出 ·· 274
   5.5.7 萤石尾矿的焙烧-浸出实验 ··· 277
   5.5.8 萤石尾矿中铁的还原与磁选分离 ·· 283
   5.5.9 焙烧矿微观分析 ·· 284
   5.5.10 联合处理工艺中元素走向分析 ·· 288
   5.5.11 联合处理工艺的应用 ·· 289
   5.5.12 本节小结 ·· 290
5.6 NaCl-Ca(OH)$_2$-C 焙烧萤石尾矿及有价元素的浸出回收 ················ 291
   5.6.1 研究方法 ·· 291
   5.6.2 铌精矿在 NaCl-Ca(OH)$_2$-C 体系中的反应 ······································· 292

5.6.3　铌精矿焙烧产物的浸出 ································ 298
　　5.6.4　硅酸盐矿物在 NaCl-Ca(OH)$_2$-C 体系中的反应 ············· 300
　　5.6.5　萤石尾矿焙烧与有价组元浸出 ·························· 302
　　5.6.6　焙烧矿物相分析 ···································· 309
　　5.6.7　本节小结 ·· 310
　5.7　本章小结 ·· 311
参考文献 ·· 313

第1章 绪 论

稀土元素是元素周期表第ⅢB族中原子序数从57到71的15个镧系元素,即镧(La)、铈(Ce)、镨(Pr)、钕(Nd)、钷(Pm)、钐(Sm)、铕(Eu)、钆(Gd)、铽(Tb)、镝(Dy)、钬(Ho)、铒(Er)、铥(Tm)、镱(Yb)、镥(Lu),加上与其电子结构和化学性质相近的钇(Y)、钪(Sc)共计17个元素。被誉为"现代工业维生素"、"万能之土"和"21世纪新材料宝库"的稀土作为一种重要的战略资源,由于其具有优良的光、电、磁等物理特性,能与其他材料组成性能各异、品种繁多的新型材料,大幅度提高其他产品的质量和性能,在国防战略武器、新材料开发、信息产业、生物工程上应用越来越广泛[1-3]。随着在国家安全和经济可持续发展中的地位越来越重要,稀土已成为当下世界各国发展高精尖产业必不可少的原材料及国家重要的战略性矿产资源,一个国家的稀土开发应用水平尤其是在高新技术领域中应用,与其工业技术发达程度成正比[4]。作为世界稀土资源大国,我国稀土产业虽然发展了40多年,但矿山开采技术装备水平较低,矿石利用率低下。目前国内国有稀土矿山的资源利用率一般为70%左右,民营矿山普遍不足50%。我国最大的稀土矿包头白云鄂博稀土矿的稀土回收利用率为10%左右,其余约90%进入尾矿[5-8]。大量尾矿堆弃不但造成极大的资源浪费,而且对周围生态环境造成严重影响。人们越来越意识到稀土尾矿综合回收利用具有巨大的经济、环境效益和维持矿山可持续发展的作用。同时,随着科学技术的迅猛发展,我国对稀土及其相关产品的需求量将不断增大,稀土尾矿作为一种价值巨大的二次资源,对其进行综合回收利用,既可减少资源浪费,又能大幅度地提高矿山企业的经济效益,这对稀土资源的综合利用意义重大[9-11]。

1.1 稀土资源的概况

1.1.1 世界稀土资源的分布

世界稀土资源丰富,但分布很不均匀[12]。2013~2023年世界主要国家(地区)稀土资源储量概况见表1-1。文献资料[13]显示,截至2022年底,全球已探明稀土资源储量达1.2亿t,主要集中在美国、澳大利亚、巴西、中国、印度、俄罗斯、越南这7个国家及格陵兰(丹)(其中,中国稀土成矿地质条件优越,是世界上稀土资源最丰富的国家[14]，2022 年稀土储量约为 4400 万 t，占全球总储量的 35.2%；越南排名第二，约为 2200 万 t，占全球总储量的 17.6%；俄罗斯、巴西排名第三，约为 2100 万 t，占全球总储量的 16.8%；最后是印度、澳大利亚、美国和格陵兰（丹），其储量分别约为 690 万 t、400 万 t、180 万 t、150 万 t，如图 1-1 所示），其余已知储量主要分布于加拿大、南非、坦桑尼亚、泰国、马拉维、蒙古国和朝鲜等国家和地区[15]。

表 1-1　2013～2023 年世界主要国家（地区）稀土资源储量概况　（单位：万 t）

国家（地区）	稀土资源储量										
	2013	2014	2015	2016	2017	2018	2019	2020	2021	2022	2023
美国	1300	1300	180	180	140	140	140	140	150	180	230
澳大利亚	160	210	320	320	340	340	340	330	410	400	420
巴西	3.6	2200	2200	2200	2200	2200	2200	2200	2100	2100	2100
中国	5500	5500	5500	5500	4400	4400	4400	4400	4400	4400	4400
印度	310	310	310	310	690	690	690	690	690	690	690
马来西亚	3.0	3.0	3.0	3.0	3.0	3.0	3.0	3.0	—	—	—
俄罗斯	—	①	①	①	1800	1800	1200	1200	1200	2100	2100
越南	—	②	②	—	2200	2200	2200	2200	2200	2200	2200
泰国	—	—	③	③	③	③	③	③	③	③	③
加拿大	—	—	—	—	83	83	—	83	83	83	83
格陵兰（丹）	—	—	—	—	150	150	—	150	150	150	150
马拉维	—	—	—	—	13.6	14.0	—	—	—	—	—
南非	—	—	—	—	86	86	—	79	79	79	79
坦桑尼亚	—	—	—	—	—	—	—	89	89	89	89
缅甸	—	—	—	—	—	—	④	④	④	④	④
布隆迪	—	—	—	—	—	—	⑤	⑤	⑤	⑤	⑤
马达加斯加	—	—	—	—	—	—	—	⑥	⑥	⑥	⑥
其他国家	4100	4100	4100	4100	—	—	440	31	31	28	28
世界总计	11000	14000	13000	13000	12000	12000	12000	12000	12000	12000	13000

数据来源：USGS. Mineral Commodity Summaries，2013～2023。

注：—表示无数据；①表示 2014～2016 年俄罗斯稀土资源储量包含于当年世界总量中；②表示 2014～2015 年越南稀土资源储量包含于当年世界总量中；③表示 2015～2023 年泰国稀土资源储量包含于当年世界总量中；④表示 2019～2023 年缅甸稀土资源储量包含于当年世界总量中；⑤表示 2019～2023 年布隆迪稀土资源储量包含于当年世界总量中；⑥表示 2020～2023 年马达加斯加稀土资源储量包含于当年世界总量中；世界总计取整数。

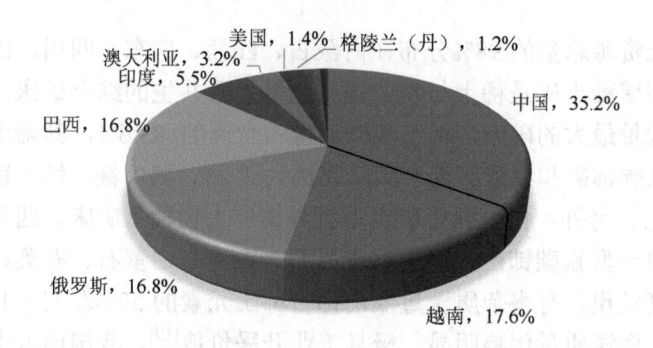

图 1-1 2022年世界稀土储量分布图（数据来源：USGS）

稀土矿床成因类型主要有以下 6 种[16]：①与正长岩共生的含稀土碳酸岩体或碳酸岩脉矿床，如美国芒廷山口稀土矿、中国白云鄂博及牦牛坪稀土矿；②与碱性花岗岩或碱性正长岩有关的交代岩型稀土矿床，主要分布于俄罗斯、中国、哈萨克斯坦、加拿大等；③产于磷霞岩、异性霞石正长岩、霓霞岩等碱性岩中的伴生稀土矿床，如俄罗斯希宾稀土矿；④滨海砂矿，主要分布于印度、澳大利亚、巴西与美国等；⑤花岗岩类风化壳淋积型稀土矿床，如中国南岭地区稀土矿；⑥碳酸岩风化壳铌稀土矿床，如澳大利亚韦尔德山、俄罗斯托姆托尔、巴西阿拉萨等稀土矿。

1.1.2 我国稀土资源分布的具体情况

我国是世界上稀土资源最为丰富的国家，稀土储量和产量都位居世界前列。同世界各国的稀土资源相比，我国的稀土成矿条件十分有利，稀土资源丰富、储量大，矿床类型齐全，分布面广又相对集中，稀土配分好，有价元素含量高，综合利用价值大。我国稀土资源的主要特点是[15, 17, 18]：①资源品种丰富，类型较全；目前已在国内发现 17 种稀土元素中的 16 种形成的矿物或矿石（除钷尚未发现天然矿物），如氟碳铈矿、氟碳钡铈矿、磷钇矿、褐钇铌矿、独居石及黄河矿等稀土矿物；②资源赋存分布"北轻南重"；岩矿型轻稀土矿集中分布于华北（内蒙古包头白云鄂博——中国轻稀土的主要生产基地）、华东（山东济宁微山）与西南（四川冕宁与德昌、云南楚雄牟定和德宏陇川）3 个地区；离子型重稀土矿易采易提取，且总量相对可观，主要分布在华东（江西赣州寻乌与龙南、福建龙岩永定与三明宁化）和中南（广东梅州大埔与河源东源、广西崇左江州和贺州、湖南永州江华）地区；③共伴生矿床多，具备综合利用价值；④轻稀土矿大多可规模化工业性开采，但与其伴生的放射性元素（如钍）处理难度较大，在开采与冶炼分离过程中需重视对人类健康和生态环境的影响；⑤重稀土矿赋存条件差、分布散、丰度低，规模化工业性开采难度较大。

我国稀土资源总量的 98%分布在内蒙古、江西、广东、四川、山东等地区。内蒙古白云鄂博稀土矿是稀土与铁、铌、钍等元素共生的综合矿床，是中国乃至全球查明资源量最大的矿床，稀土基础储量占全国的 83.6%，其稀土资源以轻稀土为主，是氟碳铈矿和独居石混合矿，比例为 3∶1，其中镧、铈、镨和钕四种元素占 98%以上。另外，白云鄂博矿也是世界第一大轻稀土矿床。四川省和山东省拥有优质的单一型氟碳铈矿，伴生有重晶石、天青石、萤石、石英、方解石等矿物，原矿粒度较粗，有害杂质含量低，铈占稀土元素的 50%左右，且易于加工、处理、分解，资源质量优势明显，极具工业开采价值[19]。我国南方七省的离子吸附型稀土矿中富含世界罕见的铕、铽、镝、钇等中重稀土资源，中钇富铕矿的中重稀土占比为 50%左右，而高钇矿在 90%以上，具有极大的经济价值，已被列为国家实行保护性开采的特定矿种[20]。除此之外，我国南部海岸线拥有丰富的海滨砂矿，其中独居石和磷钇矿等作为钛铁矿与锆英石的副产物加以回收利用；内蒙古东部地区的稀有稀土矿床[21]，云南、四川等地的稀土磷块岩矿床[22]，湖北、新疆等地的铌稀土矿床也具有很大的开发价值，为我国的稀土工业发展提供了有力的资源保证[23]。

1.1.3 白云鄂博稀土矿中有价组元赋存状态

白云鄂博稀土矿为大型的铁、稀土和铌等多金属共生的矿床，具有矿石类型复杂，矿物嵌布粒度细，共生关系密切，相互浸染呈微小包裹体，矿物成分复杂，同一种元素能以几种甚至十几种矿物形态存在，有用矿物与脉石矿物间的理化性质相近，可选差异小等特点[24]。现已发现了元素 71 种、矿物 170 余种，具有综合利用价值的元素 26 种，铁矿物和含铁矿物 20 余种，稀土矿物 16 种，铌矿物 20 种。该矿可供回收的有用矿物有磁铁矿、赤铁矿、氟碳铈矿、独居石、萤石及铌矿物等，脉石矿物主要有钠辉石、钠闪石、白云石、黑云母、方解石、重晶石、磷灰石、黄铁矿、石英、长石等。白云鄂博矿稀土资源以轻稀土为主，稀土基础储量占全国的 83.6%，超过世界总储量的 40%，稀土资源总量居世界第一[25]。白云鄂博矿床中的稀土独立矿物主要有氟碳铈矿和独居石。氟碳铈矿是主东矿区分布最广的稀土矿物，产出量远高于独居石矿物，约占稀土矿物总量的 70%。氟碳铈矿结晶粒度较细，为 0.005~0.07mm，但其多以条带状集合体的形式产出，其集合体较粗。在磨矿过程中，确保氟碳铈矿条带状集合体和与其相间排列的铁矿物条带或萤石条带解离即可实现氟碳铈矿的解离。独居石的嵌布粒度和嵌布特点与氟碳铈矿大致相同，且两者常以共生的形式产出。热分析结果表明，氟碳铈矿在 500℃左右会产生明显热效应，氟碳铈矿晶格遭到破坏，同时释放出 CO_2。独居石较为稳定，在 1200℃下也不发生分解。

在白云鄂博矿区，约有90%的铁元素赋存于赤铁矿、磁铁矿、褐铁矿和菱铁矿等独立铁矿物中。另外，铁白云石、辉石、闪石、云母、黄铁矿、磁黄铁矿、金红石、铌铁矿、钡铁钛石和铁镁菱锰矿等矿物也含有少量的铁元素。在白云鄂博东矿原生铁矿石中，铁在磁铁矿和赤铁矿中的分布率分别为84.4%和11.0%。除工业级铁矿物磁铁矿、赤铁矿外，分布最广泛的含铁矿物主要为钠辉石（$NaFeSi_2O_6$）、钠闪石 [$Na_2Fe_3Fe_2(Si_4O_{11})_2(OH)_2$] 和黑云母 [$K(Mg,Fe)_3[AlSi_3O_{10}](OH,F)_2$]，其含铁量分别为20%、14%、18.5%左右。由于这三种含铁硅酸盐都具有弱磁性，在磁选过程中容易进入强磁精矿和强磁中矿，会将钾、钠等有害碱金属带入铁精矿，从而对铁精矿的品位产生影响。但对于钪元素而言，这三种硅酸盐矿物是矿区中钪元素的主要载体矿物。Sc^{3+}主要通过替换矿物中的Fe^{2+}或Mg^{2+}等离子而进入钠辉石或钠闪石的晶格中，进而以类质同象形式赋存于硅酸盐矿物中。在辉石 [$(M_2)_1(M_1)_1(Si,Al)_2O_6$] 中，$Sc^{3+}$与其他三价离子以及$Mn^{2+}$和$Fe^{2+}$等占据$M_1$的位置；在闪石 [$X_2Y_5(Si,Al)_8(OH)_2$] 中，Y位置通常会被Mg、Fe、Al、Ti、Cr、Li和Sc等元素占据。钠辉石和钠闪石的钪含量分别处于190ppm[①]和555ppm左右。

在白云鄂博矿区，硅酸盐矿物的巨大储量使其成为钪的主要载体矿物。实际上，矿区中几乎所有矿物均不同程度地含钪。矿区岩石、矿石中的Sc_2O_3含量介于10~200ppm，多数矿石中Sc_2O_3含量介于50~150ppm范围。在白云鄂博矿中，Sc_2O_3含量较高的矿石有霓石型铌稀土铁矿石、条状带型铌稀土铁矿石，其Sc_2O_3含量均超过150ppm。其次是霓石型铌稀土矿石、透辉石型铌矿石、块状铌稀土铁矿石、钠闪石型铌稀土铁矿石，其Sc_2O_3含量均在100ppm左右。相对地壳中钪含量而言，矿区中钪元素富集系数为3~10。

独立铌矿物是白云鄂博矿铌提取的目标矿物[26]。铌矿物嵌布粒度较小，粒度大多低于20μm。铌矿物种类较多，物理化学性质各异。白云鄂博铌矿物主要为铌铁金红石、铌铁矿 [$(Fe,Mn)(Nb,Ti,Ta)_2O_6$]、烧绿石和易解石族矿物，少数铌矿物为含铌的铁硅酸盐矿物或含铌的钛硅酸盐矿物。另外，有15%左右的铌以类质同象形式或细小包裹体形式赋存于铁矿物、稀土矿物或硅酸盐矿物中。

因此，白云鄂博的矿山并不是单稀土矿山，而是多金属共生矿山，其稀土利用率极低，仅为5%左右，远远低于发达国家的资源利用率，而铌、钍元素的开发利用率则更低，几乎没有得到实质性的发展，如白云鄂博的铌储量为218万t，居世界第二，但一直未能得到合理的开发利用，大量的铌资源随铁矿石选矿后的尾矿进入尾矿坝，白白流失浪费，没有发挥其共生矿床的资源优势[27,28]。

---

① 1ppm = 10^{-6}。

1.2 稀土资源的综合利用现状

1.2.1 混合型稀土矿综合利用

包头白云鄂博稀土矿是世界上储量最大的单体稀土矿床,目前全球60%以上的稀土原材料产品的生产源自包头白云鄂博稀土矿。包头白云鄂博稀土矿是由氟碳铈矿和独居石组成的混合型稀土矿,其矿物由于结构和成分复杂,被世界公认为难冶炼稀土矿种[29],因此包头白云鄂博稀土矿的合理开发利用对世界稀土格局具有举足轻重的影响。

该矿采用露天开采,稀土随铁矿采出,首先采用弱磁-强磁-浮选联合选矿工艺生产铁精矿。稀土进入选铁尾矿,部分尾矿再经过磁选、浮选生产品位(REO质量分数)为50%左右的稀土精矿,稀土精矿生产成本低。但随铁矿采出的稀土的利用率仅10%~15%,未回收的稀土随尾矿排到包头尾矿坝。20世纪70年代,我国稀土工作者对包头稀土矿的冶炼分离进行了长期攻关研究,开发了浓硫酸焙烧法、烧碱分解法、碳酸钠焙烧法、高温氯化法、电场分解法等多种工艺流程[30],目前只有浓硫酸焙烧法和烧碱分解法应用于工业生产[31]。

浓硫酸焙烧法是处理包头白云鄂博稀土矿的主要方法,工艺流程包括浓硫酸焙烧—水浸—中和除杂—沉淀/萃取分离。中国有研科技集团有限公司(原北京有色金属研究总院,简称中国有研)从20世纪70年代开始研究开发浓硫酸焙烧法冶炼白云鄂博混合型稀土精矿,相继开发了第一代、第二代、第三代硫酸法工艺技术,这些技术得到广泛应用并成为处理包头白云鄂博稀土精矿的主导工业生产技术[32]。第一代硫酸法工艺技术主要处理含REO 20%~35%的混合稀土精矿。该工艺流程经浓硫酸低温焙烧—复盐沉淀—碱转型—水洗—盐酸优溶—混合氯化稀土等工序来处理低品位的精矿,稀土回收率可达80%[33]。第二代硫酸法也称浓硫酸强化焙烧工艺,可处理REO 50%~60%的混合稀土精矿。该工艺经浓硫酸高温焙烧—石灰中和除杂—环烷酸(或者脂肪酸)萃取转型—混合氯化稀土等工序来处理高品位的稀土精矿,稀土总回收率可达87%[34]。第三代硫酸法是在第二代硫酸法基础上改进形成的,一方面提高焙烧温度,另一方面改进萃取转型方法[35]。

目前,90%的包头白云鄂博稀土矿采用有研集团研发的第三代硫酸法冶炼分离工艺,如图1-2所示[36,37]。酸法工艺的优点是稀土精矿品位适应范围广,分解率可达95%以上,杂质去除完全,产品质量稳定,易实现连续操作及自动控制,适合大规模生产。但仍然存在焙烧过程产生含硫含氟尾气,并带有大量的钙、铝和铁等杂质,含钙硫酸镁废水量大,对环境造成污染等缺点,以及钍以焦磷酸盐形态进入渣中,造成放射性污染,而且浸出渣难以处理,钍资源被浪费等难题。

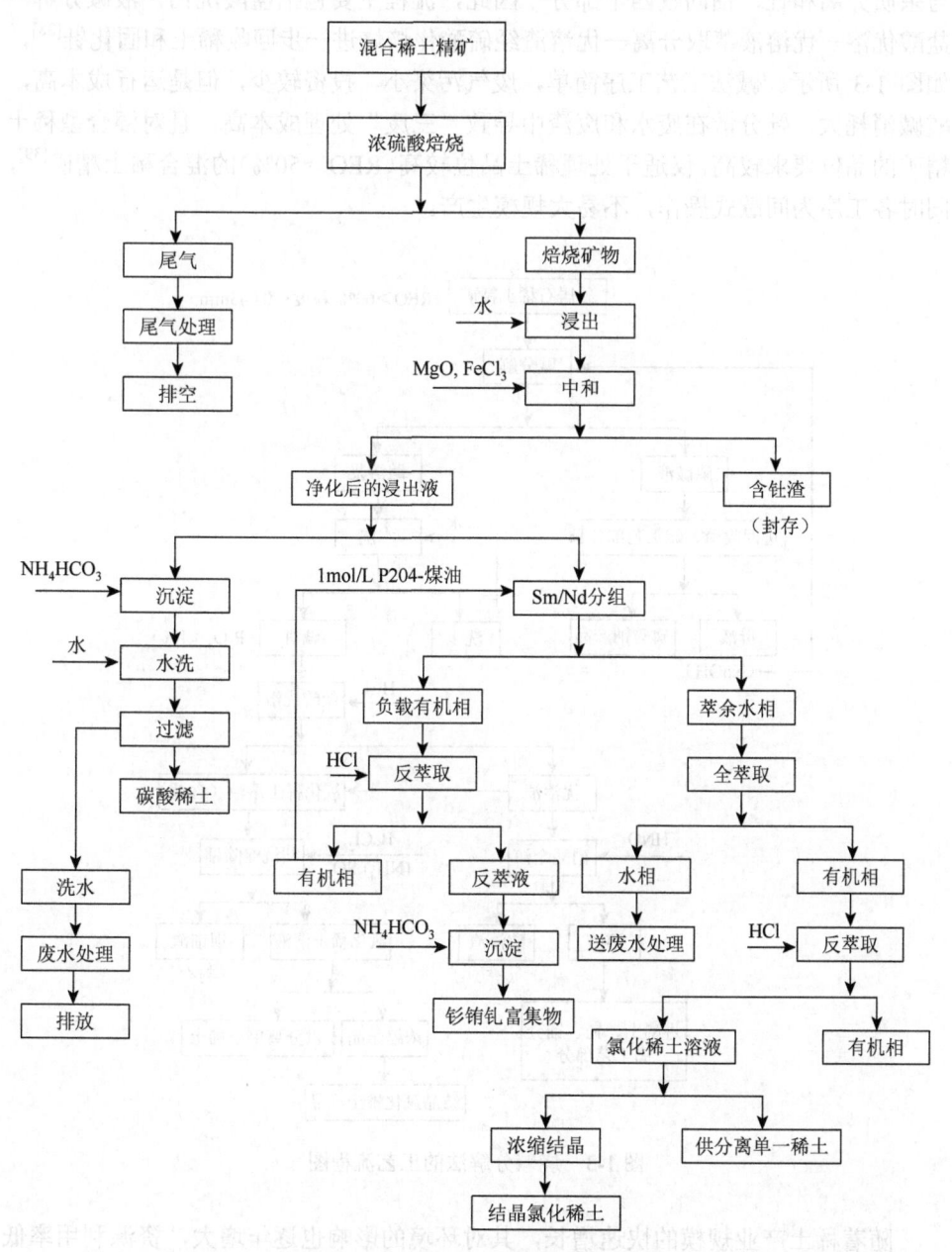

图 1-2 浓硫酸焙烧法的工艺流程图

碱法工艺主要用于分解独居石和含有独居石的混合型稀土矿，独居石稀土精矿中含有磷、钍、铀成分，为了回收这些有价成分及避免放射性元素污染产品和环境，在氢氧化钠分解独居石的流程中应包括氢氧化钠分解，磷碱液回收，稀土与杂质分离和钍、铀回收四个部分。因此，流程主要包括盐酸洗钙—液碱分解—盐酸优溶—优溶液萃取分离—优溶渣经硫酸化焙烧进一步回收稀土和固化钍[38]，如图 1-3 所示。碱法工艺工序简单，废气污染小，投资较少，但是运行成本高，酸碱消耗大，钍分散在废水和废渣中导致"三废"处理成本高，且对混合型稀土精矿的品位要求较高，仅适于处理稀土品位较高（REO＞50%）的混合稀土精矿[39]，同时各工序为间歇式操作，不易大规模生产。

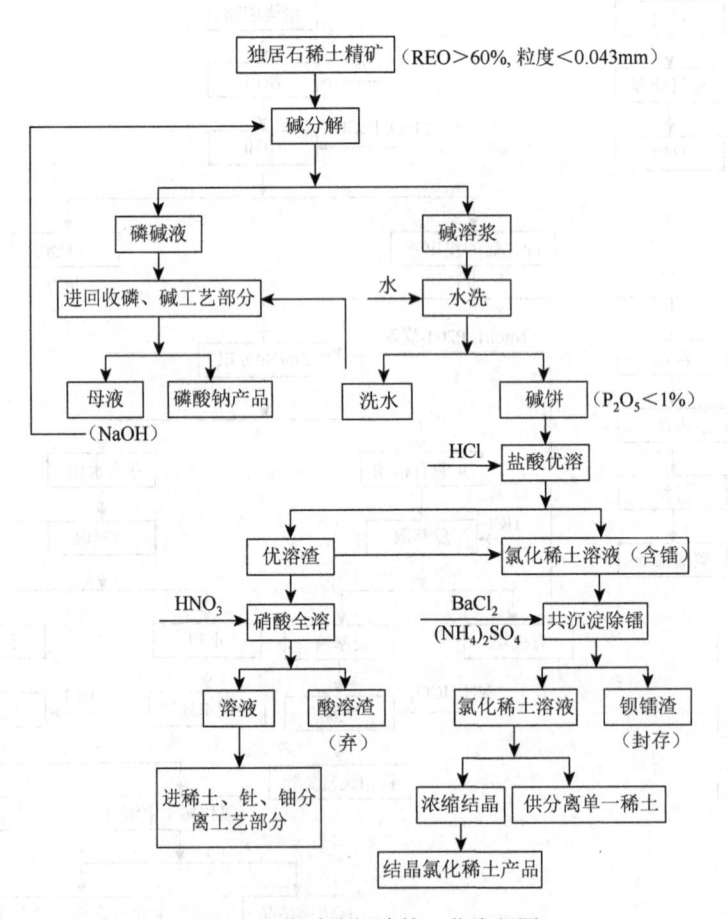

图 1-3　烧碱分解法的工艺流程图

随着稀土产业规模的快速增长，其对环境的影响也逐年增大，资源利用率低和环境污染问题备受关注。党的十八大以来，国家提出绿色发展理念，对环境保护的要求不断提高，稀土行业实施了严格的环保核查和整顿措施，企业投入大量资金进行"三废"末端治理，污染物大幅减少，但存在运行成本高、达标率低及监管难等问题，因此，开发清洁低碳的稀土冶炼分离技术成为行业的研究热点。近年来，国内诸多研究机构和企业针对白云鄂博混合型稀土矿冶炼分离过程存在的环境污染问题，开展了绿色清洁工艺的研发，并取得了一些新的进展。例如，中国有研、有研新材料股份有限公司、中国科学院长春应用化学研究所、中国恩菲工程技术有限公司（原中国有色工程设计研究总院）、东北大学、内蒙古科技大学等研发了浓硫酸低温焙烧法、非皂化萃取分离稀土新工艺、碳酸氢镁法冶炼分离白云鄂博稀土矿新工艺、盐酸-硫酸联合法冶炼矿物型稀土矿新工艺、钙基固氟还原焙烧-弱磁分选-酸浸取处理白云鄂博含铁稀土尾矿工艺、微波强化分解转型的清洁提取稀土新工艺、酸浸碱溶工艺等。作为我国第一大稀土资源，白云鄂博混合型稀土矿的冶炼分离工艺将继续以提高资源利用率、物料循环利用、污染全过程控制的绿色化学方向为目标，进一步巩固我国在稀土冶炼分离领域的全球领先地位[40]。

1.2.2 氟碳铈矿综合利用

氟碳铈矿是世界上储量、开采量和使用量最大的稀土矿产资源，目前约70%的稀土原料产自氟碳铈矿。四川氟碳铈稀土矿主要集中在冕宁和德昌。冕宁氟碳铈矿还伴生有重晶石、萤石等矿物，原矿中稀土品位为4%左右，矿物粒度粗，磷和铁等杂质含量低。该矿以露天开采为主，成本低，大量地表群采，随着地表矿越来越少，开采难度增大，向深部采掘需现代化技术装备，造成采矿成本增加，产品竞争力下降。冕宁氟碳铈矿所采用的选矿工艺以重选-磁选、重选-浮选联合工艺流程为主，目前只回收其中的稀土矿物，稀土选矿回收率可达75%左右，稀土精矿品位为60%～70%。德昌氟碳铈矿是含大量锶、钡的多金属矿，其稀土的赋存状态与冕宁氟碳铈矿有很大差别，氟碳铈矿的自然粒度细，一般在0.2mm以下，并与天青石、方解石嵌布在一起，单独选别困难。目前选矿采用重选-磁选联合流程进行少量生产，稀土精矿品位达到50%，但稀土回收率不到30%[30]。关于氟碳铈矿的分解冶炼技术，国内外相继研发了氧化焙烧-盐酸浸出法、酸碱联合法、氧化焙烧-硫酸浸出法、硫酸强化焙烧法和烧碱法等十多种冶炼工艺。

氧化焙烧-盐酸浸出法是1965年由美国钼公司提出的分解氟碳铈精矿的经典方法，工艺流程如图1-4所示。现国内稀土厂大多采用该法处理氟碳铈矿。该法中盐酸浸出过滤后，部分F^-与RE^{3+}形成不溶于酸的稀土氟化物沉淀而进入渣中，经硫酸分解后一部分转化为SiF_4气体，与水蒸气作用生成HF和SiO_2；另一部分

F⁻随 RE^{3+} 和 Ce^{4+} 进入浸出液，影响后续的萃取工艺。该工艺中稀土形态反复转化，固液分离次数较多，工艺冗长，易产生大量 HCl、SiF$_4$ 和 HF 废气和含氟废水，且稀土提取率低，产品中含有氟使产品纯度不高，铈产品纯度仅 97%~98%，同时化工材料消耗大，废物排放多，是一种技术水平相对较低的工艺，因此该工艺已被逐步取代[41]。

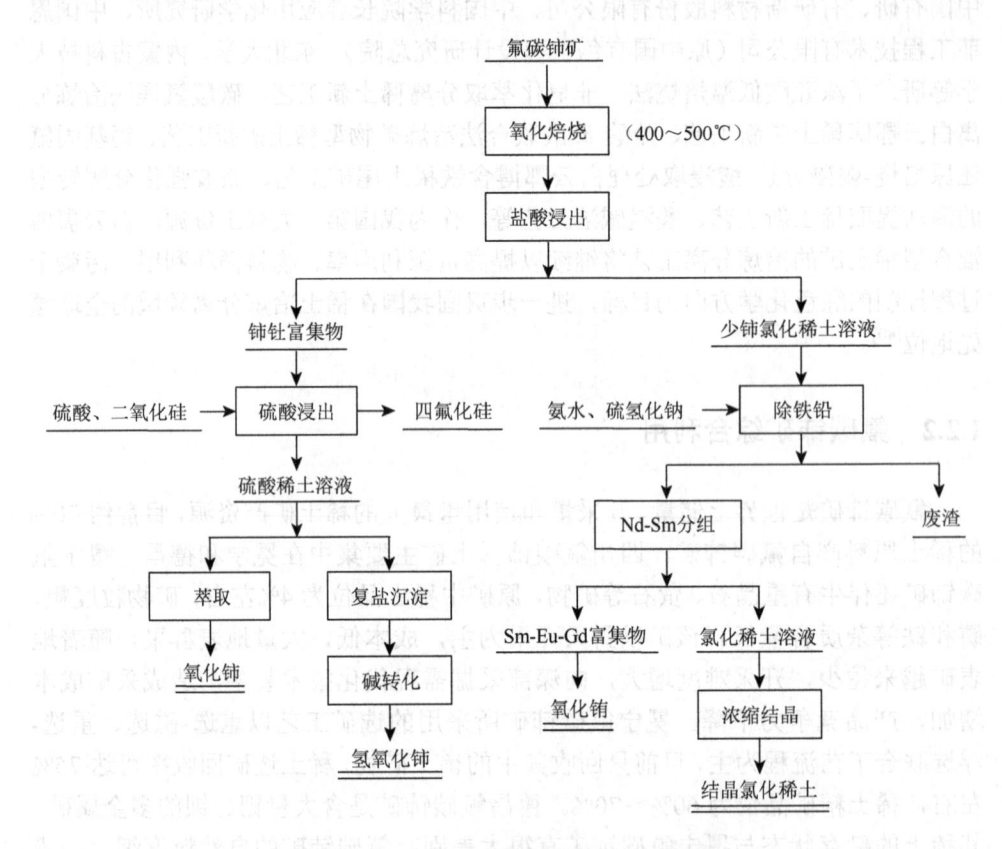

图 1-4　氧化焙烧-盐酸浸出法工艺流程图

浓硫酸强化焙烧分解工艺可以分解氟碳铈矿，也是我国目前工业中广泛采用的方法，其工艺流程如图 1-5 所示。该工艺的优点是对精矿品位要求不高，流程短，工艺简单，稀土分解率高达 95%以上，稀土回收率高，产品质量稳定，易实现自动控制及连续操作，但存在焙烧过程中产生含氟含硫废气，造成环境污染和对设备腐蚀严重等问题，同时浸出液中非稀土杂质含量高，除杂分离负荷大，且钍以焦磷酸盐形式进入渣中，无法回收，造成放射性超标和钍资源的浪费，需要对该工艺进一步改进以适应更高环保要求[39]。

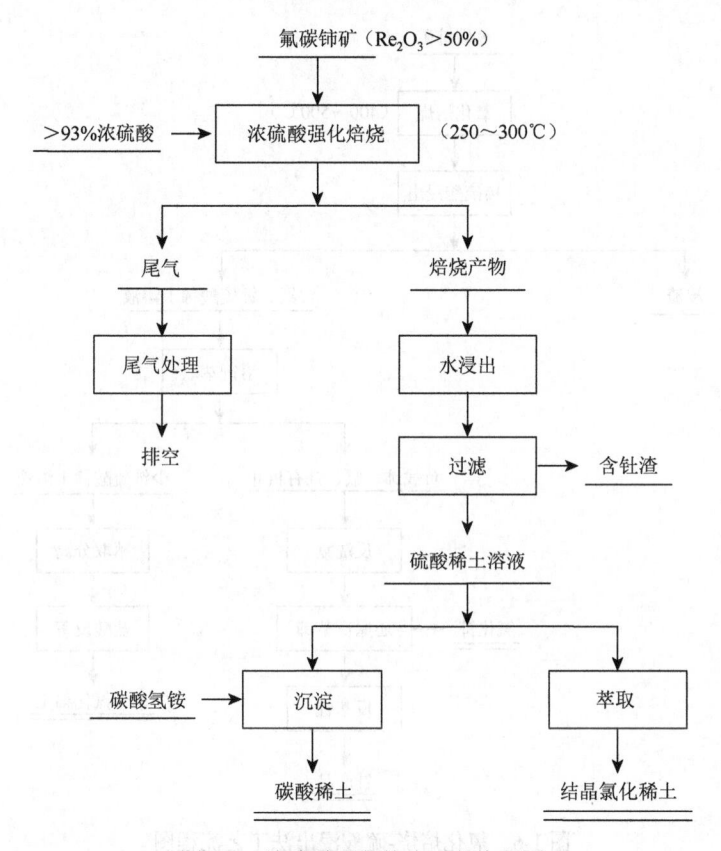

```
                    氟碳铈矿(Re₂O₃>50%)
                            │
  >93%浓硫酸 ────→   浓硫酸强化焙烧   (250~300℃)
                      │         │
                    尾气      焙烧产物
                      │         │
                   尾气处理    水浸出
                      │         │
                    排空       过滤 ────→ 含钍渣
                                │
                           硫酸稀土溶液
                            │      │
          碳酸氢铵 ────→   沉淀    萃取
                            │      │
                         碳酸稀土  结晶氯化稀土
```

图 1-5 浓硫酸强化焙烧工艺流程图

氧化焙烧-硫酸浸出法是 20 世纪 60 年代发展起来的一种氟碳铈矿提取稀土的方法，但由于浸出液中含有 8~9g/L 的氟，在萃取过程中易出现氟化稀土沉淀，引起有机相乳化，导致萃取不能正常进行。中国有研与中国科学院长春应用化学研究所等科研单位将研究重点集中在"氧化焙烧-稀硫酸浸出-萃取分离"工艺上，在溶液中进行伴生元素氟、钍综合回收研究，工艺流程如图 1-6 所示。"氧化焙烧-稀硫酸浸出-萃取分离"工艺具有如下优点：①矿物分解工艺简单，稀土分解率高，RE^{3+}、Ce^{4+}、F^- 和 Th^{4+} 均进入浸出液中，为稀土和伴生钍、氟资源高效回收奠定了基础；②绝大部分铈以 Ce^{4+} 形式存在，为铈的分离创造了有利条件。但该工艺也存在着两个主要问题，即：①Ce^{4+} 和 F^- 以 CeF_2^{2+} 络合物形式存在，Ce^{4+} 在后续分离提取过程中易被还原为 Ce^{3+}，与 F^- 形成 CeF_3 沉淀而产生第三相[42]，有机相分离困难，浪费了萃取剂；②在反萃过程中 F^- 易进入铈产品，较难制得高纯铈。这些问题未被彻底解决，导致该工艺目前还没有得到多数企业的采用。

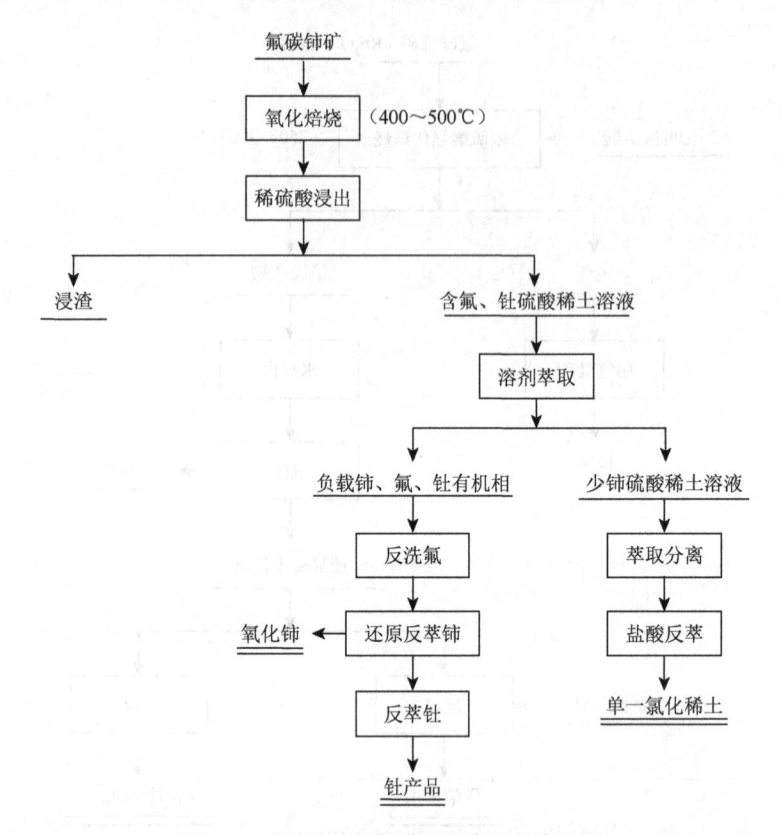

图 1-6 氧化焙烧-硫酸浸出法工艺流程图

1.2.3 离子吸附型稀土矿综合利用

离子吸附型稀土矿首先在我国被发现，我国离子吸附型稀土矿资源丰富，具有稀土配分齐全、重稀土元素含量高、提取工艺较为简单、成本低等特点，其中中重稀土资源储量占世界总储量的 80%，中重稀土产量占世界总产量的 95%以上。南方七省的离子吸附型稀土矿属外生淋积型矿床，主要赋存于花岗岩风化壳中，原矿中 60%~95%的稀土呈离子状态吸附于以高岭土为主的硅铝酸盐矿物上，用一定浓度的电解质溶液即可将稀土离子置换下来。离子吸附型稀土矿开采利用始于 20 世纪 70 年代，先后经历了池浸、堆浸和原地浸矿 3 种不同的工艺技术。池浸和堆浸的地表剥离面大，对植被破坏严重，资源利用率只有 30%~40%；原地浸矿不开挖山体，对生态环境影响较小，但技术难度较大，特别是地质结构复杂的矿体，易造成稀土浸出液泄漏，使稀土回收率大幅度降低，并污染地下水。目前，离子吸附型稀土矿普遍采用原地浸出工艺开发。离子吸附型稀土矿经过浸出、碳铵沉淀或草酸沉淀富集回收稀土，得到混合稀土碳酸盐或氧化物，再经过盐酸溶解得到混合氯化稀土溶液。采用皂化 P507、环烷酸等萃取剂进行萃取分离制备 99%～99.999%的单一稀土化合物。目前，离子吸附型稀土矿浸取工艺理论日趋成熟，浸出方式更加科学精细，浸出药剂更加高效环保，浸出液的处理更加多样，实现了无氨浸出、浸-萃一体化。但是，目前针对离子吸附型稀土矿的提取，碳铵沉淀工艺仍是主流，实现离子吸附型稀土矿新工艺的应用，提高浸取效率，节约稀土资源和矿物综合利用将是今后研究的主要方向[30, 39]。

1.3 白云鄂博稀土尾矿的特征

包头白云鄂博稀土矿是世界最大的稀土矿，属于典型的含铁、稀土、钍、铌等资源的共伴生复杂矿，其中铁、稀土和钍含量分别约为 34%、5%~6%和 0.02%。目前，包头白云鄂博稀土矿的选矿流程主要采用长沙矿冶研究院有限责任公司、包头稀土研究院和广州有色金属研究院等单位共同开发的弱磁-强磁-浮选联合选矿技术，稀土精矿采用有研集团开发的浓硫酸高温焙烧工艺。白云鄂博稀土矿开采的具体流程是：剥离贫矿废石，分类堆存在各排土场；露天开采中贫矿、富矿，在矿区初步破碎后，通过铁路运输到市区包钢选矿厂（少量在矿区附近选矿厂）选矿，分别选出铁精矿和稀土精矿，尾矿排至尾矿坝，大致流程图如图 1-7 所示[43]。自 1954 年包头钢铁（集团）有限责任公司（简称包钢集团）成立以来，随白云鄂博铁矿产出的稀土资源累计达 1250 万 t，其中约 200 万 t 在采集冶炼及堆积过程中损失掉，损失率在 15%左右，利用的仅有 120 万 t 左右，稀土资源利用率不到 10%，其余约 930 万 t 被包钢集团堆积在稀土尾矿坝中，以供以后利用。目前，包头各选矿厂排入尾矿坝的尾矿量已达 1.6 亿 t。包头尾矿坝是国内目前最大的尾矿坝，占地约 11km², 含有大量稀土、铁、铌、氟、磷和放射性元素钍等，其中稀土品位约为 7%，略高于原矿[44, 45]。包头尾矿坝中的尾矿具有"多、贫、细、杂"四个特点：①"多"，指尾矿组成中的化学元素多、矿物组成多；②"贫"，稀土品位低，在 6.7%左右；铁品位低，全铁品位约为 13%；③"细"，尾矿粒度集中在 0.074mm 左右，有用矿物的结晶粒度更细，稀土矿物粒度在 0.01～0.06mm 之间，铁矿物粒度在 0.01～0.2mm 之间；④"杂"，由于白云鄂博的矿物组成变化大，矿石种类繁杂，给尾矿的分离研究带来很大的难度[46, 47]。

面临矿产资源将严重短缺的趋势，人们越来越意识到尾矿综合回收利用具有巨大的经济、环境效益和维持矿山可持续发展的作用。尾矿的综合回收利用已受到国家的高度重视，并且被列入《中国 21 世纪议程》第一批优先项目计划中[48]。稀土作为一种不可再生的矿产资源，是关乎我国社会稳定和经济进步的重要战略资源。我国稀土资源开采过程中，进入尾矿坝中的稀土氧化物及铁、铌、钍等有用矿物达到数百万吨，且品位相对较高，价值相当可观。根据我国稀土尾矿的矿

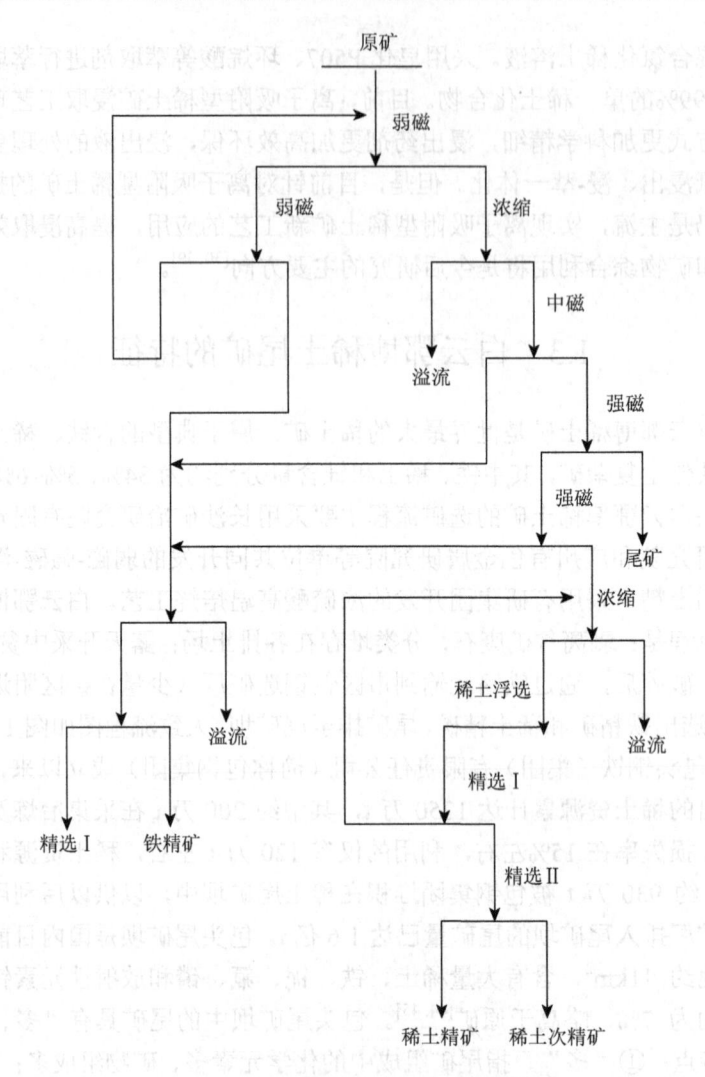

```
                        原矿
                         │
                         ▼
                        弱磁
                         │
              ┌──────────┴──────────┐
              ▼                     ▼
             弱磁                  浓缩
              │                     │
              │                     ▼
              │                    中磁
              │                     │
              │                     ▼
              │                    溢流
              │                     │
              │                     ▼
              │                    强磁
              │                     │
              │                     ▼
              │                    强磁
              │                     │
              │                     ▼
              │                    尾矿
              │                     │
              │                     ▼
              │                    浓缩
              │                     │
              │                     ▼
              │                   稀土浮选
              │                     │
              ▼                     ▼
            溢流                  精选Ⅰ──→溢流
              │                     │
      ┌───────┴───────┐             ▼
      ▼               ▼           精选Ⅱ
    精选Ⅰ          铁精矿            │
                              ┌─────┴─────┐
                              ▼           ▼
                           稀土精矿    稀土次精矿
```

图 1-7 白云鄂博稀土矿的开采流程

石类型及工艺特性，其综合回收利用的发展方向主要在于两个方面：一是采用更先进的选矿技术将尾矿进行再选，最大限度地提高有用矿物的回收率；二是采用稀土尾矿原料研制各种矿物材料及高新材料，较大程度地提高稀土尾矿的利用率。将稀土尾矿中的有用成分进行综合回收对提高我国稀土资源利用率以及维持稀土矿产的可持续发展具有重要意义[47]。

此外，冶炼过程所产生的含氟、硫废气和高氨氮及高盐碱废水以末端治理方式加以处理，成本较高，难以彻底治理。更为严峻的是，废渣中的放射性钍未加以回收，形成了重大污染隐患。如何提高包头白云鄂博稀土矿及其尾矿中稀土和伴生资源的利用率,从源头消除污染,实现资源利用的清洁化和尾矿无害化,是白云鄂博稀土资源利用中的国家目标,也必然会对国家经济建设和世界稀土产业发展发挥重要作用[49]。

参 考 文 献

[1] Rao Z. Consolidating policies on Chinese rare earth resources[J]. Mineral Economics,2016,29(1):1-6.

[2] Campbell G A. Rare earth metals: a strategic concern[J]. Mineral Economics,2014,27(1):21-31.

[3] Savel'eva I L. The rare-earth metals industry of Russia: present status,resource conditions of development[J]. Geography & Snatural Resources,2011,32(1):65-71.

[4] 李俊,李怀仁,冀成庆. 稀土开发应用现状与出路[J]. 云南冶金,2015,44(3):32-36.

[5] Huang X W,Long Z Q,Wang L S,et al. Technology development for rare earth cleaner hydrometallurgy in China[J]. Rare Metals,2015,34(4):215-222.

[6] Ding Y,Xue Q,Wang G,et al. Recovery behavior of rare earth from Bayan Obo complex iron ore[J]. Metallurgical & Materials Transactions B,2013,44(1):28-36.

[7] 张光伟,崔学奇. 我国稀土尾矿资源的综合回收利用现状及展望[J]. 矿业研究与开发,2012(6):116-119.

[8] Lan X,Gao J,Du Y,et al. Mineral evolution and separation of rare-earth phases from Bayan Obo rare-earth concentrate in a super-gravity field[J]. Journal of Alloys & Compounds,2018,731:873-880.

[9] 尹文博. 包头稀土尾矿稀土资源物理分离的研究[D]. 沈阳:东北大学,2013.

[10] Polyakov E G,Sibilev A S. Recycling rare-earth-metal waste using hydrometallurgical methods[J]. Theoretical Foundations of Chemical Engineering,2016,50(4):607-612.

[11] 张悦. 白云鄂博稀土尾矿多组分综合回收工艺及耦合关系研究[D]. 北京:北京科技大学,2016.

[12] 《矿产资源工业要求手册》编委会. 矿产资源工业要求手册:2014年修订本[M]. 北京:地质出版社,2014.

[13] U.S.Geological Survey. Mineral Commodity Summaries [EB/OL]. https://pubs.usgs.gov/periodicals/mcs2024/mcs2024-rare-earths.pdf[2023-04-26].

[14] 国土资源部中国地质调查局. 中国地质调查百项成果[M]. 北京:地质出版社,2016.

[15] 张苏江,张立伟,张彦文,等. 国内外稀土矿产资源及其分布概述[J]. 无机盐工业,2020,52(1):9-16.

[16] 白鸽. 世界稀土资源分析[C]//中国稀土学会.中国稀土学会第四届学术年会论文集. 北京:冶金工业出版社,2000.

[17] 方一平,张福良,李晓宇,等. 中国稀土资源开发管理研究报告[M]. 北京:地质出版社,2016.

[18] 工业和信息化部,自然资源部. 工业和信息化部 自然资源部关于下达2019年度稀土开采、冶炼分离总量控制指标及钨矿开采总量控制指标的通知[EB/OL]. https://www.gov.cn/zhengce/zhengceku/2019-11/13/content_5451488.htm[2024-09-10].

[19] 王国珍,刘余九,卢忠效. 我国轻稀土矿产资源采矿、选矿业现状及问题[C]//全国稀土信息网. 第十届中国稀土企业家联谊会会议论文集,2004.

[20] 李永绣,张玲,周新木. 南方离子型稀土的资源和环境保护性开采模式[J]. 稀土,2010(2):80-85.

[21] 杨武斌,罗勇,单强,等. 内蒙古巴尔哲稀有稀土多金属矿床特征[J]. 矿物学报,2009(S1):266.

[22] 金会心,王华,李军旗. 磷矿资源及从磷矿中提取稀土的研究现状[J]. 湿法冶金,2007,26(4):179-183.

[23] 侯宗林. 浅论我国稀土资源与地质科学研究[J]. 稀土信息,2003(10):7-10.

[24] Yang X,Lai X,Pirajno F,et al. Genesis of the Bayan Obo Fe-REE-Nb formation in Inner Mongolia,North China Craton: a perspective review[J]. Precambrian Research,2016,288:39-71.

[25] 侯晓志, 杨占峰, 王振江. 白云鄂博东矿深部稀土-铌-铁-钍矿化特征及多元成矿分析[J]. 稀土, 2022 (6): 25-34.

[26] 胡桂明, 谢坤一, 王守伦, 等. 华北陆台北缘地体构造演化及其主要矿产[M]. 武汉: 中国地质大学出版社, 1996: 183-184.

[27] Smith M P, Campbell L S, Kynicky J. A review of the genesis of the world class Bayan Obo Fe-REE-Nb deposits, Inner Mongolia, China: multistage processes and outstanding questions[J]. Ore Geology Reviews, 2015, 64 (1): 459-476.

[28] 李春龙, 李小钢, 徐广尧. 白云鄂博共伴生矿资源综合利用技术开发与产业化[J]. 稀土, 2015, 36 (5): 151-158.

[29] 程建忠, 车丽萍. 中国稀土资源开采现状及发展趋势[J]. 稀土, 2010, 31 (2): 65.

[30] 黄小卫, 张永奇, 李红卫. 我国稀土资源的开发利用现状与发展趋势[J]. 中国科学基金, 2011 (3): 134-137.

[31] 吴文远, 边雪. 稀土冶金技术[M]. 北京: 科学出版社, 2012: 33.

[32] Jha M K, Kumari A, Panda R, et al. Review on hydrometallurgical recovery of rare earth metals[J]. Hydrometallurgy, 2016, 165: 2-26.

[33] 王秀艳, 李梅, 许延辉, 等. 包头稀土精矿浓硫酸焙烧反应机理研究[J]. 湿法冶金, 2006, 25 (3): 134-137.

[34] 肖早早, 衣守志. 包头稀土精矿中温焙烧工艺参数优化[J]. 天津科技大学学报, 2010, 25 (6): 26-29.

[35] 杨俊海, 王丽梅. 包头稀土精矿高温焙烧及酸溶试验研究[J]. 内蒙古科技大学学报, 2003, 22 (3): 223-226.

[36] 黄小卫, 李红卫, 贾明星. 中国稀土[M]. 北京: 冶金工业出版社, 2015: 39.

[37] 中国稀土学会. 中国稀土科技进展[M]. 北京: 冶金工业出版社, 2000: 22.

[38] 王俊霞, 范永忠, 周林峰. 碱法生产氯化稀土工艺技术条件研究[J]. 内蒙古石油化工, 1999, 3 (25): 15-17.

[39] 王威, 柳林, 刘红召, 等. 稀土资源提取技术进展及趋势[J]. 矿产保护与利用, 2020 (5): 32-36.

[40] 王猛, 黄小卫, 冯宗玉, 等. 包头混合型稀土矿冶炼分离过程的绿色工艺进展及趋势[J]. 稀有金属, 2019, 43 (11): 1131-1140.

[41] 友联石油公司. 从含氟化物矿石中回收铈: 中国, CN93105197.5[P]. 1994-10-05.

[42] 刘营, 龙志奇, 黄文梅, 等. 从含氟硫酸稀土溶液中萃取铈过程产生第三相的原因[J]. 中国稀土学报, 2001, 19 (4): 320-323.

[43] 余永富, 邓育民, 周东. 白云鄂博中贫氧化矿石选矿综合回收铁、稀土选别新工艺工业试生产实践[J]. 金属矿山, 1992 (1): 41-46.

[44] Yu X L, Bai L, Wang Q C, et al. Recovery of rare earths, niobium, and thorium from the tailings of giant Bayan Obo Ore in China[J]. Metallurgical & Materials Transactions B, 2012, 43 (3): 485-493.

[45] Zhang B, Liu C, Li C, et al. A novel approach for recovery of rare earths and niobium from Bayan Obo tailings [J]. Minerals Engineering, 2014, 65 (6): 17-23.

[46] Zhou Y, Yang H, Xue X X, et al. Separation and recovery of iron and rare earth from Bayan Obo tailings by magnetizing roasting and $(NH_4)_2SO_4$ activation roasting[J]. Metals-Open Access Metallurgy Journal, 2017, 7 (6): 195.

[47] Zheng Q, Wu W Y, Bian X. Investigations on mineralogical characteristics of rare earth minerals in Bayan Obo tailings during the roasting process[J]. Journal of Rare Earths, 2017, 35 (3): 300-308.

[48] 张锦瑞, 王伟之, 李富平, 等. 金属矿山尾矿综合利用与资源化[M]. 北京: 冶金工业出版社, 2002: 1-2.

[49] Kumari A, Jha M K, Pathak D D. Review on the processes for the recovery of rare earth metals (REMs) from secondary resources[C]//The Minerals, Metals & Materials Society. TMS 2018 147th Annual Meeting & Exhibition Supplemental Proceedings. Cham: Springer, 2018: 53-65.

第 2 章 独居石清洁分解工艺研究

  白云鄂博稀土精矿的主要成分为氟碳铈矿和独居石。其中,氟碳铈矿属稀土氟碳酸盐矿物;独居石是一种磷酸矿物的晶体,其稀土含量占世界稀土总量的 28%左右[1]。氟碳铈矿可通过多种清洁的分解方式得到有效分解。对氟碳铈矿在 500℃下进行氧化焙烧,铈氧化率大于 95%,分解效果较好,2.5mol/L 的稀硫酸对稀土的浸出率可以达到 99.82%[2]。若直接在 $AlCl_3$-HCl 溶液中对氟碳铈矿进行络合浸出,稀土的浸出率可达到 96%左右。氟碳铈矿的分解过程对酸、碱等助剂的依赖性及对分解条件的要求不高,而独居石自身具有较强的热稳定性和化学稳定性,在空气中加热至 1700℃也不发生分解,也很难直接通过酸溶法的简单质子轰击将其分解。基于以上分析,本章对较难分解的独居石矿物的清洁分解工艺展开研究。

  从目前的工艺来看,可有效分解独居石的方法主要包括浓硫酸分解法、烧碱分解法、压热法、热球磨法、熔融法和纯碱烧结法等[3-7]。在浓硫酸分解独居石的过程中,浓硫酸对设备腐蚀严重,产生的酸性气体易对环境造成污染,精矿中的磷也难以回收,浓硫酸分解法已逐渐被烧碱分解法替代。烧碱法分解独居石通常是在烧碱溶液中加热完成的[8-11]。例如,在常压下将高浓度氢氧化钠溶液与精矿按比例加入反应器中,加热至 135~140℃进行分解;采用机械球磨法在 160℃下对独居石进行碱分解,烧碱配加量为精矿质量的 85%[3, 12];利用高压反应釜在 250℃下于烧碱溶液中对独居石进行分解;将独居石精矿与烧碱按照 1∶1 比例混合,在 350℃下焙烧分解独居石[13]。在以上烧碱分解独居石的工艺中,过量的碱需通过水洗的方式予以去除,各工艺均存在废水量过多的问题。为降低分解过程中产生的废水量,科研人员尝试在 800℃的焙烧条件下于 CaO-NaCl 熔盐体系中焙烧分解独居石,当 CaO、NaCl 配加量分别为精矿量的 25%和 14%时,独居石分解率可达到 78.4%[13]。在 NaCl 熔盐中分解独居石效果明显,虽然可减少碱性废水量,但独居石分解率不理想。为此,本章研究将以独居石矿物清洁分解为目标,借鉴熔盐分解独居石的经验,在现行常规烧碱分解工艺中,利用氢氧化钙替代部分氢氧化钠对独居石精矿进行分解,探究独居石在氢氧化钠和氢氧化钙共同作用下的分解行为,以期减少碱性废水排放量并降低生产成本。

2.1 实验材料和方法

2.1.1 实验原料

本实验所用矿物为独居石矿物经浮选提纯所得的独居石精矿，其主要化学组成分析如表 2-1 所示。由表 2-1 可以看出，该独居石精矿稀土品位为 61.19%，稀土品位较高，且稀土元素以镧、铈、钕为主，La_2O_3、Ce_2O_3 和 Nd_2O_3 含量占稀土总量的 88.15%左右。图 2-1 为独居石精矿的 XRD 图，物相分析表明该精矿中含有少量的石英、赤铁矿等杂质，精矿纯度较高。实验所用主要试剂包括 NaOH、$Ca(OH)_2$、双氧水和盐酸，均为分析纯级试剂。

表 2-1 独居石精矿化学组成（质量分数） （单位：%）

组分	TFe	F	P_2O_5	SiO_2	CaO	REO	La_2O_3	Ce_2O_3	Nd_2O_3
含量	0.73	1.70	24.99	2.99	0.82	61.19	12.55	29.05	12.34

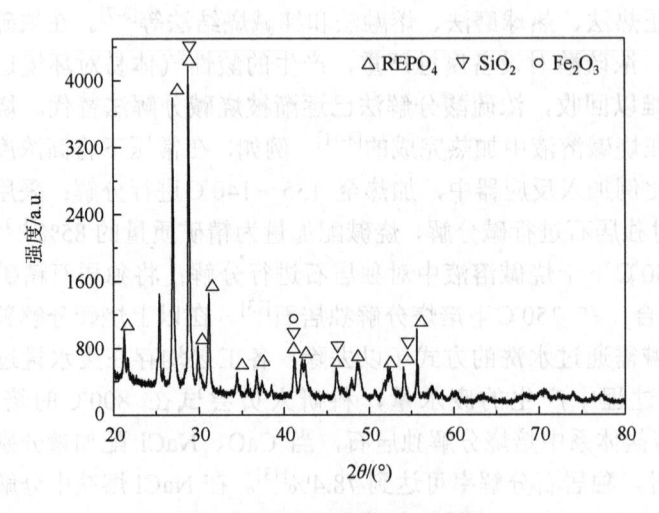

图 2-1 独居石精矿的 XRD 图

2.1.2 实验原理

独居石精矿在 $NaOH-Ca(OH)_2$ 体系中的反应既有液固反应，也有固固反应，独居石精矿的分解产物以易溶于盐酸的稀土氧化物为主。因此，在以下实验中采用焙烧矿在盐酸中的稀土浸出率来表征独居石的分解情况。独居石精矿在焙烧分解和盐酸溶解过程中的主要化学反应可以用以下反应表示[14]。

焙烧过程主要化学反应如下：

$$2REPO_4 + 3Ca(OH)_2 = Ca_3(PO_4)_2 + RE_2O_3 + 3H_2O(g) \quad (2-1)$$

$$2REPO_4 + 6NaOH = 2Na_3PO_4 + RE_2O_3 + 3H_2O(g) \quad (2-2)$$

$$2Ce_2O_3 + O_2(g) = 4CeO_2 \quad (2-3)$$

$$2CeO_2 + Nd_2O_3 = 4Ce_{0.5}Nd_{0.5}O_{1.75} \quad (2-4)$$

$$4Ce_2O_3 + 6Nd_2O_3 + 3O_2(g) = 20Ce_{0.4}Nd_{0.6}O_{1.8} \quad (2-5)$$

酸溶过程主要化学反应如下：

$$2CeO_2 + H_2O_2 = Ce_2O_3 + H_2O + O_2(g) \quad (2-6)$$

$$2CeO_2 + 8HCl = 2CeCl_3 + Cl_2(g) + 4H_2O \quad (2-7)$$

$$RE_2O_3 + 6HCl = 2RECl_3 + 3H_2O \quad (2-8)$$

$$4Ce_{0.5}Nd_{0.5}O_{1.75} + 14HCl = 2CeCl_3 + 2NdCl_3 + Cl_2(g) + 7H_2O \quad (2-9)$$

$$10Ce_{0.4}Nd_{0.6}O_{1.8} + 36HCl = 4CeCl_3 + 6NdCl_3 + 3Cl_2(g) + 18H_2O \quad (2-10)$$

2.1.3 实验方法

将独居石精矿、氢氧化钠和氢氧化钙按实验比例配料并在球磨机中充分混匀，目的是降低矿物粒度，增大反应物接触面积。然后用坩埚盛装混合料并置于马弗炉中加热分解。待反应结束后，水洗去除焙烧料中过量的 NaOH 及可溶性盐类等杂质离子。将焙烧矿和浓盐酸溶液按照 1∶8（g/mL）的固液比加入烧杯中，并加入少量双氧水将氧化形成的 CeO_2 还原为 Ce_2O_3 以确保后续浸出过程中铈的顺利浸出。水浴加热至 85℃条件下搅拌浸出 2h，过滤并洗涤浸出渣，得到稀土浸出液。检测独居石焙烧矿和浸出液中主要稀土元素铈的含量并计算铈浸出率，以铈的浸出情况来表征独居石的分解情况。

2.1.4 浸出率的计算

稀土浸出率为浸出液中稀土氧化物质量与独居石焙烧矿中稀土氧化物质量的比值，可以式（2-11）进行计算。

$$\eta = \frac{cV}{\omega m} \times 100\% \quad (2-11)$$

式中：η 为稀土浸出率，%；c 为浸出液中稀土氧化物浓度，g/L；V 为浸出液体积，L；ω 为原矿中稀土氧化物含量，%；m 为原矿质量，g。

2.2 反应体系的热力学分析

图 2-2 为 NaOH-Ca(OH)$_2$-REPO$_4$[NaOH、Ca(OH)$_2$ 和独居石的配比为 25∶20∶100] 的热重-差示扫描量热（TG-DSC）分析曲线。由图 2-2 可知，混合物料的 TG-DSC 曲线上主要有三个失重阶段，同时对应有三个吸热峰。第一阶段升温区间为室温到 78.4℃，且在 69.8℃处有一明显吸热峰，失重较低；第二阶段升温区间为 98.3~146.4℃，吸热峰峰温为 125.7℃，这两个阶段的质量变化是由物料中水分的挥发引起的；第三阶段升温区间为 372.7~486.7℃，吸热峰峰温为 420.7℃，该阶段失重可能是由 NaOH 或 Ca(OH)$_2$ 分解独居石时产生的水蒸气逸出所致。因此，在 NaOH-Ca(OH)$_2$ 体系中分解独居石时，焙烧温度应当设定在 400℃以上。

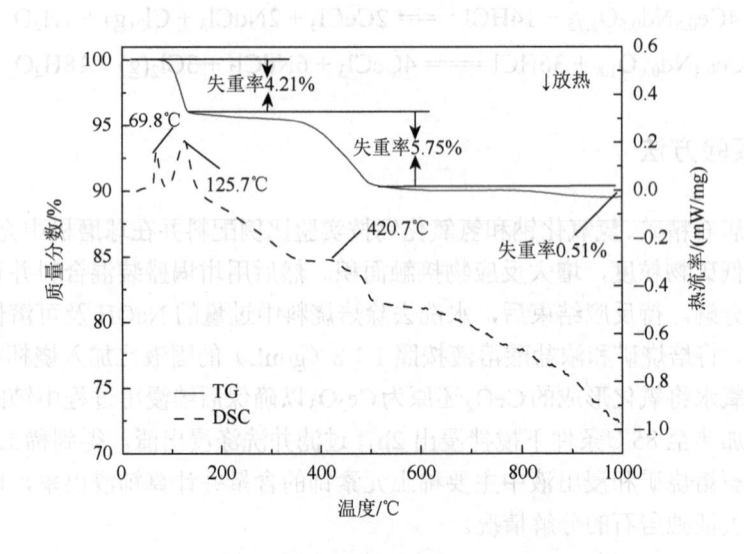

图 2-2　NaOH-Ca(OH)$_2$-REPO$_4$ 的 TG-DSC 曲线

2.3　焙烧过程和参数对独居石分解的影响

2.3.1　焙烧温度对独居石分解的影响

在工业生产中，氢氧化钠与精矿质量比约为 1∶1，氢氧化钠加入量为理论用量的 2 倍左右。本实验以实际生产条件为基础，先将氢氧化钠、氢氧化钙分别按照独居石精矿量的 45%和 40%加入精矿，此时碱添加量恰好为独居石分解理论耗碱量的 2 倍。将混合料分别在 600℃、700℃、800℃、900℃、1000℃下焙烧 2.5h。图 2-3 为不同焙烧温度下焙烧产物的 XRD 图，焙烧温度对稀土浸出率（铈浸出率）的影响如图 2-4 所示。

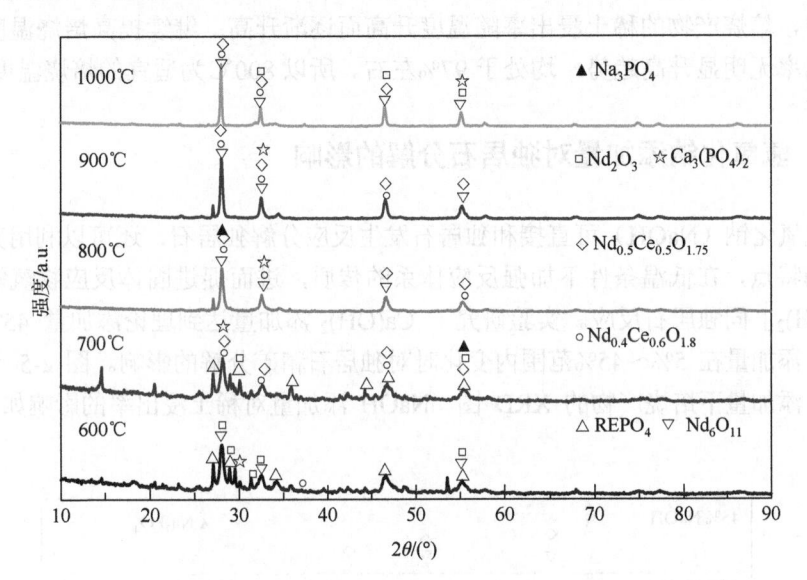

图 2-3 不同焙烧温度下分解产物的 XRD 图

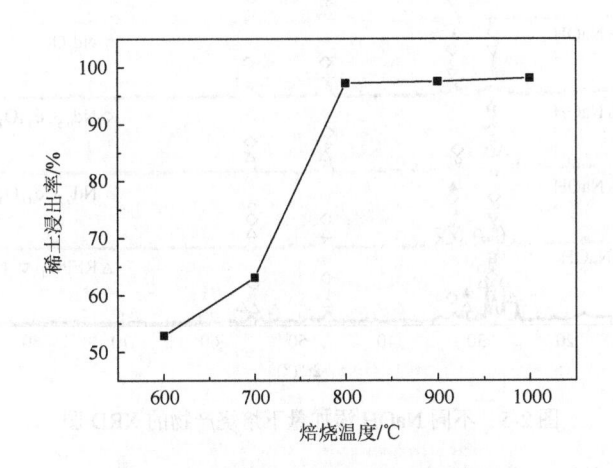

图 2-4 焙烧温度对稀土浸出率的影响

从图 2-3 中可以看出，焙烧温度为 600℃和 700℃时，部分独居石已分解为 Nd_6O_{11}、$Nd_{0.4}Ce_{0.6}O_{1.8}$、$Nd_{0.5}Ce_{0.5}O_{1.75}$、Nd_2O_3、Na_3PO_4 和 $Ca_3(PO_4)_2$，但仍可观察到明显的独居石衍射峰，表明独居石分解不完全。独居石分解率随温度升高逐渐提高，700℃时焙烧产物稀土浸出率较 600℃时提高了 10 个百分点左右；当焙烧温度达到800℃时，反应物扩散速率及化学反应速率进一步提高，分解反应速率随之提高，稀土浸出率达到97.2%，独居石分解较为完全，独居石衍射峰全部消失。从不同焙烧温度下焙烧产物的稀土浸出率可以看出，在600~800℃焙烧温度范围内，焙烧产物的稀土浸出率随温度升高而逐渐升高；继续提高焙烧温度，稀土浸出率无明显升高趋势，均处于97%左右。所以800℃为适宜的焙烧温度。

2.3.2 氢氧化钠添加量对独居石分解的影响

氢氧化钠（NaOH）可直接和独居石发生反应分解独居石，还可以利用其低温熔融的特点，在低温条件下加强反应体系的传质，进而促进固体反应物氢氧化钙[$Ca(OH)_2$]同独居石反应。实验研究了$Ca(OH)_2$添加量达到理论添加量45%时，NaOH添加量在5%~45%范围内变化时对独居石精矿分解的影响。图2-5为不同NaOH添加量下焙烧产物的XRD图。NaOH添加量对稀土浸出率的影响如图2-6所示。

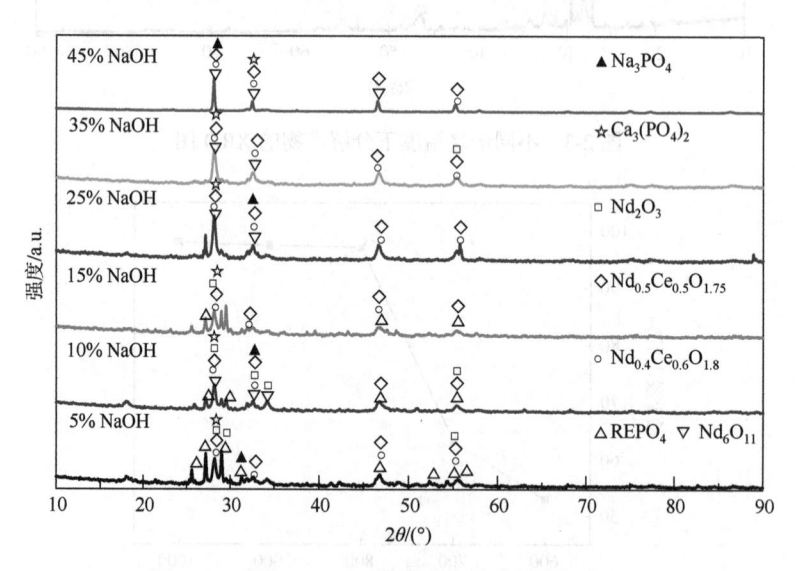

图2-5 不同NaOH添加量下焙烧产物的XRD图

不同焙烧条件下焙烧产物的XRD图（图2-5）表明，NaOH添加量为25%时，焙烧产物全部以独居石的碱分解产物形式存在，赋存于独居石中的稀土元素全部转化为易溶于盐酸的稀土氧化物。若在独居石分解反应体系中的分解剂全部采用$Ca(OH)_2$，由化学反应式（2-1）计算可知，上述实验中40%的$Ca(OH)_2$添加量恰好达到理论添加量。而实验结果证实，在$Ca(OH)_2$加入量达到理论添加量的基础上，仍需添加一定比例的NaOH方可实现独居石精矿的完全分解。由此可见，NaOH

在独居石焙烧分解过程中是不可或缺的,其对于加速分解反应的进行至关重要。一方面,NaOH 在低温下的液相传质作用极大地改善了反应物的扩散条件;另一方面,NaOH 同独居石间的液固反应速率远高于 Ca(OH)$_2$ 同独居石间的固固反应速率。因此,在焙烧分解过程中,完全利用 Ca(OH)$_2$ 替代 NaOH 实现独居石的高效分解是很难实现的,可采用 Ca(OH)$_2$ 替代部分 NaOH,在保证独居石分解率的前提下,可降低 NaOH 添加量。条件实验表明,NaOH 最佳添加量应为精矿质量的 25%左右。从图 2-6 中可以得出,当 Ca(OH)$_2$ 添加量均为 40%,焙烧时间为 2.5h,在最佳焙烧温度 800℃下,焙烧产物的稀土浸出率随着 NaOH 添加量的增加相应提高。当 NaOH 添加量达到 25%时,焙烧产物稀土浸出率可达到 96%左右,独居石精矿接近全部分解。因此,适宜的 NaOH 添加量应为 25%。

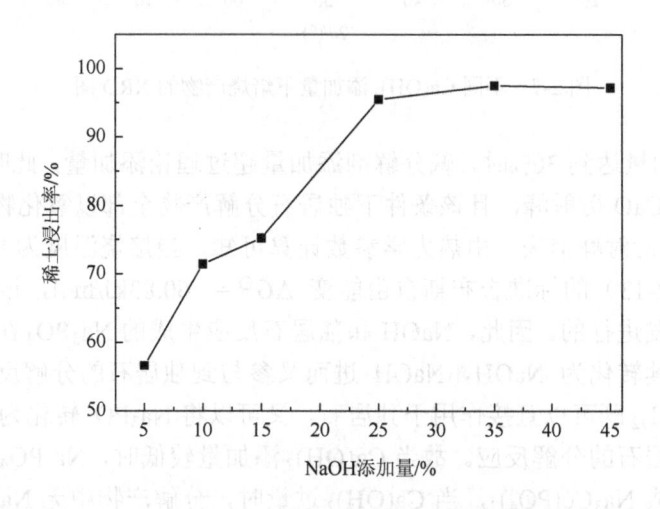

图 2-6 NaOH 添加量对稀土浸出率的影响

2.3.3 氢氧化钙添加量对独居石分解的影响

在 2.3.2 节实验中,独居石完全分解时碱性分解剂 NaOH 和 Ca(OH)$_2$ 在理论上是添加过量的,本实验将在最佳 NaOH 添加量下,逐量减少 Ca(OH)$_2$ 的添加量,以保证独居石分解率的前提下减少 Ca(OH)$_2$ 的用量,进而降低后续稀土浸出过程中酸的消耗量。图 2-7 为不同 Ca(OH)$_2$ 添加量下独居石焙烧产物的 XRD 图。

从图 2-7 中可看出,在 Ca(OH)$_2$ 添加量介于 5%~20%时,焙烧矿中独居石衍射峰消失,稀土矿物发生物相转变,焙烧产物以稀土氧化物和 Na$_3$Ce(PO$_4$)$_2$ 为主。该现象说明在 NaOH 和 Ca(OH)$_2$ 中分解独居石时,分解反应的产物 Na$_3$PO$_4$ 也参与了独居石的分解,其化学反应可用反应式(2-12)表示。NaOH 添加量为 25%,

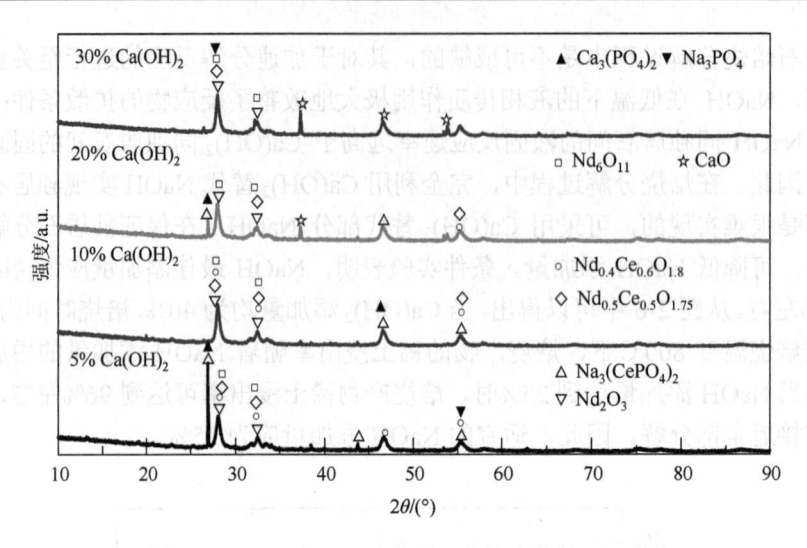

图 2-7 不同 Ca(OH)$_2$ 添加量下焙烧产物的 XRD 图

Ca(OH)$_2$ 添加量达到 30%时，碱分解剂添加量超过理论添加量，此时 XRD 图中可见明显的 CaO 衍射峰，且该条件下独居石分解产物全部以氧化物形式存在，Na$_3$Ce(PO$_4$)$_2$ 衍射峰消失。由热力学参数计算可知，当焙烧温度为 800℃时，化学反应式（2-13）的标准吉布斯自由能变 $\Delta G^{\ominus} = -60.83$ kJ/mol，该反应在热力学上是可自发进行的。因此，NaOH 和独居石反应生成的 Na$_3$PO$_4$ 在 Ca(OH)$_2$ 的作用下会持续转化为 NaOH，NaOH 进而又参与到独居石的分解反应中。由此可见，Ca(OH)$_2$ 既可以直接作用于独居石，又可以将 Na$_3$PO$_4$ 转化为 NaOH 进而间接参与独居石的分解反应。故当 Ca(OH)$_2$ 添加量较低时，Na$_3$PO$_4$ 可直接同独居石反应生成 Na$_3$Ce(PO$_4$)$_2$，当 Ca(OH)$_2$ 过量时，分解产物中无 Na$_3$Ce(PO$_4$)$_2$ 物相出现。

$$\text{CePO}_4 + \text{Na}_3\text{PO}_4 \rightleftharpoons \text{Na}_3\text{Ce(PO}_4)_2 \qquad (2\text{-}12)$$

$$2\text{Na}_3\text{PO}_4 + 3\text{Ca(OH)}_2 \rightleftharpoons \text{Ca}_3(\text{PO}_4)_2 + 6\text{NaOH} \qquad (2\text{-}13)$$

图 2-8 为焙烧产物稀土浸出率与 Ca(OH)$_2$ 添加量的关系曲线。当焙烧温度为 800℃，Ca(OH)$_2$ 添加量由 5%增加至 10%时，焙烧产物稀土浸出率从 47.89%升高至 95.32%；继续增加 Ca(OH)$_2$ 添加量至 20%，焙烧产物稀土浸出率缓慢提高至 97%左右。在该阶段盐酸浸出的稀土元素主要来自稀土氧化物（REO）和 Na$_3$Ce(PO$_4$)$_2$。当 Ca(OH)$_2$ 添加量为 30%时，焙烧产物稀土浸出率随 Ca(OH)$_2$ 添加量的增加无较大幅度的变化，该阶段主要是稀土氧化物中的稀土元素在酸浸出过程中进入盐酸溶液。综合分析 NaOH 和 Ca(OH)$_2$ 协同分解独居石的效果可知，焙烧过程中 Ca(OH)$_2$ 的最佳添加量应为独居石精矿量的 20%。

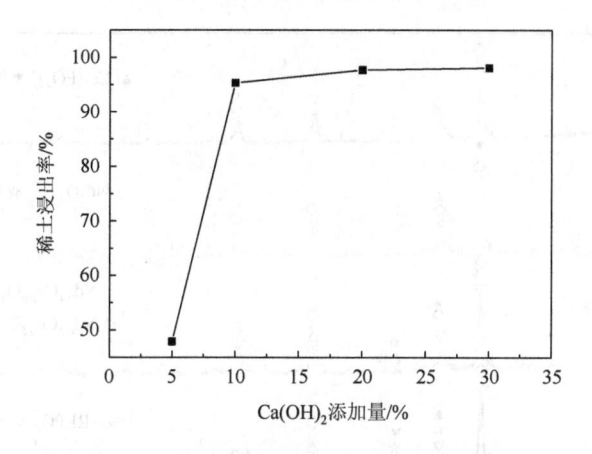

图 2-8　Ca(OH)₂ 添加量对稀土浸出率的影响

2.3.4　焙烧时间对独居石分解的影响

以上各节的条件实验表明，在独居石精矿中加入 25%的氢氧化钠和 20%的氢氧化钙，将混合料在 800℃下焙烧 2.5h，独居石精矿可获得较高的分解率。在前期实验焙烧时间的基础上，本实验将逐渐缩短焙烧时间，分析焙烧产物的物相，并结合焙烧矿的稀土浸出率确定最佳焙烧时间。焙烧时间对稀土浸出率的影响如图 2-9 所示，图 2-10 为不同焙烧时间下所得焙烧矿的 XRD 图。

从图 2-9 中焙烧矿稀土浸出率随焙烧时间的变化趋势可以看出，在 0.5～1.5h 焙烧时间段内，焙烧矿的稀土浸出率随时间延长而大幅提高；超过 1.5h 后，稀土浸出率趋于稳定，维持在 97%左右。焙烧矿物相变化和焙烧矿的稀土浸出结果表明，独居石精矿的最佳焙烧分解时间为 1.5h。

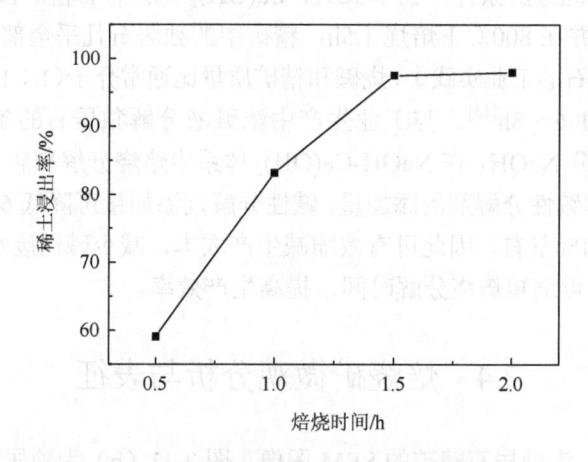

图 2-9　焙烧时间对稀土浸出率的影响

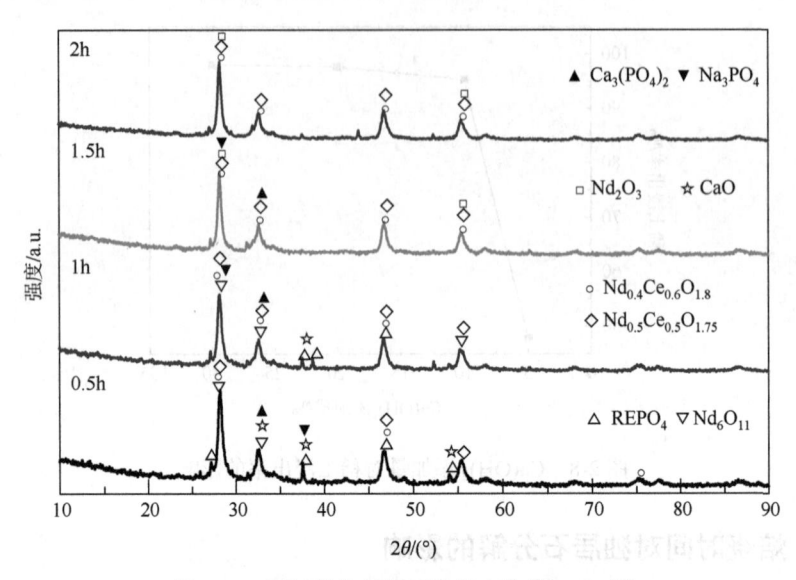

图 2-10　不同焙烧时间下焙烧产物的 XRD 图

从图 2-10 中可以看出，当精矿焙烧时间为 0.5h 和 1h 时，在 XRD 图中可明显观察到尚未分解的独居石相，同时伴有 Ca(OH)$_2$ 的热分解产物相 CaO，说明独居石分解反应未能充分进行。由于本实验中 NaOH 和 Ca(OH)$_2$ 的添加量已非常接近独居石分解所需的理论加入量，因此，需要通过适当延长反应时间来实现独居石精矿的完全分解。当焙烧时间延长至 1.5h 时，焙烧矿中的独居石相和 CaO 相同时消失，稀土矿物全部转变为稀土氧化物，同时分解产物中伴有磷酸钙和磷酸钠，继续延长焙烧时间，焙烧产物的物相无明显变化，稀土氧化物在 XRD 图中的衍射峰强度也没有明显变化，由此可判断，1.5h 的焙烧时间可实现独居石矿物的完全分解。

综合以上焙烧分解条件，当 NaOH、Ca(OH)$_2$ 和独居石精矿按照质量比 25:20:100 混合，并在 800℃下焙烧 1.5h，精矿中的独居石几乎全部分解。据报道，在烧碱分解独居石的工业实践中，烧碱和精矿质量比通常介于（1:1.3）～（1:1.5），保温分解时间为 6～8h[13]。与工业生产中浓碱液分解独居石的条件相比，利用 Ca(OH)$_2$ 替代部分 NaOH，在 NaOH-Ca(OH)$_2$ 体系中焙烧分解独居石，可减少反应体系中 NaOH 和碱性分解剂的添加量，碱性分解剂添加量可降低 65%左右，NaOH 添加量可降低 81%左右，因此可有效缩减生产成本，减少碱性废水排放量，减轻环境压力，同时可缩短焙烧分解时间，提高生产效率。

2.4　焙烧矿微观分析与表征

图 2-11（a）为独居石精矿的 SEM 图像，图 2-11（b）为独居石精矿在 800℃

下于 NaOH-Ca(OH)$_2$ 体系中焙烧所得焙烧产物的 BSE 图像。表 2-2 为独居石精矿及独居石分解产物中不同区域的能谱分析数据。

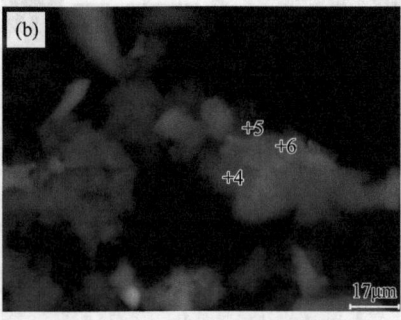

图 2-11 独居石精矿的 SEM 图像（a）和独居石分解产物的 BSE 图像（b）

表 2-2 图 2-11 中点 1～6 的 EDS 分析 （单位：%）

位置	元素质量分数									
	O	Na	P	Ca	La	Ce	Pr	Nd	Sm	Th
1	18.91	—	13.13	1.16	13.50	28.75	3.12	10.84	2.31	8.28
2	19.37	—	13.67	1.32	13.02	28.05	2.25	10.97	1.55	9.79
3	16.99	—	13.58	1.17	13.24	30.52	2.29	11.34	2.33	8.55
4	10.91	—	6.59	23.37	11.78	28.17	3.04	11.61	—	4.54
5	38.06	—	12.77	33.82	4.51	7.81	—	3.04	—	—
6	23.95	1.01	6.50	20.83	12.16	26.95	—	8.60	—	—

图 2-11（a）中不同区域（点 1～3 所在区域）的能谱分析数据表明该独居石颗粒成分较为均匀。图 2-11（b）中亮区（点 4 和点 6 所在区域）与暗区（点 5 所在区域）界限清晰，与独居石颗粒的 EDS 分析数据相比，亮区焙烧产物的磷含量显著降低，可判定亮区中的焙烧产物以新生成的稀土氧化物为主，并附着有少量的钠、钙以及磷等杂质元素，暗区焙烧产物主要为磷酸钠及磷酸钙，焙烧产物中形成界限分明的稀土物相赋存区和磷酸盐物相赋存区。图 2-12 为独居石焙烧产物的 SEM 图和 Ca、O、P、Ce、Nd 等元素的面分布图像。

从图 2-12 中可以看出，O 元素在整个扫描区域内分布相对均匀，Ca 元素和 P 元素分布区域相重叠，主要分布于两侧区域，稀土元素 Ce 和 Nd 分布区域相重叠，主要分布于中间区域。由此可判断面扫描区域的中间区域主要物质为稀土氧化物，两侧区域以磷酸钙为主，独居石在 NaOH-Ca(OH)$_2$ 体系内可分解为稀土氧化物。

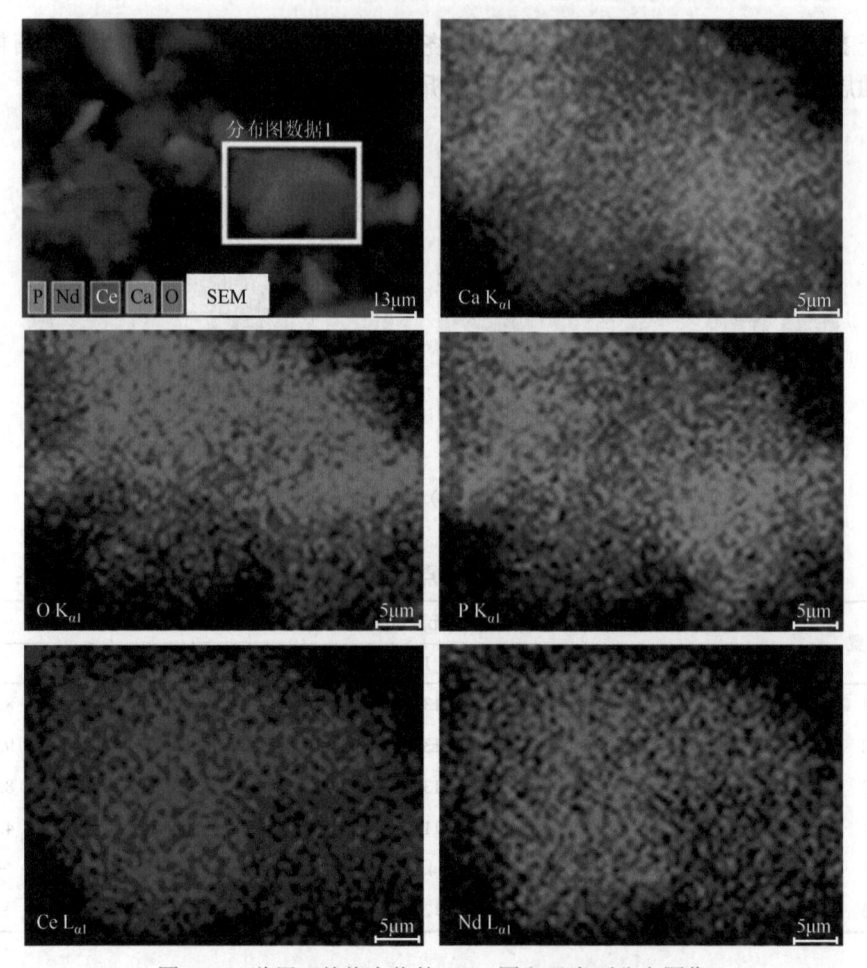

图 2-12 独居石焙烧产物的 SEM 图和元素面分布图像

2.5 本章小结

白云鄂博混合稀土精矿中独居石属于难以分解的稀土矿物，为了探索独居石矿物的清洁分解工艺，本章实验研究独居石在 NaOH-Ca(OH)$_2$ 体系中的分解，可得出以下结论。

(1) 实验所用独居石精矿是以镧、铈、钕等元素为主的轻稀土矿，镧、铈、钕在稀土中配分约为 88.15%。其中含有少量杂质，包括石英和赤铁矿等。

(2) 在 NaOH-Ca(OH)$_2$ 分解体系中，当 NaOH 和 Ca(OH)$_2$ 的添加量低于独居石分解的理论添加量时，分解产物 Na$_3$PO$_4$ 会和独居石发生反应生成 Na$_3$Ce(PO$_4$)$_2$；碱性分解剂添加过量时，独居石精矿经碱焙烧分解，焙烧产物中稀土元素均以稀土氧化物形式存在。

（3）在 800℃的低温条件下，氢氧化钙难以完全替代氢氧化钠实现对独居石的高效分解。采用氢氧化钙碱法分解独居石时，需添加一定量的氢氧化钠以加速分解反应速率。

（4）氢氧化钠、氢氧化钙和独居石精矿以质量比 25∶20∶100 混合，并在 800℃下焙烧 1.5h，独居石分解率可达到 97%左右。与浓碱液分解独居石精矿的生产工艺相比，该工艺中氢氧化钠用量降低 81%左右，总碱用量降低 65%左右，可有效减少分解过程中产生的碱性废水。

参 考 文 献

[1] 徐光宪. 稀土（上册）[M]. 北京：冶金工业出版社，1995：210.

[2] John D，Elizabeth H，Gamini S，et al. Sulfuric acid baking and leaching of rare earth elements，thorium and phosphate from a monazite concentrate: effect of bake temperature from 200 to 800℃[J]. Hydrometallurgy，2018，179（8）：254-267.

[3] Kim W，Bae I，Chae S，et al. Mechanochemical decomposition of monazite to assist the extraction of rare earth elements[J]. Journal of Alloys and Compounds，2009，486（1-2）：610-614.

[4] Hikichi Y，HuKuo K，ShioKawa J. Solid state reaction between rare earth orthophosphate and oxide[J]. Bulletin of the Chemical Society of Japan，1980，53（5）：1455-1456.

[5] Kumari A，Panda R，Jha M K，et al. Process development to recover rare earth metals from monazite mineral: a review[J]. Minerals Engineering，2015，79（3）：102-115.

[6] Val'kov A V，Stepanov S I，Sergievskii V V，et al. Monazite raw material for the production of highly effective fertilizers[J]. Theoretical Foundations of Chemical Engineering，2010，44（4）：497-499.

[7] 肖勇，陈月华. 独居石与独居石渣的利用进展[J]. 稀土，2016，37（4）：129-135.

[8] Berry L，Galvin J. Agarwal L，et al. Alkali pug bake process for the decomposition of monazite concentrates[J]. Minerals Engineering，2017，109（1）：32-41.

[9] Panda R，Kumari A，Jha M K，et al. Leaching of rare earth metals（REMs）from Korean monazite concentrate[J]. Journal of Industrial and Engineering Chemistry，2014，20（3）：2035-2042.

[10] Xu Y H，Liu H J，Meng Z J，et al. Decomposition of bastnasite and monazite mixed rare earth minerals calcined by alkali liquid[J]. Journal of Rare Earths，2012，30（2）：155-158.

[11] 吴文远，陈旭东，陈杰，等. CaO-CaCl$_2$ 焙烧分解独居石的研究[J]. 稀土，2004，25（2）：16-19.

[12] 孙培梅，李洪桂，李运姣，等. 机械活化碱分解独居石新工艺[J]. 中南工业大学学报，1998，29（1）：36-38.

[13] 李良才. 稀土提取及分离[M]. 赤峰：内蒙古科学技术出版社，2011：97，102，106-112，169，170.

[14] Zhang J，Edwards C. Mineral decomposition and leaching processes for treating rare earth ore concentrates[J]. Canadian Metallurgical Quarterly，2013，52（3）：243-248.

第3章 氟碳铈矿资源化利用新技术的理论与实践研究

氟碳铈矿是目前已知的最重要的稀土矿物之一，是轻稀土的最主要原料来源[1]，因此，关于氟碳铈矿的分解冶炼对于稀土工业尤为重要。氟碳铈矿是氟与稀土的共伴生矿，由于氟具有极强的电负性与配位性，严重影响稀土的分离提纯过程，相应的资源与环境问题也不断凸显。"氧化焙烧-稀硫酸浸出-萃取分离"工艺是氟碳铈矿综合利用程度最高的工艺，然而，氟碳铈矿硫酸浸出得到的含氟硫酸稀土溶液中，F^-以CeF_2^{2+}络离子形式存在，在萃取过程中F^-被萃入有机相，易造成有机相乳化，产生第三相，会导致Ce^{4+}的分离率偏低，造成稀土的损失。第三相的产生和稀土萃取分离过程与水相溶液的物理化学性质有关，因此，有必要对含氟硫酸稀土溶液的热力学性质进行研究。稀土电解质溶液的热力学研究是稀土湿法冶金物理化学的重要组成部分，能够反映在指定溶剂中稀土离子与溶剂或稀土离子之间的相互作用，对于研究稀土离子溶剂化、离子缔合以及稀土溶液结构理论具有理论和现实意义，也对稀土的萃取分离过程具有重要指导作用[2]。同时，氟碳铈矿中含有7%~9%的氟，长期以来在氟碳铈矿湿法冶炼中将其中的氟元素作为"无用之物"弃去，若能在氟碳铈矿湿法冶炼提取稀土过程中对氟进行资源化利用，不仅能够解决氟碳铈矿中氟排放污染环境的问题，也能开辟一条新的氟资源来源渠道。

本章对氟碳铈矿资源化利用技术进行了系统的理论与实践研究，研究了将Pitzer理论应用于含氟硫酸铈溶液活度系数的计算，研究了不同络合剂在硫酸溶液中与氟的配位化学，为氟与稀土的分离提供理论依据，研究了将活性氧化锆应用于含氟硫酸稀土溶液中氟与稀土的分离。另外，以含铝化合物为抑氟剂，研究了氟碳铈矿的络合焙烧-硫酸浸出过程，通过溶剂萃取分离氟与稀土，并对氟进行资源化利用。此外，本章还研究了HEHEHP[2-乙基己基膦酸单（2-乙基己基）酯]中Ce^{4+}的还原反萃动力学。本章研究为氟碳铈矿中氟与稀土的高效、低耗、环保分离提纯新工艺技术的开发和应用提供理论基础，对于实际生产具有重要的指导意义。

3.1 含氟硫酸铈溶液的热力学性质研究

稀土盐溶液是一种复杂的多组分电解质溶液，其热力学性质的研究对于指导稀土的溶剂萃取分离过程具有重要的作用，能够反映溶液中各离子间的相互作用，揭示离子溶剂化、离子缔合和溶液化学规律。稀土电解质溶液的热力学研究是稀土湿法冶金物理化学的重要组成部分，受到稀土化学、化工界的重视，近年来发展较快，出现了大量相关的理论与应用的研究。无论是单一电解质还是混合电解质体系，密度、折光率、电导率等参数都是非常重要的体系物化性质，可以反映溶液中各离子之间及离子与溶剂之间的相互作用，为溶液热力学性质、相行为等方面的研究提供丰富的基础理论数据，对电解质溶液的分离纯化过程具有指导意义。此外，Pitzer 理论是目前世界上普遍承认的较成熟的电解质溶液理论，广泛应用于湿法冶金、无机盐化工工艺等领域。本节研究了含氟硫酸铈溶液 Ce(SO$_4$)$_2$-HF-H$_2$SO$_4$-H$_2$O 四元体系的热力学性质，测定了溶液的密度、折光率、电导率等物化参数，并采用电动势法测定了溶液的活度系数，采用 Pitzer 电解质溶液理论对实验数据进行拟合，为含氟稀土硫酸盐溶液热力学研究提供基础理论数据，为氟铈的配位及稀土的萃取分离提供科学依据和理论支持。

3.1.1 实验方法

1. Ce(SO$_4$)$_2$-HF-H$_2$SO$_4$-H$_2$O 溶液配制

准确称取一定量的 Ce(SO$_4$)$_2$、HF 和浓 H$_2$SO$_4$ 配制成所需浓度的 Ce(SO$_4$)$_2$-HF-H$_2$SO$_4$-H$_2$O 溶液，定容后静置 10h。

2. 物化参数测定溶液配制

将测试溶液倒入 100mL 烧杯中，置于智能恒温水槽中进行恒温，在不同的测试温度下采用密度计测定溶液的密度，采用阿贝折射仪测定溶液的折光率，采用电导率仪测定溶液的电导率，平行测定 3 次，取其平均值。

3. 电动势测定

采用 231 型玻璃电极为工作电极，Hg/Hg$_2$SO$_4$ 电极为参比电极，组成如下无液体接界电位的可逆电池：

$$\text{pH-ISE} \| \text{H}_2\text{SO}_4(m_1) \| \text{Hg/Hg}_2\text{SO}_4 \qquad 电池 \text{I}$$

$$\text{pH-ISE} \| \text{Ce(SO}_4)_2(m_1), \text{HF}(m_2), \text{H}_2\text{SO}_4(m_3), \text{H}_2\text{O} \| \text{Hg/Hg}_2\text{SO}_4 \qquad 电池 \text{II}$$

其中：m_1 为 Ce(SO$_4$)$_2$ 在溶液中的质量摩尔浓度，mol/kg；m_2 为 HF 在溶液中的质量摩尔浓度，mol/kg；m_3 为 H$_2$SO$_4$ 在溶液中的质量摩尔浓度，mol/kg。

玻璃电极使用前在去离子水中浸泡 2h 以保持其处于最佳工作状态，参比电极在饱和的硫酸钾溶液中浸泡 2h 以上。在实验过程中，对溶液采用磁力搅拌器恒速搅拌，并用智能恒温水槽控制待测溶液温度，电池电动势的测量按溶液浓度由低到高的顺序进行。在实验溶液恒温 10min 以后,每隔 1min 读取一个电位值,相邻两次的读数相差 0.1mV 时,即可认为达到了电位平衡,每个溶液平行测定 3 次,取其平均值。

3.1.2　Ce(SO₄)₂-HF-H₂SO₄-H₂O 体系的密度

密度是溶液的重要物理参数,其与溶液温度和组成的关系是化工设计、溶液理论和分子热力学研究的重要基础数据[3],在传热传质等过程计算中也是必不可少的。因此,稀土溶液的密度研究具有重要的科学价值和实际意义。

Ce(SO₄)₂-HF-H₂SO₄-H₂O 体系的密度值如表 3-1 和表 3-2 所示。由实验结果可知,体系的密度随着电解质浓度的增加而逐渐增大,随温度升高而减小。采用 Origin 对实验数据进行回归可得溶液密度与温度及 Ce(SO₄)₂、HF 和 H₂SO₄ 浓度的关系式为

$$d = 1.0376 - 2.6558 \times 10^{-4}T - 0.0245m_1 + 0.0133m_2 + 0.0543m_3 \quad R^2 = 0.9728 \quad (3\text{-}1)$$

式中:d 为溶液的密度,g/cm³;T 为溶液温度,℃;m_1 为 Ce(SO₄)₂ 的质量摩尔浓度,mol/kg;m_2 为 HF 的质量摩尔浓度,mol/kg;m_3 为 H₂SO₄ 的质量摩尔浓度,mol/kg。

由式(3-1)可知,H₂SO₄ 浓度、HF 浓度与溶液密度呈正相关关系,而 Ce(SO₄)₂ 浓度、温度与溶液密度呈负相关关系。

电解质溶液的体积性质如表观摩尔体积、偏摩尔体积等,可以提供有关离子间、离子与溶剂间和溶剂与溶剂分子间相互作用的信息,对于了解电解质电离和离子的水化、溶液中离子的存在形式和浓度、提高溶液稳定性等至关重要。电解质溶液的表观摩尔体积(V_φ)定义为[4]

$$V_\varphi = \frac{V - n_w V_w}{\sum_i n_i} \quad (3\text{-}2)$$

式中:V 为溶液的体积,L;n_i 为溶质的物质的量,mol;n_w 为溶剂的物质的量,mol;V_w 为溶剂的摩尔体积,L/mol。通过溶液密度,根据式(3-2)可求得电解质水溶液的表观摩尔体积。

$$V_\varphi = \frac{1000(d_w - d)}{dd_w \sum_i m_i} + \frac{\sum_i m_i M_i}{d \sum_i m_i} \quad (3\text{-}3)$$

式中:d_w 为溶剂的密度,g/cm³;m_i 为溶质 i 的质量摩尔浓度,mol/kg;M_i 为溶质 i 的摩尔质量,g/mol。

Ce(SO₄)₂-HF-H₂SO₄-H₂O 体系的表观摩尔体积如图 3-1 所示。由图可知,在一定温度下,溶液中 H₂SO₄ 浓度较低时,随着 HF 质量摩尔浓度增加,F⁻ 与 Ce⁴⁺ 的物质的量比,即 $n(\text{F}^-)/n(\text{Ce}^{4+})$ 增加,溶液的表观摩尔体积先减小后增大。随 H₂SO₄

浓度升高，溶液的表观摩尔体积逐渐增大。溶液的表观摩尔体积的变化是离子的溶剂化、溶剂分子间和溶质分子间相互作用的综合体现，而表观摩尔体积与溶液浓度的关系可用于研究离子间的相互作用。电解质溶于水时，溶质分子本身的体积以及离子间相互作用的过程会对体积产生正贡献，而 Ce^{4+} 与 F^- 间发生配位引起的体积收缩对溶液体积产生负贡献，总的来说，正贡献要大于负贡献，随着 F^- 浓度增大，负贡献增大，溶液表观摩尔体积呈缓慢下降趋势。当 F^- 浓度增加到一定程度时，Ce^{4+} 与 F^- 之间配位作用减弱，Ce^{4+} 与 F^- 产生的负贡献减小，表观摩尔体积下降趋势变缓，若正贡献占据主导，表观摩尔体积会有所增大。图 3-2 为温度对 $Ce(SO_4)_2$-HF-H_2SO_4-H_2O 体系表观摩尔体积的影响。由图 3-2 可知，当温度升高至 35℃时，溶液表观摩尔体积有少量增大，这是由于溶液分子热运动增强，使得分子的振幅加大，溶液中粒子间的空余体积也增大，表观摩尔体积相应增大，继续升高温度至 45℃，溶液表观摩尔体积减小，这可能是由于温度升高，溶液中 F^- 会生成 HF 逸出，导致表观摩尔体积减小。在氟碳铈矿硫酸浸出过程中，浸出温度一般在 80℃以上，往往伴随有 HF 的挥发，造成氟污染和氟资源的浪费，因此，有必要采用一定的措施防止硫酸浸出过程中氟的逸出。

表 3-1　$Ce(SO_4)_2(m_1)$-$HF(m_2)$-$H_2SO_4(m_3)$-H_2O 体系不同 $n(F^-)/n(Ce^{4+})$、不同温度和不同 H_2SO_4 浓度时的密度、表观摩尔体积、折光率、电导率

$n(F^-)/n(Ce^{4+})$	d/(g/cm³)	V_φ/(cm³/mol)	n_D	κ/(mS/cm)	$n(F^-)/n(Ce^{4+})$	d/(g/cm³)	V_φ/(cm³/mol)	n_D	κ/(mS/cm)
$T=25℃$,	$m_{H_2SO_4}=0.12$mol/kg,	$m_{Ce(SO_4)_2}=0.10$mol/kg			1.3432	1.0463	32.5764	1.3411	118.43
0.5735	1.0365	35.4721	1.3398	85.23	1.5367	1.0471	31.4362	1.3411	116.43
0.7654	1.0378	31.8452	1.3399	80.97	1.7280	1.0478	30.5854	1.3411	115.67
0.9608	1.0387	29.6956	1.3399	76.10	1.9190	1.0486	29.7300	1.3410	113.27
1.1547	1.0399	27.0571	1.3399	71.97	2.1106	1.0492	29.0883	1.3409	111.60
1.3459	1.0406	26.0293	1.3400	71.53	2.3036	1.0494	29.1557	1.3409	112.23
1.5368	1.0419	23.5455	1.3401	71.53	$T=25℃$,	$m_{H_2SO_4}=0.38$mol/kg,	$m_{Ce(SO_4)_2}=0.10$mol/kg		
1.7268	1.0425	22.9327	1.3398	69.87	0.5793	1.0499	39.6286	1.3418	168.67
1.9237	1.0431	22.5115	1.3399	67.43	0.7699	1.0504	38.7990	1.3420	166.93
2.1144	1.0434	23.0531	1.3398	70.33	0.9611	1.0513	37.3591	1.3419	164.77
2.3051	1.0429	24.6144	1.3399	71.13	1.1521	1.0521	36.2610	1.3419	163.37
$T=25℃$,	$m_{H_2SO_4}=0.25$mol/kg,	$m_{Ce(SO_4)_2}=0.10$mol/kg			1.3443	1.0535	35.1575	1.3418	162.27
0.5807	1.0434	37.5874	1.3410	128.30	1.5380	1.0542	33.4450	1.3417	159.57
0.7659	1.0441	36.2303	1.3411	124.53	1.7285	1.0550	32.3607	1.3418	158.87
0.9586	1.0449	34.8539	1.3412	122.31	1.9216	1.0555	32.2612	1.3419	158.07
1.1422	1.0454	34.0604	1.3412	120.13	2.1130	1.0563	31.4361	1.3417	157.73

续表

$n(F^-)/n(Ce^{4+})$	$d/(g/cm^3)$	$V_\varphi/(cm^3/mol)$	n_D	$\kappa/(mS/cm)$	$n(F^-)/n(Ce^{4+})$	$d/(g/cm^3)$	$V_\varphi/(cm^3/mol)$	n_D	$\kappa/(mS/cm)$
2.3040	1.0564	31.6779	1.3418	156.10	2.3107	1.0479	31.9552	1.3401	104.33
$T=25℃$,	$m_{H_2SO_4}=0.50$mol/kg,		$m_{Ce(SO_4)_2}=0.10$mol/kg		$T=35℃$,	$m_{H_2SO_4}=0.38$mol/kg,		$m_{Ce(SO_4)_2}=0.10$mol/kg	
0.5754	1.0549	43.0926	1.3429	206.00	0.5800	1.0467	41.2017	1.3403	162.50
0.7698	1.0555	42.2160	1.3428	206.33	0.7717	1.0481	39.3069	1.3402	157.80
0.9618	1.0562	41.2723	1.3428	208.67	0.9641	1.0489	38.5022	1.3401	156.03
1.1529	1.0571	40.0319	1.3429	204.33	1.1542	1.0499	37.3562	1.3402	156.83
1.3457	1.0584	38.5637	1.3428	205.67	1.3474	1.0515	36.4051	1.3400	152.67
1.5355	1.0594	37.2692	1.3427	206.33	1.5396	1.0521	35.0576	1.3403	148.47
1.7306	1.0601	36.5049	1.3429	208.67	1.7321	1.0528	34.5473	1.3402	145.13
1.9226	1.0611	35.4918	1.3429	199.10	1.9246	1.0536	34.3326	1.3402	143.60
2.1134	1.0617	34.9928	1.3430	206.33	2.1163	1.0542	34.1013	1.3399	142.80
2.3048	1.0622	34.6197	1.3430	200.93	2.3057	1.0544	34.4571	1.3402	142.77
$T=35℃$,	$m_{H_2SO_4}=0.12$mol/kg,		$m_{Ce(SO_4)_2}=0.10$mol/kg		$T=35℃$,	$m_{H_2SO_4}=0.50$mol/kg,		$m_{Ce(SO_4)_2}=0.10$mol/kg	
0.5746	1.0337	37.1798	1.338	82.90	0.5772	1.0521	43.9552	1.3415	177.23
0.7672	1.0351	33.9575	1.3381	79.53	0.7714	1.0529	43.0429	1.3414	177.83
0.9633	1.0365	31.0488	1.3381	73.63	0.9638	1.0542	41.6170	1.3413	176.17
1.1584	1.0379	28.6172	1.3383	70.17	1.1565	1.0549	41.0425	1.3414	174.80
1.3509	1.0388	27.7624	1.3382	68.27	1.3478	1.0562	39.7717	1.3413	174.50
1.5409	1.0395	27.2111	1.3383	68.13	1.5405	1.0570	39.1437	1.3413	174.60
1.7339	1.0407	25.8522	1.3382	66.90	1.7357	1.0584	37.8130	1.3412	175.13
1.9314	1.0414	25.7186	1.3381	64.67	1.9276	1.0592	37.3093	1.3412	173.17
2.1187	1.0416	26.7533	1.3383	66.67	2.1205	1.0597	37.2622	1.3413	175.07
2.3149	1.0410	29.1103	1.3382	67.60	2.3113	1.0599	37.4504	1.3414	177.03
$T=35℃$,	$m_{H_2SO_4}=0.25$mol/kg,		$m_{Ce(SO_4)_2}=0.10$mol/kg		$T=45℃$,	$m_{H_2SO_4}=0.12$mol/kg,		$m_{Ce(SO_4)_2}=0.10$mol/kg	
0.5822	1.0404	39.3080	1.3399	118.27	0.5755	1.0317	28.6147	1.3368	80.20
0.7684	1.0415	37.6184	1.3400	117.13	0.7697	1.0325	27.2319	1.3370	76.13
0.9612	1.0427	35.8329	1.3401	113.57	0.9662	1.0334	25.3765	1.3368	72.30
1.1451	1.0433	35.2917	1.3402	111.73	1.1610	1.0341	24.3289	1.3369	67.97
1.3479	1.0447	33.4359	1.3399	110.57	1.3563	1.0349	23.4527	1.3368	64.43
1.5435	1.0456	32.6827	1.3398	106.73	1.5475	1.0357	22.2431	1.3369	63.13
1.7344	1.0462	32.3937	1.3398	105.43	1.7434	1.0371	20.1104	1.3368	61.10
1.9234	1.0471	31.6694	1.3399	105.33	1.9408	1.0378	19.5390	1.3369	62.80
2.1167	1.0475	31.8132	1.3398	105.20	2.1253	1.0376	20.9217	1.3369	62.30

续表

$n(F^-)/n(Ce^{4+})$	d/(g/cm³)	V_φ/(cm³/mol)	n_D	κ/(mS/cm)	$n(F^-)/n(Ce^{4+})$	d/(g/cm³)	V_φ/(cm³/mol)	n_D	κ/(mS/cm)
2.3242	1.0375	22.0644	1.3369	62.87	1.3516	1.0495	31.0291	1.3392	148.42
$T=45℃$,	$m_{H_2SO_4}=0.25$mol/kg,		$m_{Ce(SO_4)_2}=0.10$mol/kg		1.5428	1.0502	29.2002	1.3391	146.37
0.5830	1.0391	31.7329	1.3382	112.03	1.7373	1.0509	28.5529	1.3391	142.03
0.7704	1.0399	30.6422	1.3382	110.60	1.9310	1.0524	27.1830	1.3388	139.80
0.9638	1.0405	29.8997	1.3381	108.97	2.1229	1.0529	26.8925	1.3387	140.33
1.1490	1.0414	28.5578	1.3381	107.27	2.3160	1.0530	27.3146	1.3386	141.63
1.3524	1.0421	27.7750	1.3381	105.93	$T=45℃$,	$m_{H_2SO_4}=0.50$mol/kg,		$m_{Ce(SO_4)_2}=0.10$mol/kg	
1.5454	1.0429	26.7206	1.3379	104.83	0.5776	1.0499	40.5487	1.3405	158.33
1.7389	1.0436	26.1102	1.3379	103.73	0.7728	1.0512	38.7986	1.3404	157.73
1.9276	1.0444	25.2587	1.3379	100.70	0.9662	1.0526	37.0598	1.3404	153.67
2.1213	1.0447	25.3236	1.3379	97.50	1.1595	1.0534	36.1641	1.3401	153.93
2.3182	1.0448	25.7897	1.3378	97.60	1.3512	1.0544	35.0584	1.3400	156.10
$T=45℃$,	$m_{H_2SO_4}=0.38$mol/kg,		$m_{Ce(SO_4)_2}=0.10$mol/kg		1.5449	1.0553	34.1263	1.3401	155.00
0.5812	1.0458	34.8028	1.3393	153.43	1.7404	1.0568	32.4576	1.3402	153.83
0.7732	1.0465	33.8842	1.3392	152.43	1.9316	1.0576	31.7121	1.3401	154.13
0.9658	1.0476	32.3426	1.3394	152.57	2.1256	1.0580	31.6163	1.3401	159.53
1.1567	1.0482	31.6593	1.3391	150.37	2.3137	1.0586	31.0799	1.3401	161.17

表3-2 Ce(SO$_4$)$_2$(m_1)-HF(m_2)-H$_2$SO$_4$(m_3)-H$_2$O体系不同温度和不同Ce(SO$_4$)$_2$浓度时的密度、表观摩尔体积、折光率、电导率

$m_{Ce(SO_4)_2}$/(mol/kg)	d/(g/cm³)	V_φ/(cm³/mol)	n_D	κ/(mS/cm)	$m_{Ce(SO_4)_2}$/(mol/kg)	d/(g/cm³)	V_φ/(cm³/mol)	n_D	κ/(mS/cm)
$T=25℃$,	$m_{H_2SO_4}=0.50$mol/kg,		$n(F^-)/n(Ce^{4+})=2$		0.1038	1.0594	32.3424	1.3411	177.55
0.0010	1.0349	23.0207	1.3380	213.32	0.1299	1.0671	32.6315	1.3421	175.72
0.0051	1.0354	24.7410	1.3379	213.41	0.1572	1.0746	33.7613	1.3430	179.54
0.0102	1.0361	26.6754	1.3380	217.42	0.1833	1.0822	33.8266	1.3447	179.72
0.0514	1.0479	29.5386	1.3401	218.50	$T=45℃$,	$m_{H_2SO_4}=0.50$mol/kg,		$n(F^-)/n(Ce^{4+})=2$	
0.1038	1.0643	30.0383	1.3420	217.81	0.0010	1.0273	24.7336	1.3361	164.78
0.1299	1.0716	30.9030	1.3438	218.17	0.0051	1.0274	27.2620	1.3363	160.15
0.1572	1.0797	31.4262	1.3443	218.41	0.0102	1.0285	28.3814	1.3363	158.73
0.1833	1.0868	32.1713	1.3461	218.54	0.0514	1.0392	32.4774	1.3382	157.62
$T=35℃$,	$m_{H_2SO_4}=0.50$mol/kg,		$n(F^-)/n(Ce^{4+})=2$		0.1038	1.0547	33.4416	1.3400	157.25
0.0010	1.0318	23.2390	1.3369	182.02	0.1299	1.0627	33.3602	1.3409	157.67
0.0051	1.0317	26.1819	1.3371	178.11	0.1572	1.0695	35.0942	1.3421	156.78
0.0102	1.0326	27.7040	1.3375	177.62	0.1833	1.0772	35.0511	1.3430	156.57
0.0514	1.0445	30.3649	1.3389	176.18					

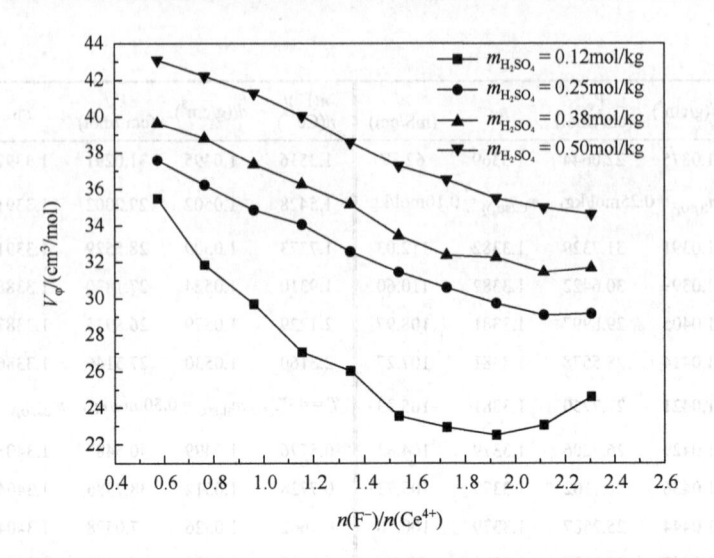

图 3-1　25℃时 $n(F^-)/n(Ce^{4+})$ 和 H_2SO_4 浓度对 $Ce(SO_4)_2$-HF-H_2SO_4-H_2O 体系的表观摩尔体积的影响

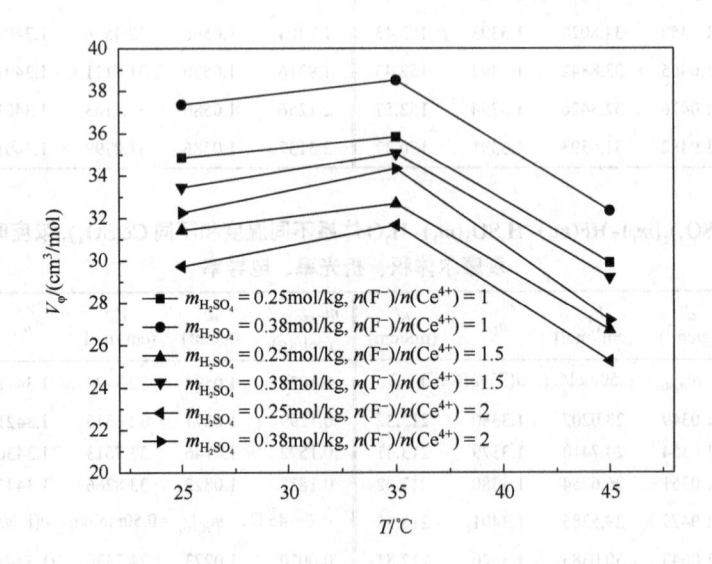

图 3-2　温度对 $Ce(SO_4)_2$-HF-H_2SO_4-H_2O 体系表观摩尔体积的影响

3.1.3　$Ce(SO_4)_2$-HF-H_2SO_4-H_2O 体系的折光率

物质的折光率是反映物质内部信息的一个基本物理量，它与质量分数、密度等参数有一定关联性。电解质溶液的折光率与其组成具有一一对应关系，且与溶液的介电常数、离子的极化率有关,它的大小反映了离子的电荷极化程度,折光率越大,则极化程度越高。因此,折光率为研究分子间相互作用和混合溶液的性质提供了依据[5]。

Ce(SO$_4$)$_2$-HF-H$_2$SO$_4$-H$_2$O 四元体系的折光率如表 3-1 和表 3-2 所示。采用 Origin 对实验数据进行回归可得溶液折光率与温度及 Ce(SO$_4$)$_2$、HF 和 H$_2$SO$_4$ 浓度的关系式为

$$n_D = 1.3375 - 1.4318 \times 10^{-4}T + 0.0489m_1 - 0.0025m_2 + 0.0076m_3 \quad R^2 = 0.9579 \quad (3\text{-}4)$$

式中:n_D 为溶液的折光率;T 为溶液温度,℃;m_1 为 Ce(SO$_4$)$_2$ 的质量摩尔浓度,mol/kg;m_2 为 HF 的质量摩尔浓度,mol/kg;m_3 为 H$_2$SO$_4$ 的质量摩尔浓度,mol/kg。

由式(3-4)可知,Ce(SO$_4$)$_2$ 浓度、H$_2$SO$_4$ 浓度与溶液折光率呈正相关关系,且 Ce(SO$_4$)$_2$ 起主导作用,温度、HF 浓度与溶液折光率呈负相关关系。图 3-3 为 $n(F^-)/n(Ce^{4+})$ 和 H$_2$SO$_4$ 浓度对溶液折光率的影响。由图 3-3 可知,在一定温度下,折光率随溶液中 H$_2$SO$_4$ 质量摩尔浓度的增加而逐渐增大,且不受溶液中氟浓度的影响。图 3-4 为温度和 Ce(SO$_4$)$_2$ 浓度对溶液折光率的影响。由图 3-4 可知,折光率随溶液中 Ce(SO$_4$)$_2$ 质量摩尔浓度的增加逐渐增大,并且随温度升高而降低。溶液的折光率与内部离子的极化率和介质的密度有关,电荷高的阳离子有较强的极化作用,因此 Ce^{4+} 浓度越高,离子极化率也越高,同时 H$_2$SO$_4$ 浓度越高,介质的密度越大,因此折光率也越大。溶液折光率与温度成反比,这是由于温度越高,分子越活跃,使溶液中分子密度越小,折光率也越小。

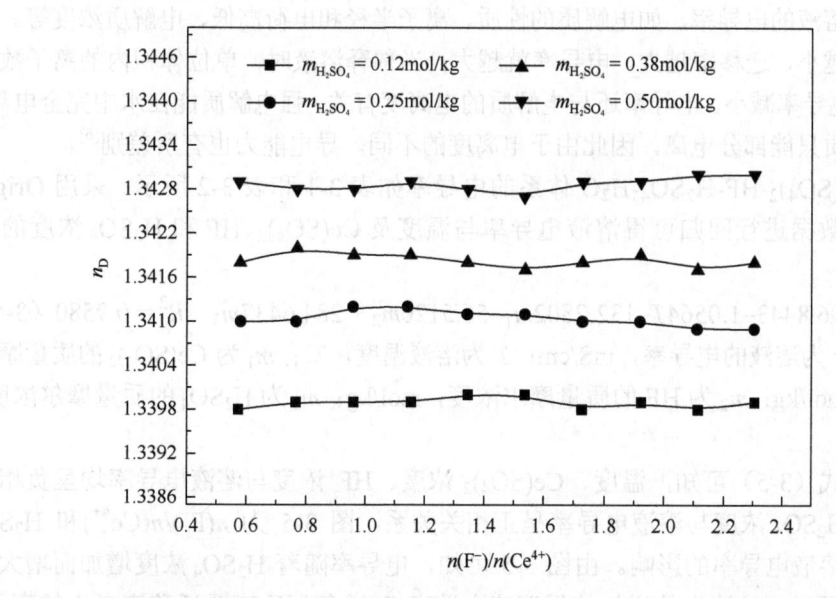

图 3-3 25℃时 $n(F^-)/n(Ce^{4+})$ 和 H$_2$SO$_4$ 浓度对 Ce(SO$_4$)$_2$-HF-H$_2$SO$_4$-H$_2$O 体系的折光率的影响

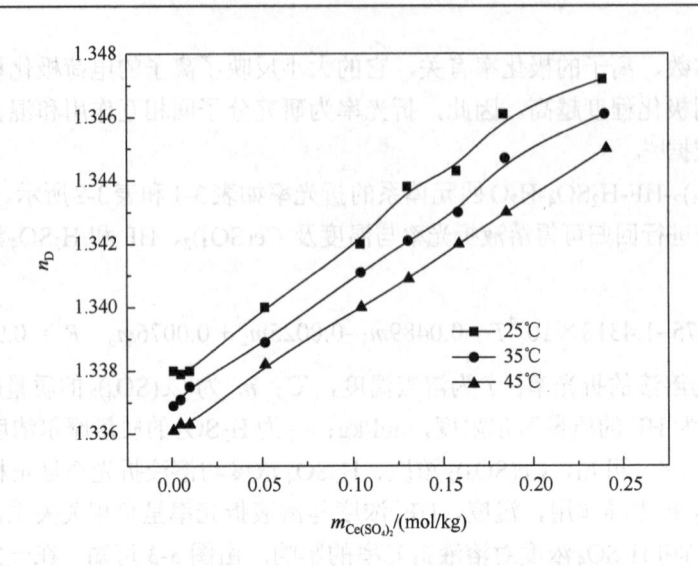

图 3-4 温度和 Ce(SO$_4$)$_2$ 浓度对 Ce(SO$_4$)$_2$-HF-H$_2$SO$_4$-H$_2$O 体系的折光率的影响

3.1.4　Ce(SO$_4$)$_2$-HF-H$_2$SO$_4$-H$_2$O 体系的电导率

电解质溶液的导电是由溶液中的正负离子在外加电场的作用下做定向运动引起的。电导率与溶液浓度、解离系数、正负离子迁移率之和成正比,可作为衡量溶液组成、离子结构、电迁移性质等的一项重要指标。由于电解质溶液的导电机理是溶液中离子的定向运动,因此,任何影响离子运动速度和离子浓度的因素都会影响电解质溶液的电导率,如电解质的性质、离子半径和电荷高低、电解质浓度等。离子半径越小,迁移率越大,电导率就越大;当稀释溶液时,单位体积内的离子数减少,使电导率减小。电导率还与电解质的电离度有关,强电解质能在水中完全电离,弱电解质只能部分电离,因此由于电离度的不同,导电能力也有所差别[6]。

Ce(SO$_4$)$_2$-HF-H$_2$SO$_4$-H$_2$O 体系的电导率如表 3-1 和表 3-2 所示。采用 Origin 对实验数据进行回归可得溶液电导率与温度及 Ce(SO$_4$)$_2$、HF 和 H$_2$SO$_4$ 浓度的关系式为

$$\kappa = -96.8443 - 1.0564T - 132.2802m_1 - 56.5120m_2 + 284.6437m_3 \quad R^2 = 0.9580 \quad (3-5)$$

式中:κ 为溶液的电导率,mS/cm;T 为溶液温度,℃;m_1 为 Ce(SO$_4$)$_2$ 的质量摩尔浓度,mol/kg;m_2 为 HF 的质量摩尔浓度,mol/kg;m_3 为 H$_2$SO$_4$ 的质量摩尔浓度,mol/kg。

由式(3-5)可知,温度、Ce(SO$_4$)$_2$ 浓度、HF 浓度与溶液电导率均呈负相关关系,H$_2$SO$_4$ 浓度与溶液电导率呈正相关关系。图 3-5 为 $n(F^-)/n(Ce^{4+})$ 和 H$_2$SO$_4$ 浓度对溶液电导率的影响。由图 3-5 可知,电导率随着 H$_2$SO$_4$ 浓度增加而增大,这是由于 H$_2$SO$_4$ 浓度的增加使得溶液中游离 H$^+$ 增多,而 H$^+$ 是迁移率最大的离子,

因此溶液电导率增加。在相同 H_2SO_4 浓度下，电导率随 $n(F^-)/n(Ce^{4+})$ 增大而减小，这是因为 F^- 与 Ce^{4+} 发生了配位，离子受到束缚，使得迁移速率小于相应的阳离子，导致溶液的电导率减小。当 H_2SO_4 浓度高于 0.38mol/kg 时，溶液电导率随 $n(F^-)/n(Ce^{4+})$ 变化较小，此时影响溶液电导率的主导因素是 H_2SO_4 浓度。图 3-6 为温度对溶液电导率的影响。与 $Ce(SO_4)_2$-H_2SO_4-H_2O 体系的规律一致，$Ce(SO_4)_2$-HF-H_2SO_4-H_2O 体系的电导率随温度升高而减小，这是由于温度升高，离子的无序运动增加，使溶液的电阻增加，导致电导率减小。

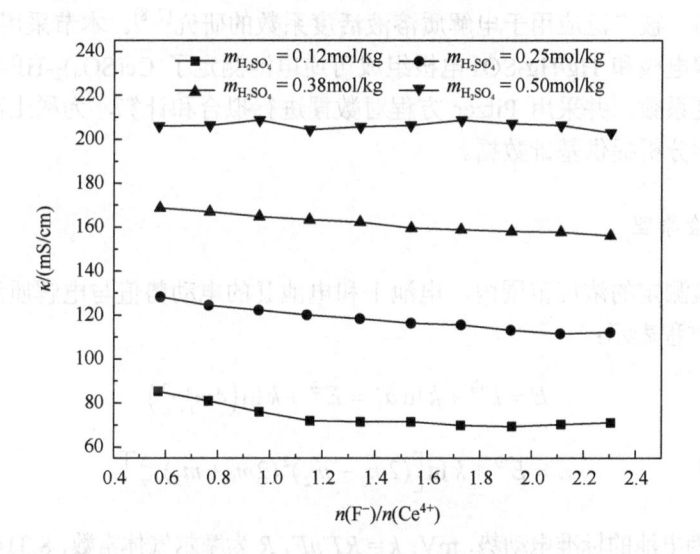

图 3-5 25℃时 $n(F^-)/n(Ce^{4+})$ 和 H_2SO_4 浓度对 $Ce(SO_4)_2$-HF-H_2SO_4-H_2O 体系的电导率的影响

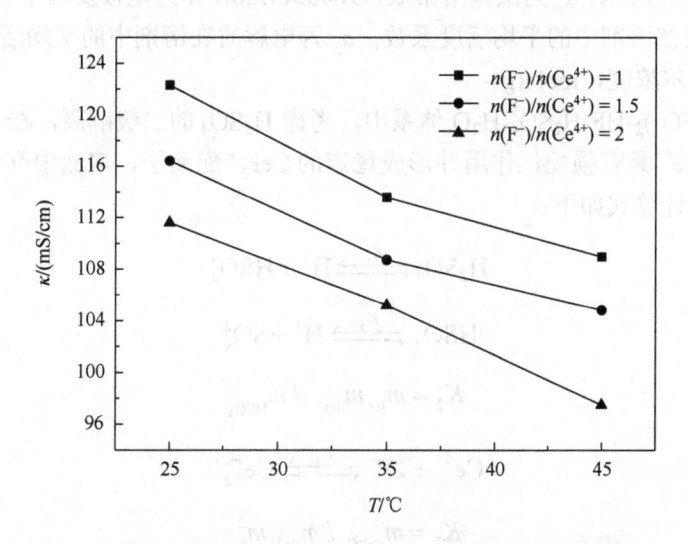

图 3-6 温度对 $Ce(SO_4)_2$-HF-H_2SO_4-H_2O 体系的电导率的影响

3.1.5 Ce(SO$_4$)$_2$-HF-H$_2$SO$_4$-H$_2$O 体系的活度系数

电解质在水溶液中的活度系数是溶液热力学研究的重要参数,它集中反映了溶液中各离子之间及离子与溶剂分子之间的相互作用,对于离子溶剂化、离子缔合以及溶液结构的理论研究具有重要意义。在测定电解质溶液活度系数时常用的方法有电动势法、等压法、电导法等。其中,电动势法操作简便、在低离子强度时准确性高,被广泛应用于电解质溶液活度系数的研究[7, 8]。本节采用电动势法,以 pH 玻璃电极和 Hg/Hg$_2$SO$_4$ 电极组成可逆电池测定了 Ce(SO$_4$)$_2$-HF-H$_2$SO$_4$-H$_2$O 体系的活度系数,并采用 Pitzer 方程对数据进行拟合和计算,为稀土离子的液液萃取热力学分析提供基础数据。

1. 实验原理

在实验测定的浓度范围内,电池 I 和电池 II 的电动势值与电解质活度系数可用 Nernst 方程表示:

电池 I $$E = E^\ominus + k \ln a_\pm^3 = E^\ominus + k \ln\left(4m_1^3 \gamma_\pm^3\right) \tag{3-6}$$

电池 II $$E = E^\ominus + k \ln\left[(2m_3 + m_2)^2 (2m_1 + m_3)\gamma_\pm^3\right] \tag{3-7}$$

式中:$E^\ominus$ 为电池的标准电动势,mV;$k = RT/nF$,R 为摩尔气体常数,8.314J/(mol·K);T 为热力学温度,K;F 为法拉第常数,96485C/mol;n 为电极反应中转移电子数;$\gamma_\pm$ 为电解质在溶剂中的平均活度系数;$a_\pm$ 为电解质在溶剂中的平均活度;m 为溶质的质量摩尔浓度,mol/kg。

在 Ce(SO$_4$)$_2$-HF-H$_2$SO$_4$-H$_2$O 体系中,考虑 H$_2$SO$_4$ 的二级解离,在 H$_2$SO$_4$ 环境下,F$^-$ 与 Ce^{4+} 具有强配位作用并形成稳定的 CeF$_2^{2+}$ 配离子,溶液中存在的反应式和解离常数计算式如下:

$$H_2SO_4 \underset{}{\overset{K_1}{\rightleftharpoons}} H^+ + HSO_4^- \tag{3-8}$$

$$HSO_4^- \underset{}{\overset{K_2}{\rightleftharpoons}} H^+ + SO_4^{2-} \tag{3-9}$$

$$K_2 = m_{H^+} m_{SO_4^{2-}} / m_{HSO_4^-} \tag{3-10}$$

$$Ce^{4+} + 2F^- \underset{}{\overset{K_3}{\rightleftharpoons}} CeF_2^{2+} \tag{3-11}$$

$$K_3 = m_{CeF_2^{2+}} / m_{Ce^{4+}} m_{F^-}^2 \tag{3-12}$$

$$Ce^{4+} + HSO_4^- \xrightleftharpoons{K_4} Ce(SO_4)^{2+} + H^+ \quad (3\text{-}13)$$

$$K_4 = m_{Ce(SO_4)^{2+}} m_{H^+} / m_{HSO_4^-} m_{Ce^{4+}} \quad (3\text{-}14)$$

根据质量平衡,有

$$m_{H^+} + m_{HSO_4^-} = 2m_{H_2SO_4} + m_{HF} \quad (3\text{-}15)$$

$$m_{Ce^{4+}} + m_{CeF_2^{2+}} + m_{Ce(SO_4)^{2+}} = m_{Ce(SO_4)_2} \quad (3\text{-}16)$$

$$m_{HSO_4^-} + m_{SO_4^{2-}} + m_{Ce(SO_4)^{2+}} = 2m_{Ce(SO_4)_2} + m_{H_2SO_4} \quad (3\text{-}17)$$

$$m_{F^-} + 2m_{CeF_2^{2+}} = m_{HF} \quad (3\text{-}18)$$

以上方程中,m_{H^+}、$m_{HSO_4^-}$、$m_{SO_4^{2-}}$、$m_{H_2SO_4}$、$m_{Ce^{4+}}$、$m_{CeF_2^{2+}}$、$m_{Ce(SO_4)^{2+}}$、$m_{Ce(SO_4)_2}$、m_{F^-} 和 m_{HF} 分别为溶液中 H^+、HSO_4^-、SO_4^{2-}、H_2SO_4、Ce^{4+}、CeF_2^{2+}、$Ce(SO_4)^{2+}$、$Ce(SO_4)_2$、F^- 和 HF 的质量摩尔浓度。各物种的浓度可通过式(3-8)~式(3-18),采用牛顿迭代法求得。表 3-3 列出了 H_2SO_4 浓度为 0.25mol/kg 时溶液中各离子浓度的部分数据,计算得到的 Ce^{4+}、F^- 浓度很低,可认为溶液中铈和氟几乎全部以 $Ce(SO_4)^{2+}$ 和 CeF_2^{2+} 形式存在,为简化本研究模型,忽略 Ce^{4+} 和 F^- 的影响。

表 3-3 溶液中各离子浓度 (单位:mol/kg)

$m_{Ce^{4+}}$	m_{H^+}	$m_{Ce(SO_4)^{2+}}$	$m_{SO_4^{2-}}$	$m_{HSO_4^-}$	$m_{CeF_2^{2+}}$	m_{F^-}
8.0965×10^{-6}	0.2324	0.0380	0.0137	0.3117	0.0154	0.0002
7.0872×10^{-6}	0.2374	0.0331	0.0136	0.3168	0.0204	0.0002
6.0273×10^{-6}	0.2427	0.0280	0.0135	0.3224	0.0255	0.0003
4.9999×10^{-6}	0.2476	0.0231	0.0135	0.3274	0.0304	0.0004
3.8651×10^{-6}	0.2529	0.0178	0.0134	0.3327	0.0357	0.0004
2.7677×10^{-6}	0.2583	0.0127	0.0134	0.3381	0.0409	0.0006
1.6812×10^{-6}	0.2636	0.0077	0.0133	0.3434	0.0459	0.0008
6.2442×10^{-7}	0.2694	0.0028	0.0132	0.3490	0.0509	0.0013

针对本研究的混合电解质 $Ce(SO_4)_2$-HF-H_2SO_4-H_2O 体系,考虑溶液中 H^+、HSO_4^-、SO_4^{2-}、$Ce(SO_4)^{2+}$ 和 CeF_2^{2+} 多种离子的相互作用,将相应的参数及电解质浓度代入 Pitzer 方程,获得如下关系式:

$$\begin{aligned}
\ln \gamma_{\pm}(H_2SO_4) = &-2A^{\phi}[I^{1/2}/(1+1.2I^{1/2})+(2/1.2)\ln(1+1.2I^{1/2})] \\
&+\frac{4}{3}m_{SO_4^{2-}}\left(B_{H^+,SO_4^{2-}}+ZC_{H^+,SO_4^{2-}}\right) \\
&+\frac{4}{3}m_{HSO_4^-}\left[B_{H^+,HSO_4^-}+ZC_{H^+,HSO_4^-}+\frac{1}{2}\left(\theta_{SO_4^{2-},HSO_4^-}+{}^E\theta_{SO_4^{2-},HSO_4^-}\right)\right] \\
&+\frac{2}{3}m_{H^+}\left(B_{H^+,SO_4^{2-}}+ZC_{H^+,SO_4^{2-}}\right) \\
&+\frac{2}{3}m_{CeF_2^{2+}}\left[B_{CeF_2^{2+},SO_4^{2-}}+ZC_{CeF_2^{2+},SO_4^{2-}}+2\left(\theta_{H^+,CeF_2^{2+}}+{}^E\theta_{H^+,CeF_2^{2+}}\right)\right] \\
&+\frac{2}{3}m_{Ce(SO_4)^{2+}}\left[B_{Ce(SO_4)^{2+},SO_4^{2-}}+ZC_{Ce(SO_4)^{2+},SO_4^{2-}}+2\left(\theta_{H^+,Ce(SO_4)^{2+}}+{}^E\theta_{H^+,Ce(SO_4)^{2+}}\right)\right] \\
&+m_{Ce(SO_4)^{2+}}m_{SO_4^{2-}}\left[2B'_{Ce(SO_4)^{2+},SO_4^{2-}}+\frac{1}{3}\left(4C_{Ce(SO_4)^{2+},SO_4^{2-}}+2\psi_{H^+,Ce(SO_4)^{2+},SO_4^{2-}}\right)\right] \\
&+m_{Ce(SO_4)^{2+}}m_{HSO_4^-}\left[2B'_{Ce(SO_4)^{2+},HSO_4^-}+\frac{1}{3}\left(4C_{Ce(SO_4)^{2+},HSO_4^-}+2\psi_{H^+,Ce(SO_4)^{2+},SO_4^{2-}}\right.\right. \\
&\left.\left.+\psi_{Ce(SO_4)^{2+},HSO_4^-,SO_4^{2-}}\right)\right] \\
&+m_{CeF_2^{2+}}m_{HSO_4^-}\left[2B'_{CeF_2^{2+},HSO_4^-}+\frac{1}{3}\left(4C_{CeF_2^{2+},HSO_4^-}+2\psi_{H^+,CeF_2^{2+},HSO_4^-}+\psi_{CeF_2^{2+},HSO_4^-,SO_4^{2-}}\right)\right] \\
&+m_{CeF_2^{2+}}m_{SO_4^{2-}}\left[2B'_{CeF_2^{2+},SO_4^{2-}}+\frac{1}{3}\left(4C_{CeF_2^{2+},SO_4^{2-}}+2\psi_{H^+,CeF_2^{2+},SO_4^{2-}}\right)\right] \\
&+m_{H^+}m_{HSO_4^-}\left[2B'_{H^+,HSO_4^-}+\frac{1}{3}\left(4C_{H^+,HSO_4^-}+\psi_{H^+,HSO_4^-,SO_4^{2-}}\right)\right] \\
&+m_{H^+}m_{SO_4^{2-}}\left(2B'_{H^+,SO_4^{2-}}+\frac{4}{3}C_{H^+,SO_4^{2-}}\right) \\
&+\frac{1}{2}m_{Ce(SO_4)^{2+}}m_{CeF_2^{2+}}\left(\frac{1}{3}\psi_{Ce(SO_4)^{2+},CeF_2^{2+},SO_4^{2-}}+2\,{}^E\theta'_{Ce(SO_4)^{2+},CeF_2^{2+}}\right) \\
&+\frac{1}{2}m_{Ce(SO_4)^{2+}}m_{H^+}\left(\frac{1}{3}\psi_{Ce(SO_4)^{2+},H^+,SO_4^{2-}}+2\,{}^E\theta'_{Ce(SO_4)^{2+},H^+}\right) \\
&+\frac{1}{2}m_{CeF_2^{2+}}m_{H^+}\left(\frac{1}{3}\psi_{CeF_2^{2+},H^+,SO_4^{2-}}+2\,{}^E\theta'_{CeF_2^{2+},H^+}\right) \\
&+\frac{1}{2}m_{HSO_4^-}m_{SO_4^{2-}}\left(\frac{2}{3}\psi_{H^+,SO_4^{2-},HSO_4^-}+2\,{}^E\theta'_{SO_4^{2-},HSO_4^-}\right)
\end{aligned}$$

(3-19)

$$\begin{aligned}
\ln\gamma_\pm(\mathrm{CeF_2^{2+}}) = & -4A^\phi[I^{1/2}/(1+1.2I^{1/2})+(2/1.2)\ln(1+1.2I^{1/2})]+m_{\mathrm{HSO_4^-}}\left(2B_{\mathrm{CeF_2^{2+},HSO_4^-}}+ZC_{\mathrm{CeF_2^{2+},HSO_4^-}}\right)\\
& +m_{\mathrm{SO_4^{2-}}}\left(2B_{\mathrm{CeF_2^{2+},SO_4^{2-}}}+ZC_{\mathrm{CeF_2^{2+},SO_4^{2-}}}\right)\\
& +m_{\mathrm{H^+}}\left(2\theta_{\mathrm{CeF_2^{2+},H^+}}+2\,^E\theta_{\mathrm{CeF_2^{2+},H^+}}\right)+2m_{\mathrm{Ce(SO_4)^{2+}}}\theta_{\mathrm{CeF_2^{2+},Ce(SO_4)^{2+}}}\\
& +m_{\mathrm{H^+}}m_{\mathrm{HSO_4^-}}\psi_{\mathrm{CeF_2^{2+},H^+,HSO_4^-}}+m_{\mathrm{H^+}}m_{\mathrm{SO_4^{2-}}}\psi_{\mathrm{CeF_2^{2+},H^+,SO_4^{2-}}}\\
& +m_{\mathrm{Ce(SO_4)^{2+}}}m_{\mathrm{HSO_4^-}}\psi_{\mathrm{CeF_2^{2+},Ce(SO_4)^{2+},HSO_4^-}}+m_{\mathrm{Ce(SO_4)^{2+}}}m_{\mathrm{SO_4^{2-}}}\psi_{\mathrm{CeF_2^{2+},Ce(SO_4)^{2+},SO_4^{2-}}}\\
& +m_{\mathrm{HSO_4^-}}m_{\mathrm{SO_4^{2-}}}\psi_{\mathrm{HSO_4^-,SO_4^{2-},CeF_2^{2+}}}+2m_{\mathrm{H^+}}m_{\mathrm{HSO_4^-}}\left(C_{\mathrm{H^+,HSO_4^-}}+2B'_{\mathrm{H^+,HSO_4^-}}\right)\\
& +2m_{\mathrm{H^+}}m_{\mathrm{SO_4^{2-}}}\left(C_{\mathrm{H^+,SO_4^{2-}}}+2B'_{\mathrm{H^+,SO_4^{2-}}}\right)+2m_{\mathrm{CeF_2^{2+}}}m_{\mathrm{HSO_4^-}}\left(C_{\mathrm{CeF_2^{2+},HSO_4^-}}+2B'_{\mathrm{CeF_2^{2+},HSO_4^-}}\right)\\
& +2m_{\mathrm{CeF_2^{2+}}}m_{\mathrm{SO_4^{2-}}}\left(C_{\mathrm{CeF_2^{2+},SO_4^{2-}}}+2B'_{\mathrm{CeF_2^{2+},SO_4^{2-}}}\right)\\
& +2m_{\mathrm{Ce(SO_4)^{2+}}}m_{\mathrm{HSO_4^-}}\left(C_{\mathrm{Ce(SO_4)^{2+},HSO_4^-}}+2B'_{\mathrm{Ce(SO_4)^{2+},HSO_4^-}}\right)\\
& +2m_{\mathrm{Ce(SO_4)^{2+}}}m_{\mathrm{SO_4^{2-}}}\left(C_{\mathrm{Ce(SO_4)^{2+},SO_4^{2-}}}+2B'_{\mathrm{Ce(SO_4)^{2+},SO_4^{2-}}}\right)+4m_{\mathrm{H^+}}m_{\mathrm{CeF_2^{2+}}}\,^E\theta'_{\mathrm{H^+,CeF_2^{2+}}}\\
& +4m_{\mathrm{H^+}}m_{\mathrm{Ce(SO_4)^{2+}}}\,^E\theta'_{\mathrm{H^+,Ce(SO_4)^{2+}}}+4m_{\mathrm{CeF_2^{2+}}}m_{\mathrm{Ce(SO_4)^{2+}}}\,^E\theta'_{\mathrm{CeF_2^{2+},Ce(SO_4)^{2+}}}\\
& +4m_{\mathrm{HSO_4^-}}m_{\mathrm{SO_4^{2-}}}\,^E\theta'_{\mathrm{HSO_4^-,SO_4^{2-}}}
\end{aligned}$$

(3-20)

$$\begin{aligned}
\phi-1 = & \left(2/\sum m_i\right)\Big[-A^\phi I^{3/2}/(1+1.2I^{1/2})\\
& +m_{\mathrm{H^+}}m_{\mathrm{HSO_4^-}}\left(B^\phi_{\mathrm{H^+,HSO_4^-}}+ZC_{\mathrm{H^+,HSO_4^-}}\right)\Big]+m_{\mathrm{H^+}}m_{\mathrm{SO_4^{2-}}}\left(B^\phi_{\mathrm{H^+,SO_4^{2-}}}+ZC_{\mathrm{H^+,SO_4^{2-}}}\right)\\
& +m_{\mathrm{CeF_2^{2+}}}m_{\mathrm{HSO_4^-}}\left(B^\phi_{\mathrm{CeF_2^{2+},HSO_4^-}}+ZC_{\mathrm{CeF_2^{2+},HSO_4^-}}\right)+m_{\mathrm{CeF_2^{2+}}}m_{\mathrm{SO_4^{2-}}}\left(B^\phi_{\mathrm{CeF_2^{2+},SO_4^{2-}}}+ZC_{\mathrm{CeF_2^{2+},SO_4^{2-}}}\right)\\
& +m_{\mathrm{Ce(SO_4)^{2+}}}m_{\mathrm{HSO_4^-}}\left(B^\phi_{\mathrm{Ce(SO_4)^{2+},HSO_4^-}}+ZC_{\mathrm{Ce(SO_4)^{2+},HSO_4^-}}\right)\\
& +m_{\mathrm{Ce(SO_4)^{2+}}}m_{\mathrm{SO_4^{2-}}}\left(B^\phi_{\mathrm{CeF_2^{2+},SO_4^{2-}}}+ZC_{\mathrm{CeF_2^{2+},SO_4^{2-}}}\right)+m_{\mathrm{H^+}}m_{\mathrm{CeF_2^{2+}}}\theta_{\mathrm{H^+,CeF_2^{2+}}}\\
& +m_{\mathrm{H^+}}m_{\mathrm{Ce(SO_4)^{2+}}}\theta_{\mathrm{H^+,Ce(SO_4)^{2+}}}+m_{\mathrm{CeF_2^{2+}}}m_{\mathrm{Ce(SO_4)^{2+}}}\theta_{\mathrm{CeF_2^{2+},Ce(SO_4)^{2+}}}\\
& +m_{\mathrm{H^+}}m_{\mathrm{CeF_2^{2+}}}m_{\mathrm{HSO_4^-}}\psi_{\mathrm{H^+,CeF_2^{2+},HSO_4^-}}+m_{\mathrm{H^+}}m_{\mathrm{CeF_2^{2+}}}m_{\mathrm{SO_4^{2-}}}\psi_{\mathrm{H^+,CeF_2^{2+},SO_4^{2-}}}\\
& +m_{\mathrm{H^+}}m_{\mathrm{Ce(SO_4)^{2+}}}m_{\mathrm{HSO_4^-}}\psi_{\mathrm{H^+,Ce(SO_4)^{2+},HSO_4^-}}+m_{\mathrm{H^+}}m_{\mathrm{Ce(SO_4)^{2+}}}m_{\mathrm{SO_4^{2-}}}\psi_{\mathrm{H^+,Ce(SO_4)^{2+},SO_4^{2-}}}\\
& +m_{\mathrm{CeF_2^{2+}}}m_{\mathrm{Ce(SO_4)^{2+}}}m_{\mathrm{HSO_4^-}}\psi_{\mathrm{CeF_2^{2+},Ce(SO_4)^{2+},HSO_4^-}}+m_{\mathrm{CeF_2^{2+}}}m_{\mathrm{Ce(SO_4)^{2+}}}m_{\mathrm{SO_4^{2-}}}\psi_{\mathrm{CeF_2^{2+},Ce(SO_4)^{2+},SO_4^{2-}}}\\
& +m_{\mathrm{HSO_4^-}}m_{\mathrm{SO_4^{2-}}}m_{\mathrm{H^+}}\psi_{\mathrm{HSO_4^-,SO_4^{2-},H^+}}+m_{\mathrm{HSO_4^-}}m_{\mathrm{SO_4^{2-}}}m_{\mathrm{CeF_2^{2+}}}\psi_{\mathrm{HSO_4^-,SO_4^{2-},CeF_2^{2+}}}\\
& +m_{\mathrm{HSO_4^-}}m_{\mathrm{SO_4^{2-}}}m_{\mathrm{Ce(SO_4)^{2+}}}\psi_{\mathrm{HSO_4^-,SO_4^{2-},Ce(SO_4)^{2+}}}+m_{\mathrm{H^+}}m_{\mathrm{CeF_2^{2+}}}\left(^E\theta_{\mathrm{H^+,CeF_2^{2+}}}+I\,^E\theta'_{\mathrm{H^+,CeF_2^{2+}}}\right)\\
& +m_{\mathrm{H^+}}m_{\mathrm{Ce(SO_4)^{2+}}}\left(^E\theta_{\mathrm{H^+,Ce(SO_4)^{2+}}}+I\,^E\theta'_{\mathrm{H^+,Ce(SO_4)^{2+}}}\right)\\
& +m_{\mathrm{CeF_2^{2+}}}m_{\mathrm{Ce(SO_4)^{2+}}}\left(^E\theta_{\mathrm{CeF_2^{2+},Ce(SO_4)^{2+}}}+I\,^E\theta'_{\mathrm{CeF_2^{2+},Ce(SO_4)^{2+}}}\right)\\
& +m_{\mathrm{HSO_4^-}}m_{\mathrm{SO_4^{2-}}}\left(^E\theta_{\mathrm{HSO_4^-,SO_4^{2-}}}+I\,^E\theta'_{\mathrm{HSO_4^-,SO_4^{2-}}}\right)
\end{aligned}$$

(3-21)

$$B^\phi_{MX} = \beta^{(0)}_{MX} + \beta^{(1)}_{MX} e^{-a_1\sqrt{I}} + \beta^{(2)}_{MX} e^{-a_2\sqrt{I}} \qquad (3\text{-}22)$$

$$B_{MX} = \beta^{(0)}_{MX} + \beta^{(1)}_{MX} g(a_1\sqrt{I}) + \beta^{(2)}_{MX} g(a_2\sqrt{I}) \qquad (3\text{-}23)$$

$$B'_{MX} = \beta^{(1)}_{MX} g'(a_1\sqrt{I})/I + \beta^{(2)}_{MX} g'(a_2\sqrt{I})/I \qquad (3\text{-}24)$$

$$g(x) = 2\left[1-(1+x)e^{-x}\right]/x^2 \qquad (3\text{-}25)$$

$$g'(x) = -2\left[1-(1+x+x^2/2)e^{-x}\right]/x^2 \qquad (3\text{-}26)$$

$$C_{MX} = C^\phi_{MX}/2|z_M z_X|^{1/2} \qquad (3\text{-}27)$$

式中：$\gamma_\pm$ 为电解质溶液平均活度系数；I 为溶液的离子强度；m 为溶液中各离子的质量摩尔浓度；z 为溶液中各离子所带的电荷数。Pitzer 模型可使用 3 个或 4 个参数描述溶液中离子的相互作用，即纯盐 Pitzer 参数 $\beta^{(0)}$、$\beta^{(1)}$ 和 C^ϕ，对于 2:2 价及以上电解质，引入了 $\beta^{(2)}$，用于描述 Ce^{4+} 和 F^-、Ce^{4+} 和 SO_4^{2-} 之间的缔合作用；θ 和 ψ 分别表示溶液中同号二离子以及二同号一异号三离子之间的相互作用参数，即混合参数；$^E\theta$ 和 $^E\theta'$ 表示非对称电解质体系的高阶静电项，可根据 Pitzer 提供的经验型公式计算。298.15K 时，溶剂的密度为 0.9968g/cm³，介电常数为 78.36，Debye-Hückel 参数 A^ϕ 为 0.3915kg$^{1/2}$/mol$^{1/2}$，a_1 为 1.4kg$^{1/2}$/mol$^{1/2}$，a_2 为 12kg$^{1/2}$/mol$^{1/2}$。

在数据处理过程中，将 Nernst 方程和 Pitzer 方程联立，得到 E 与 $E^\ominus$ 及 Pitzer 参数的函数关系式：

$$E = f(E^\ominus, \beta^{(0)}, \beta^{(1)}, \beta^{(2)}, C^\phi \cdots) \qquad (3\text{-}28)$$

将测得的电动势和浓度数据采用 Matlab 软件进行最小二乘拟合，可得到 $E^\ominus$、Pitzer 参数、H_2SO_4 的活度系数 $[\gamma_\pm(H_2SO_4)]$ 以及标准偏差，进行多次迭代，直至获得合理的结果。根据 Pitzer 参数进一步计算可得 CeF_2^{2+} 的活度系数 $\left[\gamma_\pm(CeF_2^{2+})\right]$ 和溶液的渗透系数（ϕ）。

2. 电极标定

由电池 I 测定 H_2SO_4 溶液的电动势（E）从而表征 pH 玻璃电极在 H_2SO_4 溶液中的响应特性。根据 Nernst 方程[式（3-6）]，其中 H_2SO_4 溶液 298.15K 时的活度系数取自文献[9]，以 E 对 $\ln a_\pm$ 作图，结果如图 3-7 所示。由图 3-7 可见，采用 pH 玻璃电极与 Hg/Hg_2SO_4 电极组成的可逆电池在测定的 H_2SO_4 浓度范围内具有良好的 Nernst 线性响应，相关系数为 0.9979，回归的 Nernst

斜率为 12.19mV,与理论值 12.85mV 接近。由此可见,采用此电极对组成可逆电池测定 $Ce(SO_4)_2$-HF-H_2SO_4-H_2O 体系的活度系数是可行的,所得的实验数据也是准确可靠的。

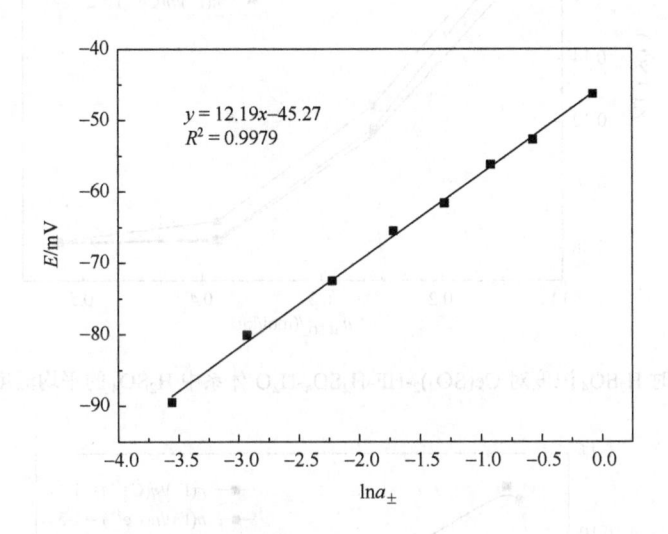

图 3-7　298.15K 时 pH 玻璃电极和 Hg/Hg_2SO_4 电极对在 H_2SO_4 溶液中的标定结果

3. 活度系数

图 3-8 和图 3-9 分别为 25℃时 $Ce(SO_4)_2$-HF-H_2SO_4-H_2O 体系中 H_2SO_4 的平均活度系数随 H_2SO_4 和 $Ce(SO_4)_2$ 质量摩尔浓度的变化图。由图可见,在实验的浓度范围内,当 $n(F^-)/n(Ce^{4+})$ 一定时,H_2SO_4 的活度系数随着 H_2SO_4 浓度的增大而减小。当 H_2SO_4 浓度一定,$Ce(SO_4)_2$ 浓度低于 0.02mol/kg 时,H_2SO_4 的活度系数随 $Ce(SO_4)_2$ 浓度增加而增大,这是由于溶液中加入低浓度的 $Ce(SO_4)_2$ 后,Ce^{4+} 和 SO_4^{2-} 发生缔合,同时加入的 SO_4^{2-} 会抑制 H_2SO_4 的解离,使 H^+ 和 SO_4^{2-} 的浓度降低,因此活度系数增大,但继续增加 $Ce(SO_4)_2$ 浓度,SO_4^{2-} 和 $Ce(SO_4)_2^{2+}$ 增多,阳离子与阴离子之间的静电吸引力增强,同时溶液中 Ce^{4+} 对 SO_4^{2-} 的阻滞效应也增强,会降低溶液中自由离子的浓度,导致活度系数减小。此外,H_2SO_4 的活度系数随着 $n(F^-)/n(Ce^{4+})$ 的增加而减小,当 $Ce(SO_4)_2$ 浓度高于 0.15mol/kg 时,$n(F^-)/n(Ce^{4+})$ 越高,H_2SO_4 的活度系数有少量增加。这是因为 $n(F^-)/n(Ce^{4+})$ 大于 1.5 时,当 $Ce(SO_4)_2$ 浓度增加到一定程度,溶液中电解质浓度较高,离子的水化作用使许多溶剂分子被束缚在离子周围的水化层中,不能自由移动,从而减少溶液中"自由"水分子的数量,离子之间的 Debye-Hückel 相互作用增强,使活度系数增大[10]。

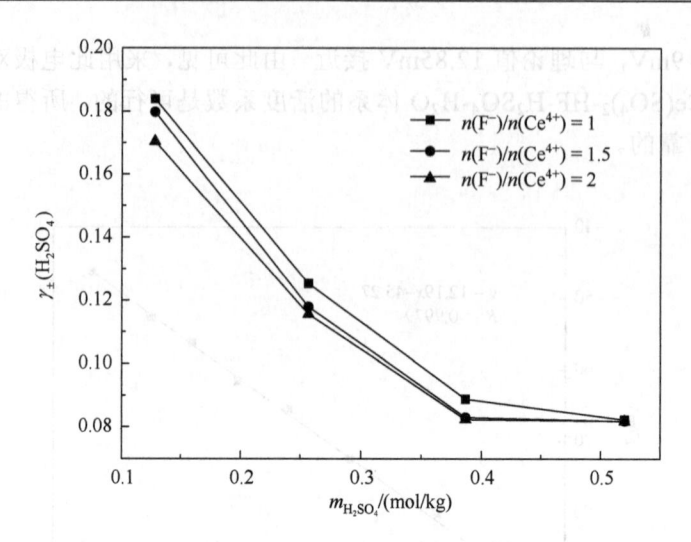

图 3-8　25℃时 H$_2$SO$_4$ 浓度对 Ce(SO$_4$)$_2$-HF-H$_2$SO$_4$-H$_2$O 体系中 H$_2$SO$_4$ 的平均活度系数的影响

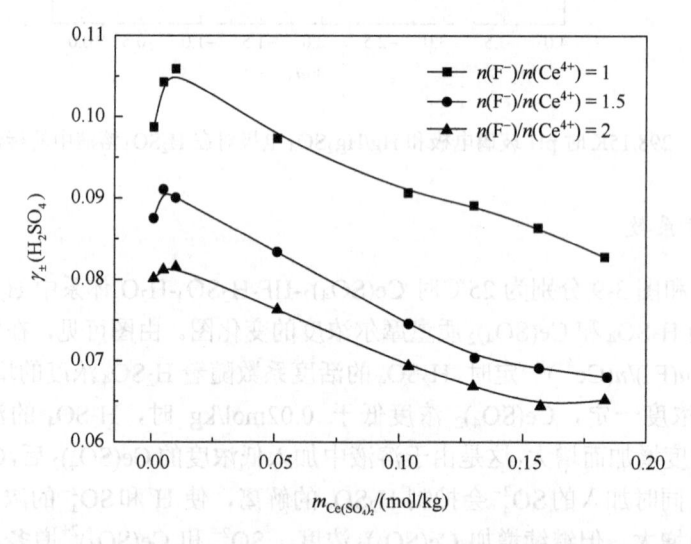

图 3-9　25℃时 Ce(SO$_4$)$_2$ 浓度对 Ce(SO$_4$)$_2$-HF-H$_2$SO$_4$-H$_2$O 体系中 H$_2$SO$_4$ 的平均活度系数的影响

图 3-10 和图 3-11 为 25℃时 Ce(SO$_4$)$_2$-HF-H$_2$SO$_4$-H$_2$O 体系中 CeF$_2^{2+}$ 的活度系数随 H$_2$SO$_4$ 和 Ce(SO$_4$)$_2$ 质量摩尔浓度的变化图。由图可见，在实验的浓度范围内，CeF$_2^{2+}$ 的活度系数随 H$_2$SO$_4$ 浓度增加而减小，相同 H$_2$SO$_4$ 浓度下，随着 n(F$^-$)/n(Ce^{4+}) 升高，溶液中 CeF$_2^{2+}$ 浓度增大，离子间的相互作用力增强，导致活度系数减小。在相同 n(F$^-$)/n(Ce^{4+}) 下，CeF$_2^{2+}$ 的活度系数随 Ce(SO$_4$)$_2$ 浓度的增大而减小，并且 n(F$^-$)/n(Ce^{4+}) 越大，减小的速度越快。活度系数越大，表明 CeF$_2^{2+}$ 的有效浓度越大，金属离子的有效浓度越高，越有利于提高萃取过程的分配系数。

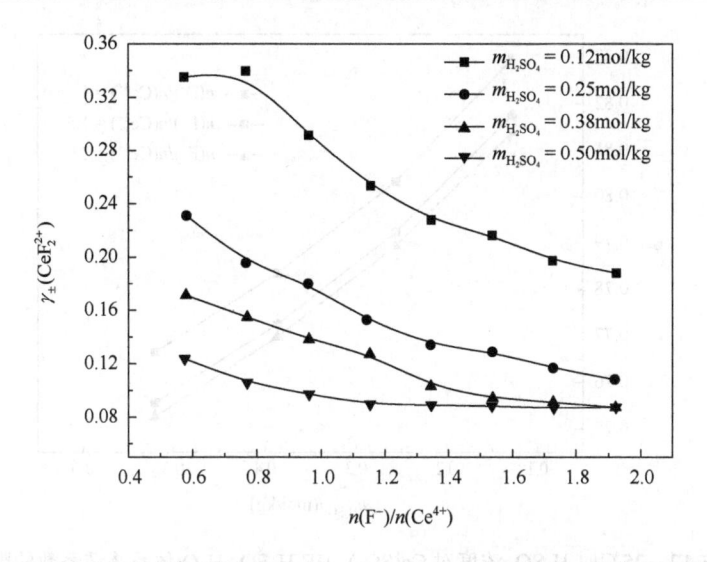

图 3-10 25℃时 $n(F^-)/n(Ce^{4+})$ 对 $Ce(SO_4)_2$-HF-H_2SO_4-H_2O 体系中 CeF_2^{2+} 的活度系数的影响

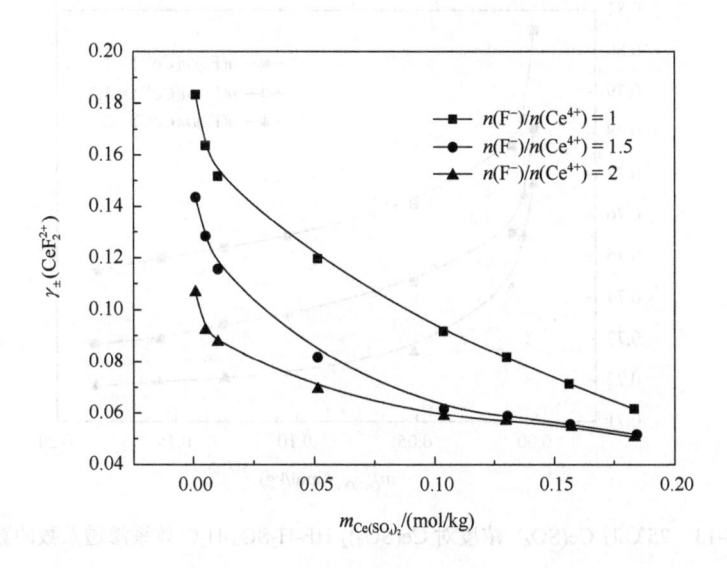

图 3-11 25℃时 $Ce(SO_4)_2$ 浓度对 $Ce(SO_4)_2$-HF-H_2SO_4-H_2O 体系中 CeF_2^{2+} 活度系数的影响

4. 渗透系数

图 3-12 和图 3-13 分别为 25℃时 $Ce(SO_4)_2$-HF-H_2SO_4-H_2O 体系的渗透系数随 H_2SO_4 和 $Ce(SO_4)_2$ 质量摩尔浓度的变化图。由图可见，溶液的渗透系数随着电解质质量摩尔浓度的增加而减小，这是由于溶液中电解质浓度增大，溶剂化自由离子的浓度增大，从而使自由水分子减少，导致渗透系数减小。

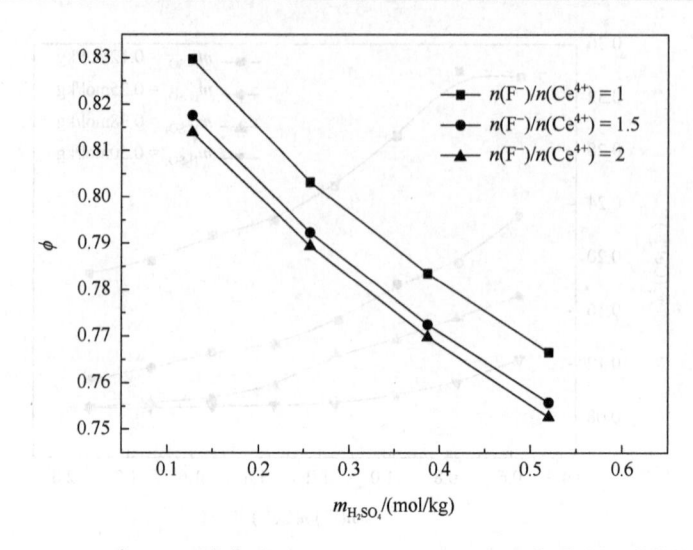

图 3-12　25℃时 H_2SO_4 浓度对 $Ce(SO_4)_2$-HF-H_2SO_4-H_2O 体系渗透系数的影响

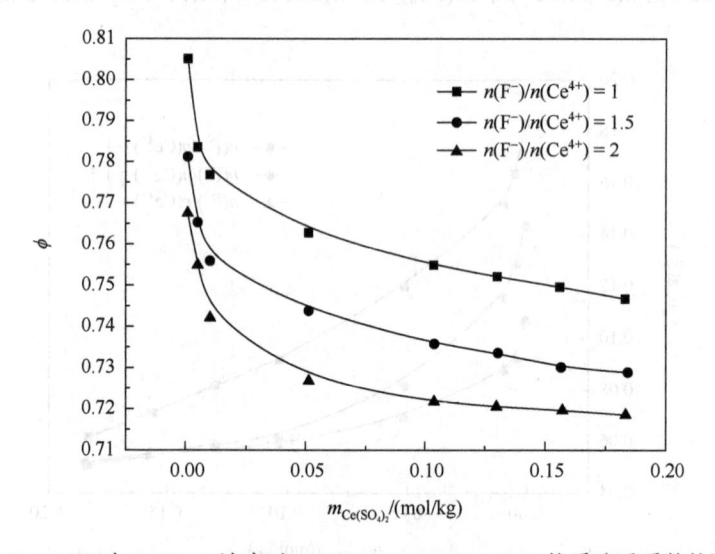

图 3-13　25℃时 $Ce(SO_4)_2$ 浓度对 $Ce(SO_4)_2$-HF-H_2SO_4-H_2O 体系渗透系数的影响

3.1.6　本节小结

本节研究了含氟硫酸稀土溶液 $Ce(SO_4)_2$-HF-H_2SO_4-H_2O 四元体系的热力学性质，测定了溶液的密度、折光率、电导率等物化参数，计算了溶液的表观摩尔体积，并采用电动势法，利用 pH 玻璃电极和 Hg/Hg_2SO_4 电极组成可逆电池，采用 Pitzer 电解质溶液理论对实验数据进行拟合，测定了溶液中 H_2SO_4 和 CeF_2^{2+} 的活度系数以及溶液的渗透系数，为氟铈的配位及稀土的萃取分离提供科学依据和理论支持。

（1）Ce(SO$_4$)$_2$-HF-H$_2$SO$_4$-H$_2$O 体系的密度随着电解质浓度的增加而线性增大，随温度升高而减小。溶液的表观摩尔体积随 $n(F^-)/n(Ce^{4+})$ 的增加而减小，随 H$_2$SO$_4$ 浓度增加而增大，温度为 45℃时，有少量 HF 逸出，导致表观摩尔体积减小。溶液密度与温度及 Ce(SO$_4$)$_2$、HF 和 H$_2$SO$_4$ 浓度的关系式为

$$d = 1.0376 - 2.6558 \times 10^{-4}T - 0.0245m_1 + 0.0133m_2 + 0.0543m_3$$

（2）Ce(SO$_4$)$_2$-HF-H$_2$SO$_4$-H$_2$O 体系的折光率随溶液中 Ce(SO$_4$)$_2$ 和 H$_2$SO$_4$ 质量摩尔浓度的增加逐渐增大，且 Ce(SO$_4$)$_2$ 起主导作用。溶液折光率与温度及 Ce(SO$_4$)$_2$、HF 和 H$_2$SO$_4$ 浓度的关系式为

$$n_D = 1.3375 - 1.4318 \times 10^{-4}T + 0.0489m_1 - 0.0025m_2 + 0.0076m_3$$

（3）Ce(SO$_4$)$_2$-HF-H$_2$SO$_4$-H$_2$O 体系的电导率随 H$_2$SO$_4$ 浓度增加而增大，随 $n(F^-)/n(Ce^{4+})$ 增大而减小。温度升高，溶液电导率减小。溶液电导率与温度及 Ce(SO$_4$)$_2$、HF 和 H$_2$SO$_4$ 浓度的关系式为

$$\kappa = -96.8443 - 1.0564T - 132.2802m_1 - 56.5120m_2 + 284.6437m_3$$

（4）以 pH 玻璃电极和 Hg/Hg$_2$SO$_4$ 电极组成可逆电池测定了 Ce(SO$_4$)$_2$-HF-H$_2$SO$_4$-H$_2$O 体系中 H$_2$SO$_4$ 的活度系数，$n(F^-)/n(Ce^{4+})$ 一定时，H$_2$SO$_4$ 的活度系数随着 H$_2$SO$_4$ 浓度的增大而减小。H$_2$SO$_4$ 浓度一定时，低浓度的 Ce(SO$_4$)$_2$ 会抑制 H$_2$SO$_4$ 的解离，使 H$_2$SO$_4$ 的活度系数增大，随着 Ce(SO$_4$)$_2$ 浓度增加，以及 $n(F^-)/n(Ce^{4+})$ 增大，离子之间的静电吸引力增强，导致活度系数减小。CeF$_2^{2+}$ 的活度系数随 H$_2$SO$_4$ 和 Ce(SO$_4$)$_2$ 浓度，以及 $n(F^-)/n(Ce^{4+})$ 的增大而减小。溶液的渗透系数随着电解质质量摩尔浓度的增加而减小。

3.2 HDEHP/HEHEHP 萃取 Ce^{4+} 和 F$^-$ 的界面性质研究

生成第三相是溶剂萃取过程中常见的问题之一。第三相是指在溶剂萃取过程中，在油水两相之间形成的既不溶于水相也不溶于油相（有机相）的物质，严重时会使油水两相融为一体成为黏稠状，使萃取过程无法进行，造成萃取剂和稀土的大量浪费。第三相生成的影响因素非常复杂，主要包括溶解度效应，即萃合物在有机相中的溶解度较小；料液含有的悬浮物和固体颗粒等；有机相的组成、界面、黏度等性质。萃取过程是两相界面之间的传质过程，涉及两相的界面化学，因此研究两相的界面性质对于了解萃取过程和第三相的生成及预防具有重要的意义。

关于 HDEHP（二乙基己基磷酸）和 HEHEHP 的界面性质，国内外已有一些研究，但是，关于 HDEHP 和 HEHEHP 萃取硫酸体系中 Ce^{4+} 和 F$^-$ 的界面性质的研究还未见报道。因此，本节研究了 HDEHP/HEHEHP-磺化煤油萃取硫酸体系中 Ce^{4+}、Ce^{4+}-F$^-$ 过程的界面性质，采用多种吸附等温式拟合界面张力数据，得到了不同条件

下的最大吸附超量 Γ_{max}、界面饱和时体相中萃取剂的最小浓度 C_{min}、饱和吸附时分子界面面积 A_i 等界面吸附参数，为 Ce^{4+} 和 F^- 的萃取过程以及第三相的形成提供一定的理论依据。

3.2.1 实验方法

1. 稀土水相配制

称取一定质量的 $Ce(SO_4)_2$ 和 NaF，溶于稀硫酸溶液，加入酸或碱调节酸度，用去离子水稀释至一定浓度。

2. 有机相配制

煤油采用浓硫酸磺化，以除去不饱和烃等还原性杂质，再用去离子水洗涤至中性。HDEHP 和 HEHEHP 经 1.0mol/L H_2SO_4 洗涤两次，再用去离子水洗至中性，将磺化后的煤油稀释至所需浓度，低浓度时采用逐级准确稀释的方法配制。

3. 界面张力测定

分别量取水相、有机相溶液各 60mL 置于 250mL 的锥形瓶中，在一定温度下恒温 30min，然后振荡 20min，使水相和有机相充分混合并达到平衡，然后将混合液转移至分液漏斗静置分相。采用 DCAT21 表面张力仪测定两相界面张力，测试方法为环法，重复测定三次。水相和有机相的密度是准确测定界面张力的前提和关键，因此所有液体的密度均采用表面张力仪预先测定。所有实验均在 (25 ± 1)℃ 的条件下进行。由于试剂纯度的微小变化对界面张力的影响非常大，因此每个单因素比较实验中所使用的试剂均为同一瓶中的试剂。

3.2.2 数据处理

HDEHP 和 HEHEHP 在磺化煤油中易形成二聚体，K_2 为二聚常数，HDEHP 为 $10^{4.10}$，HEHEHP 为 $10^{4.83[11]}$。设二聚体浓度为 C_2，单体浓度为 C，总式量浓度为 C_F，$C_2 = K_2 \times C^2$，由物料关系 $C_F = C + 2C_2$ 可知，在通常的实验浓度范围内，一般可满足 C 远远小于 C_2 的条件，因此，$C_2 = 1/2 C_F$，由以上关系可得

$$C = \sqrt{C_2/K_2} = \sqrt{C_F/2K_2} \tag{3-29}$$

界面张力通常由以下等温式处理。

（1）Gibbs 等温式：

$$\Gamma = -\frac{d\gamma}{RTd\ln C} \tag{3-30}$$

式中：Γ 为界面吸附超量，mol/m^2，即单位面积的表面层中所含溶质的物质的量与在溶液本体中相同数量的溶剂所含溶质物质的量的差值；γ 为实验测得的界面张力，mN/m；C 为单分子状态的物质的量浓度，mol/L；R 为摩尔气体常数，8.314J/(mol·K)；T 为热力学温度，K。由 $\gamma\text{-}\ln C$ 曲线的最大微分值，可求出最大界面吸附超量 Γ_{max}。

（2）Szyszkowski 等温式[12]：

$$\gamma_i = \gamma_0\left[1 - B_{SZ}\ln\left(\frac{C}{A_{SZ}} + 1\right)\right] \quad (3\text{-}31)$$

式中：γ_0 为 $C = 0$ 时的界面张力；A_{SZ} 和 B_{SZ} 为界面吸附参数，可通过 $\gamma\text{-}C$ 曲线的非线性拟合求得。A_{SZ} 和 B_{SZ} 的物理意义如下：

$$\Gamma_{max} = B_{SZ}\gamma_0 / RT \quad (3\text{-}32)$$

$$A_{min} = \frac{1}{N_A \Gamma_{max}} \quad (3\text{-}33)$$

$$\Delta G_{ad} = RT\ln A_{SZ} \quad (3\text{-}34)$$

式中：ΔG_{ad} 为界面吸附自由能，kJ/mol；N_A 为阿伏伽德罗常数，$6.022\times10^{23}mol^{-1}$；$A_{min}$ 为饱和吸附时表面活性剂分子界面面积，nm^2，有助于了解萃取剂分子在界面的吸附状态，其值越小，分子排列越紧密。

（3）Polynomial 等温式：

$$\gamma = b_0 + b_1\ln C + b_2\ln^2 C + b_3\ln^3 C + b_4\ln^4 C + b_5\ln^5 C \quad (3\text{-}35)$$

式中：$b_0 \sim b_5$ 均为参数，由 $\gamma\text{-}\ln C$ 曲线进行 Polynomial 拟合求得，将拟合后的 $\gamma\text{-}\ln C$ 关系式求出最大微分值，代入 Gibbs 等温式可以求得 Γ_{max}。此外，还可以通过式（3-35）导出 $d\gamma\text{-}d\ln C$ 的关系式，代入 Gibbs 等温式，得到 $\Gamma\text{-}\ln C$ 的关系式，求出相对应的 Γ，对 $\Gamma\text{-}\ln C$ 曲线进行拟合，求得 Γ_{max}。

3.2.3 萃取剂/Ce^{4+}-H_2SO_4 体系界面性质研究

图 3-14 和图 3-15 分别为萃取剂/Ce^{4+}-H_2SO_4 体系的界面张力（γ）、界面吸附超量（Γ）随浓度（C）变化的关系曲线。由图可知，随着萃取剂浓度的升高，界面张力逐渐降低。萃取剂 HDEHP/HEHEHP 的单体分子结构不对称，一端是亲水的极性基团，另一端是亲油的非极性基团，因此具有表面活性，其亲水基伸向界面中水相一侧，在油水界面上吸附并富集，当排列的分子数量足够多时，会在液液界面形成单分子薄膜，而形成新界面时，就要比原来液液界面所需能量小，因此降低了界面张力。表面活性剂分子在界面处聚集越多，浓度越高，界面张力便降低得越多，直至整个界面被表面活性剂分子所覆盖，界面张力降到最小值。

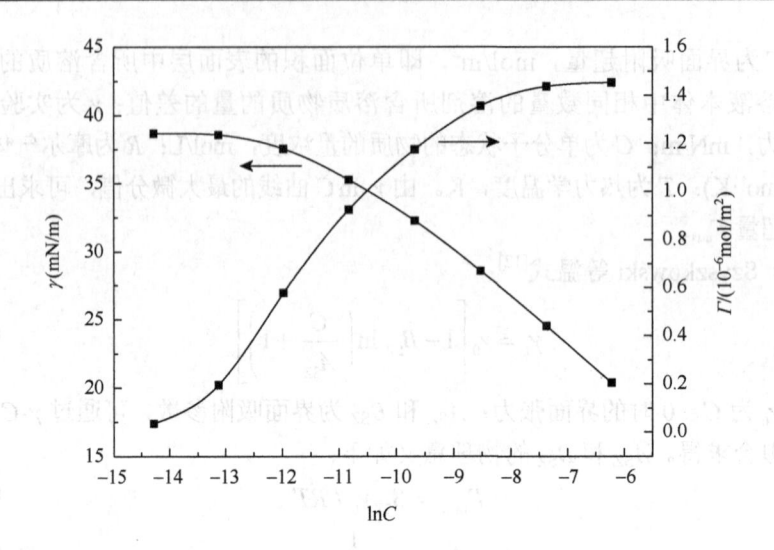

图 3-14 HDEHP-磺化煤油体系界面张力与萃取剂浓度的关系

水相：0.25mol/L H$_2$SO$_4$ + 0.01mol/L Ce^{4+}

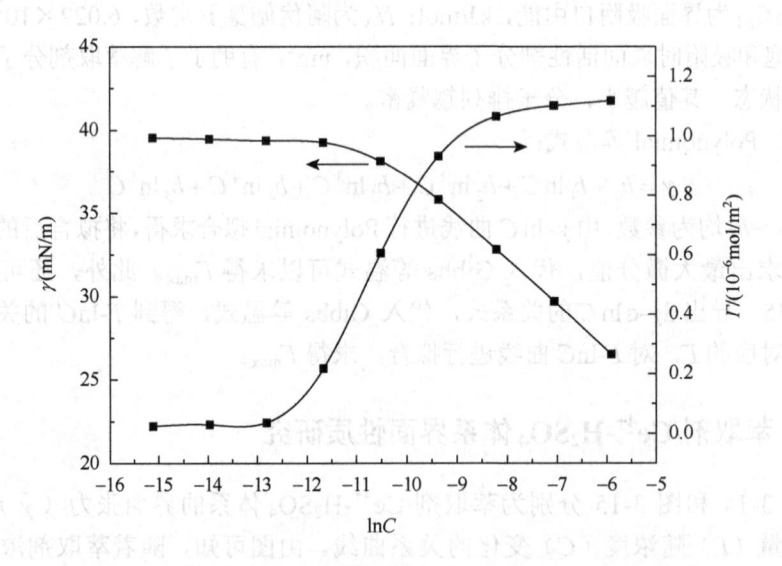

图 3-15 HEHEHP-磺化煤油体系界面张力与萃取剂浓度的关系

水相：0.25mol/L H$_2$SO$_4$ + 0.01mol/L Ce^{4+}

在界面吸附未达到饱和时，升高萃取剂浓度，会增加界面活性分子的数量，使极性基团在界面的排列更趋紧密，增大了萃取剂分子与水相 Ce^{4+} 结合的概率，提高了萃取速率，因此界面吸附超量会随着萃取剂浓度的升高而增大。

采用 Matlab 对 γ-ln$C$ 曲线进行拟合，对于 HDEHP 萃取体系：

Szyszkowski 等温式为

$$\gamma = 38.990 \times [1-9.266\times 10^{-2}\ln(C/1.160\times 10^{-5}+1)] \quad (3\text{-}36)$$

Polynomial 等温式为

$$\gamma = -20.379 - 14.973\ln C - 2.898\ln^2 C - 0.337\ln^3 C - 0.020\ln^4 C - 0.400\times 10^{-3}\ln^5 C \quad (3\text{-}37)$$

其相关系数分别是 0.9998 和 0.9999。

对于 HEHEHP 萃取体系：
Szyszkowski 等温式为

$$\gamma = 39.680 \times [1-7.575\times 10^{-2}\ln(C/3.318\times 10^{-5}+1)] \quad (3\text{-}38)$$

Polynomial 等温式为

$$\gamma = 30.697 + 4.250\ln C + 0.419\ln^2 C - 0.085\ln^3 C - 0.011\ln^4 C - 0.300\times 10^{-3}\ln^5 C \quad (3\text{-}39)$$

其相关系数分别是 0.9988 和 0.9997。

由 Szyszkowski 等温式和 Polynomial 等温式各系数求得界面吸附参数，结果如表 3-4 所示。

表 3-4 萃取剂/Ce^{4+}-H_2SO_4 体系的界面吸附参数

萃取剂	$\ln[C_{min}/(mol/L)]$	$\Gamma_{max}/(mol/m^2)$	A_{min}/nm^2	$\Delta G_{ad}/(kJ/mol)$	$A_{SZ}/(mol/L)$	$B_{SZ}/(mol/L)$
HDEHP	−8.785	1.451×10^{-6}	1.139	−28.156	1.160×10^{-5}	0.093
HEHEHP	−8.479	1.118×10^{-6}	1.369	−25.553	3.318×10^{-5}	0.076

从最大界面吸附超量 Γ_{max} 和 A_{min} 值可判断吸附到界面的萃取剂分子状态，由表 3-4 中数据可知，HEHEHP 萃取体系的 Γ_{max} 要低于 HDEHP 萃取体系，而 A_{min} 值高于 HDEHP 萃取体系，说明 HDEHP 萃取体系的分子排列紧密度更高。界面活性可通过达到饱和吸附量的最小浓度 C_{min} 来判断，HEHEHP 萃取体系的 C_{min} 高于 HDEHP 萃取体系，可知 HDEHP 的界面活性高于 HEHEHP。

3.2.4 萃取剂/Ce^{4+}-F^--H_2SO_4 体系界面性质研究

图 3-16 和图 3-17 为萃取剂/Ce^{4+}-F^--H_2SO_4 体系的界面张力、界面吸附超量随浓度变化的关系曲线。由图可知，界面张力随着萃取剂浓度升高而逐渐降低，且其降低的速度较 Ce^{4+}-H_2SO_4 体系快。这是由于 Ce^{4+} 在硫酸体系中会与 SO_4^{2-} 络合生成络合物[13]，HDEHP/HEHEHP 萃取 Ce^{4+} 实际上是萃取剂分子取代了铈络合物中的 SO_4^{2-}，使得中心离子的配位数趋于饱和；F^- 在酸性溶液中易与 Ce^{4+} 形成 CeF_2^{2+}，且 F^- 体积小，空间位阻效应小，易进入萃取剂分子间的空隙，使铈的配位数更大

程度地达到饱和，结构更稳定，F⁻与 Ce^{4+} 的配位能在一定程度上促进萃取过程，提高萃取剂对 Ce^{4+} 的萃取容量[14]，因此，界面附近的 CeF_2^{2+} 络离子更容易将萃取剂分子拉到界面上，使界面张力的降低较 Ce^{4+}-H_2SO_4 体系更快。

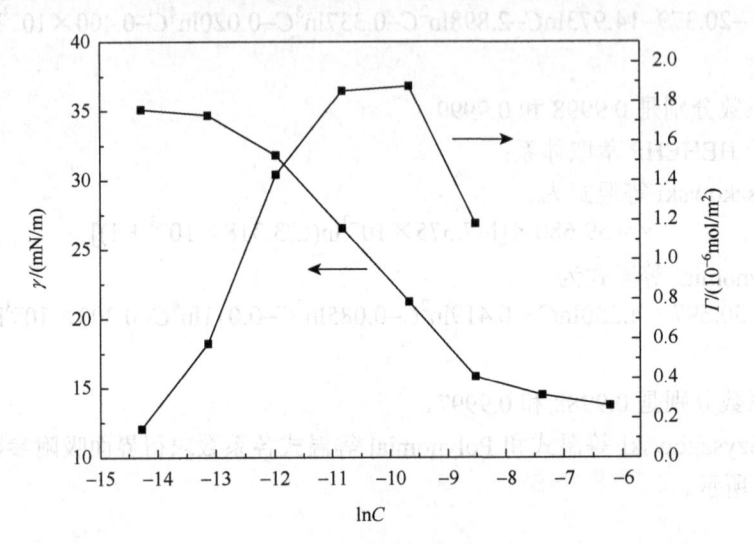

图 3-16　HDEHP-磺化煤油体系界面张力与萃取剂浓度的关系
水相：0.25mol/L H_2SO_4 + 0.01mol/L Ce^{4+} + 0.02mol/L F⁻

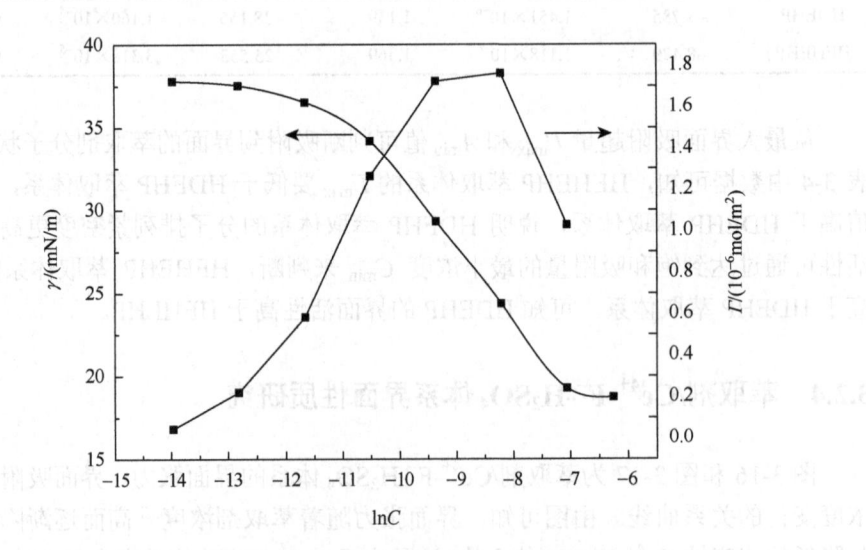

图 3-17　HEHEHP-磺化煤油体系界面张力与萃取剂浓度的关系
水相：0.25mol/L H_2SO_4 + 0.01mol/L Ce^{4+} + 0.02mol/L F⁻

采用 Matlab 对 γ-$\ln C$ 曲线进行拟合，对于 HDEHP 萃取体系：

Szyszkowski 等温式为

$$\gamma = 38.460 \times [1-8.714\times 10^{-2}\ln(C/0.568\times 10^{-5}+1)] \quad (3\text{-}40)$$

Polynomial 等温式为

$$\gamma = -456.255-264.229\ln C-57.500\ln^2 C-6.011\ln^3 C-0.300\ln^4 C-0.570\times 10^{-2}\ln^5 C \quad (3\text{-}41)$$

其相关系数分别是 0.9596 和 0.9739。

对于 HEHEHP 萃取体系：

Szyszkowski 等温式为

$$\gamma = 38.290\times[1-0.077\ln(C/1.158\times 10^{-5}+1)] \quad (3\text{-}42)$$

Polynomial 等温式为

$$\gamma = 462.602+211.930\ln C+38.042\ln^2 C+3.216\ln^3 C+0.131\ln^4 C+0.210\times 10^{-2}\ln^5 C \quad (3\text{-}43)$$

其相关系数分别是 0.9889 和 0.9921。

由 Szyszkowski 等温式和 Polynomial 等温式各系数求得界面吸附参数，结果如表 3-5 所示。

表 3-5 萃取剂/Ce^{4+}-F^--H_2SO_4 体系的界面吸附参数

萃取剂	$\ln[C_{min}/(\text{mol/L})]$	$\Gamma_{max}/(\text{mol/m}^2)$	A_{min}/nm^2	$\Delta G_{ad}/(\text{kJ/mol})$	$A_{SZ}/(\text{mol/L})$	$B_{SZ}/(\text{mol/L})$
HDEHP	−10.224	1.926×10^{-6}	1.228	−35.630	0.568×10^{-5}	0.087
HEHEHP	−8.765	1.814×10^{-6}	1.394	−28.161	1.158×10^{-5}	0.107

对比表 3-4 和表 3-5 可知，随着水相中引入 F^-，萃取体系的 C_{min} 减小而 Γ_{max} 增大，表明 CeF_2^{2+} 与萃取剂分子的络合趋势较 Ce^{4+} 与萃取剂分子增强，从而提高了界面活性。A_{min} 值有所增大，这是由于 F^- 与 Ce^{4+} 络合生成离子半径较大的 CeF_2^{2+}，使界面上分子排列紧密度降低。另外，从表中数据可知，HDEHP 的界面活性要强于 HEHEHP。

表 3-6 和表 3-7 为萃取剂/Ce^{4+}-F^--H_2SO_4 体系在不同浓度的 F^- 时，萃取前后的密度和界面张力的变化情况。由表可见，萃取之后，水相密度减小而有机相密度增大。萃取后的各水相密度相差不大，表明 Ce^{4+} 和 F^- 几乎全部萃入有机相。起始和平衡状态的界面张力基本上随着 F^- 浓度的增加而增加，而界面张力的增量先随着 F^- 浓度增加而增大，当 F^- 增加到一定浓度，即 F/Ce 物质的量比接近 2 时，界面张力增量有所减小。结合实验现象，萃取平衡后，有机相中产生少量絮状沉淀物，吸附在液液界面，导致界面张力降低。

表 3-6　Ce^{4+}-F^--H_2SO_4-HDEHP-磺化煤油体系密度（d）和界面张力（γ）的变化

[F^-]/ (mol/L)	d_a^I/ (g/cm³)	d_o^I/ (g/cm³)	d_a^E/ (g/cm³)	d_o^E/ (g/cm³)	Δd_a^{E-I}/ (g/cm³)	Δd_o^{E-I}/ (g/cm³)	γ^I/ (mN/m)	γ^E/ (mN/m)	$\Delta\gamma^{E-I}$/ (mN/m)
0.030	1.055	0.813	1.049	0.816	−0.006	0.003	18.441	19.818	1.377
0.050	1.056	0.813	1.050	0.817	−0.006	0.004	18.674	20.323	1.649
0.060	1.057	0.813	1.050	0.819	−0.007	0.006	18.754	20.277	1.723
0.075	1.058	0.813	1.048	0.822	−0.010	0.009	18.899	20.966	2.067
0.085	1.059	0.813	1.049	0.822	−0.010	0.009	19.231	20.967	1.736
0.100	1.061	0.813	1.050	0.824	−0.009	0.011	20.317	20.252	−0.062

注：水相：0.5mol/L H_2SO_4 + 0.05mol/L Ce^{4+} + F^-，有机相：0.5mol/L HDEHP；下标 a 和 o 分别代表水相和有机相，上标 E 和 I 分别代表平衡状态和起始状态。

表 3-7　Ce^{4+}-F^--H_2SO_4-HEHEHP-磺化煤油体系密度（d）和界面张力（γ）的变化

[F^-]/ (mol/L)	d_a^I/ (g/cm³)	d_o^I/ (g/cm³)	d_a^E/ (g/cm³)	d_o^E/ (g/cm³)	Δd_a^{E-I}/ (g/cm³)	Δd_o^{E-I}/ (g/cm³)	γ^I/ (mN/m)	γ^E/ (mN/m)	$\Delta\gamma^{E-I}$/ (mN/m)
0.030	1.048	0.809	1.044	0.813	−0.004	0.004	11.167	12.267	1.100
0.050	1.050	0.809	1.044	0.814	−0.006	0.005	11.523	12.970	1.447
0.060	1.053	0.809	1.045	0.815	−0.008	0.006	12.041	13.688	1.647
0.075	1.058	0.809	1.045	0.817	−0.013	0.008	12.097	14.569	2.472
0.085	1.062	0.809	1.046	0.820	−0.016	0.011	13.570	15.331	1.761
0.100	1.064	0.809	1.044	0.822	−0.020	0.013	14.696	15.786	1.09

注：水相：0.5mol/L H_2SO_4 + 0.05mol/L Ce^{4+} + F^-，有机相：0.5mol/L HDEHP；下标 a 和 o 分别代表水相和有机相，上标 E 和 I 分别代表平衡状态和起始状态。

3.2.5　关于第三相的讨论

当水相中 F^- 增加到一定浓度时，萃取后有机相中产生少量絮状沉淀物，于室温下静置 24h，在水相和有机相之间形成了既不溶于水相也不溶于有机相的乳白色的第三相。收集生成的第三相，于 400℃灼烧 2h 后，研磨成粉末，做 X 射线荧光分析，其中 P、Ce、F 元素含量分别为 43.09%、48.68%、4.51%。

关于 Ce^{4+} 萃取过程中第三相的形成，目前已有一些报道[14, 15]。第三相生成的原因非常复杂，主要有以下两种情况：一是溶解度效应，即生成的萃合物在有机相中的溶解度较小，使有机相呈过饱和状态，易从有机相中析出而生成第三相，HDEHP 萃取 Ce^{4+} 具有较高的萃取容量，相比于 HEHEHP 更易形成第三相；二是固体颗粒因素，萃取剂中形成萃合物之后，极性亲水基的极性增强，表面活性增大，形成反向胶束，当液体中存在固体微粒时，由于微粒表面电荷的作用，极性端便伸向微粒从而聚集在微粒四周，而非极性端则在稀释剂中使萃取剂发生聚集，因此，固体微粒吸附大量的有机物，成为稳定的"核心"，使有机相发生乳化或生成第三相。液体中出现固体颗粒的原因较多，可能是外界夹带，如液体在制备过程中带入的杂质或者浸出后分离不彻底导致浸出液中含有少量矿物颗粒。另外，由于萃取过程中体系酸度较低，水相中的金属离子发生水解会形成微粒，或者有机相负载中各组分发生化学反应生成固体微粒。刘营等[14]研究表明有机相中的稀释剂含有一些不饱和成分，这些不饱和成分具有一定还原性，能将 Ce^{4+} 还原为 Ce^{3+}，RE^{3+} 与释放出的 F^- 生成氟化稀土沉淀，这些氟化物形核后，颗粒非常细小，表面活性很强，萃取剂易与颗粒相互作用，从而导致萃取过程产生第三相。本实验所用的磺化煤油使用前经浓硫酸多次磺化，考察了其对 Ce^{4+} 的还原率的影响，如表 3-8 所示。由表可见，磺化煤油与 Ce^{4+} 溶液接触 60min，还原率仅为 0.11%，可见本实验中稀释剂不是产生第三相的主要原因。

在含氟硫酸铈溶液中，F^- 与 Ce^{4+} 以 CeF_2^{2+} 络离子形式存在，而 CeF_2^{2+} 是一种不十分稳定的络合物，会因某些条件的改变而释放出 F^-，当搅拌或放置时间过长时，CeF_2^{2+} 会自行解离释放出 F^-，当溶液中存在某些还原性离子如 Fe^{2+} 等时，其会将 Ce^{4+} 还原为 Ce^{3+}，F^- 会与 RE^{3+} 反应生成氟化稀土。此外，当溶液酸度过低时，Ce^{4+} 易发生水解产生氢氧化物沉淀颗粒，当溶液中 F^- 浓度较高时，Ce^{4+} 可能与 F^- 反应生成 CeF_4 沉淀。以上情况均可能导致萃取过程中第三相的产生。

$$CeF_2^{2+} + 2H^+ \rightleftharpoons Ce^{4+} + 2HF \tag{3-44}$$

$$CeF_2^{2+} + Fe^{2+} + 2H^+ \rightleftharpoons Ce^{3+} + Fe^{3+} + 2HF \tag{3-45}$$

$$RE^{3+} + 3HF \rightleftharpoons REF_3\downarrow + 3H^+ \tag{3-46}$$

$$Ce^{4+} + 4F^- \rightleftharpoons CeF_4\downarrow \tag{3-47}$$

综上所述，形成第三相的原因非常复杂，不仅与有机相的组成、界面、黏度等性质有关，也与水相的溶质、浓度、酸度等因素有关，各种原因错综复杂，相互关联。

表 3-8 Ce^{4+} 的还原率与时间的关系

时间/min	60	120	180	240	300	360
Ce^{4+} 还原率/%	0.11	0.25	0.78	1.52	2.53	2.87

3.2.6 本节小结

本节研究了 HDEHP/HEHEHP 萃取 Ce^{4+}-H_2SO_4 体系和 Ce^{4+}-F^--H_2SO_4 体系的界面性质，并采用不同的等温式对 γ-$\ln C$ 曲线进行拟合得到了界面吸附参数。

(1) 萃取剂/Ce^{4+}-H_2SO_4 体系中，界面张力随着萃取剂浓度的升高逐渐降低，界面吸附超量随着萃取剂浓度的升高而增大。HEHEHP 萃取体系的 Γ_{max} 低于 HDEHP 萃取体系，而 A_{min} 值高于 HDEHP 萃取体系，表明 HDEHP 萃取体系的分子排列紧密度更高。HEHEHP 体系的 C_{min} 高于 HDEHP 体系，表明 HDEHP 的界面活性高于 HEHEHP。

(2) 萃取剂/Ce^{4+}-F^--H_2SO_4 体系界面张力随萃取剂浓度升高而降低的速度较 Ce^{4+}-H_2SO_4 体系快，表明 F^- 与 Ce^{4+} 的配位能促进萃取过程，提高萃取容量。相比 Ce^{4+}-H_2SO_4 体系，Ce^{4+}-F^--H_2SO_4 体系的 C_{min} 减小而 Γ_{max} 增大，表明 F^- 的引入可增大界面活性。起始和平衡状态的界面张力基本上随着 F^- 浓度的增加而增加，而界面张力的增量在 F^- 浓度较低时随着 F^- 浓度增加而增大。

(3) 当 F/Ce 物质的量比接近 2 时，界面张力增量减小，此时有机相中产生少量絮状沉淀物，吸附在液液界面，导致界面张力降低。

3.3 氟与稀土分离实验

由于氟碳铈矿是由碳酸稀土和氟化稀土组成的复合物，其中伴生有 8%~10% 的氟。在氟碳铈矿"氧化焙烧-硫酸浸出"过程得到的含氟硫酸稀土溶液中，F^- 与 Ce^{4+} 以 CeF_2^{2+} 络离子形式存在，在一定条件下，CeF_2^{2+} 会自行解离释放出 F^-，而当溶液中含有还原性离子如 Fe^{2+}、Cl^- 等时，其会将 Ce^{4+} 还原为 Ce^{3+}，F^- 与 RE^{3+} 反应生成氟化稀土，会造成稀土的损失。在萃取过程中，生成氟化稀土会造成有机相乳化，从而形成第三相，使得两相分离困难。由此可见，氟碳铈矿中的氟是造成稀土损失和产生第三相的根源。针对氟的问题，有研究者提出采用络合浸出法分解氟碳铈矿[16,17]，可以促进氟化稀土分解，或在水相中添加氟络合剂以抑制氟的干扰[18]。也有研究者提出通过添加焙烧助剂[19]，使氟转变为可溶性氟盐，在浸出前通过水洗除去，但经过多次水洗，除氟仍不完全，仍然需要添加络合剂。Wang 等[20]提出将氟、铈共同萃入有机相，然后采用含铝离子的洗液配位洗涤负载有机相，使氟进入水相而与铈分离。可见，不管是在浸出液还是有机相中，采用氟络合剂络合氟是消除氟的影响的有效方法。与氟元素络合能力较强的阳离子有 Al^{3+}、B^{3+}、Fe^{3+}、Th^{4+}、Zr^{4+} 等，其中 Al^{3+}、B^{3+} 是常用的氟络合离子，Zr^{4+} 与氟也具有极强的络合能力，如含锆的吸附剂常应用于氟离子的吸附。然而目前关于氟与 Al^{3+}、B^{3+} 等离子在硫酸稀土溶液中络合机理的研究较少。因此，本节进行了氟与稀土分离实验研究，选择 Al^{3+}、B^{3+}、Zr^{4+} 等与氟具有强配位性的离子为氟络合离子，研究其在硫酸溶液中与氟的配位化学，探讨其在硫酸稀土溶液中与氟的络合机理，确定在氟络合离子存在下，稀土以自由离子状态存在的条件，为采用氟络合剂分离氟与稀土提供理论依据。

3.3.1 F-Ce-B 体系

分析化学中常用的电位滴定法是在滴定过程中使用不同的指示电极测量电位变化以研究溶液中的氧化还原、络合、沉淀或酸碱反应的方法。本节采用氟离子电极、氟硼酸根离子电极为指示电极，通过电位滴定法研究硫酸介质中 CeF_x^{4-x} 和 BF_y^{3-y} 的络合机理。

根据能斯特方程，电位与离子活度的对数呈线性关系：

$$E = K - (2.303RT/nF)\lg a \tag{3-48}$$

当溶液的总离子强度充足且恒定时，活度系数为一定值，离子电位符合以下关系式：

$$E = K' - (2.303RT/nF)\lg C \tag{3-49}$$

式中：E 为电位值；C 为离子浓度；K 和 K' 为常数；a 为活度；F 为法拉第常数；R 为摩尔气体常数；n 为电子转移数；T 为温度。

电位和离子浓度的对数呈良好的线性关系，因此可以通过离子选择性电极测定溶液电位值来表征离子浓度的变化情况。

1. 实验步骤

1）F-Ce 体系电位滴定

在磁力搅拌下，采用 0.5mol/L NaF 溶液滴定 100mL 0.01mol/L Ce(SO$_4$)$_2$ + 0.5mol/L H$_2$SO$_4$ 混合溶液，采用氟离子电极、氟硼酸根离子电极为指示电极，饱和甘汞电极为参比电极，温度为 25℃，滴定速率为 0.1mL/min，记录氟离子电位值（E_F）和氟硼酸根离子电位值（E_{BF_4}）随 $n(F^-)/n(Ce^{4+})$ 的变化，绘制滴定曲线。

2）F-Ce-B 体系电位滴定

在磁力搅拌下，采用 0.5mol/L 硼酸[B(OH)$_3$]溶液滴定 100mL 0.01mol/L NaF + 0.005mol/L Ce(SO$_4$)$_2$ + 0.5mol/L H$_2$SO$_4$ 混合溶液，采用氟离子电极、氟硼酸根离子电极为指示电极，饱和甘汞电极为参比电极，温度为 25℃，滴定速率为 0.2mL/10min，记录氟离子电位值（E_F）和氟硼酸根离子电位值（E_{BF_4}）随 $n(F^-)/n(B^{3+})$ 的变化，绘制滴定曲线。

3）动力学实验

在磁力搅拌下，将 0.5mL 的 0.5mol/L B(OH)$_3$ 溶液迅速倒入 99.5mL 的 0.01mol/L NaF + 0.005mol/L Ce(SO$_4$)$_2$ + 0.5mol/L H$_2$SO$_4$ 混合溶液，并开始计时，记录氟离子电位值（E_F）和氟硼酸根离子电位值（E_{BF_4}）随反应时间（t）的变化。

2. 电位滴定

图 3-18 为 F-Ce 体系的络合滴定曲线。由图可见，采用氟溶液滴定铈溶液，滴定初期溶液电位值变化不大，说明氟与铈生成了络合物。当 F^- 与 Ce^{4+} 的物质的量比，即 $n(F^-)/n(Ce^{4+})$ 大于 2 时，电位急剧降低，根据式（3-49），此时溶液中氟浓度迅速增加，可以推断在实验条件下，氟铈络合比为 2，即生成了 CeF_2^{2+} 络离子，这与文献报道的结论一致[21]。$n(F^-)/n(Ce^{4+})$ 大于 3 时，电位变化缓慢，而当 $n(F^-)/n(Ce^{4+})$ 在 4 以上时，电位值继续降低，此时溶液中出现少量白色沉淀，可推测，氟与铈生成了 CeF_4 络合物，CeF_4 难溶于水，因而从溶液中析出。

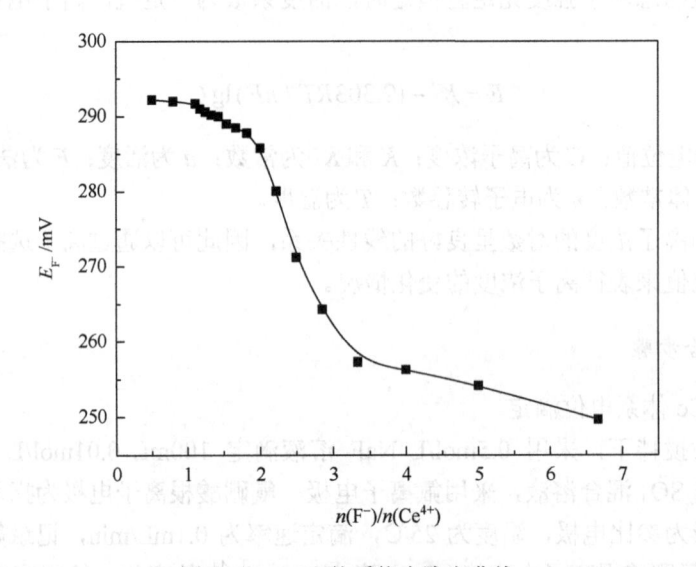

图 3-18 F-Ce 体系络合滴定曲线

图 3-19 为 F-Ce-B 体系的络合滴定曲线。由图可见，随着 $B(OH)_3$ 浓度的增加，F-Ce 溶液中生成了 BF_4^-。F^- 的电位差值较小，这是由于在 F-Ce-B 溶液中，氟与铈生成 CeF_2^{2+} 络离子，溶液中游离 F^- 较少，而 BF_4^- 的不断产生说明 B^{3+} 夺取了 CeF_2^{2+} 中的 F^-。BF_4^- 的电位在 $n(F^-)/n(B^{3+})$ 小于 4 以后迅速降低，溶液中 B^{3+} 浓度升高有利于 BF_4^- 的生成。

图 3-20 为 F-Ce-B 溶液反应速率随反应时间的变化曲线。由图可知，在反应初期 100min 内，BF_4^- 生成速度较快，随反应进行，BF_4^- 生成速度减慢。Grassino 和 Hume[22]研究表明 BF_3OH^- 的生成速度很快，而由 BF_3OH^- 生成 BF_4^- 较慢，$B(OH)_3$ 与 F^- 的络合反应可表示为[23, 24]

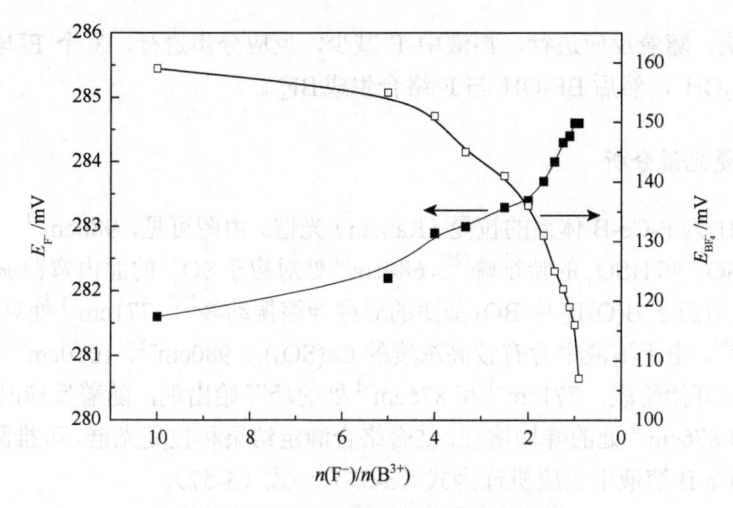

第 3 章　氟碳铈矿资源化利用新技术的理论与实践研究

图 3-19　F-Ce-B 体系的络合滴定曲线

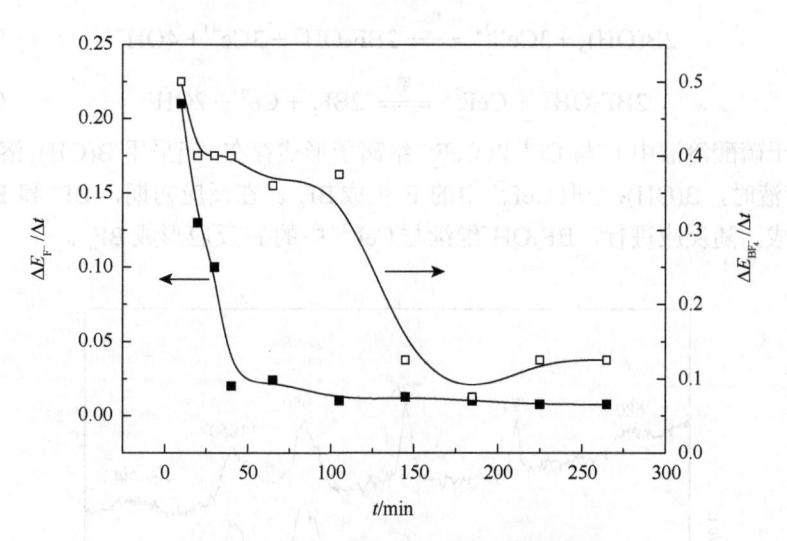

图 3-20　反应速率与反应时间的关系曲线

$$B(OH)_3 + 4F^- \rightleftharpoons BF_4^- + 3OH^- \tag{3-50}$$

$$B(OH)_3 + F^- \overset{快}{\rightleftharpoons} BF(OH)_3^- \tag{3-51}$$

$$BF(OH)_3^- + F^- + H^+ \overset{快}{\rightleftharpoons} BF_2(OH)_2^- + H_2O \tag{3-52}$$

$$BF_2(OH)_2^- + F^- + H^+ \overset{快}{\rightleftharpoons} BF_3OH^- + H_2O \tag{3-53}$$

$$BF_3OH^- + F^- + H^+ \overset{慢}{\rightleftharpoons} BF_4^- + H_2O \tag{3-54}$$

在反应初期，溶液中有大量 F$^-$，式（3-50）为主要反应，因此反应初期 BF$_4^-$ 生成速度较快，随着反应进行，溶液中 F^- 减少，反应分步进行，3 个 F^- 与 $B(OH)_3$ 先生成 BF_3OH^-，然后 BF_3OH^- 与 F^- 络合生成 BF_4^-。

3. 拉曼光谱分析

图 3-21 为 F-Ce-B 体系的拉曼（Raman）光谱。由图可见，980cm^{-1}、1050cm^{-1} 处对应于 SO_4^{2-} 和 HSO_4^- 的特征峰[25]，680cm^{-1} 处对应于 SO_4^{2-} 的面内弯曲振动峰[26]，876cm^{-1} 处对应于 $B(OH)_3$ 中 BO_3 基团的对称伸缩振动峰[27]，771cm^{-1} 处对应于 BF_4^- 的特征峰[28]。由于溶液中含有较高浓度的 $Ce(SO_4)_2$，980cm^{-1}、1050cm^{-1} 处的峰较强，在反应开始阶段，771cm^{-1} 和 876cm^{-1} 处的峰开始出现，随着反应时间延长，771cm^{-1} 和 876cm^{-1} 处的峰均增强。结合络合滴定结果和拉曼光谱，可推测 $B(OH)_3$ 和 F^- 在 F-Ce-B 溶液中反应机理为式（3-55）～式（3-57）：

$$B(OH)_3 + 2CeF_2^{2+} \Longrightarrow BF_4^- + 2Ce^{4+} + 3OH^- \qquad (3-55)$$

$$2B(OH)_3 + 3CeF_2^{2+} \overset{快}{\Longrightarrow} 2BF_3OH^- + 3Ce^{4+} + 4OH^- \qquad (3-56)$$

$$2BF_3OH^- + CeF_2^{2+} \overset{慢}{\Longrightarrow} 2BF_4^- + Ce^{4+} + 2OH^- \qquad (3-57)$$

由于硫酸溶液中 F^- 与 Ce^{4+} 以 CeF_2^{2+} 络离子形式存在，当采用 $B(OH)_3$ 溶液滴定 F-Ce 溶液时，$B(OH)_3$ 夺取 CeF_2^{2+} 中的 F^- 生成 BF_4^-。在反应初期，BF_4^- 和 BF_3OH^- 同时生成，随反应进行，BF_3OH^- 继续与 CeF_2^{2+} 中的 F^- 反应形成 BF_4^-。

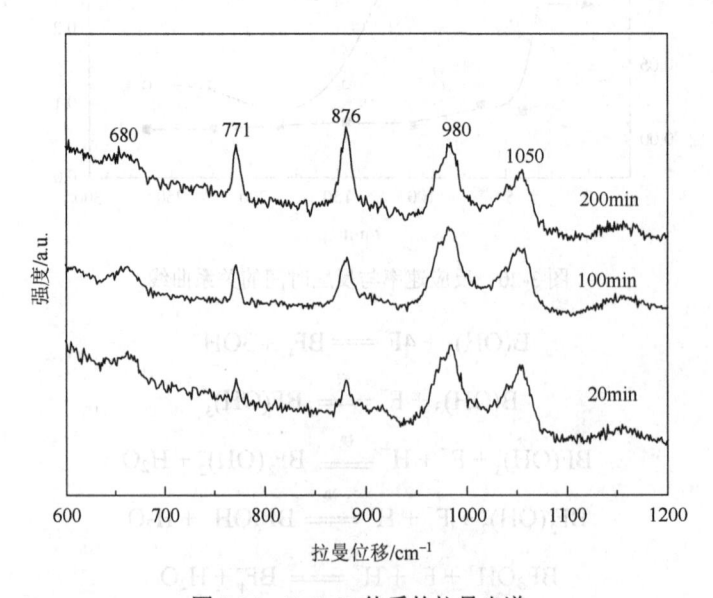

图 3-21　F-Ce-B 体系的拉曼光谱

4. 紫外-可见光谱分析

Ce^{4+} 具有 $4f^1$ 电子结构，有丰富的电子跃迁能级，在 200~400nm 之间具有较强的紫外吸收性能。图 3-22 为 Ce、F-Ce、F-Ce-B 溶液体系的紫外-可见（UV-Vis）光谱。

由图 3-22 可见，纯 Ce^{4+} 溶液在 320nm 左右出现了较强的吸收峰，F-Ce 体系中，最大吸收波长出现了蓝移，从 320nm 移动到了 300nm 左右，这是由酸性条件下 F^- 与 Ce^{4+} 形成络离子 CeF_2^{2+} 引起的。氟电负性很强，具有很好的得电子能力，当 F^- 与 Ce^{4+} 形成配位键后，Ce^{4+} 周围的电子云发生偏移，使电子云密度降低，电子跃迁的能级差增大，使其对紫外光的吸收作用减弱，从而产生了蓝移现象。而在 F-Ce-B 溶液体系中，最大吸收波长相比 Fe-Ce 体系红移至 310nm 左右，表明 B^{3+} 能在一定程度上络合 CeF_2^{2+} 中的 F^- 而释放出 Ce^{4+}。

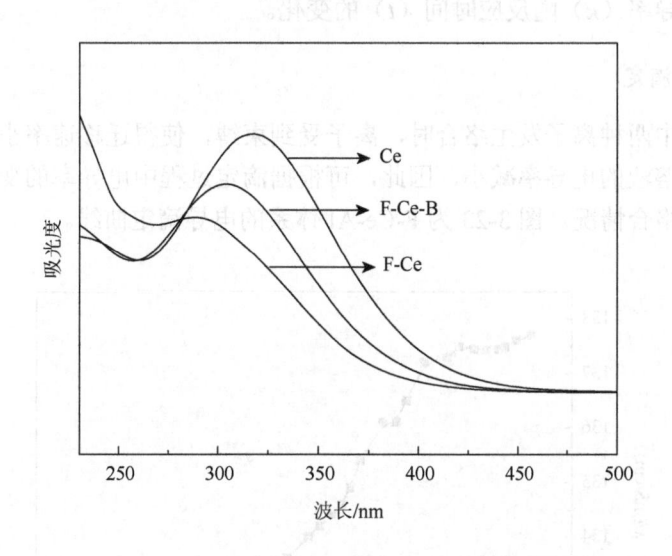

图 3-22 Ce、F-Ce 和 F-Ce-B 溶液体系的紫外-可见光谱

3.3.2 F-Ce-Al 体系

溶液的电导率是以数字表示溶液传导电流的能力，即溶液中所有正负离子在外加电场作用下做异向运动的总体表现。电解质溶液的电导率与溶剂的性质、溶液中离子成分及浓度等有关。电导滴定法是电导测定与容量分析相结合的方法，是根据滴定过程中溶液电导率的变化来表征溶液中发生的中和、络合、沉淀或氧化还原等化学反应的方法。当溶液中离子的络合状态发生改变时，溶液

的电导率也会发生相应的变化。因此，本节采用电导滴定法研究 F-Ce-Al 体系的络合情况。

1. 实验步骤

1) F-Ce-Al 体系电导滴定

在磁力搅拌下，采用 1mol/L NaF 溶液滴定 100mL 0.005mol/L $Al_2(SO_4)_3$ + 0.01mol/L $Ce(SO_4)_2$ + 0.5mol/L H_2SO_4 混合溶液，温度为 25℃，滴定速率为 0.2mL/min，采用配有 2401-M 玻璃电导电极（电极常数 $K = 1cm^{-1}$）的电导率仪测定溶液电导率（κ）随 $n(F^-)/n(Al^{3+})$ 的变化。

2) 动力学实验

在磁力搅拌下，将一定体积的 0.5mol/L $Al_2(SO_4)_3$ 溶液迅速倒入 100mL 的 0.01mol/L NaF + 0.005mol/L $Ce(SO_4)_2$ + 0.5mol/L H_2SO_4 混合溶液中，并开始计时，记录溶液电导率（κ）随反应时间（t）的变化。

2. 电导滴定

当溶液中两种离子发生络合时，离子受到束缚，使得迁移速率小于相应的阳离子，导致溶液的电导率减小，因此，可根据滴定过程中电导率的变化推测溶液中离子间的络合情况。图 3-23 为 F-Ce-Al 体系的电导滴定曲线。

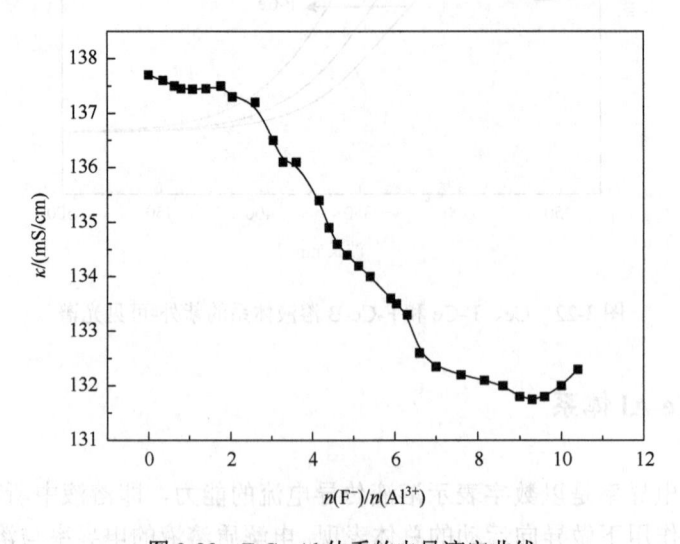

图 3-23　F-Ce-Al 体系的电导滴定曲线

由图 3-23 可见，采用 F 溶液滴定 Al-Ce 混合溶液时，溶液的电导率整体呈下降趋势，表明溶液中发生了络合反应。由于 F^- 与 Al^{3+} 的络合能力大于 F^- 与

Ce^{4+}，推测 F^- 先与 Al^{3+} 络合，在 F^- 和 Al^{3+} 的物质的量之比，即 $n(F^-)/n(Al^{3+})$ 低于 2 时，电导率变化较小，说明低配位数的氟铝络合物较不稳定，当 $n(F^-)/n(Al^{3+})$ 高于 2 时，溶液的电导率迅速减小，且在 $n(F^-)/n(Al^{3+})$ 为 2、3、4、5、6 处滴定曲线都出现明显的斜率变化，说明溶液中形成了多种高配位数的氟铝络合物。氟铝的配位数与溶液中氟离子浓度和 $n(F^-)/n(Al^{3+})$ 有关，当氟离子浓度增大，氟铝由低配位向高配位逐级络合。当 $n(F^-)/n(Al^{3+})$ 大于 6 时，电导率曲线的斜率变小，此时溶液中氟离子过量，而过量的氟与铈发生络合，因此，电导率仍然呈降低的趋势。继续增加氟至 $n(F^-)/n(Al^{3+})$ 在 9 以上时，溶液中 F^- 和 Na^+ 的增加使得电导率有所增大。

图 3-24 为溶液电导率与反应时间的关系曲线。由图 3-24 可见，氟铝的络合反应是一个快速的过程，并且 $n(F^-)/n(Al^{3+})$ 越高，反应越迅速，曲线的转折越明显，说明络合物的稳定性越高。

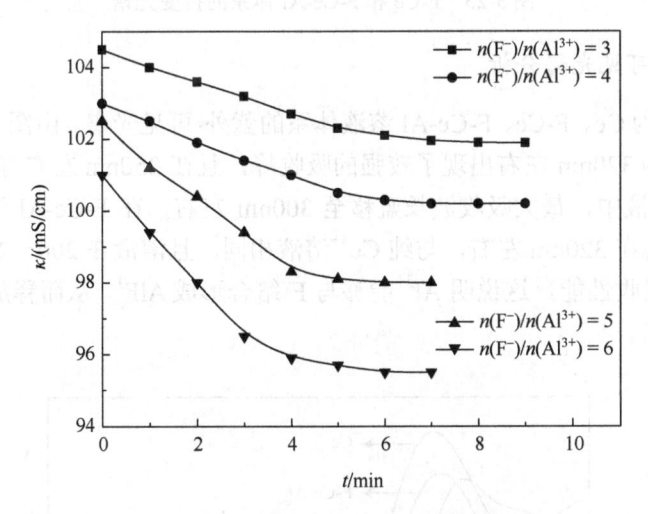

图 3-24　电导率与反应时间的关系曲线

3. 拉曼光谱分析

图 3-25 为 Fe-Ce 和 F-Ce-Al 体系的拉曼光谱。对于 F-Ce-Al 体系，由图可见，$442cm^{-1}$ 处对应于 SO_4^{2-} 的弯曲振动特征峰，$622cm^{-1}$ 处对应于 AlF_4^- 的对称伸缩振动特征峰[29]，$516\sim556cm^{-1}$ 范围内可观察到一个较强的特征峰，对于该范围对应的氟铝基团种类，目前仍存在争议。Ratkje 等[30]认为 $550cm^{-1}$ 左右的特征峰对应于 AlF_6^{3-} 基团，而 Gilbert 等[31]认为该峰对应于 AlF_5^{2-} 基团，$515cm^{-1}$ 处对应于 AlF_6^{3-} 基团。本研究中，结合电导滴定结论，可认为溶液中生成了多种氟铝高配位络合物，氟铝的配位数与 $n(F^-)/n(Al^{3+})$ 有关。

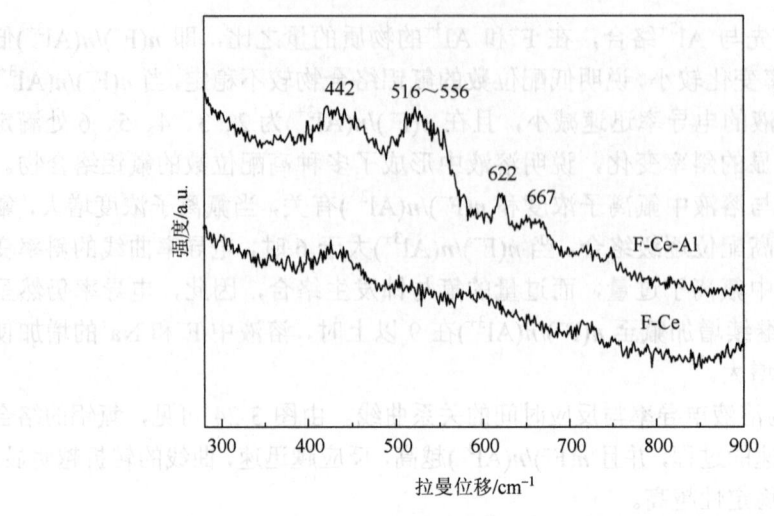

图 3-25 F-Ce 和 F-Ce-Al 体系的拉曼光谱

4. 紫外-可见光谱分析

图 3-26 为 Ce、F-Ce、F-Ce-Al 溶液体系的紫外-可见光谱。由图可见，纯 Ce^{4+} 溶液在波长为 320nm 左右出现了较强的吸收峰，且在 250nm 左右有少量的吸收，而在 F-Ce 溶液中，最大吸收波长蓝移至 300nm 左右，在 F-Ce-Al 溶液中，最大吸收波长出现在 320nm 左右，与纯 Ce^{4+} 溶液相同，且溶液在 200~250nm 表现出良好的紫外吸收性能，这说明 Al^{3+} 能够与 F^- 络合形成 AlF_x^{3-x} 从而释放 Ce^{4+}，实现氟与铈的分离。

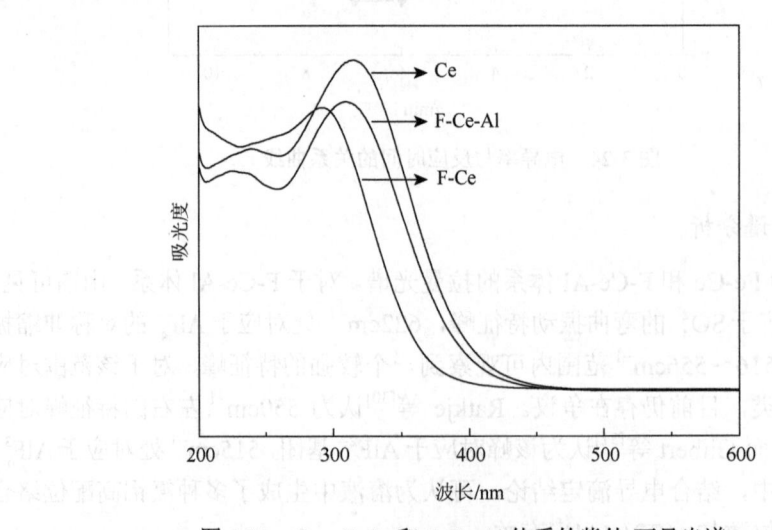

图 3-26 Ce、F-Ce 和 F-Ce-Al 体系的紫外-可见光谱

3.3.3 F-Ce-Zr 体系

Zr^{4+} 与 F⁻ 具有较强的络合能力，但是 Zr^{4+} 在酸性溶液中易被萃取剂萃取，且含锆化合物成本较高，不宜直接应用于硫酸溶液中氟与稀土的分离。大量研究表明[32,33]，锆的水合氧化物对氟离子具有一定的吸附作用，它表面积大、无毒、耐热、耐酸碱，不溶于水，性质稳定，基本上不受其他离子和 pH 变化的影响，且吸附容量大，是一种新型的氟离子吸附剂，可用于地下水、工业废水和强酸性含氟废水的除氟。同时，使用过的水合氧化锆可以进行多次脱附再生，重复利用，从而提升其在经济上的可行性。若将其应用于含氟硫酸稀土溶液，可将氟从溶液中除去，从而消除氟对萃取和反萃过程的影响。目前还没有关于将水合氧化锆作为配位吸附剂应用于含氟硫酸稀土溶液的研究。本节采用沉淀法制备水合氧化锆，并对其在含氟硫酸稀土溶液中吸附除氟使氟与稀土分离进行探索性实验。

1. 实验步骤

1）水合氧化锆的制备

称取 25g 氧氯化锆，加水溶解，搅拌并加热至 60℃，缓慢滴加氨水（1:1）至 pH 为 8~9。产生沉淀后，于 65~70℃加热活化 2h，抽滤，用去离子水将沉淀洗至无 Cl⁻。沉淀在 100~110℃下烘干，研磨成粉状，采用 XRD、SEM、FTIR 等进行表征。

2）吸附实验

采用 NaF、$Ce(SO_4)_2$、H_2SO_4 模拟配制一定酸度和浓度的含氟硫酸稀土溶液，将一定质量的水合氧化锆吸附剂与 100mL F-Ce 溶液混合，在室温下振荡一定时间后测定上清液中 F⁻、Ce^{4+} 和 Zr^{4+} 离子浓度及溶液 pH。考察振荡时间（0~10min）、pH（0~1）、$n(F^-)/n(Ce^{4+})$（1~2）、初始氟浓度（0.5~8g/L）、共存离子（La^{3+}、Pr^{3+}、Nd^{3+}、Sm^{3+}）等因素对氟吸附效率和氟与稀土分离状况的影响。

吸附率 η（%）、吸附量 q_t（mg/g）以及分配系数 D（mL/g）可按以下公式计算：

$$\eta = \frac{c_i - c_f}{c_i} \times 100\% \tag{3-58}$$

$$q_t = \frac{(c_i - c_f) \cdot V}{m} \tag{3-59}$$

$$D = \frac{c_i - c_f}{c_f} \cdot \frac{V}{m} \tag{3-60}$$

式中：c_i 为初始浓度，g/L；c_f 为吸附后浓度，g/L；V 为溶液体积，mL；m 为吸附剂质量，g。

3）再生实验

负载氟的水合氧化锆采用 NaOH 溶液（pH = 13）于室温搅拌 4h，固液比为（1∶5）～（1∶10），再生氧化锆抽滤后于 100～110℃烘干，然后进行重复利用。

2. 吸附剂表征

采用 BET 方法测得制备的水合氧化锆的比表面积和平均孔径分别为 171.53m²/g 和 3.41nm。图 3-27 为水合氧化锆粒度分布图，平均粒度为 16.82μm。图 3-28 为水合氧化锆的 XRD 图。图中未出现结晶峰，表明制得的水合氧化锆具有很好的非晶特性，出现的两个较大的宽峰表明水合氧化锆为无定形结构。图 3-29 显示

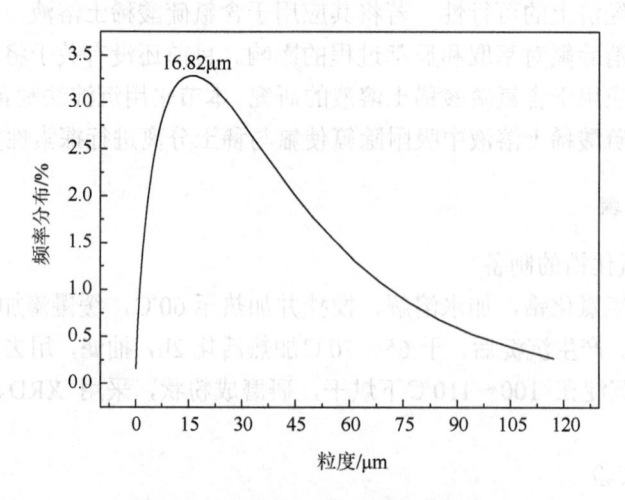

图 3-27　水合氧化锆的粒度分布图

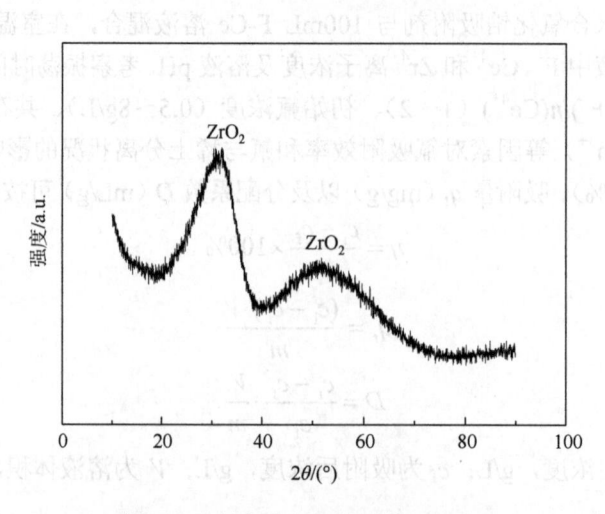

图 3-28　制备水合氧化锆的 XRD 图

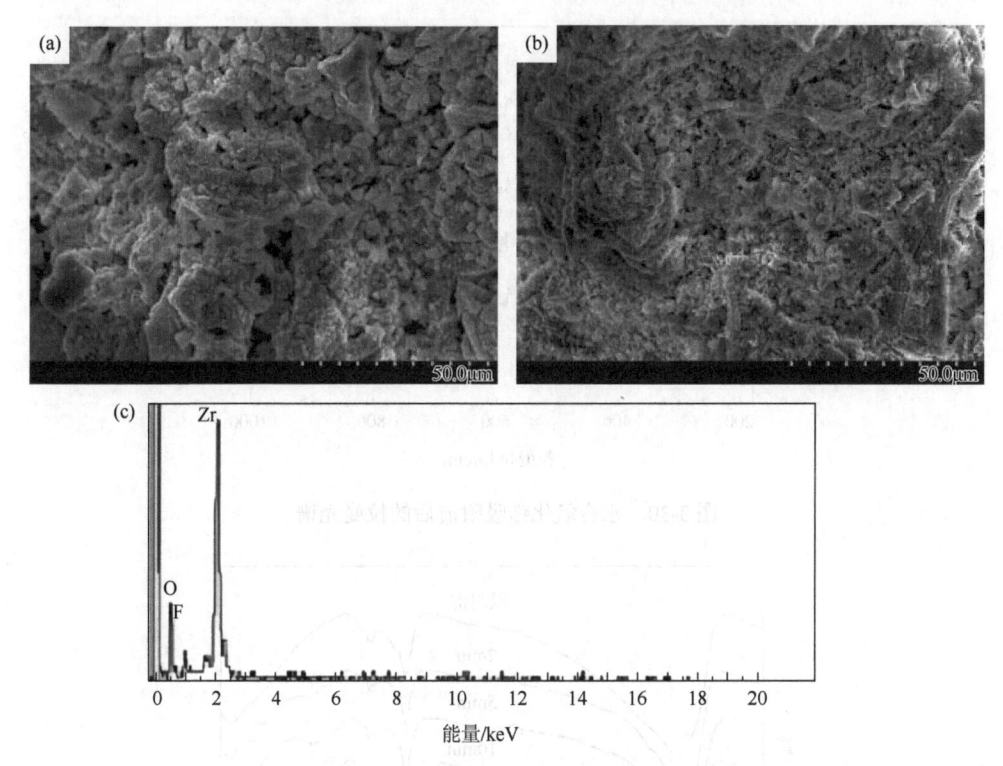

图 3-29 水合氧化锆吸附前（a）、后（b）的 SEM 图像以及负载氟的 EDS 能谱（c）

出了水合氧化锆吸附前后的表面微观形貌。如图所示，水合氧化锆表面粗糙且具有许多孔隙，表明该吸附剂是多孔材料。吸附之后，吸附剂表面颗粒粒度及孔隙均变小。在负载氟的吸附剂表面的 EDS 能谱中出现了氟元素，表明氟被成功吸附到水合氧化锆的表面。

3. 吸附机理

图 3-30 为水合氧化锆吸附前后的拉曼光谱。533cm^{-1} 处对应于 Zr—O 键特征峰[34]，207cm^{-1} 和 400cm^{-1} 处对应于 ZrO$_2$ 特征峰[35]，均在吸附后有所减弱，表明水合氧化锆与氟之间的吸附是一个化学过程，且氟的吸附是一个快速的过程，在 10min 内即可完成。

图 3-31 为水合氧化锆吸附前后的 FTIR 谱图。由图可见，3573cm^{-1} 和 3469cm^{-1} 分别对应于水合氧化锆所结合水分子的对称和非对称伸缩振动特征峰，以及化学吸附水中—OH 的弯曲振动特征峰[36]。3415cm^{-1} 对应吸附于水合氧化锆表面的自由水的—OH 的伸缩振动特征峰。1625cm^{-1} 对应于 H—O—H 键的弯曲振动特征峰，470cm^{-1} 对应于 ZrO$_2$ 中的 Zr—O 键[37]。1353cm^{-1} 对应于 Zr—OH 键的弯曲

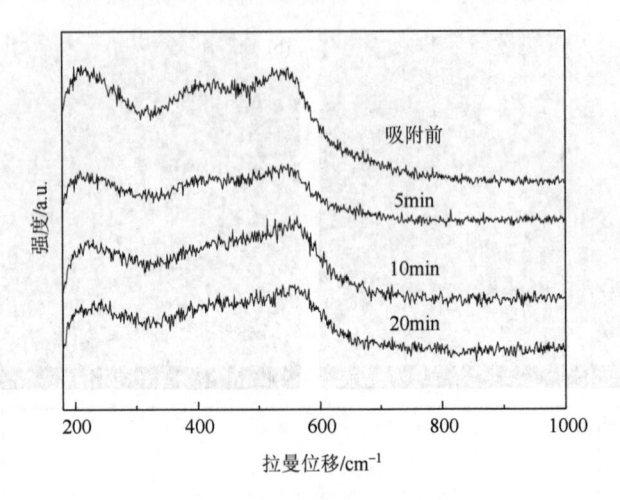

图 3-30　水合氧化锆吸附前后的拉曼光谱

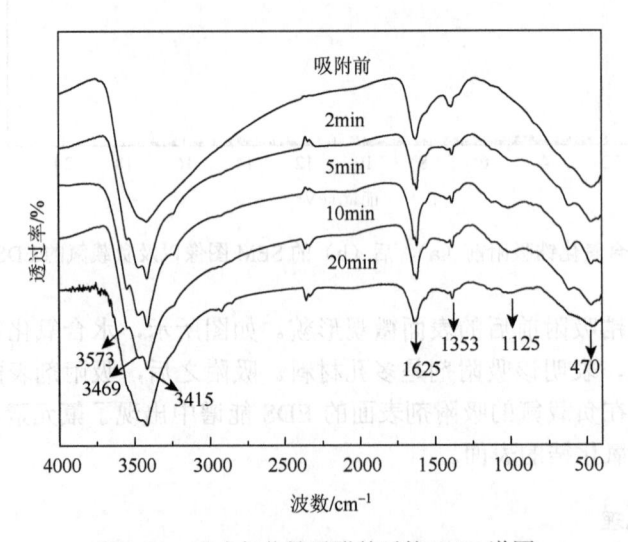

图 3-31　水合氧化锆吸附前后的 FTIR 谱图

振动特征峰[38]，Zr—OH 键的特征峰在吸附后明显减弱，表明氟与锆表面的—OH 发生了离子交换反应。1125cm^{-1} 对应于吸附剂表面吸附的 SO_4^{2-} 基团。此外，由 FTIR 谱图可知，Zr—OH 特征峰在反应初始 5min 时明显减弱，随反应时间延长无明显变化，表明水合氧化锆吸附氟是一个快速的过程。

为进一步研究水合氧化锆吸附氟的机理，我们对吸附前后的水合氧化锆进行了 XPS 测试，结果如图 3-32～图 3-34 所示。

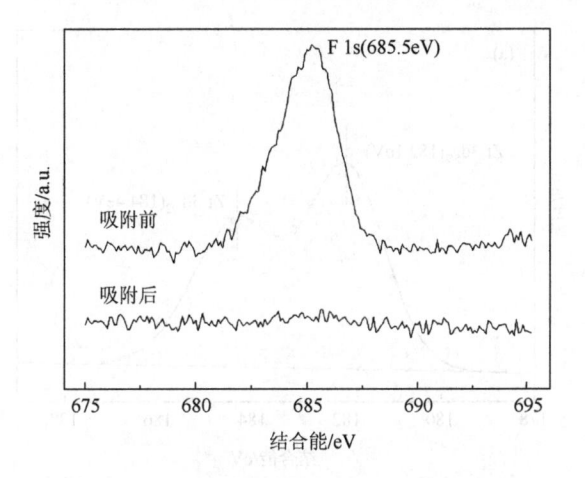

图 3-32　水合氧化锆吸附前后的 F 1s XPS 谱图

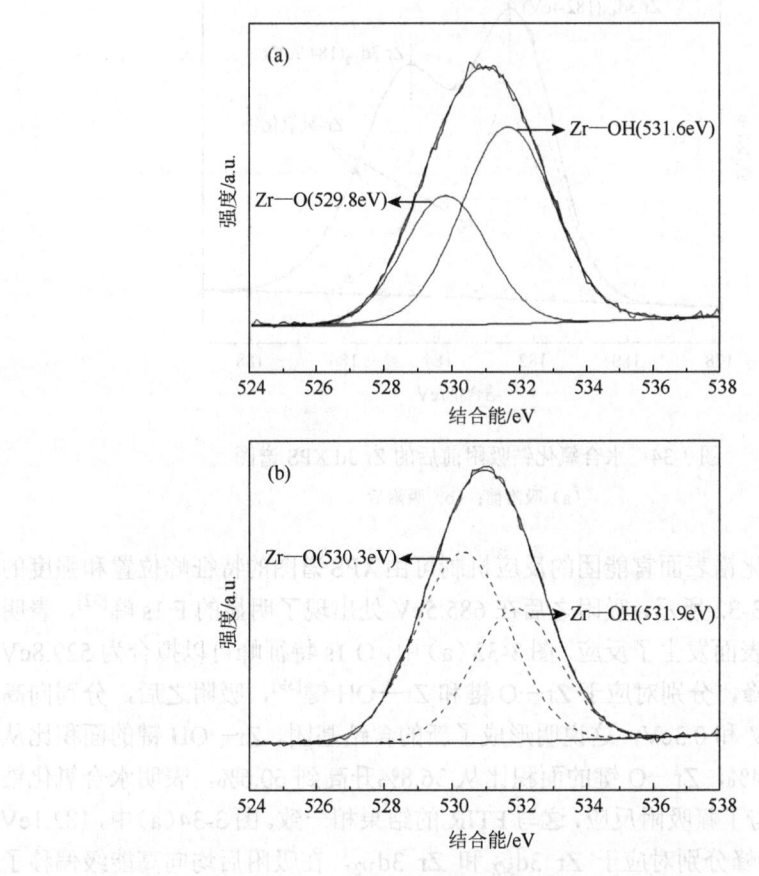

图 3-33　水合氧化锆吸附前后的 O 1s XPS 谱图
(a) 吸附前；(b) 吸附后

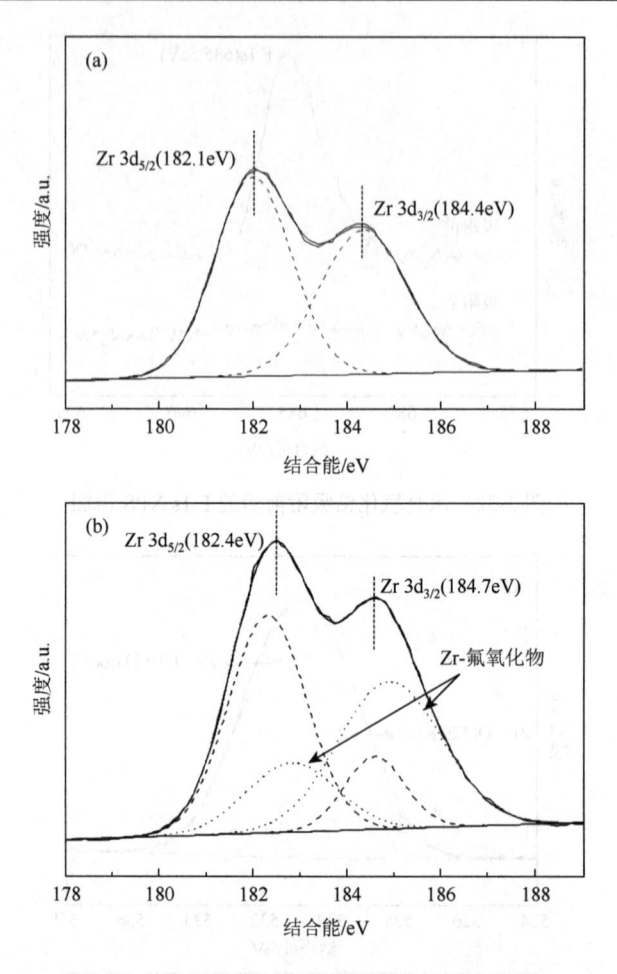

图 3-34 水合氧化锆吸附前后的 Zr 3d XPS 谱图

(a) 吸附前；(b) 吸附后

氟与水合氧化锆表面官能团的反应机制可由XPS谱图的特征峰位置和强度的变化推断。如图 3-32 所示，吸附之后在 685.5eV 处出现了明显的 F 1s 峰[32]，表明氟与水合氧化锆表面发生了反应。图 3-33(a)中，O 1s 特征峰可以拟合为 529.8eV 和 531.6eV 两个峰，分别对应于 Zr—O 键和 Zr—OH 键[39]，吸附之后，分别向高能级偏移了 0.5eV 和 0.3eV，这说明形成了新的含锆基团。Zr—OH 键的面积比从 63.2%降低为 39.4%，Zr—O 键的面积比从 36.8%升高到 60.6%，表明水合氧化锆表面的—OH 参与了氟吸附反应，这与 FTIR 的结果相一致。图 3-34(a)中，182.1eV 和 184.4eV 处的峰分别对应于 Zr $3d_{5/2}$ 和 Zr $3d_{3/2}$，在吸附后均向高能级偏移了 0.3eV，这表明锆与氟之间形成了化学键，锆与氟的键合会导致锆电子密度的损失，从而提高了 Zr $3d_{5/2}$ 和 Zr $3d_{3/2}$ 的结合能。如图 3-34（b）所示，吸附之后 XPS 谱图中于 182.9eV 和 184.9eV 处出现了两个新的峰，表明形成了 Zr-氟氧化物[40]。

根据以上的研究，水合氧化锆吸附氟的机理是 F^- 与表面的—OH 发生离子交换，推测反应式如下：

$$—Zr—OH_{(s)} + F^-_{(aq)} \rightleftharpoons —Zr—F_{(s)} + OH^-_{(aq)} \quad (3-61)$$

在含氟硫酸稀土溶液中，F^- 与 Ce^{4+} 络合形成 CeF_2^{2+}，水合氧化锆可以夺取 CeF_2^{2+} 中的 F^-，实现氟和铈的分离。反应式如下：

$$2—Zr—OH_{(s)} + CeF_2^{2+}{}_{(aq)} \rightleftharpoons 2—Zr—F_{(s)} + Ce^{4+}_{(aq)} + 2OH^-_{(aq)} \quad (3-62)$$

4. 氟与稀土分离

根据拉曼光谱和 FTIR 结果可知，氟的吸附是一个快速的过程。因此考察了振荡时间（0~10min）对氟铈分离的影响，结果如图 3-35 所示。

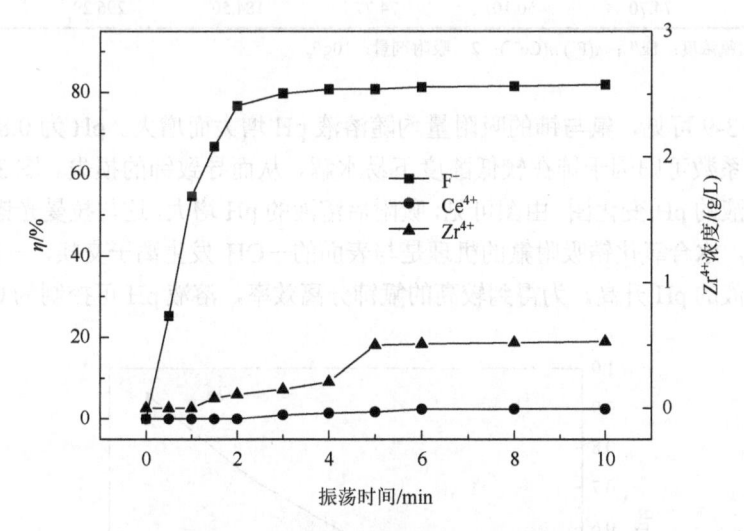

图 3-35 振荡时间对氟铈分离的影响

初始氟浓度：1g/L；$n(F^-)/n(Ce^{4+})$：2；pH：0.3；吸附剂量：10g/L

由图 3-35 可见，氟的吸附大部分发生在初始 3min 内，这是因为水合氧化锆具有高比表面积和多孔性结构，有利于氟的吸附。铈的吸附在整个过程中接近于 0，表明水合氧化锆在 F-Ce 溶液中对氟具有强选择性。由于吸附在强酸性条件下进行，水合氧化锆可能有部分溶解，因此，测定了吸附过程溶液中 Zr^{4+} 的浓度。本实验是在加热条件下采用沉淀法制备水合氧化锆，得到的是 β 型水合氧化锆，其难溶于水和酸。在反应 5min 内锆溶解量很低，但随着时间延长溶解量增大，说明该水合氧化锆吸附剂在实验酸度下可缓慢溶解，因此，需控制反应时间在 3min 以内。

溶液的 pH 是吸附过程最重要的参数之一，它直接影响铈的存在状态和吸附剂的性质。研究表明，铈仅在 pH<1 条件下以 Ce^{4+} 存在，在较高 pH 下以 $Ce(OH)^{3+}$、$Ce(OH)_2^{2+}$ 或 CeO^{2+} 形式存在[41]。因此，考察了 pH（0～1）对氟铈分离的影响，结果如表 3-9 所示。

表 3-9 溶液初始 pH 对氟铈分离的影响

初始 pH	η/% F	η/% Ce	q_e/(mg/g) F	q_e/(mg/g) Ce	D/(mL/g) F	D/(mL/g) Ce
0.00	67.23	0.00	67.23	0.00	205.18	0.00
0.12	68.20	0.00	68.20	0.00	214.46	0.00
0.32	68.98	1.68	68.98	6.21	222.41	1.71
0.61	72.59	9.28	72.59	34.25	264.80	10.23
0.82	74.70	50.10	74.77	184.50	296.29	100.00

注：初始氟浓度：1g/L；$n(F^-)/n(Ce^{4+})$：2；吸附剂量：10g/L。

由表 3-9 可见，氟与铈的吸附量均随溶液 pH 增大而增大。pH 为 0.82 时，铈的高分配系数可归因于铈在较低酸度下易水解，从而导致铈的损失。图 3-36 为吸附前后溶液的 pH 变化图。由图可见，吸附后溶液的 pH 增大，这与拉曼光谱和 FTIR 结果相符，水合氧化锆吸附氟的机理是与表面的—OH 发生离子交换，—OH 的释放导致溶液的 pH 升高。为得到较高的氟铈分离效率，溶液 pH 可控制为 0.3～0.6。

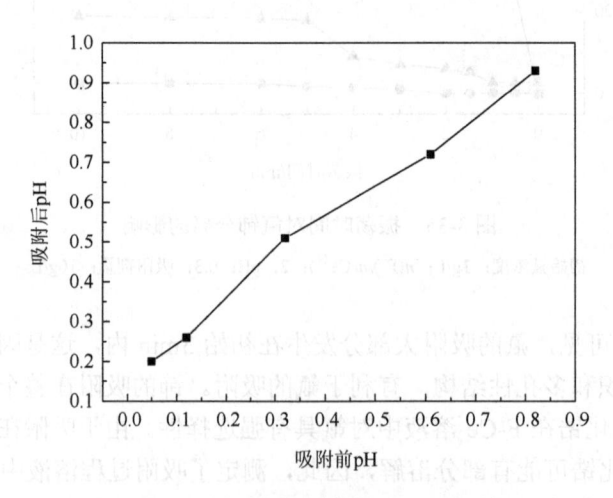

图 3-36 吸附前后溶液 pH 的变化

含氟硫酸稀土溶液的 $n(F^-)/n(Ce^{4+})$ 是影响氟铈络合状态的一个重要因素，因此，考察了 $n(F^-)/n(Ce^{4+})$（1～2）对氟铈分离的影响，结果如表 3-10 所示。

表 3-10　$n(F^-)/n(Ce^{4+})$ 对氟铈分离的影响

$n(F^-)/n(Ce^{4+})$	η/% F	η/% Ce	q_t/(mg/g) F	q_t/(mg/g) Ce	D/(mL/g) F	D/(mL/g) Ce
1.00	81.49	9.98	81.49	73.58	440.37	11.09
1.20	80.15	8.35	80.15	51.35	403.78	9.11
1.50	79.55	4.47	79.55	22.00	389.03	4.68
1.80	78.54	3.29	78.54	13.49	366.15	3.40
2.00	77.98	2.23	77.98	8.22	334.52	2.28

注：初始氟浓度：1g/L；pH：0.3；吸附剂量：10g/L。

由表 3-10 可见，氟和铈的吸附量随着 $n(F^-)/n(Ce^{4+})$ 增加而减小。理论上来说，水合氧化锆对铈没有吸附性，低 $n(F^-)/n(Ce^{4+})$ 时溶液中存在许多自由 Ce^{4+}，在机械搅拌下会进入水合氧化锆的骨架和孔道[42]，导致铈的损失。随 $n(F^-)/n(Ce^{4+})$ 增大，溶液中 F^- 和 Ce^{4+} 大多以 CeF_2^{2+} 形式存在，溶液中自由 Ce^{4+} 减少，减少了铈的损失，提高了氟和铈的分离效率。

溶液初始氟浓度（0.5~8g/L）对氟铈分离的影响如表 3-11 所示。

表 3-11　溶液初始氟浓度对氟铈分离的影响

初始氟浓度/(g/L)	η/% F	η/% Ce	q_t/(mg/g) F	q_t/(mg/g) Ce	D/(mL/g) F	D/(mL/g) Ce
0.50	85.86	0.00	28.63	0.00	405.01	0.00
1.00	85.15	0.00	56.77	0.00	382.25	0.00
2.00	84.16	4.87	112.21	23.92	354.15	3.41
3.00	80.33	6.74	160.67	49.72	272.33	4.82
4.00	77.11	7.69	205.61	75.69	224.52	5.56
5.00	69.98	7.78	233.28	95.71	155.43	5.63
6.00	65.72	2.73	262.87	40.24	127.80	1.87
7.00	51.92	1.48	242.31	25.43	72.00	1.01
8.00	45.48	0.00	242.55	0.00	55.61	0.00

注：$n(F^-)/n(Ce^{4+})$：2；pH：0.3；吸附剂量：15g/L。

由表 3-11 可见，随着初始氟浓度增加，氟的吸附率和分配系数显著减小，而吸附量增大。这是由于固定吸附剂量，溶液氟浓度越高，吸附剂表面达到饱和吸附的速度越快，从而使吸附量更大[43]。另外，较高的氟浓度会使溶液中形成更多的氢氟酸，而氢氟酸会破坏水合氧化锆的 Zr—O—Zr 结构[44]。因此，过高的氟浓度不利于氟的吸附和氟铈的分离。

在含氟硫酸稀土溶液中，还存在三价稀土离子如 La^{3+}、Pr^{3+}、Nd^{3+}、Sm^{3+} 等。因此，考察了共存三价稀土离子对氟铈分离的影响，结果如表 3-12 所示。溶液中的三价稀土离子是通过加入与铈等物质的量的稀土氧化物所得。由表中数据可知，氟与铈的分配系数基本恒定，同时水合氧化锆对 RE^{3+} 没有吸附性，表明伴生三价稀土离子对氟铈分离没有影响，水合氧化锆对含氟硫酸稀土溶液中的氟具有高选择性，对其他三价稀土离子具有高抗干扰能力。

表 3-12 共存稀土离子对氟铈分离的影响

RE^{3+}	η/%			q_t/(mg/g)		D/(mL/g)	
	F	Ce	RE	F	Ce	F	Ce
La^{3+}	76.51	1.96	0.00	76.51	7.23	325.60	2.01
Pr^{3+}	77.12	1.09	0.00	77.12	4.01	337.12	1.16
Nd^{3+}	75.89	3.28	0.00	75.89	12.13	314.73	3.45
Sm^{3+}	77.31	1.67	0.00	77.31	6.16	340.85	1.74

注：初始氟浓度：1g/L；$n(F^-)/n(Ce^{4+})$：2；pH：0.3；吸附剂量：10g/L。

将水合氧化锆应用于实际氟碳铈矿硫酸浸出液，所用浸出液成分为 CeO$_2$ 32.71g/L、CeO$_2$/REO 48.25%（质量分数）、F$^-$ 4.96g/L、H$^+$ 2mol/L。采用氨水调节溶液 pH 为 0.3 左右，同时根据浸出液中成分配制溶液进行对比。吸附剂量对配制和实际溶液中氟和铈分离的影响如图 3-37 所示。由图可见，氟的分配系数随着吸附剂量增大而增大，而铈的分配系数在吸附剂量低于 20g/L 时接近于 0。配制溶液所得的分配系数要高于实际溶液，可能是由于实际浸出液中常常伴有大量的阴离子和阳离子，会对吸附过程产生干扰[45]。

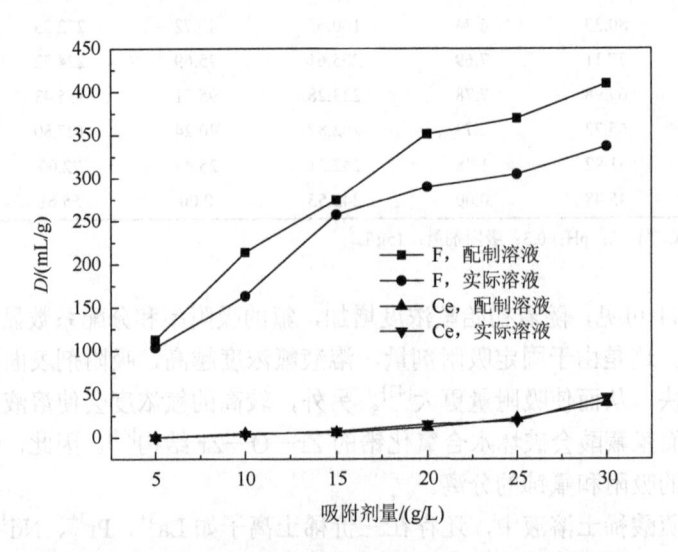

图 3-37 吸附剂量对配制和实际溶液中氟和铈分离的影响

5. 水合氧化锆再生

吸附剂的再生能力是衡量一种吸附剂的重要因素，吸附剂的多次循环利用可有效降低成本。负载氟的水合氧化锆采用 0.1mol/L NaOH 解吸再生，解吸率达到 91%。图 3-38 为水合氧化锆的再生实验。由图可见，吸附剂经再生后多次循环使用，仍可保持较高吸附量。解吸溶液经蒸发结晶，对产物进行 XRD 分析，结果如图 3-39 所示。由图可见，蒸发产物为纯净的 NaF。因此，水合氧化锆再生后循环利用，可以提高吸附剂的利用率，大大降低了成本，还可得到 NaF 副产品，提高了其经济价值。

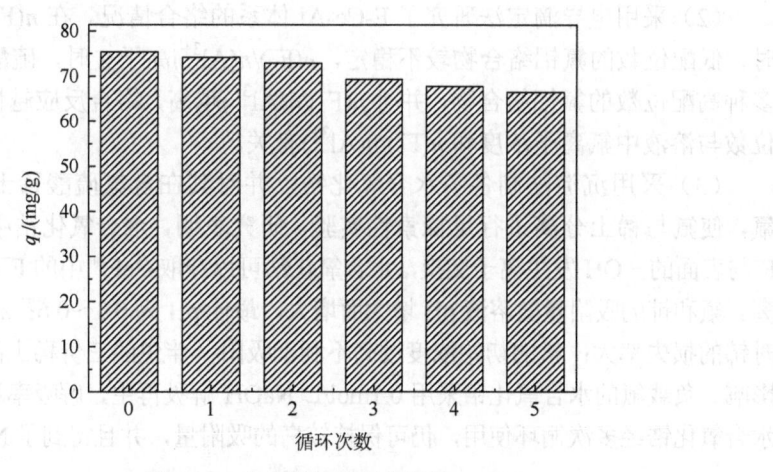

图 3-38　水合氧化锆再生实验

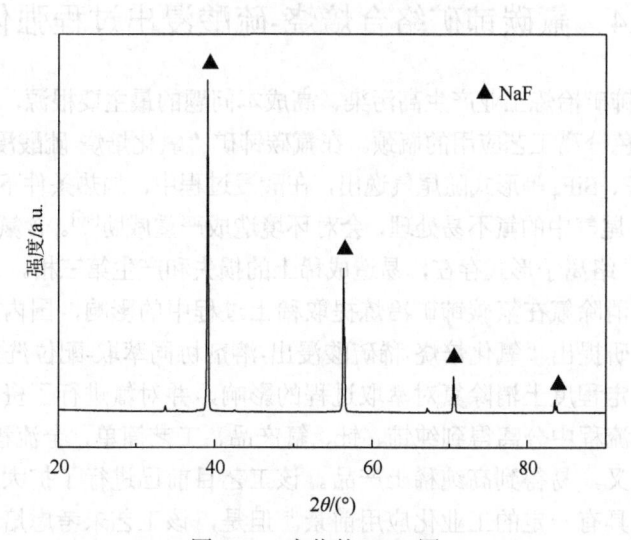

图 3-39　产物的 XRD 图

3.3.4 本节小结

本节选择 Al^{3+}、B^{3+}、Zr^{4+} 等与氟具有强配位性的离子作为氟络合离子，探讨其在 F-Ce-B、F-Ce-Al 和 F-Ce-Zr 硫酸溶液中与氟的络合机理，确定在氟络合离子存在下，稀土以自由离子状态存在的条件，为采用氟络合剂分离氟与稀土提供理论依据。

(1) 采用电位滴定法研究了硫酸介质中 CeF_x^{4-x} 和 BF_y^{3-y} 的络合机理。F^- 与 Ce^{4+} 以 CeF_2^{2+} 络离子形式存在，B^{3+} 能够夺取 CeF_2^{2+} 中的 F^- 生成 BF_4^-，在反应初期，BF_4^- 和 BF_3OH^- 同时生成，随反应进行，BF_3OH^- 继续与 CeF_2^{2+} 中的 F^- 反应形成 BF_4^-。

(2) 采用电导滴定法研究了 F-Ce-Al 体系的络合情况。在 $n(F^-)/n(Al^{3+})$ 低于 2 时，低配位数的氟铝络合物较不稳定，$n(F^-)/n(Al^{3+})$ 高于 2 时，硫酸介质中可形成多种高配位数的氟铝络合物，并且 $n(F^-)/n(Al^{3+})$ 越高，络合反应越快，且氟铝的配位数与溶液中氟离子浓度和 $n(F^-)/n(Al^{3+})$ 有关。

(3) 采用沉淀法制备了水合氧化锆，并对其在含氟硫酸稀土溶液中吸附除氟，使氟与稀土分离进行了探索性实验。研究表明，水合氧化锆吸附氟的机理是 F^- 与表面的—OH 发生离子交换，水合氧化锆可以夺取 CeF_2^{2+} 中的 F^-，实现氟铈的分离。氟和铈的吸附量随溶液 pH 增大而增大，最佳 pH 为 0.3~0.6；$n(F^-)/n(Ce^{4+})$ 较低时铈的损失率大；氟的初始浓度过高不利于吸附；伴生的三价稀土离子对吸附没有影响。负载氟的水合氧化锆采用 0.1mol/L NaOH 解吸再生，解吸率达到 91%，再生水合氧化锆经多次循环使用，仍可保持较高的吸附量，并得到了 NaF 副产品。

3.4 氟碳铈矿络合焙烧-硫酸浸出过程强化

氟是氟碳铈矿冶炼工业产生高污染、高成本问题的最主要根源，是制约氟碳铈矿新型高效绿色分离工艺应用的瓶颈。在氟碳铈矿"氧化焙烧-硫酸浸出"工艺中，部分氟会以 HF、SiF_4 等形式随尾气逸出，在酸浸过程中，加热条件下部分氟也会以 HF 形式逸出，尾气中的氟不易处理，会对环境造成严重威胁[46]。含氟硫酸稀土溶液中的氟以 CeF_2^{2+} 络离子形式存在，易造成稀土的损失和产生第三相。

针对如何消除氟在氟碳铈矿冶炼提取稀土过程中的影响，国内外做了大量的研究。中国有研提出"氧化焙烧-稀硫酸浸出-溶剂协同萃取-配位洗氟"工艺[47]，该工艺可在一定程度上消除氟对萃取过程的影响，并对氟进行了资源化利用，能够在一个萃取流程中分离得到纯铈、钍、氟产品，工艺简单，全流程为酸性体系，避免了酸碱交叉，易得到高纯稀土产品。该工艺目前已进行了扩大实验，取得了较好的效果，具有一定的工业化应用前景。但是，该工艺未考虑焙烧和浸出过程中氟的逸出问题，部分氟仍然以尾气形式逸出或留在浸出渣中，存在环境污染和氟资源浪费的问题。碳酸钠焙烧工艺[48]采用碳酸钠与氟碳铈矿混合焙烧，将氟转换为可溶性氟化钠，经水洗除去，水洗矿再用酸浸出稀土。该工艺操作方便，流程短，减少了氟尾气的排放，对环境污染较轻，但是焙烧过程中易产生烧结现象，对设备要求高，经过多次热水洗涤和酸洗也只能除去部分氟，固液分离过程多，且产生大量含 NaF、Na_2CO_3、Na_2SO_4 的难以处理的含氟废水。此外，进入酸浸液的氟过少，不利于铈和稀土的浸出。因此，该工艺未能在工业上应用。氧化钙焙烧工艺[49]是将氟以氟化钙的形式固定于焙烧矿中，以减少氟的逸出。该工艺流程短，可减轻对环境的污染。但是氟以氟化钙形式存在于废渣中，难以再利用，造成了氟资源的极大浪费，若处置不当也会造成氟的二次污染。边雪等[50]采用 $HCl-AlCl_3$ 溶液浸出焙烧矿中的稀土氧化物和氟化钙，虽然可以回收稀土和氟，但是大量的钙元素也进入溶液中，使萃取体系变得复杂，影响稀土产品的回收率和纯度。

本章 3.3.2 节的研究表明，在硫酸浸出液中，Al^{3+} 会通过竞争配位作用与氟以不同铝氟比络合，从而释放稀土元素，铝盐也被广泛应用于稀土冶炼中的除氟过程。本节以含铝化合物为抑氟剂，与氟碳铈矿进行络合焙烧，通过硫酸浸出提取氟和稀土，再经过氟与稀土的分离，对滤液中的氟进行资源化利用，从而达到氟碳铈矿资源的绿色高效利用。

3.4.1 实验原料

实验所用的氟碳铈矿精矿来源于四川冕宁稀土矿，其平均粒度约为 100μm [图 3-40（a）]，研磨后平均粒度约为 22μm [图 3-40（b）]。氟碳铈矿的主要化学成分及稀土配分如表 3-13 及表 3-14 所示，其矿相组成如图 3-41 所示。由图可见，氟碳铈矿精矿的成分主要是 $RECO_3F$ 及少量 CaF_2。

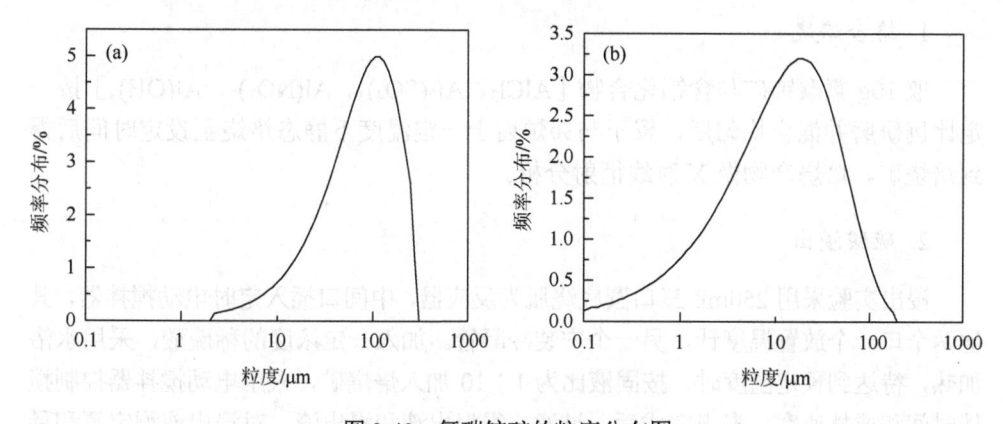

图 3-40 氟碳铈矿的粒度分布图

（a）原矿；（b）研磨矿

表 3-13　氟碳铈矿的主要化学成分　　　　　　　　　　（单位：%）

成分	RE$_x$O$_y$	F	CaO	SrO	Fe$_2$O$_3$	BaO	SiO$_2$
含量（质量分数）	62.22	8.92	7.29	6.43	5.42	3.75	1.79

表 3-14　氟碳铈矿的稀土配分　　　　　　　　　　（单位：%）

成分	CeO$_2$	La$_2$O$_3$	Nd$_2$O$_3$	Pr$_6$O$_{11}$	Sm$_2$O$_3$
含量（质量分数）	31.51	23.33	5.26	1.92	0.23

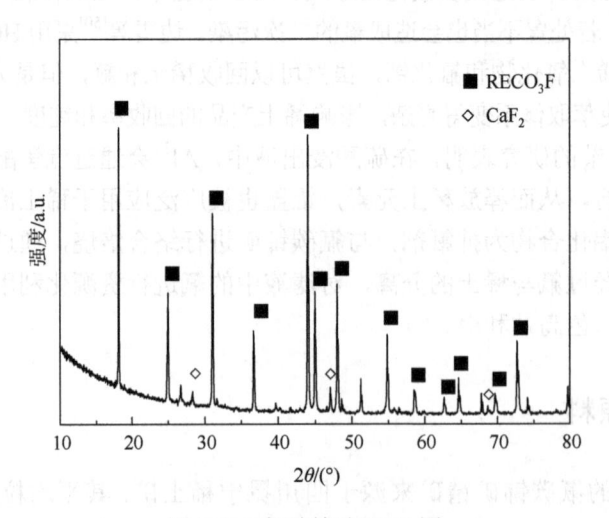

图 3-41　氟碳铈矿 XRD 图

3.4.2　实验步骤

1. 络合焙烧

取 10g 氟碳铈矿与含铝化合物［AlCl$_3$、Al$_2$(SO$_4$)$_3$、Al(NO$_3$)$_3$、Al(OH)$_3$］按一定比例研磨并混合均匀后，置于马弗炉内于一定温度下静态焙烧至设定时间后得到焙烧矿。焙烧产物做 X 射线衍射分析。

2. 硫酸浸出

浸出实验采用 250mL 三口圆底烧瓶为反应器，中间口插入定时电动搅拌器，其他两个口一个放置温度计，另一个安装冷凝管。加入一定浓度的稀硫酸，采用水浴加热，待达到预定温度时，按固液比为 1∶10 加入焙烧矿，采用电动搅拌器控制搅拌时间和搅拌速率。浸出完成后，过滤，得浸出液和浸出渣。对浸出液测定氟和稀土浓度，计算浸出率。浸出渣于 120℃烘干后，测定含量并做 X 射线衍射分析。

3. 数据处理

氟、铈和总稀土的浸出率按下式计算：

$$\eta_i = \frac{C_i V}{m w_i} \times 100\% \tag{3-63}$$

式中：η_i 为氟、铈和总稀土的浸出率，%；C_i 为浸出液中离子浓度，g/L；V 为浸出液体积，L；m 为氟碳铈矿精矿质量，g；w_i 为氟碳铈矿精矿中元素含量，%。

3.4.3 铝盐种类的选择

为考察不同添加剂对氟碳铈矿的分解活化效果，分别采用 $AlCl_3$、$Al_2(SO_4)_3$、$Al(NO_3)_3$ 以及 $Al(OH)_3$ 为氟络合剂，对氟碳铈矿在 $n(F^-)/n(Al^{3+}) = 2.0$，焙烧温度 500℃，焙烧时间 2.0h 条件下进行焙烧，并对产物进行 XRD 分析，结果如图 3-42 所示。

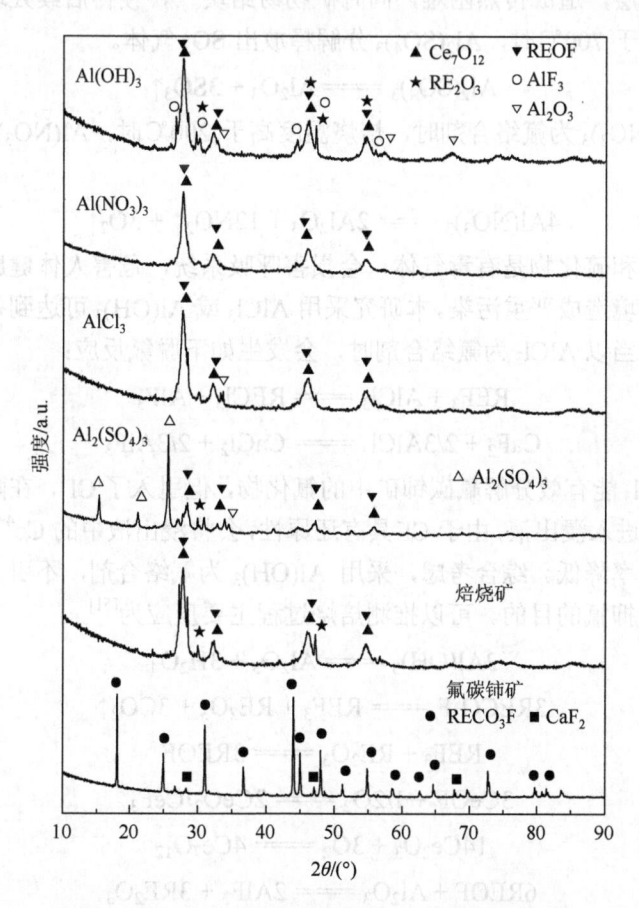

图 3-42 不同铝盐下氟碳铈矿络合焙烧的 XRD 图

由图 3-42 可见，氟碳铈矿精矿主要成分为 RECO$_3$F 和少量 CaF$_2$，在空气中加入不同含铝化合物作为氟络合剂进行焙烧后，RECO$_3$F 的特征衍射峰基本消失，表明氟碳铈矿能分解完全。未加入氟络合剂的氟碳铈矿焙烧后主要物相为 REOF、RE$_2$O$_3$ 和 Ce$_7$O$_{12}$，加入氟络合剂后焙烧矿主要物相为 REOF、RE$_2$O$_3$、Ce$_7$O$_{12}$ 和新相 AlF$_3$ 和 Al$_2$O$_3$。在氟碳铈矿分解过程中，产物中的 Ce^{3+} 被氧化成 Ce^{4+}，由于空气中氧含量不足，无法彻底氧化成 CeO$_2$，使得铈只能被氧化成混合价铈氧化物 Ce$_7$O$_{12}$[51]。焙烧产物的衍射峰出现了较宽的特征，这是因为稀土元素的原子半径十分相近，Ce$_7$O$_{12}$ 中的铈原子可能被其他稀土元素（如 La、Pr、Nd）所替代，生成类质同象物质与 Ce$_7$O$_{12}$ 共同存在于焙烧产物中。此外，AlF$_3$ 的生成说明含铝化合物与氟碳铈矿分解产生的氟化物发生了脱氟反应。

当以 Al$_2$(SO$_4$)$_3$ 为氟络合剂时，硫酸铝盐发生脱水反应，先是逐渐熔化成高黏度的液相，样品内部脱掉的水分子难以穿过液相，使样品表面鼓泡，导热性差，形成液体隔热层，造成传热困难，同时矿物易结块[52]，使得后续处理工艺复杂。并且当温度高于 700℃时，Al$_2$(SO$_4$)$_3$ 分解释放出 SO$_3$ 气体。

$$Al_2(SO_4)_3 = Al_2O_3 + 3SO_3\uparrow \tag{3-64}$$

当以 Al(NO$_3$)$_3$ 为氟络合剂时，焙烧温度高于 200℃时，Al(NO$_3$)$_3$ 会分解释放出氮氧化物：

$$4Al(NO_3)_3 = 2Al_2O_3 + 12NO_2\uparrow + 3O_2\uparrow \tag{3-65}$$

氮氧化物和硫化物是有毒气体，会损害呼吸系统，危害人体健康，对水体、土壤和大气环境造成严重污染。本研究采用 AlCl$_3$ 或 Al(OH)$_3$ 可达到抑氟活化氟碳铈矿的效果。当以 AlCl$_3$ 为氟络合剂时，会发生如下脱氟反应：

$$REF_3 + AlCl_3 = RECl_3 + AlF_3 \tag{3-66}$$

$$CaF_2 + 2/3AlCl_3 = CaCl_2 + 2/3AlF_3 \tag{3-67}$$

虽然 AlCl$_3$ 能有效分解氟碳铈矿中的氟化物，但引入了 Cl$^-$，在随后的硫酸浸出过程中，Cl$^-$ 进入浸出液，由于 Cl$^-$ 具有还原性，会将浸出液中的 Ce^{4+} 还原为 Ce^{3+}，造成铈的回收率降低。综合考虑，采用 Al(OH)$_3$ 为氟络合剂，不引入新的杂质，也能达到活化抑氟的目的。可以推测焙烧过程主要反应为[51]

$$2Al(OH)_3 = Al_2O_3 + 3H_2O\uparrow \tag{3-68}$$

$$3RECO_3F = REF_3 + RE_2O_3 + 3CO_2\uparrow \tag{3-69}$$

$$REF_3 + RE_2O_3 = 3REOF \tag{3-70}$$

$$3CeOF + 1/2O_2 = 2CeO_2 \cdot CeF_3 \tag{3-71}$$

$$14Ce_2O_3 + 3O_2 = 4Ce_7O_{12} \tag{3-72}$$

$$6REOF + Al_2O_3 = 2AlF_3 + 3RE_2O_3 \tag{3-73}$$

3.4.4 焙烧过程热分解机理及动力学研究

1. 焙烧过程热分析

为了研究氟碳铈矿焙烧反应过程,了解热分解反应的初始温度,采用 TG-DSC 热分析法研究试样焙烧过程中的质量和热量变化,其实验气氛为静态空气,升温速率为 10℃/min,温度范围为室温至 1000℃。样品的 TG-DSC 曲线如图 3-43 所示。图 3-43(a)为氟碳铈矿原矿的 TG-DSC 曲线,如图所示,在 420～510℃温度区间 DSC 曲线出现明显的吸热峰,峰顶温度为 468.52℃,并伴随有明显的失重现象,失重率为 14.87%。该部分失重是由于氟碳铈矿发生分解,从而释放出 CO_2。继续升高温度,在 510～550℃范围内出现一个轻微的放热峰,这可能是因为氟碳铈矿中的三价稀土氧化物发生氧化反应生成更高价氧化物[53],这与文献中认为氧化过程是放热反应相一致[54]。图 3-43(b)为 $Al(OH)_3$ 焙烧的 TG-DSC 曲线,由图可见,$Al(OH)_3$ 在 225℃开始分解,首先分解成 γ-AlO(OH),该部分的失重是因为吸附水和结晶水被脱除。在 475～550℃范围出现一个较小的吸热峰,这是由于 γ-AlO(OH)进一步脱水生成 γ-Al_2O_3[55]。图 3-43(c)为添加 $Al(OH)_3$ 氟络合剂的氟碳铈矿的 TG-DSC 曲线,由图可见,在 225～300℃和 420～520℃温度区间,DSC 曲线出现两个明显的吸热峰。225～300℃范围的吸热峰对应于 $Al(OH)_3$ 的分解,释放出水蒸气导致体系质量减小。该部分峰顶温度为 289.28℃,失重率为 6.51%。420～520℃范围的吸热峰对应于氟碳铈矿的分解,峰顶温度为 462.82℃,失重率为 12.79%。添加 $Al(OH)_3$ 氟络合剂后的氟碳铈矿分解吸热峰的峰顶温度相比于原矿有所降低,表明 $Al(OH)_3$ 的加入可以促进氟碳铈矿的分解,降低分解温度。

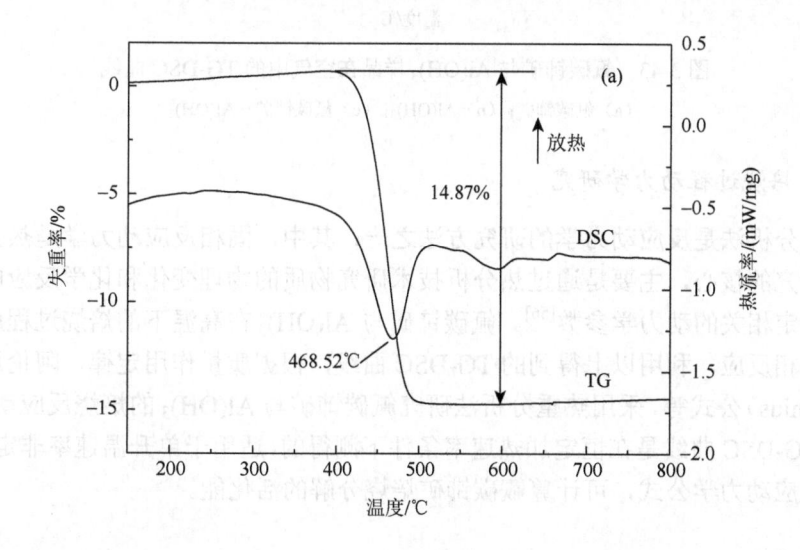

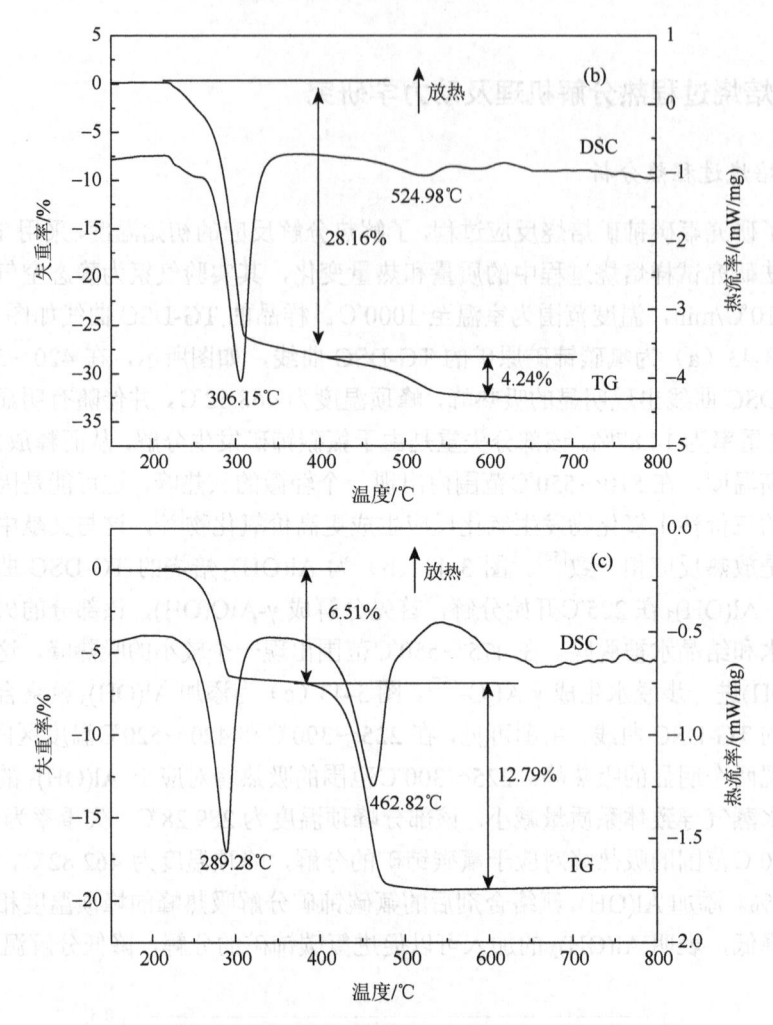

图 3-43　氟碳铈矿与 Al(OH)$_3$ 样品在空气中的 TG-DSC 曲线

(a) 氟碳铈矿；(b) Al(OH)$_3$；(c) 氟碳铈矿 + Al(OH)$_3$

2. 焙烧过程动力学研究

热分析法是反应动力学的研究方法之一，其中，固相反应动力学是热分析动力学研究的核心，主要是通过热分析技术研究物质的物理变化和化学反应的机理以及确定相关的动力学参数[56]。氟碳铈矿与 Al(OH)$_3$ 在高温下的焙烧过程属于典型的固相反应，利用以上得到的 TG-DSC 曲线，根据质量作用定律、阿伦尼乌斯（Arrhenius）公式等，采用热重分析法研究氟碳铈矿与 Al(OH)$_3$ 的焙烧反应动力学。本节 TG-DSC 曲线是在恒定加热速率条件下测得的,适用于单升温速率非定温法,结合反应动力学公式，可计算氟碳铈矿焙烧分解的活化能。

在反应动力学和机理研究中,质量作用定律描述的是反应速率与反应物浓度之间的关系,而在固体反应过程中,若采用浓度的概念,处理过程将十分复杂。因此,引入转化率的概念表示反应进行的程度。定义反应转化率 α 为

$$\alpha = \frac{m_0 - m_t}{m_0 - m_\infty} \tag{3-74}$$

式中:m_0 为反应物初始质量;m_t 为某温度(或时间)下的质量;m_∞ 为反应后质量。

氟碳铈矿焙烧分解反应速率公式可写为

$$\frac{\mathrm{d}\alpha}{\mathrm{d}t} = k(1-\alpha)^n \tag{3-75}$$

式中:α 为反应转化率;k 为反应速率常数;t 为反应时间;n 为反应级数。在非等温条件下,从 TG-DSC 曲线研究固态物质的分解反应都是基于这一动力学方程的[57]。

Arrhenius 公式如下:

$$k = A\exp\left(-\frac{E_\mathrm{a}}{RT}\right) \tag{3-76}$$

式中:R 为摩尔气体常数;T 为热力学温度;A 为指前因子;E_a 为反应活化能。

本节 TG-DSC 曲线是在程序控制恒定升温速率下测得的,令升温速率 $\beta = \mathrm{d}T/\mathrm{d}t$,为一常数。联立式(3-75)和式(3-76),得到动力学方程式:

$$\frac{\mathrm{d}\alpha}{\mathrm{d}T} = \frac{A}{\beta}\exp\left(-\frac{E_\mathrm{a}}{RT}\right)(1-\alpha)^n \tag{3-77}$$

图 3-44 和图 3-45 分别为氟碳铈矿转化率和分解反应速率与温度的关系。由图可知,在相同温度下,添加 Al(OH)$_3$ 后,氟碳铈矿的转化率增大,同时 465℃ 以下分解反应速率也增大,表明 Al(OH)$_3$ 可以促进氟碳铈矿的分解。

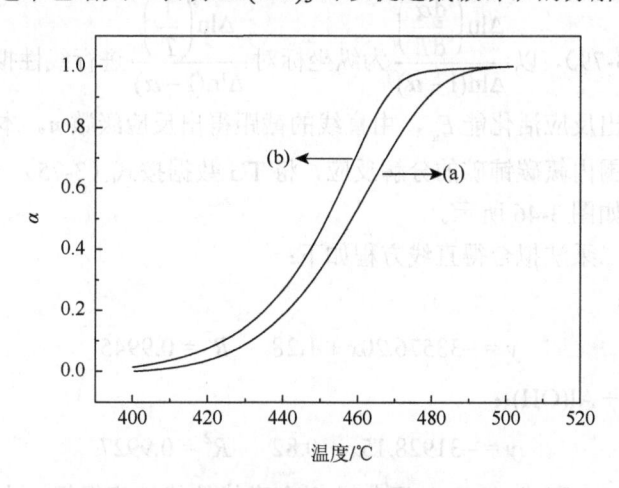

图 3-44　氟碳铈矿转化率与温度的关系曲线

(a)氟碳铈矿;(b)氟碳铈矿 + Al(OH)$_3$

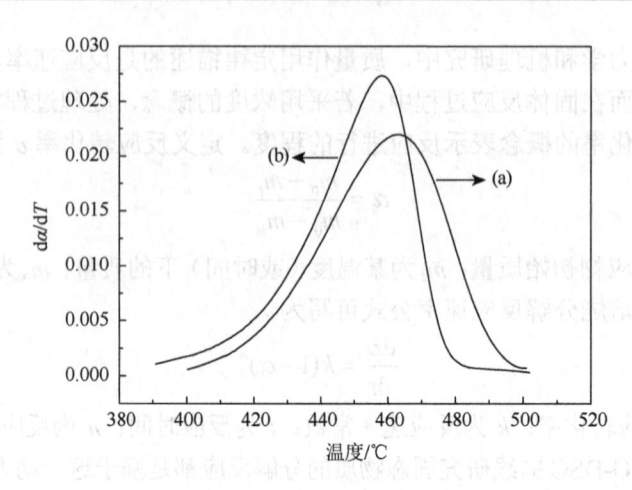

图 3-45 氟碳铈矿分解反应速率与温度的关系曲线
（a）氟碳铈矿；（b）氟碳铈矿+Al(OH)₃

采用 Freeman-Carroll 法[58]，即差减微分法，将式（3-77）两边取对数，得

$$\ln\left(\frac{d\alpha}{dT}\right) = \ln\left(\frac{A}{\beta}\right) - \frac{E_a}{RT} + n\ln(1-\alpha) \tag{3-78}$$

将式（3-78）采用差减形式改写，经变换得

$$\frac{\Delta\ln\left(\frac{d\alpha}{dT}\right)}{\Delta\ln(1-\alpha)} = -\frac{E_a}{R} \times \frac{\Delta\ln\left(\frac{1}{T}\right)}{\Delta\ln(1-\alpha)} + n \tag{3-79}$$

根据式（3-79），以 $\dfrac{\Delta\ln\left(\dfrac{d\alpha}{dT}\right)}{\Delta\ln(1-\alpha)}$ 为纵坐标对 $\dfrac{\Delta\ln\left(\dfrac{1}{T}\right)}{\Delta\ln(1-\alpha)}$ 进行线性拟合，利用直线的斜率可计算出反应活化能 E_a，由直线的截距得出反应级数 n。本实验主要分析 400~500℃范围内氟碳铈矿的分解反应，将 TG 数据按式（3-75）~式（3-79）进行处理，结果如图 3-46 所示。

采用最小二乘法拟合得直线方程如下：

氟碳铈矿：

$$y = -33576.20x + 1.28 \quad R^2 = 0.9945 \tag{3-80}$$

氟碳铈矿+Al(OH)₃：

$$y = -31928.15x + 0.82 \quad R^2 = 0.9927 \tag{3-81}$$

由式（3-80）和式（3-81）可知，拟合直线的线性度很好，由直线方程的斜率和截距可计算得到焙烧反应的活化能和反应级数，如表 3-15 所示。

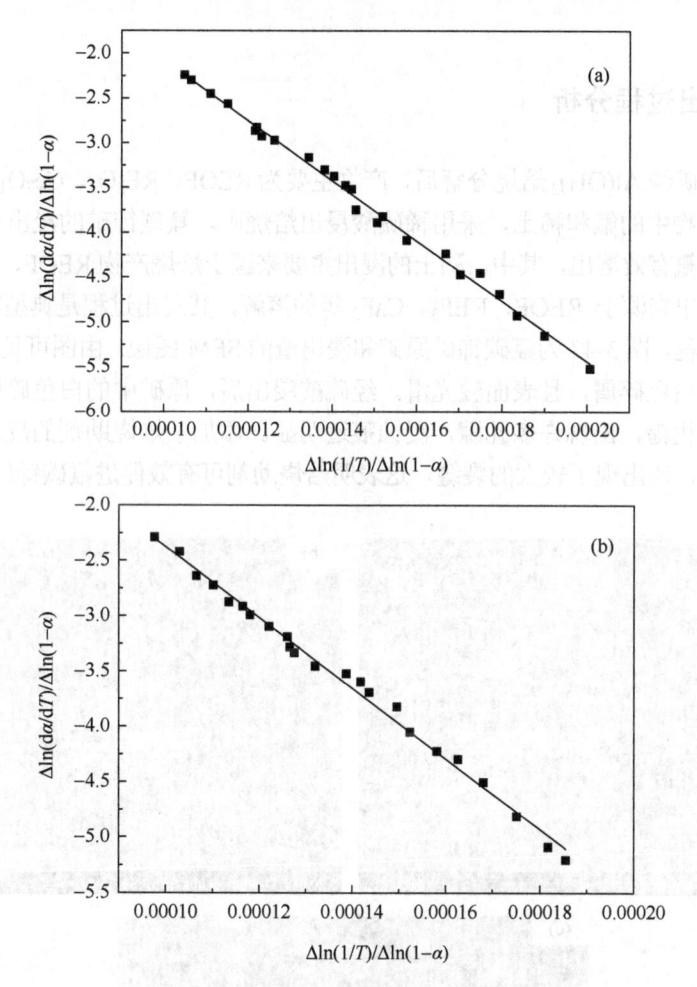

图 3-46 氟碳铈矿分解的动力学拟合曲线

（a）氟碳铈矿；（b）氟碳铈矿 + Al(OH)$_3$

表 3-15 焙烧反应活化能和反应级数

样品	表观活化能/(kJ/mol)	反应级数
氟碳铈矿	279.152	1.28
氟碳铈矿 + Al(OH)$_3$	265.451	0.82

加入 Al(OH)$_3$ 后氟碳铈矿的反应级数降低，说明 Al(OH)$_3$ 使精矿的分解反应变得复杂。原矿焙烧分解的活化能为 279.152kJ/mol，而加入 Al(OH)$_3$ 后的活化能也有所降低，为 265.451kJ/mol。由于活化能越低，反应越易进行。因此，添加 Al(OH)$_3$ 作为焙烧助剂可以促进氟碳铈矿的分解，这与之前的实验结果相符。

3.4.5 浸出过程分析

氟碳铈矿经 Al(OH)$_3$ 焙烧分解后，产物主要为 REOF、RE$_2$O$_3$、Ce$_7$O$_{12}$、AlF$_3$ 等。为了回收矿物中的氟和稀土，采用稀硫酸浸出焙烧矿。氟碳铈矿的浸出目的是使矿物中稀土和氟有效溶出，其中，稀土的浸出主要来源于焙烧产物 REOF、RE$_2$O$_3$ 的溶解，氟的浸出来源于 REOF、REF$_3$、CaF$_2$ 等的溶解，其浸出过程是典型的复杂多相液固反应过程。图 3-47 为氟碳铈矿原矿和浸出渣的 SEM 图像。由图可见，氟碳铈矿原矿颗粒有白色碎屑，且表面较光滑，经硫酸浸出后，原矿中的白色碎屑消失，颗粒表面变得粗糙，出现许多孔隙，浸蚀痕迹明显。添加了焙烧助剂的浸出渣不仅产生许多孔隙，还出现了较大的裂缝，这表明焙烧助剂可有效促进氟碳铈矿的分解。

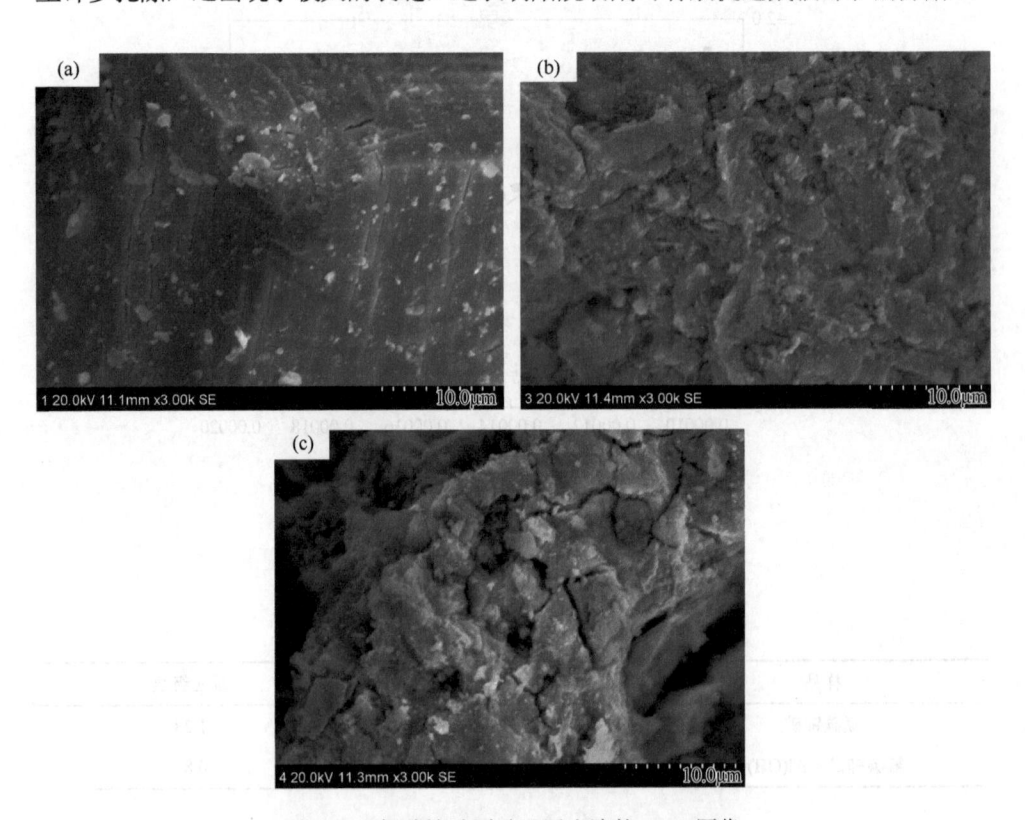

图 3-47 氟碳铈矿原矿及浸出渣的 SEM 图像
（a）氟碳铈矿；（b）氟碳铈矿浸出渣；（c）氟碳铈矿与 Al(OH)$_3$ 混合矿浸出渣

图 3-48 为浸出渣的 XRD 图。如图所示，氟碳铈矿原矿的浸出渣主要含有 BaSO$_4$、SrSO$_4$、CaSO$_4$、REF$_3$、CaF$_2$ 和 SiO$_2$，其中，REF$_3$ 和 CaF$_2$ 难以被酸溶解，

留在浸出渣中，造成氟和稀土资源的浪费。添加了 Al(OH)$_3$ 焙烧助剂的浸出渣主要成分为 BaSO$_4$、SrSO$_4$、CaSO$_4$ 和 SiO$_2$。

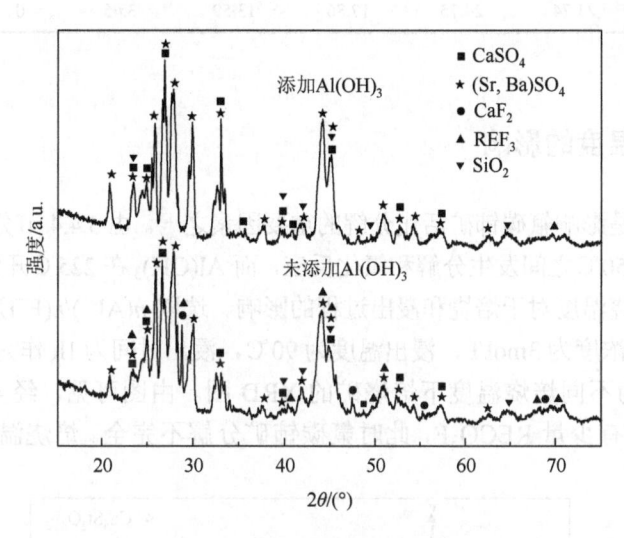

图 3-48 浸出渣的 XRD 图

表 3-16 和表 3-17 为浸出渣的主要化学成分。由表可见，添加 Al(OH)$_3$ 后浸出渣中氟与稀土含量明显降低，结合 XRD 图，表明 Al(OH)$_3$ 的加入可促进难溶氟化物和氟化稀土的溶解。在硫酸浸出过程中，未反应的 Al$_2$O$_3$ 电离出 Al^{3+}，根据软硬酸碱（HSAB）理论，Al^{3+} 与 F$^-$ 硬-硬结合具有极强的缔合能力[59]，根据 3.3.2 节的研究结果，Al^{3+} 与 F$^-$ 形成 AlF$_n^{3-n}$ 络离子，会促进 REF$_3$ 和 CaF$_2$ 的溶解，从而减少含氟废物的排放。可以推测浸出过程主要反应为

$$Al_2O_3 + 6H^+ = 2Al^{3+} + 3H_2O \quad (3\text{-}82)$$

$$nREOF + RE_2O_3 + CeO_2 + (2n+10)H^+ + Al^{3+} =$$
$$AlF_n^{3-n} + Ce^{4+} + (n+2)RE^{3+} + (n+5)H_2O \quad (3\text{-}83)$$

$$nCaF_2 + 2Al^{3+} + nH_2SO_4 = 2AlF_n^{3-n} + nCaSO_4\downarrow + 2nH^+ \quad (3\text{-}84)$$

$$nREF_3 + 3Al^{3+} = 3AlF_n^{3-n} + nRE^{3+} \quad (3\text{-}85)$$

$$AlF_3 + Al^{3+} = AlF_2^+ + AlF^{2+} \quad (3\text{-}86)$$

表 3-16 氟碳铈焙烧矿的浸出渣的化学成分 （单位：%）

成分	SrO	SO$_3$	BaO	CaO	F	RE$_x$O$_y$	SiO$_2$
含量（质量分数）	18.82	18.41	15.50	13.63	12.17	8.71	2.52

表 3-17 氟碳铈矿与 Al(OH)₃ 混合焙烧矿的浸出渣的化学成分　　（单位：%）

成分	SrO	SO₃	CaO	BaO	SiO₂	F	RE$_x$O$_y$
含量（质量分数）	25.74	24.75	17.86	13.59	3.45	0.51	—

3.4.6 焙烧温度的影响

焙烧温度是影响氟碳铈矿活化分解的重要因素之一。由 3.4.4 节分析可知，氟碳铈矿在 420~550℃之间发生分解和氧化反应，而 Al(OH)₃ 在 225℃开始分解，因此，有必要研究焙烧温度对于焙烧和浸出过程的影响。选取 $n(\text{Al}^{3+})/n(\text{F}^-)$ 为 1/2，焙烧时间为 1h，硫酸浓度为 3mol/L，浸出温度为 90℃，浸出时间为 1h 作为研究条件。

图 3-49 为不同焙烧温度下焙烧矿的 XRD 图。由图可见，经 400℃焙烧后，焙烧产物中含有少量 RECO₃F，此时氟碳铈矿分解不完全。焙烧温度高于 500℃

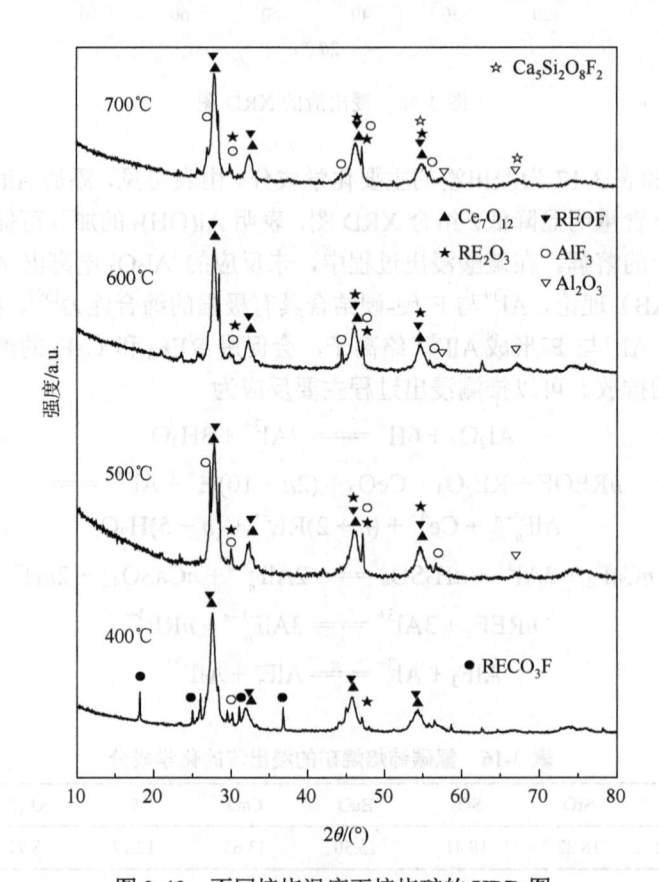

图 3-49 不同焙烧温度下焙烧矿的 XRD 图

时，$RECO_3F$ 的衍射峰消失，焙烧矿中主要成分为 REOF、RE_2O_3 和 AlF_3 等，此时氟碳铈矿完全分解。当焙烧温度为 700℃时，焙烧矿中出现了少量的氟硅酸盐。

图 3-50 为不同温度下的焙烧矿的 SEM 图像。由图可见，500℃时，焙烧产物颗粒表面出现了许多裂纹，且呈疏松多孔状，此时稀土易浸出。随着温度的升高，焙烧产物表面变得致密，且温度越高越致密，越不利于稀土浸出[60]。

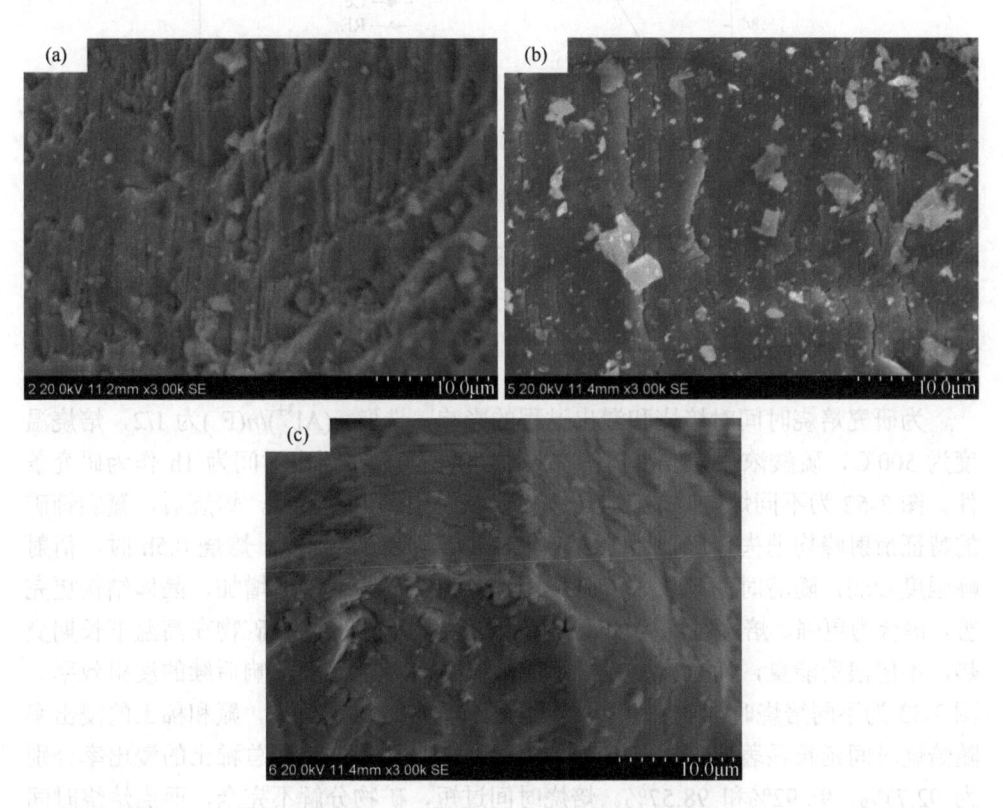

图 3-50 不同温度焙烧矿的 SEM 图像
(a) 500℃；(b) 600℃；(c) 700℃

图 3-51 为不同焙烧温度对氟和稀土浸出率的影响。由图可见，焙烧温度从 400℃升高至 500℃，氟和稀土的浸出率显著增加，继续升高温度至 600℃以上时，铈和总稀土浸出率有少量降低。这是由于焙烧温度低时，氟碳铈矿分解不完全，使得氟和稀土浸出率较低，而焙烧温度过高时，稀土氧化物有转晶现象，使矿物的活性降低[61]，造成浸出率下降。因此，适宜的焙烧温度为 500~600℃，考虑到能源消耗和成本，选择焙烧温度 500℃作为优化条件。

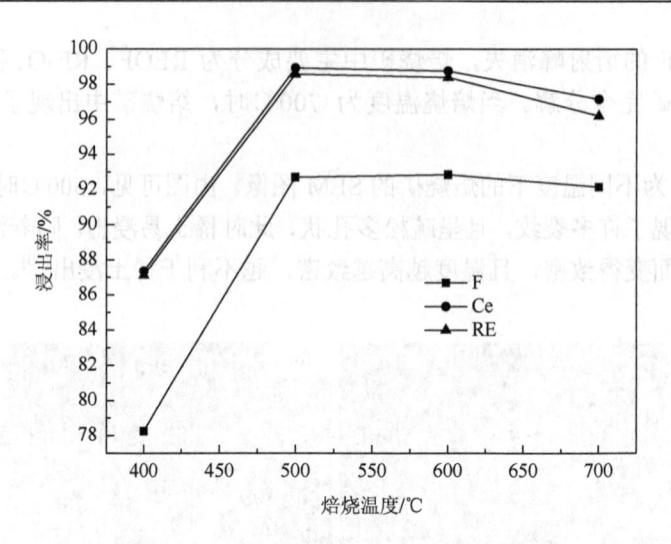

图 3-51 焙烧温度对氟和稀土浸出率的影响

3.4.7 焙烧时间的影响

为研究焙烧时间对焙烧和浸出过程的影响,选取 $n(Al^{3+})/n(F^-)$ 为 1/2,焙烧温度为 500℃,硫酸浓度为 3mol/L,浸出温度为 90℃,浸出时间为 1h 作为研究条件。图 3-52 为不同焙烧时间下焙烧矿的 XRD 图。由图可见,焙烧后,氟碳铈矿的特征衍射峰均消失,出现了 REOF、RE_2O_3 等新的特征峰,焙烧 0.5h 时,衍射峰强度较弱,随着时间延长,峰强度增加,说明产物结晶度增加,晶体结构更完善,键合力更强。焙烧时间为 3h 时,衍射峰强度变弱,同时矿物在高温下长期受热,不但浪费能量,而且会生成难溶的氟硅酸盐[62],从而影响后续的浸出效率。图 3-53 为不同焙烧时间对氟和稀土浸出率的影响。由图可见,氟和稀土的浸出率随焙烧时间延长显著增加,在 1h 时达到最大,此时氟、铈和总稀土的浸出率分别为 92.71%、98.92% 和 98.57%。焙烧时间过短,矿物分解不完全,而当焙烧时间长于 2h 时,浸出率有所下降,这可能是由于矿物在高温下长期受热会生成难溶氟硅酸盐。因此,选择焙烧时间 1h 作为优化条件。

3.4.8 $n(Al^{3+})/n(F^-)$ 的影响

焙烧助剂加入量是影响焙烧过程非常重要的因素,加入量过少,脱氟反应不充分,而加入量过多,在浸出过程中会引入较多的游离 Al^{3+} 杂质,影响稀土的萃取率以及产品纯度,因此,选择适宜的 $n(Al^{3+})/n(F^-)$ 对于焙烧和浸出过程尤为重要。选取焙烧温度为 500℃,焙烧时间 1h,硫酸浓度为 3mol/L,浸出温度为 90℃,

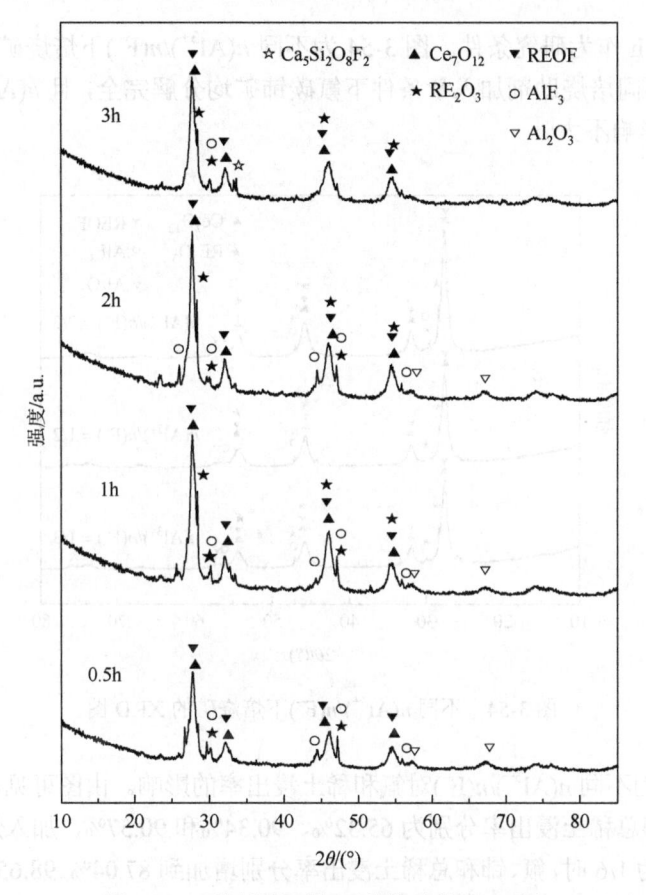

图 3-52 不同焙烧时间下焙烧矿的 XRD 图

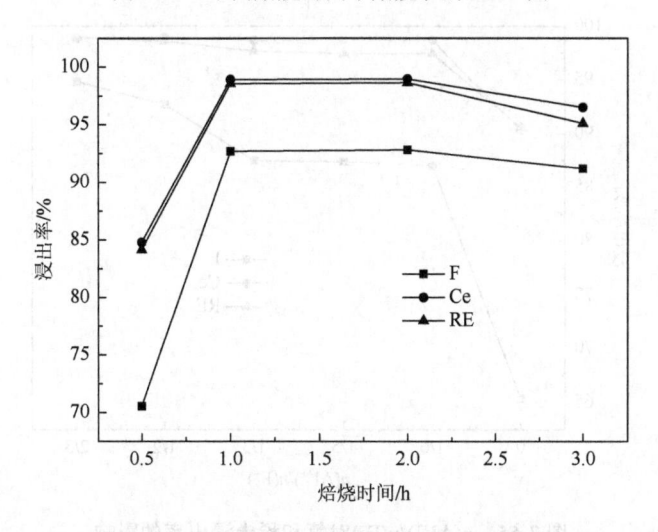

图 3-53 焙烧时间对氟和稀土浸出率的影响

浸出时间为 1h 作为研究条件。图 3-54 为不同 $n(Al^{3+})/n(F^-)$ 下焙烧矿的 XRD 图。由图可见，不同焙烧助剂加入量条件下氟碳铈矿均分解完全，且 $n(Al^{3+})/n(F^-)$ 对焙烧产物晶型影响不大。

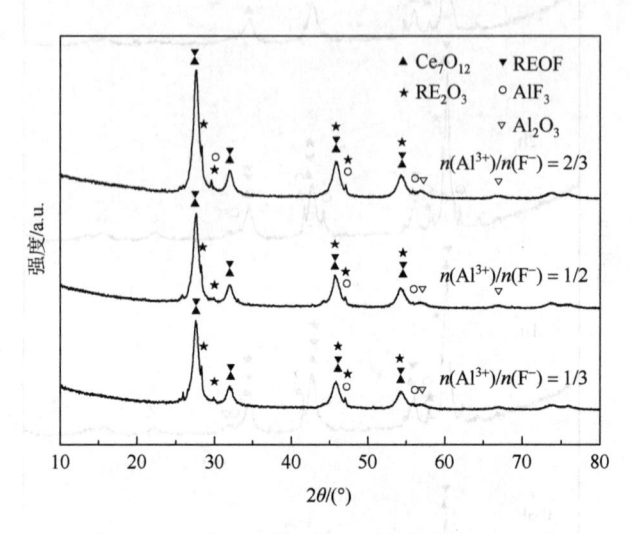

图 3-54　不同 $n(Al^{3+})/n(F^-)$ 下焙烧矿的 XRD 图

图 3-55 为不同 $n(Al^{3+})/n(F^-)$ 对氟和稀土浸出率的影响。由图可见，未加焙烧助剂时氟、铈和总稀土浸出率分别为 65.32%、90.34%和 90.57%，加入焙烧助剂后，$n(Al^{3+})/n(F^-)$ 为 1/6 时，氟、铈和总稀土浸出率分别增加到 87.04%、98.65%和 97.42%。

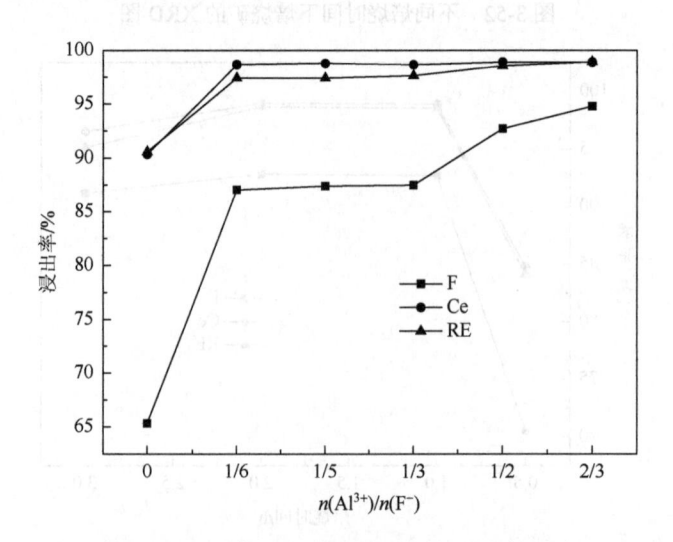

图 3-55　$n(Al^{3+})/n(F^-)$ 对氟和稀土浸出率的影响

这是由于加入焙烧助剂后，REOF发生脱氟反应，会促进氟碳铈矿的分解。继续增加$n(Al^{3+})/n(F^-)$，稀土的浸出率变化不大而氟的浸出率有所增加，当$n(Al^{3+})/n(F^-)$为1/2时，氟的浸出率达到93%。因此，选择$n(Al^{3+})/n(F^-) = 1/2$作为优化条件。

3.4.9 硫酸浓度的影响

为研究浸出液酸度对浸出过程的影响，选取焙烧温度为500℃，焙烧时间1h，$n(Al^{3+})/n(F^-)$为1/2，浸出温度为90℃，浸出时间为1h作为研究条件。图3-56为不同硫酸浓度对氟和稀土浸出率的影响。由图可见，随着硫酸浓度增加，氟、铈和总稀土浸出率明显增大，当硫酸浓度高于3mol/L时，氟和稀土的浸出率趋于稳定。当酸度过低时，氟碳铈矿分解不彻底，浸出液中氟和稀土浓度偏低，硫酸浓度升高，提高了矿物颗粒与H^+的接触概率，使得浸出反应更容易向正方向移动。硫酸稀土浸出液是后续萃取过程的原料液，浸出液的酸度过高，也不利于稀土的萃取，需要加入大量的碱中和，不但增加了成本，同时使得产生的废液酸度较高，难以处理[63]。因此，可选择硫酸浓度3mol/L作为优化条件。

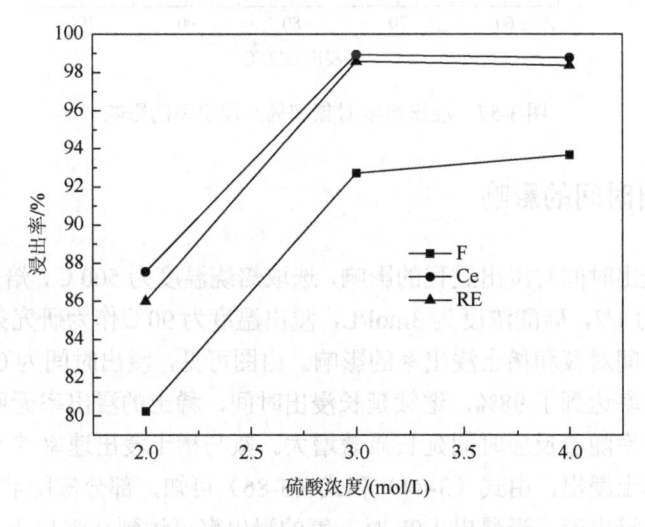

图3-56 硫酸浓度对氟和稀土浸出率的影响

3.4.10 浸出温度的影响

温度是液固反应过程中一个至关重要的因素，从动力学的角度，提高反应温度，可使热动力加剧，使反应物的分子活性增大，并能增加活化分子个数，从而使得固体颗粒与溶液反应的内扩散速率增大。为确定最佳的反应温度，选取焙烧温度为500℃，焙烧时间为1h，$n(Al^{3+})/n(F^-)$为1/2，硫酸浓度为3mol/L，浸出时间为1h作为研究条件。图3-57为不同浸出温度对氟和稀土浸出率的影响。由图可见，反应温度越高，氟、铈和总稀土的浸出率也越高。浸出温度从60℃升高到90℃时，氟的浸出率由78.58%增大到92.00%，而铈和总稀土的浸出率在浸出温度75℃以上显著增大，90℃以上时趋于平衡。因此，选择浸出温度90℃作为优化条件。

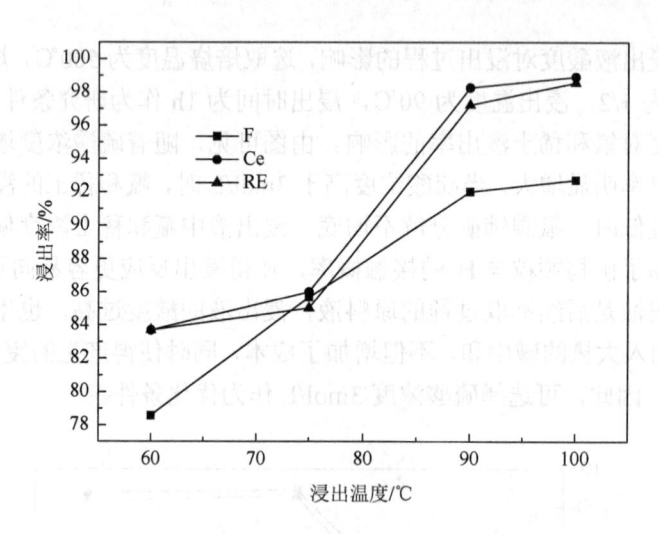

图 3-57 浸出温度对氟和稀土浸出率的影响

3.4.11 浸出时间的影响

为考察浸出时间对浸出过程的影响，选取焙烧温度为500℃，焙烧时间为1h，$n(Al^{3+})/n(F^-)$为1/2，硫酸浓度为3mol/L，浸出温度为90℃作为研究条件。图3-58为不同浸出时间对氟和稀土浸出率的影响。由图可见，浸出时间为0.5h时，铈以及总稀土浸出率达到了98%，继续延长浸出时间，稀土的浸出率无明显变化。然而，氟的浸出率随着反应时间延长显著增大。氟与稀土浸出速率的不同表明氟并未完全随着稀土浸出，由式（3-84）和式（3-86）可知，部分氟随着CaF_2和AlF_3的溶解而进入浸出液。当浸出1.0h时，氟的浸出率可达到90%以上。

通过以上的条件实验，综合考虑工作环境、能源消耗、环境污染、设备腐蚀以及工作效率等方面，在确保浸出率的条件下，可确定氟碳铈矿络合焙烧-硫酸浸出优化工艺条件如下：$n(Al^{3+})/n(F^-)$为1/2，焙烧温度为500℃，焙烧时间为1h，硫酸浓度为3mol/L，浸出温度为90℃，浸出时间为1h。在该条件下，氟、铈和总稀土浸出率分别达到了92.71%、98.92%和98.57%，与氟碳铈矿原矿浸出率相比具有很大的提高。

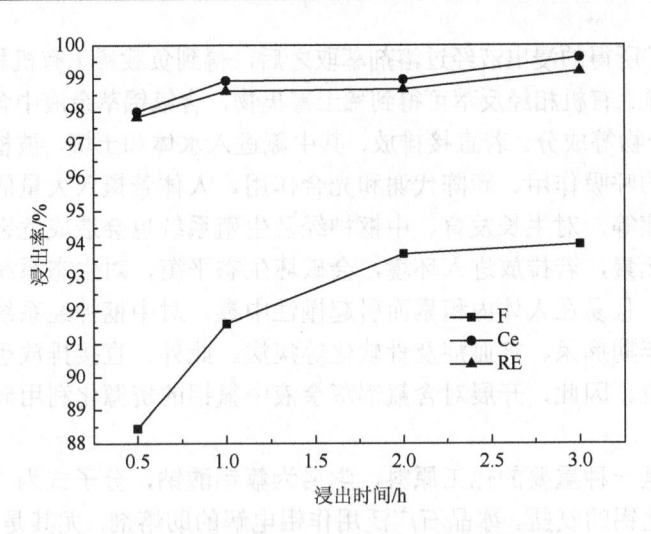

图 3-58 浸出时间对氟和稀土浸出率的影响

3.4.12 本节小结

本节以含铝化合物为抑氟剂,对氟碳铈矿进行络合焙烧,采用热分析法研究了氟碳铈矿热分解动力学机理;通过硫酸浸出提取氟和稀土,研究了焙烧温度、焙烧时间、$n(Al^{3+})/n(F^-)$、硫酸浓度、浸出温度、浸出时间等因素对氟与稀土浸出率的影响。

(1) 氟碳铈矿原矿热分解反应级数为 1.28,表观活化能为 279.152kJ/mol,添加 $Al(OH)_3$ 作为焙烧助剂可以有效促进氟碳铈矿的分解,热分解反应级数为 0.82,表观活化能为 265.451kJ/mol。

(2) 采用单因素法确定了氟碳铈矿络合焙烧-硫酸浸出优化工艺条件如下:$n(Al^{3+})/n(F^-)$ 为 1/2,焙烧温度为 500℃,焙烧时间为 1h,硫酸浓度为 3mol/L,浸出温度为 90℃,浸出时间为 1h。在该条件下,氟、铈和总稀土浸出率分别达到了 92.71%、98.92% 和 98.57%,明显优于氟碳铈矿原矿的浸出率。

3.5 硫酸浸出液中氟与稀土的分离及氟的资源化利用

氟碳铈矿与 $Al(OH)_3$ 混合焙烧后,氟与铝元素形成 AlF_3 存在于焙烧产物中,硫酸浸出后,铝和氟等非稀土元素与稀土元素共存于同一体系中,若能将稀土与铝和氟等非稀土元素分离,将稀土元素提取出来,料液中的有价元素转化为有经济价值的物质,那么将大大提高氟碳铈矿的综合利用价值。经络合焙烧-硫酸浸出处理氟碳铈矿所得的浸出液经过溶剂萃取之后，得到负载稀土有机相和含氟铝萃余液，负载稀土有机相经反萃可得到稀土富集物，含氟铝萃余液中含有 Al^{3+}、F^- 及 AlF_n^{3-n} 络合物等成分。若直接排放，其中氟进入水体和土壤，被植物吸收会严重影响植物的呼吸作用、新陈代谢和光合作用，人体若摄入大量的氟会导致氟斑牙或氟骨症等，对生长发育、中枢神经及生殖系统也会造成危害。铝是一种典型的两性元素，若排放进入环境，会破坏生态平衡，对生态系统中生命体具有毒害作用，且易在人体内积累而引起慢性中毒，对中枢神经系统造成损害，还会引起老年期痴呆、贫血症及骨软化等疾病。此外，直接排放也是对氟铝资源的极大浪费。因此，开展对含氟铝萃余液中氟铝的资源化利用研究具有重要的现实意义。

冰晶石是一种重要的化工原料，学名为氟铝酸钠，分子式为 Na_3AlF_6，是氟化钠与氟化铝的复盐。冰晶石广泛用作铝电解的助熔剂，尤其是 Hall-Héroult 流程用冰晶石为基的氟化物熔体作熔剂以生产金属铝[64]，冰晶石还可用于橡胶、砂轮的耐磨填充剂，玻璃的遮光剂，搪瓷乳白剂及金属熔剂等。本节以含氟铝萃余液为研究对象，研究氟与稀土的分离，并通过合成冰晶石对氟铝进行回收，不仅可以减轻含氟废弃物排放带来的环境污染问题，也可以显著提高其经济效益。

3.5.1 硫酸浸出液中氟与稀土的分离

3.3.2 节的研究表明，在酸性溶液中，Al^{3+} 和 F^- 结合形成 AlF_n^{3-n} 络离子，可采用溶剂萃取法将稀土元素富集至有机相，使铝、氟等非稀土元素与稀土元素分离。

经络合焙烧-硫酸浸出得到的含氟铝硫酸浸出液化学成分见表 3-18。

表 3-18 浸出液主要化学成分 （单位：mol/L）

成分	F^-	Al^{3+}	Ce^{4+}	RE^{3+}	H^+
浓度	0.58	0.30	0.28	0.21	1.50

采用 HEHEHP 对浸出液进行多次萃取，结果如表 3-19 所示。在高酸度下进行一次萃取，浸出液中的铈基本上全部进入有机相，而氟铝留在水相，实现氟与铈的分离。少铈稀土溶液调节 pH 后，经过多次萃取，三价稀土基本被萃入有机相，氟与铝的萃取率在 3%左右，这是由于 Al^{3+} 和 F^- 以 AlF_n^{3-n} 络离子形式存在，难以被 HEHEHP 萃取。由此可见，通过溶剂萃取可实现氟与稀土的分离，得到负载稀土的有机相和含氟铝萃余液。

表 3-19 萃取后水相氟、铈、稀土的浓度　　　　（单位：mol/L）

萃取次数	F⁻浓度	Al^{3+}浓度	Ce^{4+}浓度	RE^{3+}浓度
0	0.58	0.30	0.28	0.21
1	0.56	0.30	0.02	0.21
2	0.56	0.29	—	0.08
3	0.56	0.29	—	—

3.5.2 氟的资源化利用

1. 合成原理

在酸性条件下（pH＜6），氟与铝通常生成如 AlF^{2+}、AlF_2^+ 等多种氟铝络合物，氟铝络离子存在的形态取决于氟铝组分的含量，当氟含量充分大于铝含量时，氟铝从低配位比向高配位比逐级络合，因此调节溶液的 $n(F^-)/n(Al^{3+})$，可使氟铝络阳离子转化为络阴离子。根据 Na_3AlF_6 中各元素的比例补充一定氟，使 AlF_n^{3-n} 转化为 AlF_6^{3-}，然后补充 Na^+，调节溶液的 pH，使溶液中的氟铝络离子 AlF_6^{3-} 与 Na^+结合，由于冰晶石的溶度积为 $4\times10^{-10[64]}$，极易从溶液中析出。主要反应式如下：

$$AlF_n^{3-n} + (6-n)F^- \rightleftharpoons AlF_6^{3-} \tag{3-87}$$

$$3Na^+ + AlF_6^{3-} \rightleftharpoons Na_3AlF_6\downarrow \tag{3-88}$$

2. 实验步骤

在萃取分离之后的含氟铝萃余液中，加入 NaF 调节 $n(F^-)/n(Al^{3+})$ 和 $n(Na^+)/n(Al^{3+})$，采用 NaOH 调节 pH，在一定温度下进行反应，沉淀完全后，停止搅拌，然后过滤、洗涤，滤饼于 120℃烘干。滤液中氟和铝的浓度采用氟离子电极法和 EDTA 返滴定法测定。制得的冰晶石产物采用 X 射线衍射仪分析其物相结构，采用扫描电子显微镜观察其形貌。

氟和铝的回收率（E）通过下式计算：

$$E_F(\%) = \frac{C_{1F}V_{1F} + n_F - C_{2F}V_{2F}}{C_{1F}V_{1F} + n_F}\times 100 \tag{3-89}$$

$$E_{Al}(\%) = \frac{C_{1Al}V_{1Al} - C_{2Al}V_{2Al}}{C_{1Al}V_{1Al}}\times 100 \tag{3-90}$$

式中：E_F、E_{Al} 分别为氟和铝的回收率，%；C_{1F}、C_{1Al} 分别为萃余液中氟和铝的浓度，mol/L；V_{1F}、V_{1Al} 为萃余液体积，L；C_{2F}、C_{2Al} 为滤液中氟和铝的浓度，mol/L；V_{2F}、V_{2Al} 为滤液体积，L；n_F 为补充氟的物质的量，mol。

3. pH对氟铝回收率的影响

在 $n(F^-)/n(Al^{3+})$ 为 6.0, $n(Na^+)/n(Al^{3+})$ 为 3.0,反应温度为 70℃,反应时间为 60min 条件下,考察 pH 对氟铝回收率的影响,结果如图 3-59 所示。由图可见,随着溶液 pH 的升高,氟铝回收率均迅速增加。铝的回收率在 pH 为 3 左右达到最高而氟的回收率在 pH 为 5 左右最高。这可能是由于当 pH = 3~4 时,溶液中引入了大量 OH⁻, Al^{3+} 会发生水解转化为 $Al_6(OH)_{15}^{3+}$、$Al_{13}O_4(OH)_{24}^{7+}$ 等羟合铝离子形态[65], OH⁻ 与 F⁻ 会发生竞争配位,导致铝的回收率远高于氟。当 pH 为 5 左右时,氟的回收率为 96.32%,铝的回收率为 97.38%。继续增加 pH,氟铝的回收率下降。这可能是因为随着溶液 pH 的升高,羟合铝离子增多而氟合铝离子减少。因此,溶液 pH 为 5 左右是制备冰晶石较适宜的条件。

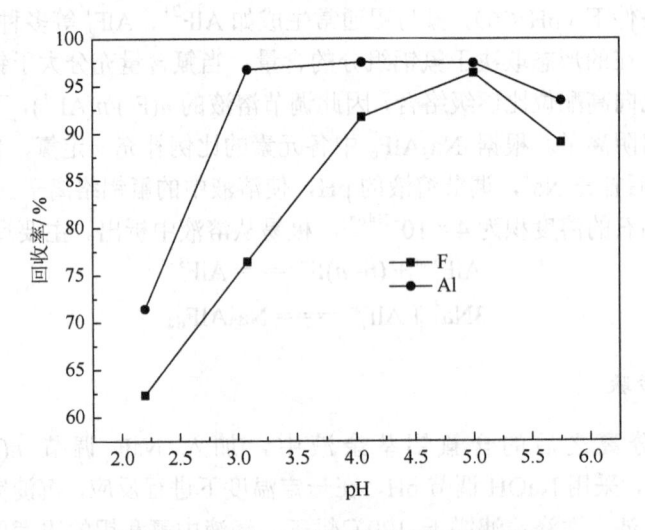

图 3-59 溶液 pH 对氟和铝回收率的影响

4. $n(F^-)/n(Al^{3+})$ 对氟铝回收率的影响

在溶液 pH 为 5.0, $n(Na^+)/n(Al^{3+})$ 为 3.0,反应温度为 70℃,反应时间为 60min 条件下,考察 $n(F^-)/n(Al^{3+})$ 对氟铝回收率的影响,结果如图 3-60 所示。由图可见,随着溶液中 $n(F^-)/n(Al^{3+})$ 的增大,氟铝的回收率逐渐增加,当 $n(F^-)/n(Al^{3+})$ 为 3 时,会生成含水氟化羟基铝化合物,而不是冰晶石,此时氟的回收率较低[66]。 $n(F^-)/n(Al^{3+})$ 高于 4 以后,开始形成大量冰晶石,氟铝的回收率在 90% 以上。当 $n(F^-)/n(Al^{3+})$ 高于 5 时,剩余的氟增加,继续增加氟,会使氟过量,导致部分氟不能与铝络合,氟的回收率降低。综合考虑,溶液 $n(F^-)/n(Al^{3+})$ 为 4.5~5.0 是制备冰晶石较适宜的条件。

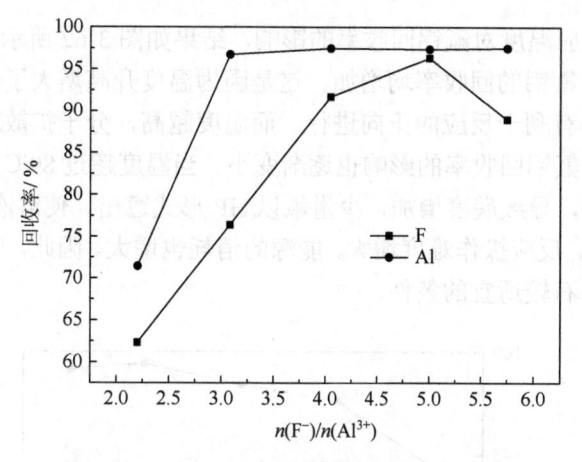

图 3-60 $n(F^-)/n(Al^{3+})$ 对氟和铝回收率的影响

5. $n(Na^+)/n(Al^{3+})$ 对氟铝回收率的影响

在溶液 pH 为 5.0，$n(F^-)/n(Al^{3+})$ 为 5.0，反应温度为 70℃，反应时间为 60min 条件下，考察 $n(Na^+)/n(Al^{3+})$ 对氟铝回收率的影响，结果如图 3-61 所示。由图可见，当溶液中 $n(Na^+)/n(Al^{3+})$ 为 3.0~3.5 时，氟铝的回收率最高。$n(Na^+)/n(Al^{3+})$ 过低，溶液中的钠不足以使氟和铝完全反应生成冰晶石，而 $n(Na^+)/n(Al^{3+})$ 过高时，过量的钠会与铝反应生成铝酸钠，氟未参加反应，使得铝的回收率基本不变而氟的回收率降低。因此，在合成冰晶石过程中，应使 $n(Na^+)/n(Al^{3+})$ 为 3.0~3.5。

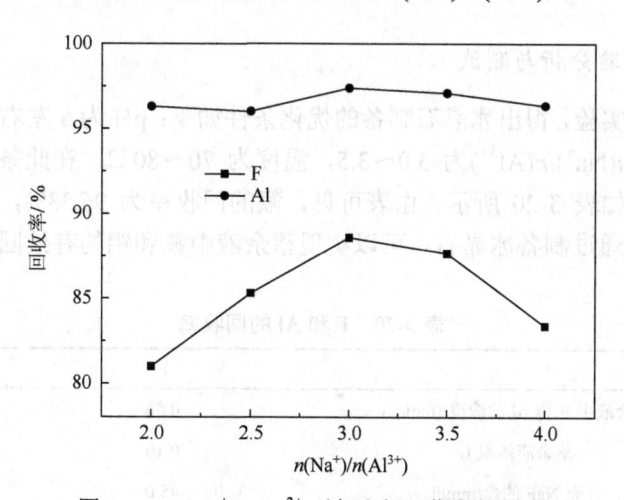

图 3-61 $n(Na^+)/n(Al^{3+})$ 对氟和铝回收率的影响

6. 温度对氟铝回收率的影响

在溶液 pH 为 5.0，$n(F^-)/n(Al^{3+})$ 为 5.0，$n(Na^+)/n(Al^{3+})$ 为 3.0，反应时间为 60min

条件下，考察反应温度对氟铝回收率的影响，结果如图3-62所示。由图可见，随着温度的升高，氟铝的回收率均增加。这是因为温度升高增大了分子的动能，使扩散速率增加，有利于反应的正向进行，而温度越高，分子扩散对反应的影响越小，因此温度对氟铝回收率的影响也逐渐变小。当温度超过80℃时，溶液的蒸发加剧，水量减少，导致酸度增加，少量氟以HF形式逸出，使溶液中氟含量减少。同时，温度越高，反应操作难度增大，能源的消耗也增大。因此，反应温度为70~80℃为合成冰晶石较适宜的条件。

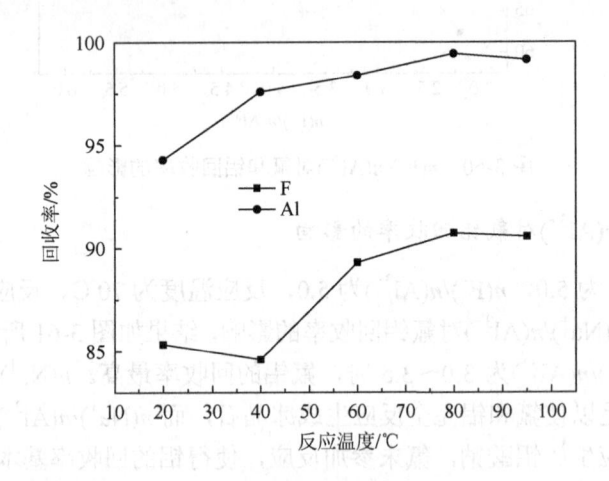

图3-62 反应温度对氟和铝回收率的影响

7. 优化实验分析与测试

根据以上实验，得出冰晶石制备的优化条件如下：pH为5左右，$n(F^-)/n(Al^{3+})$为4.5~5.0，$n(Na^+)/n(Al^{3+})$为3.0~3.5，温度为70~80℃。在此条件下，进行优化实验，结果如表3-20所示。由表可见，氟的回收率为96.33%，铝的回收率为97.38%，表明通过制备冰晶石，可以实现萃余液中氟和铝的有效回收。

表3-20 F和Al的回收率

	F	Al
萃余液中F和Al的浓度/(mol/L)	0.56	0.29
萃余液体积/L	0.10	0.10
补充NaF的量/mmol	45.0	—
滤液F和Al的浓度/(mmol/L)	37.1	7.60
滤液体积/L	0.10	0.10
回收率/%	96.33	97.38

将优化条件下制得的冰晶石进行 XRD 和 SEM 分析,结果如图 3-63 和图 3-64 所示。由图 3-63 可见,产物于 $2\theta = 19.4°$、$22.7°$、$32.5°$、$38.3°$、$46.7°$、$58.5°$ 处出现了明显的 Na_3AlF_6 特征峰,确定为单斜晶型冰晶石,且杂质较少。由图 3-64 可见,制备的冰晶石颗粒分布均匀,平均粒度为 $1\sim2\mu m$,说明制备的冰晶石粒度较小,为粉状冰晶石,但有少许团聚。用该方法制备的冰晶石,具有客观的工业价值,可有效回收氟碳铈矿中的氟,减少了由于含氟废弃物的排放带来的环境污染问题,也带来了一定的经济效益,实现氟碳铈矿的综合利用。

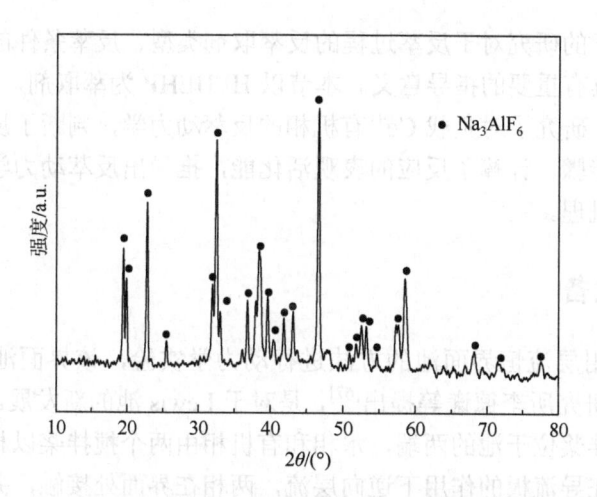

图 3-63 制备冰晶石的 XRD 图

图 3-64 制备冰晶石的 SEM 图

3.5.3 本节小结

本节通过溶剂萃取实现氟与稀土的分离,利用萃取分离之后的含氟铝萃余液,加入 NaF 调节 $n(F^-)/n(Al^{3+})$ 和 $n(Na^+)/n(Al^{3+})$，采用 NaOH 调节 pH，通过制备冰晶石对氟铝进行资源化利用。冰晶石制备的优化条件如下：pH 为 5 左右，$n(F^-)/n(Al^{3+})$ 为 4.5～5.0，$n(Na^+)/n(Al^{3+})$ 为 3.0～3.5，温度为 70～80℃。在此条件下，氟的回收率为 96.33%，铝的回收率为 97.38%。对制备的冰晶石进行 XRD 和 SEM 分析，确定产物为单斜晶型冰晶石，平均粒度为 1～2μm，杂质较少，具有一定的工业价值。

3.6 铈的还原反萃动力学研究

反萃动力学的研究对于反萃过程的反萃取剂类型、反萃条件的选择和反萃机理的研究等都具有重要的指导意义。本节以 HEHEHP 为萃取剂，以 HCl-H$_2$O$_2$ 体系为反萃取剂，研究了对负载 Ce^{4+} 有机相的反萃动力学，判断了反萃过程的控制模式以及控制步骤，计算了反应的表观活化能，推导出反萃动力学方程，并探讨了反萃过程的机理。

3.6.1 实验设备

本实验采用层流恒界面池的方法进行动力学实验，该界面池由中国科学院长春应用化学研究所李德谦等提出[67]，是对于 Lewis 池的新发展。层流恒界面池为长方形，搅拌桨位于池的两端，水相和有机相由两个搅拌桨以相同转速反向独立搅拌，流体在导流板的作用下逆向层流，两相在界面处接触，并于恒定不动的界面上发生离子交换以及质量传递。该池在较高的转速下仍能保持界面稳定，实验重现性好。其结构如图 3-65 所示。

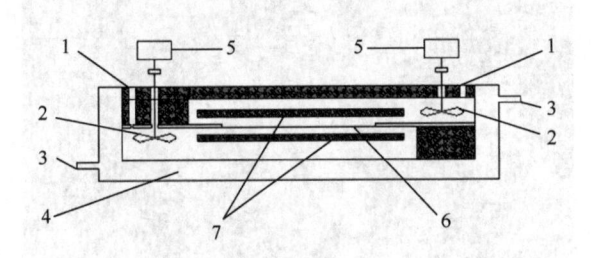

图 3-65 层流恒界面池结构示意图
1. 取样孔；2. 搅拌桨；3. 恒温水；4. 恒温槽；5. 马达；6. 界面板；7. 导流板

3.6.2 实验方法

1. 萃取实验

分别配制一定浓度的硫酸铈溶液和 HEHEHP-磺化煤油有机相，取两相溶液各

100mL 于锥形瓶中，于室温振荡 20min，然后将溶液倒入分液漏斗中静置分相，取下层水相测定 Ce^{4+} 浓度，有机相中的 Ce^{4+} 浓度由差减法得到。

2. 反萃动力学实验

配制指定浓度的酸和 H_2O_2 的混合溶液作为反萃取水相，在实验温度下，两相与恒界面池应预先于水浴中恒温 30min。采用注射器从水相循环室先注入反萃取水相，然后从有机相循环室注入负载铈有机相，保证最终界面处于界面板处，水相和有机相相比为 1∶1。同时开启搅拌并计时，每隔 10min 用取样器经取样孔从水相中取出 0.2mL 溶液，测定所取水相中 Ce^{4+} 浓度，有机相中的 Ce^{4+} 浓度由差减法得到。

3. 数据处理

假设质量传递过程对稀土离子可按假一级反应来处理，Ce^{4+} 发生两相传质的过程可用下式表示[68]：

$$M_{(o)} \rightleftharpoons M_{(a)} \tag{3-91}$$

式中：$M_{(o)}$ 为有机相中 Ce^{4+}，$M_{(a)}$ 为水相中 Ce^{4+}。

初始正向反应速率 R_f 可表示为

$$R_f = \frac{V}{A} \times \frac{dC_{M(a)}}{dt} = \frac{1}{Q} \times \frac{dC_{M(a)}}{dt} = k[M]^m[N]^n \cdots \tag{3-92}$$

式中：$C_{M(a)}$ 为即时水相中离子浓度，mol/L；V 为相体积，mL；A 为相面积，cm^2；Q 为比界面积，cm^{-1}；t 为反应时间，min；k 为速率常数；M、N 等为反应物；m、n 等为相应物质的反应级数；有机相体积 $V = 88mL$，除界面积实验外，两相接触面积 $A = 23.49cm^2$。

数据处理时，首先以水相离子浓度对时间作图，采用最小二乘法拟合求出直线斜率，由斜率可求得该条件下的初始正向反应速率 R_f，通过式（3-92）可求出相应的速率常数。

在动力学实验中，可采用孤立变量法求得反应级数。仅改变 M 组分浓度，保持实验条件和其他组分浓度不变，对式（3-92）两边取对数，可得

$$\lg R_f = m \lg[M] + C \tag{3-93}$$

式中：C 为常数。以 $\lg R_f$ 对 $\lg[M]$ 作图，其斜率即为对应组分 M 的级数。

逆向反应速率 R_r 可表示为

$$R_r = \frac{R_f}{D} = \frac{1}{QD} \times \frac{dC_{M(a)}}{dt} \tag{3-94}$$

式中：D 为反应平衡时的分配比。

初始反应速率 R 可表示为

$$R = R_f - R_r \tag{3-95}$$

由于动力学实验是在远离平衡时的状态下进行的，因此可忽略逆反应过程对反应速率的影响，初始反应速率 R 可用 R_f 表示。

3.6.3 萃取和反萃反应机理

研究表明[63, 69]，HEHEHP 萃取稀土离子是阳离子交换反应。H_2SO_4 浓度低于 4.0mol/L 时，HEHEHP 萃取 Ce^{4+} 过程的 $lgD\text{-}lg[(HA)_2]$ 关系曲线的斜率为3，$lgD\text{-}lg[H^+]$ 关系曲线的斜率为-4，因此，HEHEHP 萃取 Ce^{4+} 的机理如式（3-96）所示。HEHEHP 在低酸度下萃取 Ce^{3+} 的机理如式（3-97）所示。在反萃过程中，H_2O_2 先将负载有机相中的 Ce^{4+} 还原成 Ce^{3+}，然后稀酸溶液将 Ce^{3+} 反萃进入水相。有研究表明[70]，铈反萃过程中 $lgD\text{-}lg[H^+]$ 关系曲线的斜率为-2.62，表明反萃 1mol 铈需要将近 3mol H^+，可推测反应方程式如式（3-98）所示。

$$Ce^{4+}_{(a)} + 3(HA)_{2(o)} \Longleftrightarrow CeA_2(HA_2)_{2(o)} + 4H^+_{(a)} \tag{3-96}$$

$$Ce^{3+}_{(a)} + 3(HA)_{2(o)} \Longleftrightarrow Ce(HA_2)_{3(o)} + 3H^+_{(a)} \tag{3-97}$$

$$2CeA_2(HA_2)_{2(o)} + 6H^+_{(a)} + 3H_2O_{2(a)} \Longleftrightarrow 2Ce^{3+}_{(a)} + 6(HA)_{2(o)} + 2H_2O_{(a)} + 2O_2\uparrow \tag{3-98}$$

式中：下标"(a)""(o)"代表水相和有机相；A 为萃取剂阴离子基团。

3.6.4 反萃动力学研究

1. 反萃酸种类对反萃速率的影响

固定有机相浓度为 0.2mol/L，负载 Ce^{4+} 量为 0.02mol/L，反萃剂为酸度 6.0mol/L 的 H_2SO_4、HCl 或 HNO_3 与 H_2O_2 的混合溶液，$C(H_2O_2)_{(a)}:C(Ce)_{(o)}$ 为 2:1，在温率为 25℃、搅拌速率为 250r/min 条件下进行反萃，考察反萃酸种类对反萃速率的影响，结果如图 3-66 所示。由图可见，相同酸度的 H_2SO_4、HCl、HNO_3 对负载铈的有机相进行反萃，HCl 的反应速率最高，而 HNO_3 反应速率最低。由于在反萃过程中 Ce^{4+} 会首先被还原成 Ce^{3+}，HCl 中的 Cl^- 具有一定还原性，有利于 Ce^{4+} 的还原，而 H_2SO_4 会发生二级解离，使得解离出的 H^+ 有效浓度降低，因此相同酸度的 H_2SO_4 的反萃性能低于 HCl。HNO_3 中的 NO_3^- 具有较强的氧化性，不利于 Ce^{4+} 的还原，导致 HNO_3 的反萃性能最差。因此，目前工业上多采用盐酸对铈进行反萃。

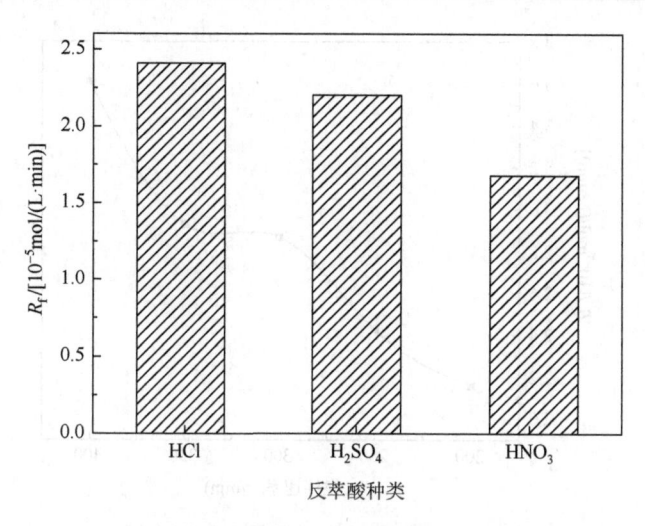

图 3-66 反萃酸种类对反萃速率的影响

2. 搅拌速率对反萃速率的影响

反萃取过程是两相间物质的传递过程，涉及到界面上物质的扩散。扩散和界面化学反应对反萃速率的影响与反萃取条件密切相关，因此，考察搅拌速率对反萃速率的影响有助于了解反应的动力学模式。当界面化学反应相对于扩散足够快时，反萃取过程属于扩散控制，此时反萃速率随着两相搅拌速率的增加线性上升，这是由于低速搅拌时，界面黏滞膜较厚，使得物质较难扩散到界面上。当界面化学反应相对于扩散较慢时，反萃取过程属于化学反应控制，此时随着搅拌速率的增加，界面黏滞膜变薄，物质扩散到界面的速率加快，也使反萃速率加快。当搅拌速率增加到一定程度，反萃速率将不再随着搅拌速率的增加而增加，即出现动力学"坪区"，表明两相间的扩散速率远高于化学反应速率，扩散过程不再决定反萃过程的反应速率。此时有两种可能，一种是认为界面黏滞膜消失，界面对传质的阻碍作用也消失，这时反萃过程属于动力学控制；另一种是界面黏滞膜仍然存在，但厚度不再随搅拌速率的增加而降低，这时界面对传质过程的阻碍作用成为一个固定因子，萃取过程由扩散和化学反应混合控制。当出现了"坪区"之后，反萃速率仍然随着搅拌速率的增加而增加，这是由于过高的搅拌速率使相界面层产生波动，原来的层流被破坏而出现了紊流。

固定 HEHEHP 浓度为 0.2mol/L，负载 Ce^{4+} 量为 0.02mol/L，反萃剂为 6.0mol/L HCl 与 H_2O_2 的混合溶液，$C(H_2O_2)_{(a)} : C(Ce)_{(o)}$ 为 2:1，在温度为 25℃条件下进行反萃，考察搅拌速率对反萃速率的影响，结果如图 3-67 所示。

由图 3-67 可见，搅拌速率为 200~300r/min 时，反萃速率随着搅拌速率的增大而逐渐升高，此时反萃过程应属于扩散控制；搅拌速率为 300~350r/min 时，

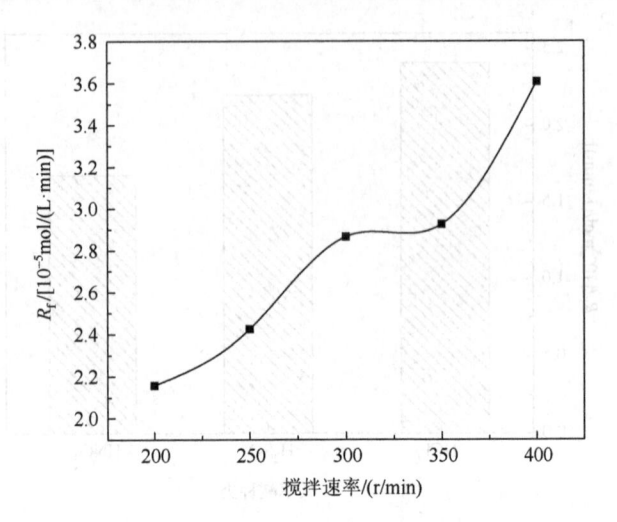

图 3-67 搅拌速率对反萃速率的影响

反萃速率变化较小，出现了所谓的动力学"坪区"，反萃过程应属于界面化学反应或者二者混合控制；当搅拌速率超过 350r/min 时，反萃速率急剧增大，结合实验过程的现象，这是因为搅拌速率过高使恒界面池两相接触界面波动，出现了紊流。可以判断，搅拌速率为 300~350r/min 时，反萃过程为动力学控制或扩散和化学反应混合控制。反萃动力学研究主要是研究化学反应控制下的传质规律，为了消除扩散的影响，在保持界面稳定的情况下，后续实验搅拌速率均固定为 300r/min。

3. 温度对反萃速率的影响

如果反萃过程是扩散控制，由于扩散过程属于物理传质过程，所需的能量很小，因此温度对反萃速率虽有一定的影响，但这种影响并不显著。如果反萃过程是化学反应控制，那么温度对反萃速率的影响将会很敏感。反萃过程的控制步骤可通过反应表观活化能大小来判断。当反应为扩散控制时，活化能一般小于 20kJ/mol，当反应为扩散和界面化学反应控制时，活化能一般为 20~42kJ/mol，当反应为界面化学反应控制时，活化能一般大于 42kJ/mol[71]。

Arrhenius 公式如下：

$$k = A\exp\left(-\frac{E_a}{RT}\right)$$

式中：R 为摩尔气体常数；T 为热力学温度；A 为指前因子；E_a 为反应活化能。两边取对数得

$$\lg k = -\frac{E_a}{2.303R}\frac{1}{T} + \lg A \tag{3-99}$$

对式（3-92）取对数，与式（3-99）联立，得

$$\lg R_\mathrm{f} = -\frac{E_\mathrm{a}}{2.303R}\frac{1}{T} + \lg A + m\lg[\mathrm{M}] + n\lg[\mathrm{N}] + C \cdots = -\frac{E_\mathrm{a}}{2.303R}\frac{1}{T} + K \quad (3\text{-}100)$$

式中：K 为常数。由上式可知，$\lg R_\mathrm{f}$ 与 $1/T$ 呈线性关系，根据直线的斜率可求得反应的活化能。

固定 HEHEHP 浓度为 0.2mol/L，负载 Ce^{4+} 量为 0.02mol/L，反萃剂为 6.0mol/L HCl 与 H_2O_2 的混合溶液，$C(H_2O_2)_{(a)}:C(Ce)_{(o)}$ 为 2∶1，在搅拌速率为 300r/min 条件下进行反萃，考察温度在 15~45℃ 范围内对反萃速率的影响，结果如图 3-68 所示。由图可见，反萃速率随温度升高而加快，说明温度的升高有利于铈的反萃。由 $\lg R_\mathrm{f}$-$1/T$ 直线斜率求得反萃反应的表观活化能 E_a 为 22.40kJ/mol，说明反萃过程受扩散和界面化学反应混合控制。根据热力学研究结论：$E_\mathrm{a}>0$，说明铈的反萃是吸热反应，提高反应的温度，不仅可以提高反萃率，也可以提高反萃速率。

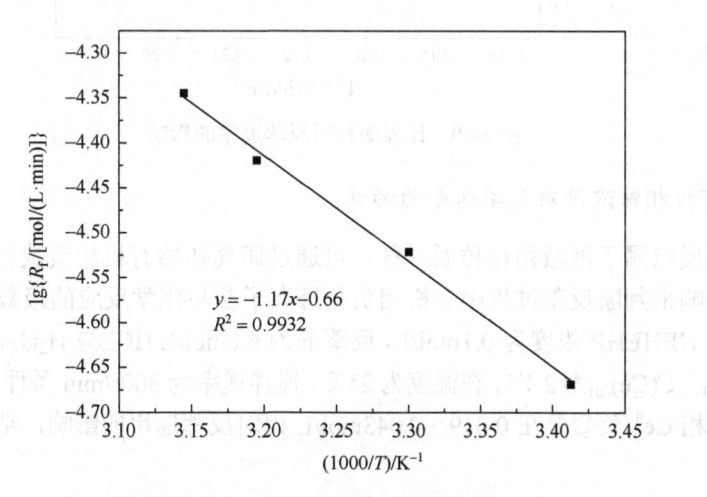

图 3-68 温度对反萃速率的影响

4. 比界面积对反萃速率的影响

在反应动力学区中，控制反萃速率的化学反应可能发生在体相（水相或有机相）或界面两个区域。可通过研究反萃的初始速率随界面积和含金属离子溶液体积的比值（即比界面积）的变化来判断化学反应区域。如果控制反应速率的化学反应在体相中进行，初始速率不随相体积和界面积而变化；如果化学反应在界面区域中进行，体相中单位时间的金属离子浓度降低量与单位时间内越过界面的分子数成正比，与水相的总体积成反比，因此初始速率与比界面积成正比。

固定 HEHEHP 浓度为 0.2mol/L，负载 Ce^{4+} 量为 0.02mol/L，反萃剂为 6.0mol/L HCl 与 H_2O_2 的混合溶液，$C(H_2O_2)_{(a)}:C(Ce)_{(o)}$ 为 2∶1，在温度为 25℃、搅拌速率为 300r/min 条件下进行反萃，考察比界面积在 0.168~0.276cm^{-1} 范围内对反萃速

率的影响，结果如图 3-69 所示。由图可见，反萃速率随比界面积增大而增大，并且呈线性关系，表明反萃过程化学反应是在界面区域中进行的。

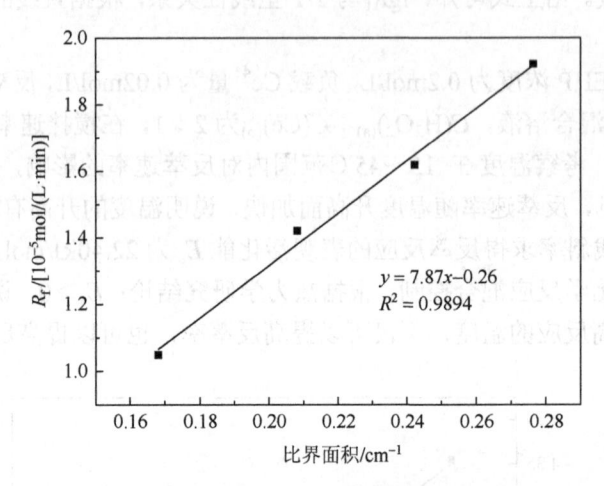

图 3-69　比界面积对反萃速率的影响

5. 有机相铈浓度对反萃速率的影响

反萃反应属于液液两相传质过程，可通过研究初始有机相负载铈浓度对反萃速率的影响来判断反萃过程中有机相负载铈离子参与化学反应的级数[71]。

固定 HEHEHP 浓度为 0.1mol/L，反萃剂为 6.0mol/L HCl 与 H_2O_2 的混合溶液，$C(H_2O_2)_{(a)}:C(Ce)_{(o)}$ 为 2∶1，在温度为 25℃、搅拌速率为 300r/min 条件下进行反萃，考察有机相 Ce^{4+} 负载量在 0.019~0.043mol/L 内对反萃速率的影响，结果如图 3-70 所示。

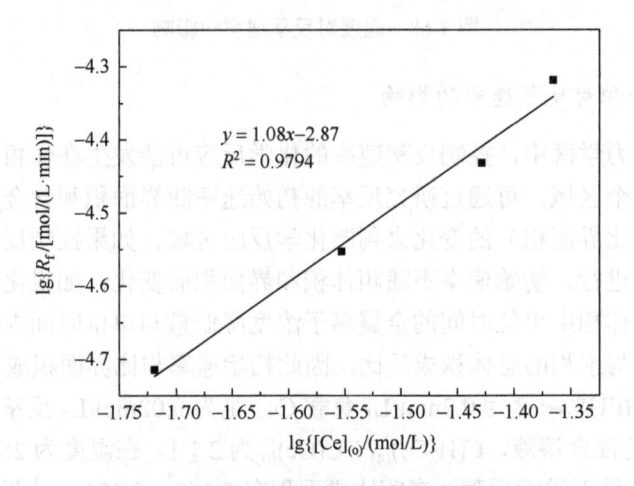

图 3-70　有机相铈浓度对反萃速率的影响

由图 3-70 可见，反萃速率随着有机相负载 Ce^{4+} 量的增加而升高，这是由于有机相中 Ce^{4+} 负载量增大，使得 Ce^{4+} 在有机相中的饱和度增大，导致 Ce^{4+} 与萃取剂分子的结合力减小，使反萃越容易。在实验浓度范围内，lgR_f 与 $lg[Ce]_{(o)}$ 呈线性关系，直线斜率为 1.08，表明 HEHEHP 中 Ce^{4+} 的反萃符合一级反应。

6. 有机相自由萃取剂 HEHEHP 浓度对反萃速率的影响

固定有机相负载 Ce^{4+} 量为 0.02mol/L，反萃剂为 6.0mol/L HCl 与 H_2O_2 的混合溶液，$C(H_2O_2)_{(a)}:C(Ce)_{(o)}$ 为 2∶1，在温度为 30℃、搅拌速率为 300r/min 条件下进行反萃，考察有机相中自由萃取剂 HEHEHP 浓度在 0.14～0.94mol/L 范围内对反萃速率的影响，结果如图 3-71 所示。由图可见，反萃速率随着有机相中自由萃取剂浓度的增大而减小。在相同 Ce^{4+} 负载量的情况下，有机相中自由萃取剂浓度越高，Ce^{4+} 与萃取剂分子的结合力越大，使反萃越难进行。在实验浓度范围内，lgR_f 与 $lg[HEHEHP]_{(o)}$ 呈线性关系，直线斜率为 –1.03，表明反萃过程中对有机相中 HEHEHP 呈负一级关系。

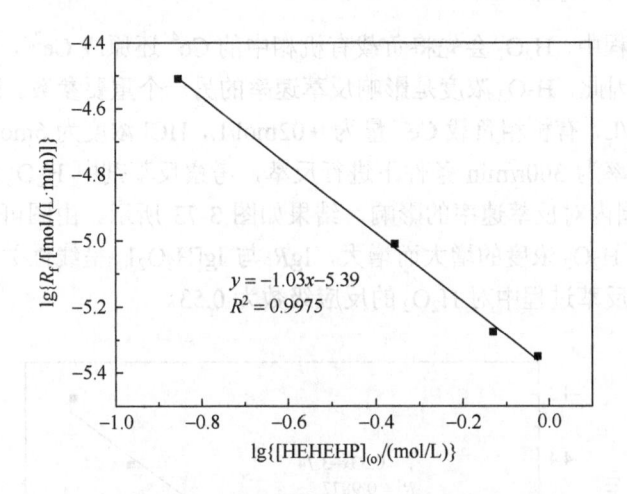

图 3-71 有机相自由萃取剂 HEHEHP 浓度对反萃速率的影响

7. 反萃剂中 H^+ 浓度对反萃速率的影响

铈的萃取和反萃涉及 Ce^{4+} 与 H^+ 之间的离子交换反应，因此反萃剂中 HCl 浓度是影响反萃速率的一个重要参数。固定有机相负载 Ce^{4+} 量为 0.02mol/L，HEHEHP 浓度为 0.2mol/L，$C(H_2O_2)_{(a)}:C(Ce)_{(o)}$ 为 2∶1，在温度为 30℃、搅拌速率为 300r/min 条件下进行反萃，考察反萃剂中 H^+ 浓度在 1～6mol/L 范围内对反萃速率的影响，结果如图 3-72 所示。由图可见，反萃速率随着反萃剂中 H^+ 浓度的增大而增大，lgR_f 与 $lg[H^+]_{(a)}$ 呈线性关系，直线斜率为 0.99，表明反萃过程中对 H^+ 呈一级关系。

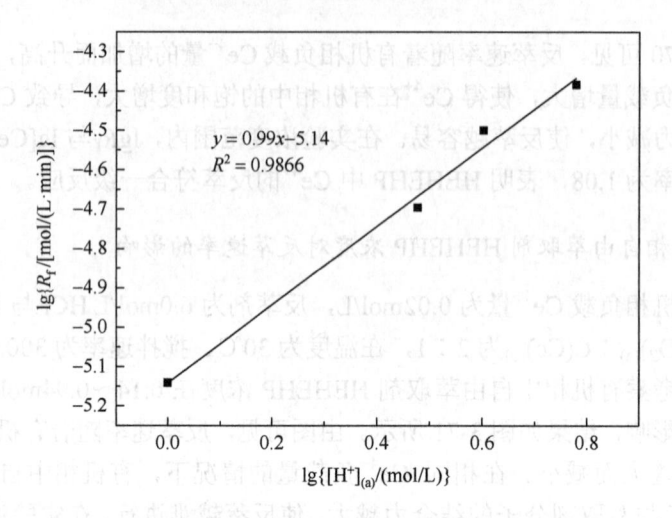

图 3-72 反萃剂中 H⁺浓度对反萃速率的影响

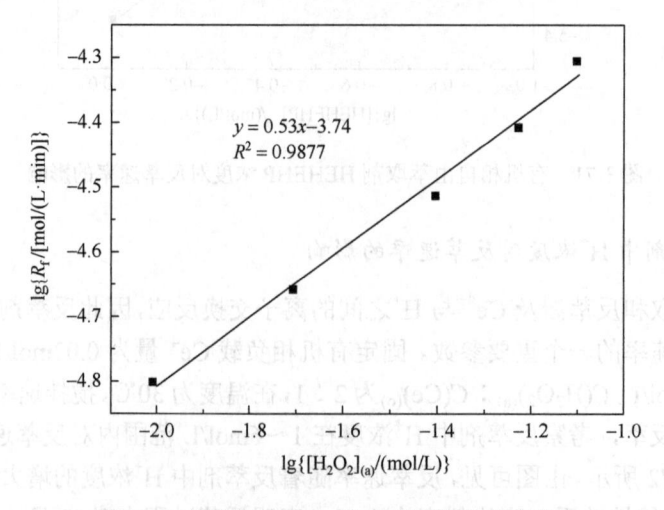

8. 反萃剂中 H_2O_2 浓度对反萃速率的影响

在反萃过程中，H_2O_2 会先将负载有机相中的 Ce^{4+} 还原成 Ce^{3+}，然后 Ce^{3+} 被反萃进入水相，因此，H_2O_2 浓度是影响反萃速率的另一个重要参数。固定 HEHEHP 浓度为 0.2mol/L，有机相负载 Ce^{4+} 量为 0.02mol/L，HCl 浓度为 6mol/L，在温度为 30℃、搅拌速率为 300r/min 条件下进行反萃，考察反萃剂中 H_2O_2 浓度在 0.01～0.08mol/L 范围内对反萃速率的影响，结果如图 3-73 所示。由图可见，反萃速率随着反萃剂中 H_2O_2 浓度的增大而增大，$\lg R_f$ 与 $\lg[H_2O_2]_{(a)}$ 呈线性关系，直线斜率为 0.53，表明反萃过程中对 H_2O_2 的反应级数为 0.53。

图 3-73 反萃剂中 H_2O_2 浓度对反萃速率的影响

3.6.5 反萃速率方程的推导

根据质量作用定律，反萃速率可表示为

$$R = k[Ce]_{(o)}^{a}[HEHEHP]_{(o)}^{b}[H^+]_{(a)}^{c}[H_2O_2]_{(a)}^{d} \quad (3-101)$$

式（3-101）两边取对数，得

$$\lg R = \lg k + a\lg[Ce]_{(o)} + b\lg[HEHEHP]_{(o)} + c\lg[H^+]_{(a)} + d\lg[H_2O_2]_{(a)} \quad (3-102)$$

通过参与反应的化学组成对反萃速率的影响实验，可推导出各影响因素的反应级数（a、b、c、d）。由有机相负载 Ce^{4+} 浓度、有机相自由 HEHEHP 浓度、反萃剂 H^+ 浓度及反萃剂 H_2O_2 浓度与反萃速率的线性关系的斜率，可知反应方程式中$[Ce]_{(o)}$、$[HEHEHP]_{(o)}$、$[H^+]_{(a)}$和$[H_2O_2]_{(a)}$的反应级数分别为 1.08、–1.03、0.99 和 0.53。同时，根据图 3-70～图 3-73 的截距，可计算得到 $\lg k$ 为–3.66，因此，表观速率常数 k 为 $10^{-3.66} \text{mol}^{-0.57} \cdot \text{L}^{0.57}/\text{min}$。

综上所述，铈的还原反萃速率方程（表观动力学方程）可表示为

$$R = 10^{-3.66}[Ce]_{(o)}^{1.08}[HEHEHP]_{(o)}^{-1.03}[H^+]_{(a)}^{0.99}[H_2O_2]_{(a)}^{0.53} \quad (3-103)$$

3.6.6 反萃机理探讨

由以上实验结果可知，HEHEHP 中铈的反萃发生在界面上，为混合控制模式，其从有机相到水相的动力学传质过程主要包含以下几个步骤：

（1）Ce^{4+}萃合物从有机相扩散至有机相扩散层反应区，水相中的 H_2O_2 分子扩散至界面反应区；

（2）萃合物中的 Ce^{4+}在有机相扩散层反应区内与 H_2O_2 发生还原反应；

（3）生成的 Ce^{3+}与扩散至界面反应区的 H^+发生离子交换反应；

（4）生成的$(HA)_2$ 从界面向有机相体相扩散，生成的 Ce^{3+}从界面向水相体相扩散。

因此，推测铈的还原反萃机理可能为

$$CeA_2(HA_2)_{2(o)} \underset{}{\overset{K_1}{\rightleftharpoons}} CeA_2(HA_2)_{2(i)} \quad (3-104)$$

$$H_2O_{2(a)} \underset{}{\overset{K_2}{\rightleftharpoons}} H_2O_{2(i)} \quad (3-105)$$

$$H^+_{(a)} \underset{}{\overset{K_3}{\rightleftharpoons}} H^+_{(i)} \quad (3-106)$$

$$CeA_2(HA_2)_{2(i)} + 1/2H_2O_{2(i)} \underset{k_{-1}}{\overset{k_1}{\rightleftharpoons}} Ce(HA_2)_{3(i)} + 1/2O_2\uparrow \quad (3-107)$$

$$Ce(HA_2)_{3(i)} + H^+_{(i)} \underset{k_{-2}}{\overset{k_2}{\rightleftharpoons}} Ce(HA_2)^+_{2(i)} + (HA)_{2(o)} \quad (3-108)$$

$$Ce(HA_2)^+_{2(i)} + H^+_{(i)} \underset{k_{-3}}{\overset{k_3}{\rightleftharpoons}} Ce(HA_2)^{2+}_{(i)} + (HA)_{2(o)} \quad (3-109)$$

$$\text{Ce}(\text{HA}_2)^{2+}_{(i)} + \text{H}^+_{(i)} \underset{k_{-4}}{\overset{k_4}{\rightleftharpoons}} \text{Ce}^{3+}_{(a)} + (\text{HA})_{2(o)} \qquad (3\text{-}110)$$

式中：下标"(o)"、"(i)"和"(a)"分别代表有机相、界面和水相；A 为萃取剂阴离子基团；K_1、K_2、K_3 为平衡常数；k_1、k_2、k_3、k_4 和 k_{-1}、k_{-2}、k_{-3}、k_{-4} 分别为正向和逆向反应速率常数。

假设其中式（3-109）为速率控制步骤，即最慢反应。同时忽略其逆反应，可得反萃速率方程如下：

$$R = k_3 [\text{Ce}(\text{HA}_2)^+_2]_{(i)} [\text{H}^+]_{(i)} \qquad (3\text{-}111)$$

由于在萃合物中 Ce^{4+} 与 H_2O_2 的还原反应较快，同时在高浓度的 Cl^- 存在下，Ce^{3+} 较难被 H_2O_2 氧化成 Ce^{4+}，因此，可忽略 k_{-1} 的影响。

由式（3-107）～式（3-109）得

$$-\frac{\text{d}[\text{Ce}(\text{HA}_2)^+_2]}{\text{d}t} = k_2[\text{Ce}(\text{HA}_2)_3]_{(i)}[\text{H}^+]_{(i)} - k_{-2}[\text{Ce}(\text{HA}_2)^+_2]_{(i)}[(\text{HA})_2]_{(o)} \\ - k_3[\text{Ce}(\text{HA}_2)^+_2]_{(i)}[\text{H}^+]_{(i)} \qquad (3\text{-}112)$$

$$\frac{\text{d}[\text{Ce}(\text{HA}_2)_3]}{\text{d}t} = k_1[\text{CeA}_2(\text{HA}_2)_2]_{(i)}[\text{H}_2\text{O}_2]^{1/2}_{(i)} - k_2[\text{Ce}(\text{HA}_2)_3]_{(i)}[\text{H}^+]_{(i)} \qquad (3\text{-}113)$$

采用稳态法进行处理，当 $-\dfrac{\text{d}[\text{Ce}(\text{HA}_2)^+_2]}{\text{d}t} = 0$，$\dfrac{\text{d}[\text{Ce}(\text{HA}_2)_3]}{\text{d}t} = 0$ 时，可得

$$[\text{Ce}(\text{HA}_2)^+_2]_{(i)} = \frac{k_2[\text{Ce}(\text{HA}_2)_3]_{(i)}[\text{H}^+]_{(i)}}{k_{-2}[(\text{HA})_2]_{(o)} + k_3[\text{H}^+]_{(i)}} \qquad (3\text{-}114)$$

$$[\text{Ce}(\text{HA}_2)_3]_{(i)} = \frac{k_1[\text{CeA}_2(\text{HA}_2)_2]_{(i)}[\text{H}_2\text{O}_2]^{1/2}_{(i)}}{k_2[\text{H}^+]_{(i)}} \qquad (3\text{-}115)$$

$$[\text{CeA}_2(\text{HA}_2)_2]_{(i)} = K_1[\text{CeA}_2(\text{HA}_2)_2]_{(o)} \qquad (3\text{-}116)$$

$$[\text{H}_2\text{O}_2]_{(i)} = K_2[\text{H}_2\text{O}_2]_{(a)} \qquad (3\text{-}117)$$

$$[\text{H}^+]_{(i)} = K_3[\text{H}^+]_{(a)} \qquad (3\text{-}118)$$

将式（3-114）～式（3-118）代入式（3-111），可得

$$R = \frac{k_1 K_1 K_2^{1/2} K_3 [\text{CeA}_2(\text{HA}_2)_2]_{(o)} [\text{H}_2\text{O}_2]^{1/2}_{(o)} [\text{H}^+]_{(a)}}{k_{-2}[(\text{HA})_2]_{(o)} + k_3[\text{H}^+]_{(i)}} \qquad (3\text{-}119)$$

在实验研究范围内，假设铈从界面到水相的传质过程远快于从水相到界面，则 $k_{-2}[(\text{HA})_2]_{(o)} \gg k_3[\text{H}^+]_{(i)}$，反萃速率方程可表示为

第3章 氟碳铈矿资源化利用新技术的理论与实践研究

$$R = \frac{k_1 K_1 K_2^{1/2} K_3 [CeA_2(HA_2)_2]_{(o)} [H_2O_2]_{(o)}^{1/2} [H^+]_{(a)}}{k_{-2}[(HA)_2]_{(o)}}$$

$$= \frac{k_1 K_1 K_2^{1/2} K_3}{k_{-2}} [CeA_2(HA_2)_2]_{(o)} [H_2O_2]_{(o)}^{1/2} [H^+]_{(a)} [(HA)_2]_{(o)}^{-1} \quad (3\text{-}120)$$

$$= k[CeA_2(HA_2)_2]_{(o)} [H_2O_2]_{(o)}^{1/2} [H^+]_{(a)} [(HA)_2]_{(o)}^{-1}$$

式中：$k = k_1 K_1 K_2^{1/2} K_3/k_{-2}$。

综上所述，由速率控制步骤式（3-109）推导出的反萃速率方程与实验所得的表观动力学方程一致，表明反萃过程很可能按以上步骤进行，其传质过程示意图如图 3-74 所示。表观动力学方程的反应级数为非整数值可能是由于参与反应的溶质处于非理想状态或存在其他竞争反应[72]。

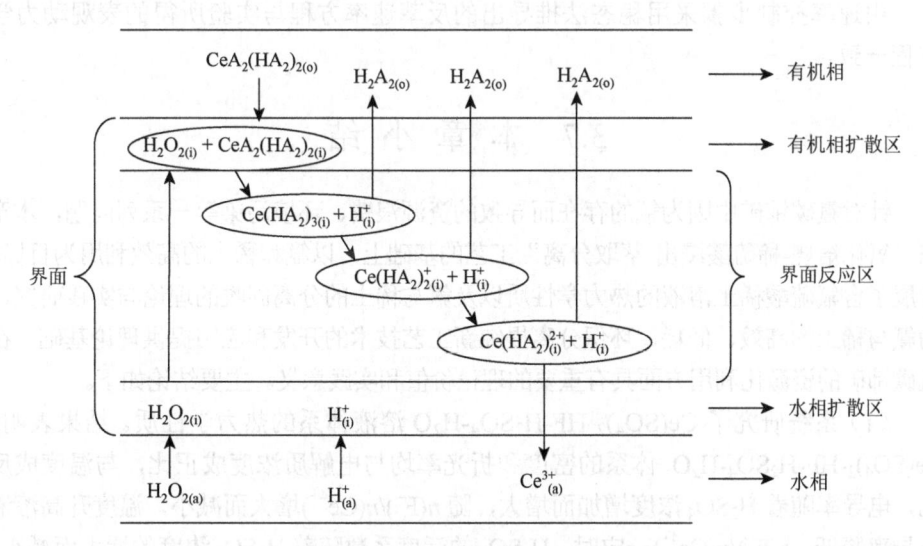

图 3-74 铈反萃传质过程示意图

3.6.7 本节小结

本节采用层流恒界面池法进行了 HCl-H_2O_2 还原反萃 HEHEHP 中 Ce^{4+} 的动力学研究，考察了反萃酸种类、搅拌速率、温度、比界面积、有机相中 Ce^{4+} 负载量、有机相中自由萃取剂浓度、HCl 浓度、H_2O_2 浓度等对反萃速率的影响，判断了反萃过程的控制模式以及控制步骤，推导出反萃动力学方程，并探讨了反萃过程的机理。

（1）相同酸度的 H_2SO_4、HCl、HNO_3 对负载铈的有机相进行反萃，HCl 的反应速率最高。

（2）由搅拌速率、温度、比界面积对反萃速率的影响，可知反萃过程为扩散和界面化学反应混合控制，反萃反应是在界面区域中进行的，表观活化能 E_a 为 22.40kJ/mol。

（3）由有机相中 Ce^{4+} 负载量、有机相中自由萃取剂浓度、HCl 浓度、H_2O_2 浓度等对反萃速率的影响，可知 HEHEHP 中 Ce^{4+} 的反萃符合一级反应，对有机相中 HEHEHP 呈负一级关系，对 H^+ 呈一级关系，对 H_2O_2 的反应级数为 0.53。

（4）通过反萃速率影响因素实验结果，推导出铈的还原反萃速率方程（表观动力学方程）为 $R = 10^{-3.66}[Ce]_{(o)}^{1.08}[HEHEHP]_{(o)}^{-1.03}[H^+]_{(a)}^{0.99}[H_2O_2]_{(a)}^{0.53}$，表观速率常数 k 为 $10^{-3.66} mol^{-0.57} \cdot L^{0.57}/min$。

（5）探讨了铈的还原反萃机理，推测速率控制步骤为

$$Ce(HA_2)_{2(i)}^+ + H_{(i)}^+ \underset{k_{-3}}{\overset{k_3}{\rightleftharpoons}} Ce(HA_2)_{(i)}^{2+} + (HA)_{2(o)}$$

由速率控制步骤采用稳态法推导出的反萃速率方程与实验所得的表观动力学方程一致。

3.7 本章小结

针对氟碳铈矿中因为氟的存在而导致的资源浪费、环境污染等一系列问题，本章在"氧化焙烧-稀硫酸浸出-萃取分离"工艺的基础上，以氟和稀土的高效利用为目标，开展了含氟硫酸稀土溶液的热力学性质以及氟与稀土的分离回收的理论与实践研究，为氟与稀土的高效、低耗、环保分离提纯新工艺技术的开发和应用提供理论基础，在氟碳铈矿的资源化利用方面具有重要的理论价值和实践意义。主要结论如下。

（1）系统研究了 $Ce(SO_4)_2$-HF-H_2SO_4-H_2O 溶液体系的热力学性质。结果表明，$Ce(SO_4)_2$-HF-H_2SO_4-H_2O 体系的密度和折光率均与电解质浓度成正比，与温度成反比，电导率随着 H_2SO_4 浓度增加而增大，随 $n(F^-)/n(Ce^{4+})$ 增大而减小，温度升高溶液电导率降低。$n(F^-)/n(Ce^{4+})$ 一定时，H_2SO_4 的活度系数随着 H_2SO_4 浓度的增大而减小。H_2SO_4 浓度一定时，低浓度的 $Ce(SO_4)_2$ 会抑制 H_2SO_4 的解离，使 H_2SO_4 的活度系数增大，随着 $Ce(SO_4)_2$ 浓度增加，以及 $n(F^-)/n(Ce^{4+})$ 增大，离子之间的静电吸引力增强，导致活度系数减小。CeF_2^{2+} 的活度系数随 H_2SO_4 和 $Ce(SO_4)_2$ 浓度，以及 $n(F^-)/n(Ce^{4+})$ 的增大而减小。溶液的渗透系数随着电解质质量摩尔浓度的增加而减小。

（2）研究了 HDEHP/HEHEHP 萃取 Ce^{4+}-H_2SO_4 和 Ce^{4+}-F^--H_2SO_4 体系的界面性质，采用 Szyszkowski 等温式和 Polynomial 等温式拟合界面张力数据，得到不同条件下的界面吸附参数，为 Ce^{4+} 和 F^- 的萃取过程以及第三相的形成提供一定的理论依据。结果表明，HDEHP 的界面活性高于 HEHEHP，F^- 的引入可增大界面活性，提高萃取容量。

（3）采用电位滴定法研究了硫酸介质中 CeF_x^{4-x} 和 BF_y^{3-y} 的络合机理。F^- 与 Ce^{4+} 以 CeF_2^{2+} 络离子形式存在，B^{3+} 能够夺取 CeF_2^{2+} 中的 F^- 生成 BF_4^-，在反应初期，BF_4^-

和 BF_3OH^- 同时生成，随反应进行，BF_3OH^- 继续与 CeF_2^{2+} 中的 F^- 反应形成 BF_4^-。

（4）采用电导滴定法研究了 F-Ce-Al 体系的络合情况。在 $n(F^-)/n(Al^{3+})$ 低于 2 时，低配位数的氟铝络合物较不稳定，硫酸介质中可形成多种配位数的氟铝络合物，$n(F^-)/n(Al^{3+})$ 越高，络合反应越快速，且氟铝的配位数与溶液中氟离子浓度和 $n(F^-)/n(Al^{3+})$ 有关。

（5）采用沉淀法制备了水合氧化锆，并对其在含氟硫酸稀土溶液中吸附除氟使氟与稀土分离进行了探索性实验。结果表明，水合氧化锆吸附氟的机理是与表面的—OH 发生离子交换，水合氧化锆可以夺取 CeF_2^{2+} 中的 F^-，实现氟铈的分离。氟和铈的吸附量随溶液 pH 增大而增大，最佳 pH 为 0.3~0.6；$n(F^-)/n(Ce^{4+})$ 较低时铈的损失率大；氟的初始浓度过高不利于吸附；伴生的三价稀土离子对吸附没有影响。负载氟的水合氧化锆采用 0.1mol/L NaOH 解吸再生，解吸率达到 91%，再生水合氧化锆经多次循环使用，仍可保持较高吸附量，并且得到了 NaF 副产品。

（6）氟碳铈矿原矿热分解反应级数为 1.28，表观活化能为 279.152kJ/mol，添加 $Al(OH)_3$ 作为焙烧助剂可以有效促进氟碳铈矿的分解，热分解反应级数为 0.82，表观活化能为 265.451kJ/mol。

（7）采用单因素法确定了氟碳铈矿络合焙烧-硫酸浸出优化工艺条件如下：$n(Al^{3+})/n(F^-)$ 为 1/2，焙烧温度为 500℃，焙烧时间为 1h，硫酸浓度为 3mol/L，浸出温度为 90℃，浸出时间为 1h，氟、铈和总稀土浸出率分别达到 92.71%、98.92% 和 98.57%，明显优于氟碳铈矿原矿的浸出率。

（8）通过溶剂萃取实现氟与稀土的分离，利用萃取分离之后的含氟铝萃余液制备冰晶石对氟铝进行资源化利用。冰晶石制备的优化条件如下：pH 为 5 左右，$n(F^-)/n(Al^{3+})$ 为 4.5~5.0，$n(Na^+)/n(Al^{3+})$ 为 3.0~3.5，温度为 70~80℃。在此条件下，氟的回收率为 96.33%，铝的回收率为 97.38%。产物为单斜晶型冰晶石，平均粒度为 1~2μm，杂质较少，具有一定的工业价值。

（9）采用层流恒界面池法研究了 HEHEHP 对 Ce^{4+} 的还原反萃动力学。结果表明，反萃过程为扩散和界面化学反应混合控制，表观活化能 E_a 为 22.40kJ/mol；Ce^{4+} 的还原反萃动力学方程为：$R = k[Ce^{4+}]_{(o)}^{1.08}[HEHEHP]_{(o)}^{-1.03}[H^+]_{(a)}^{0.99}[H_2O_2]_{(a)}^{0.53}$，表观速率常数 k 为 $10^{-3.66} mol^{-0.57} \cdot L^{0.57}/min$。

参 考 文 献

[1] 黄礼煌. 稀土提取技术[M]. 北京：冶金工业出版社，2010：3-7.
[2] 王卫东. $DyCl_3$ 在混合溶剂（$DMF-H_2O$）中热力学性质的研究[J]. 稀土，2006，27（3）：65-68.
[3] Lei H, Li S N, Zhai Q G, et al. Solubility, density and refractive index for the ternary systems of 1, 2-propanediol, MCl(M = Na, K, Rb, Cs) and H_2O at 298.15 and 308.15 K[J]. Acta Physico-Chimica Sinica, 1993, 28(7): 1599-1607.
[4] 申屠雁明，于养信，李以圭. 混合电解质溶液的密度和表观摩尔体积的研究[J]. 清华大学学报（自然科

学版),1993,33(6):61-72.

[5] Zhou Y H, Li S N, Zhai Q G, et al. Solubilities, densities and refractive indices for the ternary systems ethylene glycol + MCl + H$_2$O (M = Na, K, Rb, Cs) at (15 and 35) ℃[J]. Journal of Chemical Thermodynamics, 2010, 42(6):764-772.

[6] 李荻. 电化学原理[M]. 北京:北京航空航天大学出版社, 2008.

[7] Zhang J, Huang X Y, Xia S P. Experimental determination and prediction of activity coefficients of RbCl in aqueous (RbCl + RbNO$_3$) mixture at T = 298.15 K[J]. Journal of Chemical Thermodynamics, 2005, 37(11):1162-1167.

[8] Ghalami-Choobar B, Fallahkar T N. Mean activity coefficients measurement of sodium chloride and thermodynamic modeling of sodium chloride and polysodium acrylate aqueous mixtures at T = (298.2 and 303.2) K[J]. Fluid Phase Equilibria, 2014, 378:51-59.

[9] Lide D R. CRC Handbook of Chemistry and Physics[M]. 82nd ed. Boca Raton:CRC Press, 2001.

[10] Yamauchi C, Fujisawa T, Sakao H. Thermodynamic properties of Ga$_2$(SO$_4$)$_3$-H$_2$SO$_4$-H$_2$O solution system[J]. Transactions of the Japan Institute of Metals, 1988, 29(2):150-159.

[11] 孙思修, 郝京诚, 崔燕, 等. HDEHP 和 HEHEHP 界面性质及添加剂对界面性质的影响[J]. 高等学校化学学报, 1994, 15(11):1583-1587.

[12] Lewis J B. The mechanism of mass transfer of solutes across liquid-liquid interfaces:Part I:the determination of individual transfer coefficients for binary systems[J]. Chemical Engineering Science, 1954, 3(6):248-259.

[13] Hardwick T J, Robertson E. Association of ceric ions with sulphate (a spectral study) [J]. Canadian Journal of Chemistry, 2011, 29(10):828-837.

[14] 刘营, 龙志奇, 黄文梅, 等. 从含氟硫酸稀土溶液中萃取铈过程产生第三相的原因[J]. 中国稀土学报, 2001, 19(4):320-323.

[15] Kedari C S. Third phase formation in the solvent extraction system Ir(IV)—Cyanex 923[J]. Solvent Extraction and Ion Exchange, 2005, 23(4):545-559.

[16] 张晓伟, 李梅, 柳召刚, 等. HNO$_3$-Al(NO$_3$)$_3$ 溶液分离包头混合稀土精矿的研究[J]. 中国稀土学报, 2013, 31(5):588-596.

[17] 刘佳, 李梅, 柳召刚, 等. 包头混合稀土精矿络合浸出的研究[J]. 中国稀土学报, 2012, 30(6):673-679.

[18] 付红扬, 魏莹莹, 李勇, 等. 铝盐配位分离氟碳铈矿酸浸液中氟和铈[J]. 中国稀土学报, 2013, 31(4):393-398.

[19] 柳召刚, 杨启山, 刘铃声, 等. 碳酸钠焙烧盐酸浸出分解氟碳铈矿精矿工艺的研究[J]. 稀土, 2004, 25(2):20-25.

[20] Wang L S, Wang C M, Ying Y, et al. Recovery of fluorine from bastnasite as synthetic cryolite by-product[J]. Journal of Hazardous Materials, 2012, 209-210(4):77-83.

[21] 乔军, 张存瑞, 柳召刚, 等. 溶液中 F$^-$ 与 Ce^{4+} 络合行为的研究[J]. 稀土, 1997(3):66-69.

[22] Grassino S L, Hume D N. Stability constants of mononuclear fluoborate complexes in aqueous solution[J]. Journal of Inorganic & Nuclear Chemistry, 1971, 33(2):421-428.

[23] Wamser C A. Equilibria in the system boron trifluoride-water at 25°[J]. Journal of the American Chemical Society, 2002, 73(1):409-416.

[24] 郑学家. 氟硼化合物[M]. 北京:化学工业出版社, 2011.

[25] Baillon F, Provost E, Fürst W. Study of titanium (IV) speciation in sulphuric acid solutions by FT-Raman spectrometry[J]. Journal of Molecular Liquids, 2008, 143(1):8-12.

[26] 薛理辉, 袁润章. 稀土氟碳酸盐矿物的振动光谱研究[J]. 光散射学报, 2004, 16(3):229-233.

[27] Yamauchi S. Raman spectroscopic evidence for the formation of B(OH)$_n$(OR)$_{3-n}$ (n = 0, 1, 2; R = CH$_3$, C$_2$H$_5$ or CH(CH$_3$)$_2$) from boric acid in lower alcohol solutions [J]. Vibrational Spectroscopy, 2012, 61: 50-53.

[28] Xuan X P, Tang J M, Wang J J, et al. Ion solvation and ion association in high-concentration of NaBF$_4$/DMF solutions[J]. Spectroscopy & Spectral Analysis, 2005, 25 (4): 548-552.

[29] Brooker M H, Berg R W, von Barner J H, et al. Raman study of the hexafluoroaluminate ion in solid and molten FLINAK[J]. Inorganic Chemistry, 2000, 39 (16): 3682-3689.

[30] Ratkje S K, Rytter E. Raman spectra of molten mixtures containing aluminum fluoride. Ⅰ. The LiF-Li$_3$AlF$_6$ eutectic mixture[J]. Journal of Physical Chemistry, 1974, 78 (15): 1499-1502.

[31] Gilbert B, Materne T. Reinvestigation of molten fluoroaluminate Raman spectra: the question of the existence of AlF$_5^{2-}$ ions[J]. Applied Spectroscopy, 1990, 44 (2): 299-305.

[32] Dou X M, Mohan D, Pittman C U, Jr, et al. Remediating fluoride from water using hydrous zirconium oxide[J]. Chemical Engineering Journal, 2012, 198-199: 236-245.

[33] Tanuma T, Okamoto H, Ohnishi K, et al. Activated zirconium oxide catalysts to synthesize dichloropentafluoropropane by the reaction of dichlorofluoromethane with tetrafluoroethylene[J]. Applied Catalysis A: General, 2009, 359 (1-2): 158-164.

[34] Southon P. Structural evolution during the preparation and heating of nanophase zirconia gels[D]. Sydney: University of Technology Sydney, 2000.

[35] Zhao X Y, Vanderbilt D. Phonons and lattice dielectric properties of zirconia[J]. Physical Review B, 2001, 65 (7): 1-10.

[36] Pan J M, Zou X H, Wang X, et al. Selective recognition of 2,4-dichlorophenol from aqueous solution by uniformly sized molecularly imprinted microspheres with β-cyclodextrin/attapulgite composites as support[J]. Chemical Engineering Journal, 2010, 162 (3): 910-918.

[37] Swain S K, Mishra S, Patnaik T, et al. Fluoride removal performance of a new hybrid sorbent of Zr(Ⅳ)-ethylenediamine[J]. Chemical Engineering Journal, 2012, 184 (2): 72-81.

[38] Liu H L, Sun X F, Yin C Q, et al. Removal of phosphate by mesoporous ZrO$_2$[J]. Journal of Hazardous Materials, 2008, 151 (2-3): 616-622.

[39] Roustila A, Chêne J, Séverac C. XPS study of hydrogen and oxygen interactions on the surface of the NiZr intermetallic compound[J]. International Journal of Hydrogen Energy, 2007, 32 (18): 5026-5032.

[40] Wolter S D, Piascik J R, Stoner B R. Characterization of plasma fluorinated zirconia for dental applications by X-ray photoelectron spectroscopy[J]. Applied Surface Science, 2011, 257 (23): 10177-10182.

[41] Tedesco P H, Rumi V B D, Quintana J A G. Extraction of tetravalent metals with di(2-ethylhexyl) phosphoric acid-Ⅲ cerium[J]. Journal of Inorganic & Nuclear Chemistry, 1967, 29 (11): 2813-2817.

[42] 陈航榕, 施剑林, 汪霖, 等. 铈在介孔氧化锆中的液相移植[J]. 硅酸盐学报, 2001, 29 (1): 18-20.

[43] Biswas K, Gupta K, Ghosh U C. Adsorption of fluoride by hydrous iron(Ⅲ)-tin(Ⅳ) bimetal mixed oxide from the aqueous solutions[J]. Chemical Engineering Journal, 2009, 149 (1-3): 196-206.

[44] Chang C F, Chang C Y, Hsu T L. Removal of fluoride from aqueous solution with the superparamagnetic zirconia material[J]. Desalination, 2011, 279 (1-3): 375-382.

[45] Dey R K. Removal of fluoride from aqueous solution using aluminum-impregnated chitosan biopolymer[J]. Separation Science and Technology, 2009, 44 (9): 2096-2116.

[46] 吴志颖. 含氟稀土精矿焙烧过程中氟的化学行为研究[D]. 沈阳: 东北大学, 2008.

[47] 有研新材料股份有限公司. 一种氟碳铈矿氧化焙烧-硫酸浸出-萃取后有机相除氟的方法: 中国,

CN200410070199.1[P]. 2005-08-03.

[48] 康明, 孙蓉. 碳酸钠用量对氟碳铈矿中氟的回收率的影响[J]. 西南科技大学学报（自然科学版）, 2003, 18（4）: 63-68.

[49] Sun S C, Wu Z Y, Gao B, et al. Effect of CaO on fluorine in the decomposition of REFCO₃[J]. Journal of Rare Earths, 2007, 25（4）: 508-511.

[50] 边雪, 吴文远, 罗瑶, 等. HCl-AlCl₃溶液络合浸出稀土氧化物和氟化钙的研究[J]. 中国稀土学报, 2010, 28（3）: 322-329.

[51] 杨英, 孙树臣, 朱小平, 等. 氟碳铈矿焙烧过程中脱氟机制的研究[J]. 中国稀土学报, 2015, 33（1）: 95-100.

[52] 王瑞芹. 分解硫酸铝制备氧化铝的中试试验[D]. 沈阳: 东北大学, 2008.

[53] 贾伟. 氟碳铈矿焙烧脱氟过程的研究[D]. 沈阳: 东北大学, 2014.

[54] 王培铭, 许乾慰. 材料研究方法[M]. 北京: 科学出版社, 2012.

[55] 彭志宏, 李琼芳, 周秋生. 氢氧化铝脱水过程的动力学研究[J]. 轻金属, 2010（5）: 16-18.

[56] Cheng S Z D, Li C Y, Calhoun B H, et al. Thermal analysis: the next two decades[J]. Thermochimica Acta, 2000, 355（1-2）: 59-68.

[57] 涂赣峰, 张世荣. 粉状氟碳铈矿热分解反应动力学模型[J]. 中国稀土学报, 2000, 18（1）: 24-26.

[58] Freeman E S, Carroll B. Interpretation of the kinetics of thermogravimetric analysis[J]. Journal of Physical Chemistry, 1969, 73（3）: 751-752.

[59] Plankey B J, Patterson H H, Cronan C S. Kinetics of aluminum fluoride complexa-tion in acidic waters[J]. Environmental Science & Technology, 1986, 20（2）: 160-165.

[60] 李梅, 柳召刚, 张晓伟, 等. 稀土现代冶金[M]. 北京: 科学出版社, 2016: 15-27.

[61] 王满合, 曾明, 王良士, 等. 氟碳铈矿氧化焙烧-盐酸催化浸出新工艺研究[J]. 中国稀土学报, 2013, 31（2）: 148-154.

[62] 周静, 严纯华, 廖春生. 冕宁氟碳铈矿除氟萃取铈(Ⅳ)工艺研究[J]. 稀土, 1998（3）: 9-17.

[63] 吴文远. 稀土冶金学[M]. 北京: 化学工业出版社, 2005: 1-5.

[64] Kumar M, Babu M N, Mankhand T R, et al. Precipitation of sodium silicofluoride (Na₂SiF₆) and cryolite (Na₃AlF₆) from HF/HCl leach liquors of alumino-silicates[J]. Hydrometallurgy, 2010, 104（2）: 304-307.

[65] Brosset C, Biedermann G, Sillen L G, et al. Studies on the hydrolysis of metal ions. XI. The aluminium ion, Al³⁺[J]. Acta Chemica Scandinavica, 1954, 8: 1917-1926.

[66] 张晓伟. 包头混合稀土精矿中氟碳铈矿浸出及其氟铝资源转化研究[D]. 北京: 北京化工大学, 2014.

[67] 中国科学院长春应用化学研究所. 层流型恒界面池: 中国, CN94220491.3[P]. 1995-05-17.

[68] 孙思修, 薛梅, 杨永会, 等. 溶剂萃取动力学研究方法——恒界面池法[J]. 化学通报, 1996（7）: 50-52.

[69] 李德谦, 王忠怀, 曾广赋, 等. 2-乙基己基膦酸单 2-乙基己基酯从硫酸溶液中萃取铈(Ⅳ)的机理[J]. 中国稀土学报, 1984, 2（2）: 9-19.

[70] Wang L S, Yu Y, Huang X W, et al. Toward greener comprehensive utilization of bastnaesite: simultaneous recovery of cerium, fluorine, and thorium from bastnaesite leach liquor using HEH（EHP）[J]. Chemical Engineering Journal, 2013, 215-216（2）: 162-167.

[71] 於静芬, 吉晨. 有机磷酸混合萃取体系的界面化学及动力学控制机制研究[J]. 高等学校化学学报, 1992, 13（2）: 224-226.

[72] Liu J J, Wang W W, Li D Q. Interfacial behavior of primary amine N1923 and the kinetics of thorium(Ⅳ) extraction in sulfate media[J]. Colloids and Surfaces A: Physicochemical and Engineering Aspects, 2007, 311（1-3）: 124-130.

第4章　白云鄂博矿含稀土选铁尾矿硫酸铵焙烧、浸出及矿相重构

白云鄂博矿作为世界上最大的稀土矿床，储存着大量的铁、稀土、铌等有用矿物。包钢选矿厂以白云鄂博矿为依托，选铁后产生大量的含稀土尾矿，其中"弱磁-强磁-浮选"流程中的弱磁选铁尾矿中铁、稀土、铌含量分别达到13%、7%~9%、0.1%。大量的尾矿堆积在尾矿坝中成为沙尘源，不仅污染空气、土壤和地下水资源，也造成了铁、稀土、铌等金属资源的浪费，但由于白云鄂博含稀土尾矿矿物存在嵌布粒度细、相互浸染、包裹现象严重等特点，采用常规选矿方法很难将稀土高效分离。国内针对包头白云鄂博混合型稀土矿主要通过复杂的选矿手段，选出高品位混合型稀土精矿，再利用浓硫酸焙烧、浸出、溶剂萃取等方法提取稀土。该过程产生大量含酸废水，含氟废气、废渣。因此，有必要探索出一条既能高效分离浸出混合型稀土矿中的稀土，又能减少附加产物（附加产物循环利用）、降低污染的稀土冶炼提取新工艺。

硫酸铵[$(NH_4)_2SO_4$]具有显著活化焙烧、强化分解矿物的效果。硫酸铵焙烧法是在低温条件下，硫酸铵及硫酸铵分解产物使矿物中的金属转为可溶性的金属硫酸铵盐或金属硫酸盐，再通过水或者酸碱溶液浸出分离金属的方法。科研工作者利用硫酸铵活化焙烧技术对低品位菱镁矿中提取镁，低品位锰矿中提取锰，红土镍矿中提取镍，废旧锂电池、碳素铬铁冶炼渣中提取有价金属都取得显著效果。

本章研究是以包钢选矿厂选铁后产生的固体废弃物为原料，这是对资源的二次利用。实验分别利用选铁尾矿煤基高温直接还原-磁选铁、煤基低温适度还原-磁选铁精矿工艺，经磁选实现了铁与稀土的分离，同时还原焙烧过程中活化分解的稀土矿物。将经不同手段预处理后的富稀土渣与硫酸铵混合焙烧，硫酸铵焙烧破坏富稀土渣中稀土矿物的相结构，将混合型稀土矿物转变为可溶性的稀土硫酸铵盐或稀土硫酸盐，最终水浴浸出实现稀土与脉石矿物的高效分离。稀土提取后，高硫酸铵浓度的母液可以用作稀土矿浸出的有效成分，也可以烘干结晶后重复用于富稀土渣的焙烧。整个工艺减少了酸碱废水的排放，简化和缩短了生产流程，降低了能耗，在选铁尾矿清洁再利用方面效果显著。利用焙烧废气氨气和稀土浸出液制备稀土氧化物产品，不仅使尾矿得以再利用，产出高附加值的产品，而且有效回收了氨气，减少了污染物的排放，具有较高的经济和社会效益。

4.1 实验原料与研究方法

4.1.1 实验原料

1. 选铁尾矿矿物组成

实验原料为包钢选矿厂"弱磁-强磁-浮选"工艺流程中的弱磁选铁尾矿,其化学成分见表 4-1,X 射线衍射分析如图 4-1 所示。从化学成分和 XRD 图中可以看出,经弱磁选铁后的尾矿中全铁含量(质量分数)仅为 13.06%,虽然铁选出后稀土得到富集,但其品位仅为 8.64%。萤石含量较高,说明包头矿中萤石与稀土矿物存在共生关系,杂质元素 Si、Ba 含量也较高,另外还含有 S、P、Na、Mg、Al、K、Mn、Ti 等多种杂质元素。

表 4-1 选铁尾矿的化学成分[a] （单位：%）

组成	REO	TFe	CaO	SiO$_2$	MgO	BaO	Al$_2$O$_3$	MnO	F	S	P	TiO$_2$	Na$_2$O	K$_2$O
含量	8.64	13.06	30.34	11.70	3.32	4.13	1.39	1.15	12.50	1.66	1.39	0.64	1.03	0.52

a. 表中金属元素主要以氧化物计,如 CaO 中的 Ca 可能为 CaF$_2$、CaMg(CO$_3$)$_2$、CaO 等。

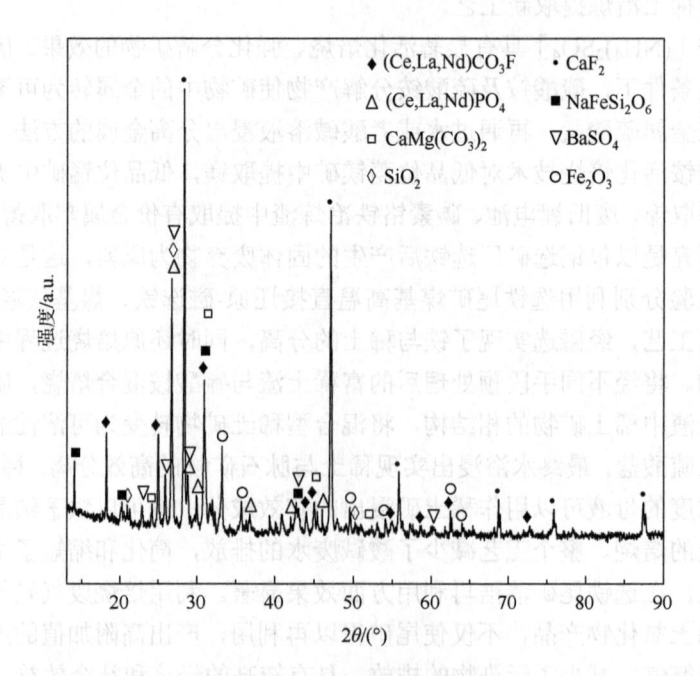

图 4-1 选铁尾矿 XRD 图

选铁尾矿 X 射线衍射分析显示主要为 CaF_2、SiO_2、$(Ce, La, Nd)CO_3F$、$NaFeSi_2O_6$、$BaSO_4$、$CaMg(CO_3)_2$、$(Ce, La, Nd)PO_4$、Fe_2O_3 的衍射峰，其中 CaF_2 的特征峰较强。这说明尾矿中的氟主要赋存在萤石中，铁主要赋存在赤铁矿、硅酸盐铁矿（钠辉石、钠闪石）中，稀土元素主要赋存在氟碳铈矿和独居石中，以氟碳铈矿为主。脉石矿物主要为萤石、重晶石、石英、白云石等。另外，还有石灰石、方解石、云母等矿物[1]，其中 Si 主要存在于硅酸盐矿物和石英中，Ca 主要存在于萤石、白云石、方解石中，P 主要存在于独居石、氟磷灰石中，Ba 主要存在于重晶石中，Na、K 主要存在于钠辉石、钠闪石中。

2. 选铁尾矿粒度分析

选铁尾矿粒度分析及铁、稀土的含量分布见表 4-2。经破碎、弱磁选铁后的尾矿，粒度明显变细，粒度低于 200 目的占 50%以上。铁、稀土矿物在不同粒级中分布不均匀，不利于单一考虑粒度因素直接选矿。从含量上看，铁、稀土矿物含量在低粒级范围内相对较多，随着粒度减小，TFe、稀土总量的含量有逐渐上涨的趋势，分布率明显升高，其中在大于 325 目小于 250 目范围内，铁的分布率最大，小于 325 目时稀土的分布率最大。因此，将选铁尾矿研磨至低粒度有助于均匀稀土和铁在不同粒度中的分布状况，使得铁矿物、稀土矿物与脉石矿物充分解离，有利于实现铁、稀土的选冶。

表 4-2 选铁尾矿粒度分析及铁、稀土的含量分布

粒度/目	产率/%	TFe 含量/%	TFe 分布率/%	稀土总量（REO）含量/%	稀土总量（REO）分布率/%
+80	8	8.5	5.3	5.3	8.9
−80 + 150	16	8.5	10.0	3.9	9.2
−150 + 200	15	9.8	11.4	4.2	9.8
−200 + 250	10	13.3	9.8	5.5	8.3
−250 + 325	28	16.6	34.6	6.9	29.2
−325	23	16.8	28.8	9.9	34.5

3. 实验用试剂

（1）还原用煤的主要化学成分如表 4-3 所示。

表 4-3 煤的成分

灰分/%	挥发分/%	固定碳/%	全硫/%	弹筒发热量/(MJ/kg)
8.01	9.20	82.49	0.30	28.35

(2) 实验用化学试剂：CaO、CaF$_2$、(NH$_4$)$_2$SO$_4$、NH$_3$·H$_2$O 均为分析纯，NH$_3$·H$_2$O 中 NH$_3$ 含量占 25%～28%，CO$_2$ 气体纯度达到 99%以上，保护气 N$_2$ 纯度为 99%，实验用水全部采用去离子水（电阻率 18.25MΩ·cm，25℃）。

4.1.2 实验原理与方法

1. 实验原理

1）直接还原-磁选渣硫酸铵焙烧水浴浸出稀土

实验采用煤基配钙直接还原法实现选铁尾矿中的铁矿物到金属铁的转化。根据铁氧化物遵循的逐级还原规律，即 Fe$_2$O$_3$→Fe$_3$O$_4$→FeO→Fe（T>570℃），利用不同矿物的磁性差异，将还原产生的金属铁磁选出，得到稀土元素富集的残余渣（富稀土渣）。煤基配钙直接还原焙烧过程中含稀土的氟碳铈矿、独居石矿物完全分解，发生的主要反应为[2, 3]

$$(La, Ce, Nd)CO_3F === (La, Ce, Nd)OF + CO_2\uparrow \quad (4-1)$$

$$3CaO + 2REPO_4 === RE_2O_3 + Ca_3(PO_4)_2 \quad (4-2)$$

$$CaO + 2REOF === CaF_2 + RE_2O_3 \quad (4-3)$$

$$9CaO + CaF_2 + 6REPO_4 === 3RE_2O_3 + 2Ca_5F(PO_4)_3 \quad (4-4)$$

分解后得到的稀土氧化物主要存在于 RE$_2$O$_3$·CaO·SiO$_2$·CaF$_2$·MgO·Al$_2$O$_3$ 渣系中，渣中 MgO、Al$_2$O$_3$ 含量较少，稀土 Ce 价态不稳定，主要以＋3 价[4]存在于稀土硅酸盐渣系中（详细论述见 4.2 节）。富稀土渣与硫酸铵混合低温焙烧，稀土渣中的稀土元素主要转变成可溶性的稀土硫酸铵盐：

$$RE_2O_3 + 4(NH_4)_2SO_4 === 2(NH_4)RE(SO_4)_2 + 6NH_3\uparrow + 3H_2O\uparrow \quad (4-5)$$

后经热水浴搅拌浸出，实现稀土元素与不溶矿物的分离。

2）低温适度还原-磁选渣硫酸铵焙烧水浴浸出稀土

采用配煤压块处理后，低温适度还原焙烧将含铁矿物由赤铁矿转变为磁铁矿，还原过程可描述为

$$2C + O_2 === 2CO \quad (4-6)$$

$$3Fe_2O_3 + CO === 2Fe_3O_4 + CO_2 \quad (4-7)$$

压块处理使煤粉与含铁矿物紧密接触，加热过程中含铁矿物快速还原，并且还原过程中产生的气体由压块内向外排出，抑制氧化性气体的氧化作用[5]。利用还原后铁矿物具有的磁性特点，磁选磁铁精矿后得到富稀土渣。在低温还原焙烧过程中，不仅赤铁矿被还原为磁铁矿，而且适度还原焙烧使含稀土的氟碳铈矿也

发生分解反应［式（4-1）］，稀土矿物得到活化，有利于低温下与硫酸铵反应生成稀土硫酸铵盐或者稀土硫酸盐。采用水浴浸出，可溶性稀土硫酸盐进入溶液中，不溶矿物进入浸出渣中，实现稀土与脉石的分离。

3）单矿物氟碳铈矿焙烧后硫酸铵焙烧水浴浸出稀土

氟碳铈矿氧化焙烧后表面出现许多裂纹，呈疏松多孔状[1]，活化分解生成不同的稀土氟化物和稀土氧化物，氟碳铈矿预焙烧温度对硫酸铵焙烧氟碳铈矿水浴浸出稀土行为有着重要影响。氟碳铈矿不同温度焙烧反应除式（4-1）外，其他主要反应为[6, 7]

$$REOF + H_2O \longrightarrow Ce_{0.75}Nd_{0.25}O_{1.875} + PrO_{1.83} + LaF_3 + HF \quad (4-8)$$

$$3Ce_2O_3 + O_2 === Ce_6O_{11}（即\ 4CeO_2·Ce_2O_3）\quad (4-9)$$

$$3CeOF + 1/2O_2 === 2CeO_2·CeF_3 \quad (4-10)$$

氟碳铈矿加热至 800~850℃，发生完全分解[8]：

$$(La, Ce, Nd)CO_3F \longrightarrow Ce_{0.75}Nd_{0.25}O_{1.875} + CeLa_2O_3F_3 \quad (4-11)$$

$$2CeLa_2O_3F_3 === 2LaF_3 + Ce_2O_3 + La_2O_3 \quad (4-12)$$

目前，对于氟碳铈矿的分解反应温度及分解产物，不同专家学者的分析不尽相同，可能是由于氟碳铈矿中杂质不同，对矿相分析产生影响，也有可能是实验条件（气氛、空气中水含量）的差异对同一实验产生不同的影响。但一致认为氟碳铈矿的分解反应是在不同温度下分步进行的，并且氧化焙烧过的氟碳铈矿反应活性明显增强。

预氧化焙烧后的氟碳铈矿，即稀土氟化物及氧化物与硫酸铵混合均匀后低温焙烧，有利于生成可溶的稀土硫酸铵盐或稀土硫酸盐，经水浴浸出，进而实现稀土元素与不溶脉石矿物的有效分离。

4）稀土浸出液制取稀土氧化物

用 $NH_3·H_2O$ 调节稀土浸出液的 pH[9]，先除杂后再向溶液中通入 CO_2，在 $RE_2(SO_4)_3$-CO_2-$NH_3·H_2O$ 系统中产生结晶沉淀，反应主要描述为

$$RE_2(SO_4)_3 + 3CO_2 + 6NH_3·H_2O === RE_2(CO_3)_3·3H_2O\downarrow + 3(NH_4)_2SO_4 \quad (4-13)$$

产生的晶体沉淀经陈化、过滤、洗涤、烘干、950℃焙烧 1h 等处理后，稀土碳酸盐发生分解：

$$RE_2(CO_3)_3·nH_2O === RE_2O_3 + 3CO_2\uparrow + nH_2O\uparrow \quad (4-14)$$

通过化学含量和 XRD 分析，验证得到了稀土氧化物。

2. 实验方法

1）直接还原-磁选渣硫酸铵焙烧水浴浸出稀土

a. 研磨-筛分

利用粉末制样机分别研磨选铁尾矿、煤粉、CaO，以200目振动筛筛分，使原料粒度均小于200目。

b. 混料-成型

将选铁尾矿、煤粉、CaO置于混料罐中混合10h，向混合均匀后的物料中添加1%的聚乙烯醇黏结剂，利用粉末压片机在50MPa压强下将混匀物料压制成质量约为20g，直径30mm，高10～12mm的圆柱状块样。

c. 还原焙烧-磁选

将压制好的圆柱状块样置于密封盖密封的石墨坩埚中，N_2保护条件下（保证炉内的还原性气氛，并减少石墨坩埚的氧化）在电阻炉中进行直接还原，以10℃/min速率分别升温至不同温度（1100℃、1150℃、1200℃、1250℃、1300℃）后保温2h，待焙烧矿随炉冷却后再破碎、磁选机磁选（磁选电流2A，磁场强度175kA/m），分别对磁选后的尾矿和铁精矿抽滤、烘干，得到高品位铁精粉和富稀土渣。

d. 硫酸铵焙烧-水浴浸出

富稀土渣（-200目）与硫酸铵（-80目）按照实验设定比例在混料罐中进行球磨混料10h，将装有混匀物料的陶瓷坩埚置于马弗炉中，按照预设的焙烧温度与时间进行焙烧，待冷却后，在80℃热水浴中搅拌浸出1h，浸出液液固比为10:1（mL/g，下同），经抽滤、洗涤后将渣液分离，得到稀土浸出液。

e. 除杂-沉淀-焙烧

向稀土浸出液中通入$NH_3·H_2O$除杂后，调节pH至4～5，并以100mL/min速率通入CO_2 30min，产生沉淀结晶后陈化1h，将沉淀滤出后烘干，置于马弗炉于950℃焙烧1h，最终形成稀土氧化物。

f. 化学和仪器检测

对直接还原焙烧产物进行全铁（TFe）和金属铁（MFe）的检测，得到铁的金属化率；磁选后对铁精矿进行全铁的检测，得到铁精矿的铁品位和回收率；对富稀土渣进行稀土（REO）的检测，得到稀土品位。对焙烧产物水浴浸出液进行稀土（RE）检测得到稀土浸出率。对两次焙烧、浸出过程产物进行XRD、SEM-EDS分析，研究稀土矿物在煤基直接还原过程中的物相转变规律和赋存状态，以及还原焙烧后铁和稀土元素赋存状态及形貌特性；研究硫酸铵焙烧过程中稀土物相的转变规律以及焙烧产物浸出后浸出渣和浸出液烘干结晶的物相组成。工艺主要流程如图4-2所示。

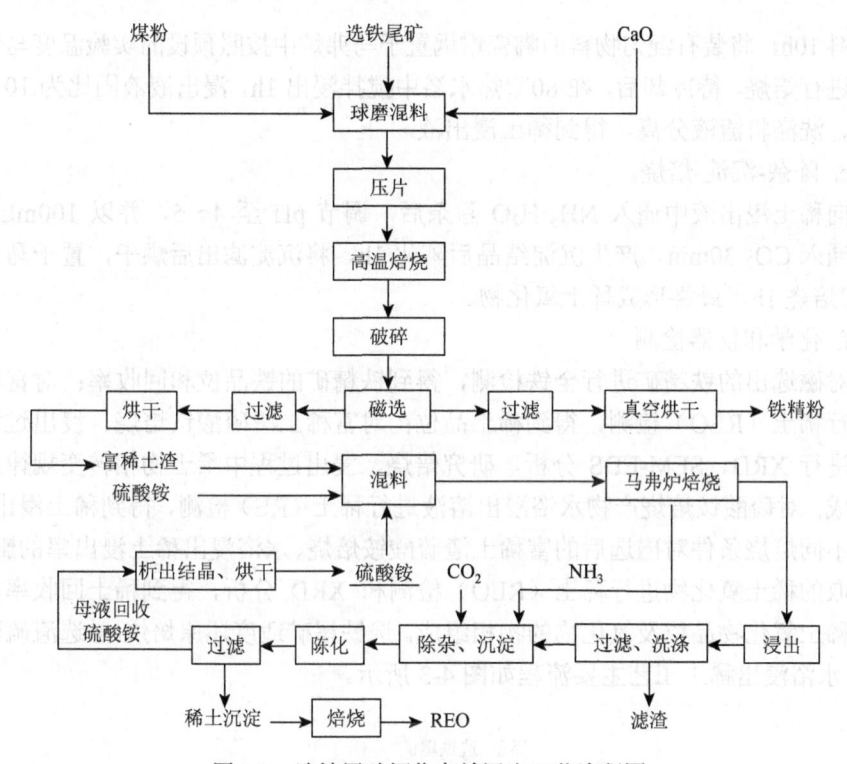

第4章 白云鄂博矿含稀土选铁尾矿硫酸铵焙烧、浸出及矿相重构

图4-2 选铁尾矿钙化高效浸出工艺流程图

2) 低温适度还原-磁选渣硫酸铵焙烧水浴浸出稀土

a. 研磨-筛分

利用粉末制样机分别研磨选铁尾矿、煤粉，以200目振动筛筛分，使原料粒度小于200目。

b. 混料-成型

选铁尾矿、煤粉（配煤量2.2%，预实验中还原磁化率最大时的配煤量）置于混料罐中混合10h，向混合均匀后的物料中添加1%的聚乙烯醇黏结剂，利用粉末压片机在50MPa压强下将混匀物料压制成质量约为20g，直径30mm，高10～12mm的圆柱状块样。

c. 还原焙烧-磁选

将混匀好的物料置于密封盖密封的石墨坩埚中，在电阻炉中进行适度还原焙烧，焙烧温度升至570℃后保温1h，升温速率控制在10℃/min左右，N_2充当保护气。焙烧产物水冷烘干，再经破碎、研磨，以175kA/m磁选强度磁选，分别对磁选后的铁精矿和尾矿抽滤、烘干，得到高品位铁精粉和富稀土渣。

d. 硫酸铵焙烧-水浴浸出

富稀土渣（-200目）与硫酸铵（-80目）按照实验设定比例在混料罐中进行球

磨混料 10h，将装有混匀物料的陶瓷坩埚置于马弗炉中按照预设的实验温度与保温时间进行焙烧，待冷却后，在 80℃热水浴中搅拌浸出 1h，浸出液液固比为 10∶1，抽滤、洗涤将渣液分离，得到稀土浸出液。

e. 陈杂-沉淀-焙烧

向稀土浸出液中通入 $NH_3 \cdot H_2O$ 除杂后，调节 pH 至 4～5，并以 100mL/min 速率通入 CO_2 30min，产生沉淀结晶后陈化 1h，将沉淀滤出后烘干，置于马弗炉 950℃焙烧 1h，最终形成稀土氧化物。

f. 化学和仪器检测

对磁选出的铁精矿进行全铁检测，得到铁精矿的铁品位和回收率；对富稀土渣进行稀土（REO）检测，得到稀土品位；对富稀土渣硫酸铵焙烧、浸出过程的产物进行 XRD、SEM-EDS 分析，研究焙烧、浸出过程中稀土物相转变规律及物相组成；对硫酸铵焙烧产物水浴浸出溶液进行稀土（RE）检测，得到稀土浸出率，考察不同焙烧条件对磁选后的富稀土渣硫酸铵焙烧、水浴浸出稀土浸出率的影响；对制取的稀土氧化物进行稀土（REO）检测和 XRD 分析，得到稀土回收率、制取的稀土氧化物品位及氧化物的物相组成。选铁尾矿适度还原焙烧-磁选渣硫酸铵焙烧-水浴浸出稀土工艺主要流程如图 4-3 所示。

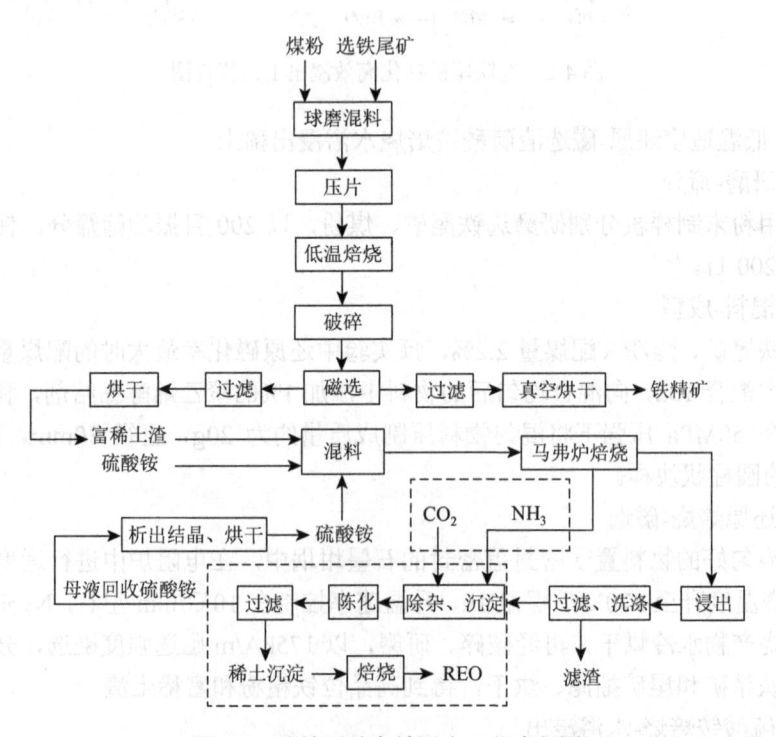

图 4-3 选铁尾矿高效浸出工艺流程图

3）选铁尾矿硫酸铵焙烧水浴浸出稀土

硫酸铵（–80 目）与选铁尾矿（–200 目）按预设比例置于混料罐中混合 10h，再将装有物料的陶瓷坩埚置于马弗炉中，通过调节焙烧温度与时间，得到焙烧产物。待焙烧产物冷却后，于 80℃热水浴中搅拌浸出 1h，液固比为 10∶1，抽滤、洗涤后将渣液分离，得到稀土浸出液。

对焙烧、浸出过程的产物进行 XRD、SEM-EDS 分析，研究稀土的物相变化及赋存状态。考察硫酸铵与选铁尾矿配料比、焙烧温度、焙烧时间对稀土浸出率的影响。

4）氟碳铈矿硫酸铵焙烧水浴浸出稀土

a. 研磨-焙烧-混料

利用粉末制样机分别将氟碳铈矿、硫酸铵分别研磨至 200 目、80 目以下，将磨好的氟碳铈矿置于电阻炉中按预设温度氧化焙烧，焙烧后产物与硫酸铵按质量比 1∶6 于混料罐混合 10h。

b. 硫酸铵焙烧-水浴浸出

将混好的物料置于马弗炉中 400℃焙烧 1h，待焙烧产物冷却后，于 80℃热水浴中搅拌浸出 2h，液固比为 20∶1，抽滤、洗涤后将渣液分离，得到稀土浸出液。氟碳铈矿硫酸铵焙烧水浴浸出工艺主要流程如图 4-4 所示。

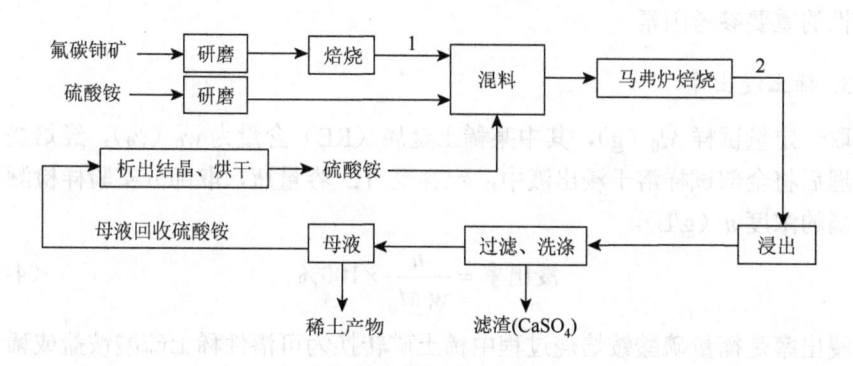

图 4-4 氟碳铈矿高效浸出工艺流程图

c. 化学和仪器检测

对不同阶段焙烧处理后的产物（如图 4-4 中 1、2 两处所示）分别进行 XRD、SEM-EDS 分析，主要研究氟碳铈矿在不同温度氧化焙烧后稀土物相变化，硫酸铵焙烧后稀土物相组成及赋存状态。对氟碳铈矿硫酸铵焙烧产物水浴浸出溶液进行稀土（RE）检测，分别考察物料粒度、氟碳铈矿预氧化焙烧温度对焙烧产物水浴浸出稀土浸出率的影响。

4.1.3 实验结果评价指标

1. 铁金属化率

直接还原后实验样中金属铁含量为 w_{MFe}（%），直接还原后实验样中全铁含量为 w_{TFe}（%）。

$$金属化率 = \frac{w_{MFe}}{w_{TFe}} \times 100\% \tag{4-15}$$

金属化率越高，说明直接还原效果越好，金属化率是衡量直接还原产品还原程度的质量指标。

2. 铁的回收率

原矿实验样质量为 $M_{原}$（g），原矿实验样中全铁含量为 $w_{T原Fe}$（%），实验样经焙烧、磁选后得到精矿质量为 $M_{精}$（g），精矿中全铁含量为 $w_{T精Fe}$（%）。

$$回收率 = \frac{M_{精} \cdot w_{T精Fe}}{M_{原} \cdot w_{T原Fe}} \times 100\% \tag{4-16}$$

铁的回收率是直接还原焙烧和磁选分选效果的重要指标，也是衡量选铁工艺可行性的重要参考因素。

3. 稀土浸出率

取一定量试样 M_0（g），其中某稀土金属（RE）含量为 w_0（%），经焙烧、浸出处理后将全部试样溶于浸出液中，定容至 1L 容量瓶，取部分实验样检测该稀土金属的浓度 n（g/L）。

$$浸出率 = \frac{n}{w_0 M_0} \times 100\% \tag{4-17}$$

浸出率是衡量硫酸铵焙烧过程中稀土矿转换为可溶性稀土硫酸铵盐或稀土硫酸盐的重要指标，同时也说明溶液中的稀土溶解含量。浸出率越高，稀土矿物转变为硫酸铵盐或硫酸盐就越充分，浸出效果越好，浸出渣中稀土含量越少。

4. 稀土回收率

磁选铁后富稀土渣试样质量为 M_1（g），试样中稀土（REO）含量为 w_1（%），制取稀土氧化物质量为 M_2（g），稀土（REO）含量为 w_2（%）。

$$回收率 = \frac{M_2 w_2}{M_1 w_1} \times 100\% \tag{4-18}$$

稀土回收率是硫酸铵焙烧稀土矿物相转变、浸出效果、NH_3-H_2O-CO_2 体系制取稀土氧化物的综合性评价指标,也是衡量制取稀土氧化物工艺可行性的重要参考因素。

另外,对稀土含量的表述还有 TREM(稀土金属总量)、TREO(稀土氧化物总量)。

5. 比磁化系数

在没有达到磁饱和之前,物体的磁化强度与外磁场成正比,物体的磁化强度为 J(kA/m),外磁场强度为 H(kA/m),比例系数为 K,无量纲,称为比磁化系数:

$$K=\frac{J}{H} \tag{4-19}$$

常规选矿方法中,强磁性矿物的比磁化系数>3000×10⁻⁶,在弱磁选机中磁场强度为 120kA/m 左右就能回收;弱磁性矿物比磁化系数为(15~3000)×10⁻⁶,磁选机的磁场强度要达到 120~1600kA/m;极弱磁性矿物比磁化系数<15×10⁻⁶,目前该类矿物尚难分选。

4.2 选铁尾矿煤基直接还原-磁选渣硫酸铵焙烧实现稀土高效分离

对选铁尾矿进行煤基配钙直接还原-磁选铁-富稀土渣硫酸铵焙烧-水浴浸出稀土实验研究,考察配钙量、焙烧温度对铁金属化率的影响,并研究直接还原过程中的渣铁分离形貌特性以及稀土物相转变规律和赋存状态。富稀土渣硫酸铵焙烧-水浴浸出稀土实验中,利用单因素优化实验考察了硫酸铵配量、焙烧温度、焙烧时间对稀土元素浸出率指标的影响,以及硫酸铵焙烧、浸出过程中稀土的物相转变规律。

4.2.1 选铁尾矿煤基配钙直接还原及过程物相转变实验研究

目前,煤基直接还原技术已经在复杂难选铁矿炼铁中得到一定的应用,针对包钢选矿厂低品位选铁尾矿采用煤基直接还原技术提铁,东北大学杨合等[10]做了一定的研究。本节是在此基础上,通过单因素实验,以 CaO 配量和温度为参考因素,进一步研究高温条件下添加 CaO 对铁的金属化率和渣铁分离现象的影响。并通过 XRD、SEM-EDS 等检测手段考察不同温度还原焙烧后铁和稀土的物相变化及稀土的赋存状态。

1. 氧化钙对选铁尾矿煤基直接还原的影响

CaO 是高炉原料烧结矿的重要成分,也是高炉炼铁助熔剂的主要成分。CaO 加入后，烧结矿的碱度得以提高，不仅降低了矿石中脉石和灰分的熔点，还使其具有一定的脱硫能力，并且控制了硅、锰等元素的还原程度，利于生铁质量的改善[11]。

选铁尾矿煤基配钙直接还原中，温度和 CaO 配量对铁的金属化率的影响如图 4-5 所示。图 4-5（a）中，在未添加 CaO 条件下，焙烧矿碱度较低。铁的金属化率随温度的升高呈先降低后升高的趋势，当温度为 1200℃时，铁的金属化率最低，仅为 63.97%。1100℃时，物料之间以固相反应为主，物料中液相主要为铁钙铝的硅酸盐等低熔点物相。另外，萤石的存在也一定程度上降低了反应物的软化温度。升温至 1200℃，还原焙烧过程中会出现铁橄榄石相[12]，生成铁橄榄石矿物的主要反应为

$$2FeO + SiO_2 \Longrightarrow 2FeO \cdot SiO_2 \quad (4-20)$$

$$x FeO + y CaO + z SiO_2 \Longrightarrow x FeO \cdot y CaO \cdot z SiO_2 \quad (4-21)$$

另外还有 $x FeO \cdot 3CaO \cdot 2SiO_2 \cdot CaF_2$，但由于其不稳定，易孤立 FeO 而析出枪晶石[1]。铁橄榄石（$2FeO \cdot SiO_2$）的熔点为 1208℃，钙铁橄榄石（$FeO \cdot CaO \cdot SiO_2$）的熔点为 1213℃，铁钙方柱石（$FeO \cdot 2CaO \cdot 2SiO_2$）的熔点为 1200℃，铁钙辉石（$FeO \cdot CaO \cdot 2SiO_2$）的熔点为 1217℃，铁橄榄石还可能与 SiO_2 和 FeO 形成熔点更低的共熔体[13]。$2FeO \cdot SiO_2$、$FeO \cdot CaO \cdot SiO_2$ 等低熔点物质生成后发生软化甚至熔化，降低了 FeO 活性，不利于 $CO + FeO \longrightarrow Fe + CO_2$ 的正向进行，阻碍选铁尾矿中含铁矿物的还原过程。因此，1200℃时形成上述低熔点物相后，铁的还原性变差，金属化率降低。继续升温至 1300℃，虽然还原条件能进一步改善，但高温下软化、熔化的铁橄榄石及枪晶石会降低气孔率，甚至会因为液相过多而发生过熔，使焙烧矿致密，还原性变差，铁金属化率并没有显著提高。另外，温度过高，试样呈现的结构不均匀，铁酸钙发生分解[14]，不利于铁的还原，铁金属化率较低。

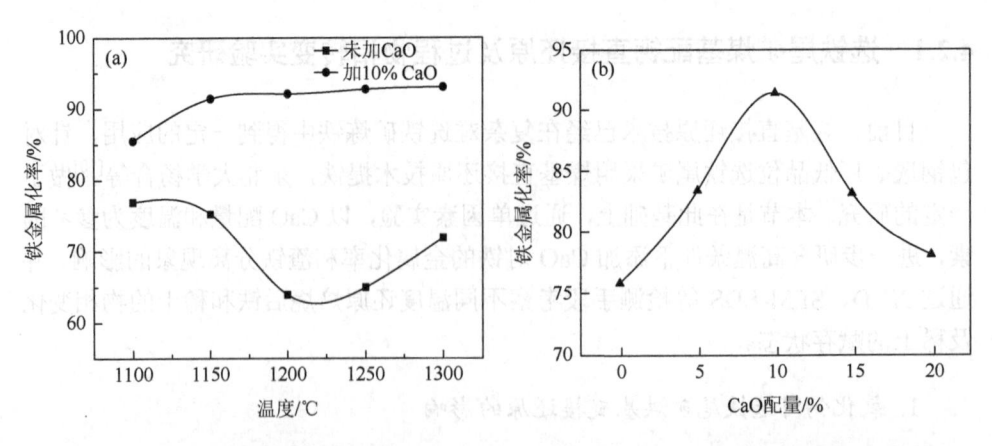

图 4-5 （a）温度对铁金属化率的影响；（b）1150℃时，CaO 配量对铁金属化率的影响

当添加10% CaO后，焙烧试样的碱度升高。选铁尾矿煤基直接还原后铁的金属化率明显增加，1150℃时，铁的金属化率就达到91.43%，温度继续升高，铁的金属化率仍略有升高的趋势。这说明保证CaO足够条件下，升高温度有利于铁的还原。高碱度条件下，铁橄榄石类矿物明显减少，因为CaO先满足了亲和力较大的$CaO \cdot SiO_2 \cdot CaF_2$体系的生成，使得亲和力相对较小的$FeO \cdot SiO_2$体系中FeO游离出来，与CaO结合生成铁酸钙[11]。铁酸钙是固相反应的初期产物，液相黏度小，生成速度较快，焙烧试样透气性较好，有利于铁的还原。也可分析认为由于CaO的添加，加大了反应的活性，把硅酸铁中的FeO置换成自由状态并放出热量，有利于硅酸铁的还原，反应式可能为 $Fe_2SiO_4 + 2CaO + 2C \longrightarrow Ca_2SiO_4 + 2Fe + 2CO$[15]，其间有价铁矿物几乎全被直接还原为金属铁，因此铁的金属化率得以提高。当温度继续升高，铁的金属化率略有升高，然而继续升高温度势必会加大成本，从节能角度讲，温度不宜过高。

图4-5（b）为1150℃条件下添加不同比例CaO对铁的金属化率的影响。随温度的升高，铁的金属化率呈先增大后减小的趋势。分析认为，CaO的加入可以增大焙烧矿碱度，减少难还原的铁橄榄石类矿物的生成，增加反应过程中黏度较低、还原性较高的铁酸钙，提高反应物相活性，有利于物质之间的传质过程。但随着CaO量的继续增加，硅酸二钙与硅酸三钙的量增加，此过程中发生晶型转变，试样严重变形，表面致密，铁的金属化率降低。综上所述，最佳条件是CaO配加比例为10%，焙烧温度为1150℃。

选铁尾矿配加10% CaO，于1150℃煤基直接还原后的试样，经破碎研磨后，在2A磁选电流（磁场强度为175kA/m）条件下磁选得到铁品位和回收率分别为87.85%、89.47%的铁精粉，可用于转炉或者电炉炼钢。

2. 煤基配钙直接还原过程研究

1）直接还原试样渣铁分离形貌特性的研究

将压制成型的块样放置于石墨坩埚中（试样与石墨接触表面发生渗碳反应，改善还原条件[16]），再将石墨坩埚置于电阻炉中分别加热至不同温度后保温2h[10]，以N_2作保护气，升温速率控制在10℃/min。待块样随炉冷却后，观察形貌变化。选铁尾矿在不同温度下煤基还原焙烧后试样如图4-6所示，发现试样发生软化甚至熔化，出现明显变形。

选铁尾矿煤基加热至1150℃焙烧后试样如图4-6（a）所示，试样软化变形，有少量液相生成，试样表面有较多均匀气孔，说明还原过程分布较为均匀，C还原较为充分。继续升高温度至1200℃，如图4-6（b）所示，液相变得更为明显，说明该温度下形成较多低熔点的铁橄榄石体系，见式（4-20）和式（4-21），液相物料过多使透气性变差，还原过程中产生的气体与液相相互作用，形成大孔洞，

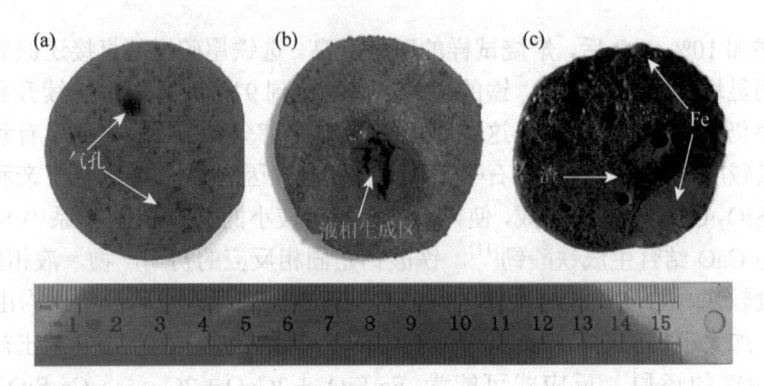

图 4-6 选铁尾矿在不同温度下煤基还原焙烧后试样：(a) 1150℃；(b) 1200℃；(c) 1300℃

而大孔洞周围气孔较少，表明铁矿物还原不够充分，也使得该温度下选铁尾矿还原后铁的金属化率较低。升温至 1300℃的焙烧后试样，如图 4-6（c）所示，试样变形明显，出现熔融状，有较多液相生成，表面出现较多的大孔洞，铁相析出，渣铁分离现象明显。

选铁尾矿分别添加不同质量分数（0%、5%、10%、15%、20%）的 CaO，于 1150℃煤基直接还原后的试样如图 4-7 所示。从图中可以看出，当未配加 CaO 时，试样表面分布较多的气孔，铁矿析出结晶现象不够明显，主要为固固、气固反应。配加 CaO 后，焙烧试样液相生成现象明显。随着 CaO 配量的增多，试样中间液相区域逐渐增大，气孔逐渐变大，当 CaO 添加量达到 20%时，试样中硅酸二钙与硅酸三钙生成量增加，焙烧过程中发生晶型转变，出现了明显的过熔融现象，试样严重变形，表面致密，铁的金属化率降低。另外，严重变形的试样也说明该过程中吸收了大量的热量，并且随着 CaO 配量（5%~15%）的增多，试样表面金属光泽更为明显，金属铁从铁矿物中还原效果增强，铁从渣中析出。

图 4-7 不同配钙量的选铁尾矿煤基还原后试样（左→右：0%、5%、10%、15%、20%）

配加 10% CaO，选铁尾矿煤基不同温度（1150～1300℃）焙烧后矿样的 SEM-EDS 分析如图 4-8 所示。从图 4-8（a）可以看出，1150℃直接还原焙烧后含铁矿物中的铁被还原，聚集长大；铁中带 P 现象较为明显，但未见稀土元素，如图 4-8（a）-1 所示。能谱［图 4-8（a）-2、（a）-3］分析显示铁相周围嵌布着

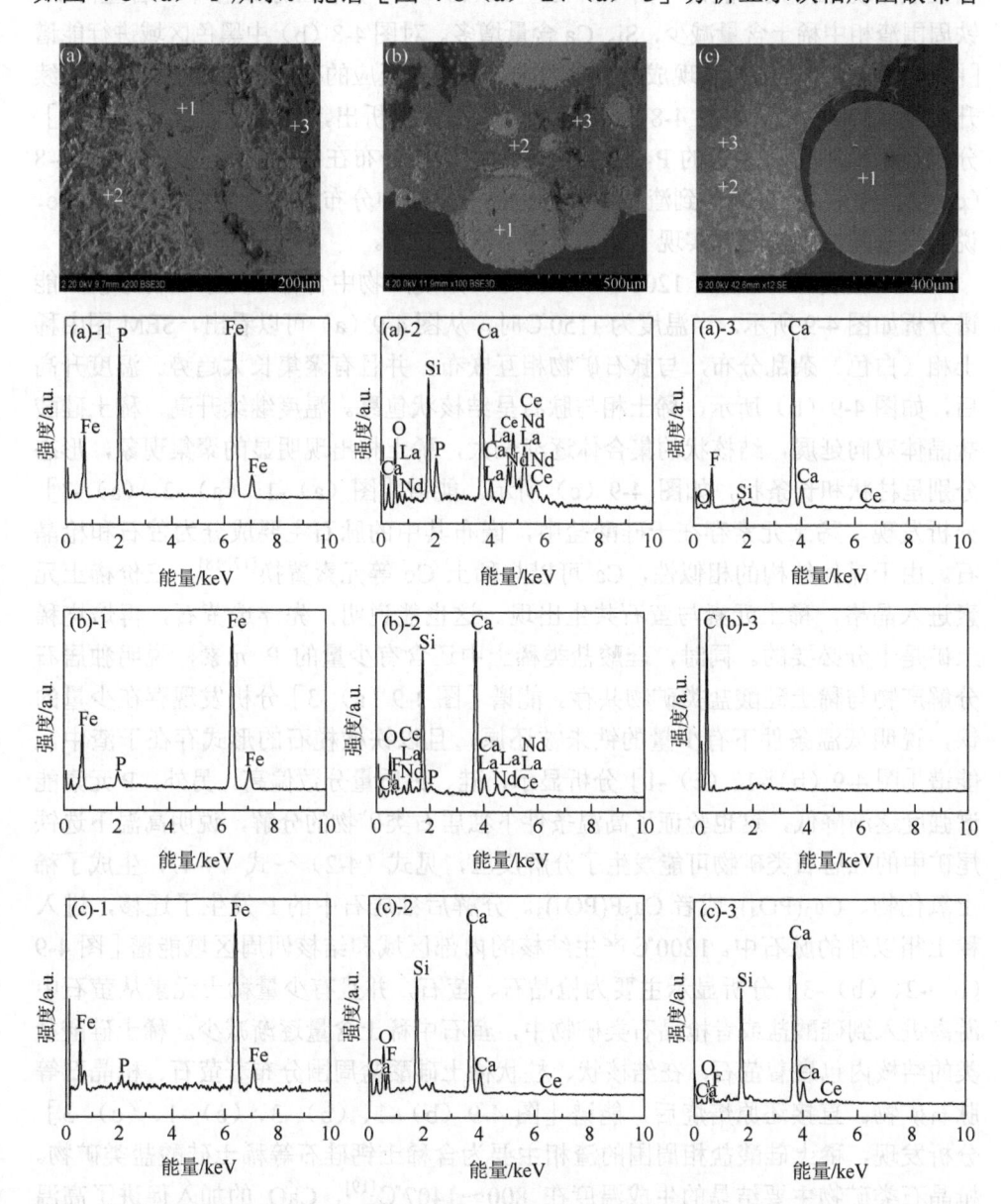

图 4-8 选铁尾矿不同温度焙烧后铁相周围的 SEM 图像和 EDS 能谱：(a) 1150℃；(b) 1200℃；(c) 1300℃

错杂的渣相，主要为 REO·3CaO·2SiO$_2$·CaF$_2$ 和 3CaO·2SiO$_2$·CaF$_2$ 等脉石矿物。如图 4-8（b）所示，当温度升至 1200℃时，金属铁开始向试样边缘区域析出，并逐渐长大，同时含稀土的渣相也开始聚集，形貌相似的渣相均匀分布在铁相周围，相互嵌布现象消失。能谱［图 4-8（b）-1、(b)-2］分析显示铁相中 P 含量降低，铁周围渣相中稀土含量减少，Si、Ca 含量增多。对图 4-8（b）中黑色区域进行能谱［图 4-8（b）-3］分析发现成分为单质碳，说明未反应的碳嵌在渣相中。温度继续升高至 1300℃时，如图 4-8（c）所示，铁相完全析出，能谱［图 4-8（c）-1］分析显示铁中带有微量的 P，并且渣较为均匀地分布在铁相周围，能谱［图 4-8（c）-2、(c)-3］分析得到渣相主要为枪晶石，渣中分布着微量的稀土，未见 Fe，说明煤基配钙直接还原实现了铁和含稀土渣的分离。

不同温度（1150℃、1200℃、1300℃）焙烧产物中含稀土元素矿物形貌和能谱分析如图 4-9 所示。当温度为 1150℃时，从图 4-9（a）可以看出，SEM 图中稀土相（白色）杂乱分布，与脉石矿物相互嵌布，并且有聚集长大趋势。温度升高后，如图 4-9（b）所示，稀土相与脉石呈结核状包裹。温度继续升高，稀土硅酸盐晶体双向延展，结核状的集合体逐渐长大，稀土相出现明显的聚集现象，形态分别呈柱状和长条状，如图 4-9（c）所示。能谱［图 (a)-1、(a)-2、(a)-3］分析发现，稀土元素存在于硅酸盐中，嵌布其中的脉石主要成分为萤石和枪晶石。由于晶体结构的相似性，Ca 可以与稀土 Ce 等元素置换[17,18]，三价稀土元素进入晶格，稀土元素与萤石共生出现。这也能说明，先浮选萤石，再焙烧稀土矿是十分必要的。同时，硅酸盐类稀土中还含有少量的 P 元素，说明独居石分解产物与稀土硅酸盐类矿物共存。能谱［图 4-9（a）-3］分析发现存在少量的铁，说明低温条件下有少量的铁未被还原，且以铁橄榄石的形式存在于渣中。能谱［图 4-9（b）-1、(c)-1］分析显示，硅、钙质量分数偏高。另外，P 元素能谱强度逐渐降低，这也验证了高温条件下独居石类矿物的分解，说明高温下选铁尾矿中的独居石类矿物可能发生了分解反应，见式（4-2）～式（4-4），生成了稀土氧化物、Ca$_3$(PO$_4$)$_2$ 或者 Ca$_5$F(PO$_4$)$_3$。分解后独居石中的 P 发生了迁移，进入稀土相以外的脉石中。1200℃产生结核的内部区域和结核四周区域能谱［图 4-9（b）-2、(b)-3］分析显示主要为枪晶石、萤石，并且有少量稀土元素从萤石中游离进入到硅酸盐或者枪晶石类矿物中，萤石中稀土含量逐渐减少。稀土硅酸盐类的结核内包裹着萤石，在结核状、柱状稀土硅酸盐周围分布着萤石、枪晶石等脉石矿物。直接还原焙烧后，能谱［图 4-9（b）-1、(b)-3、(c)-1、(c)-3］分析发现，稀土硅酸盐相周围的渣相主要为含稀土钙硅石等稀土硅酸盐类矿物。枪晶石类矿物主要结晶的生成温度在 800～1407℃[19]，CaO 的加入促进了高温下枪晶石的形成[20]，对高温焙烧含氟矿物起到了一定的"固氟"作用，从而减少了含氟废气的排放。

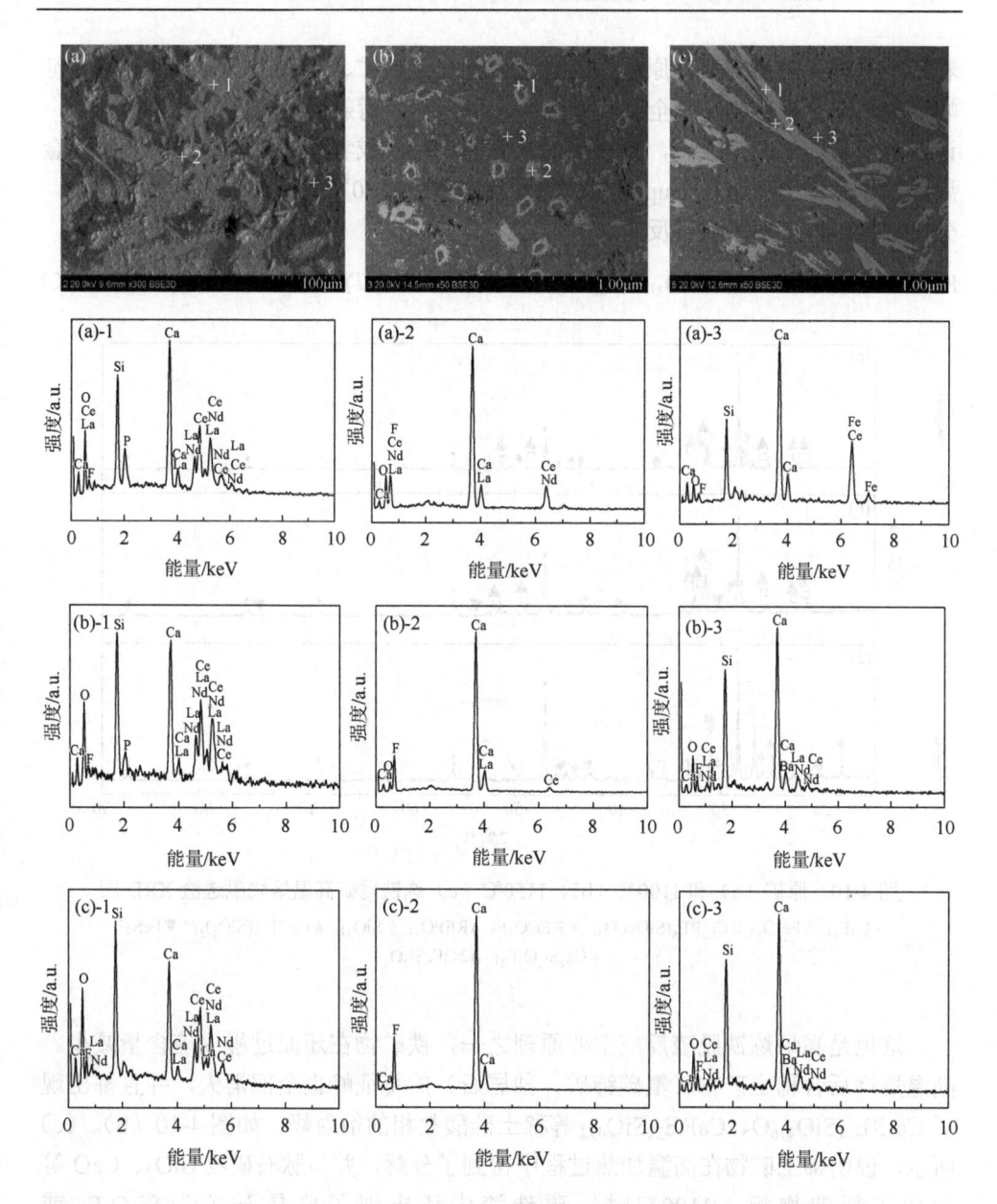

图 4-9 1150℃（a）、1200℃（b）、1300℃（c）煤基配钙直接还原后稀土相周围矿样 SEM 图像和 EDS 能谱

2）煤基直接还原过程中铁、稀土物相转变

选铁尾矿原矿和不同温度（1100℃、1150℃）条件下选铁尾矿煤基还原焙烧后磁选渣（富稀土渣）XRD 图如图 4-10 所示。1100℃时，从图 4-10（b）中可以

看出，经过高温焙烧后，原料中的含铁矿物（磁铁矿、赤铁矿、硅酸铁）的特征峰消失，即含铁矿物几乎全被直接还原，但出现了衍射强度较弱的 FeS 衍射峰，说明有少量的 FeS 未反应，分析认为有可能为尾矿或者煤粉中的 S 与还原出的金属铁发生了反应，这与 Gupta 等[21]的观点一致。1150℃时，FeS 的衍射峰消失，分析认为可能发生了如下反应：

$$FeS + CaO \Longrightarrow CaS + FeO, \Delta G_m = (-44.216 + 0.01669T)\text{kJ/mol}（1273K < T < 1773K）$$

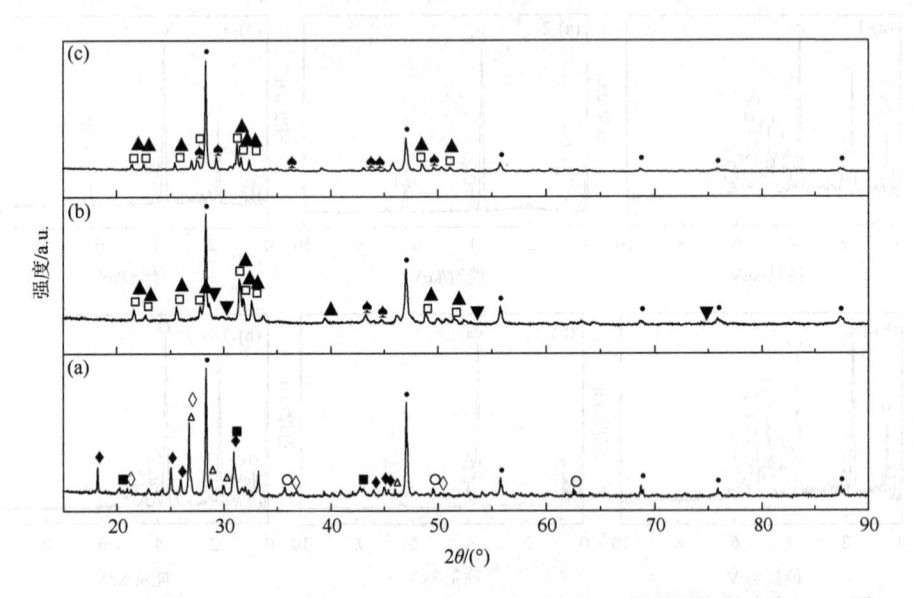

图 4-10 原矿（a）和 1100℃（b）、1150℃（c）选铁尾矿高温焙烧磁选渣 XRD 图
• CaF_2； ○ Fe_2O_3； □ $Ca_2RE_8(SiO_4)_6O_2$； ◆ $RECO_3F$； ▲ $REPO_4$； ◇ SiO_2； ▲ $CaRE_2((SiO_4)_2$； ▼ FeS；
♠ $Ca_4Si_2O_7F_2$； ■ $NaFeSi_2O_6$

这也是高炉炼铁脱硫反应主要原理之一，铁矿物在还原过程中硫含量减少。高温焙烧后含稀土矿物（氟碳铈矿、独居石）的特征峰也全部消失，并且都出现了 $Ca_2RE_8(SiO_4)_6O$、$CaRE_2(SiO_4)_2$ 等稀土硅酸盐相的衍射峰，如图 4-10（b）、(c) 所示，说明稀土矿物在高温加热过程中得到了分解，并与脉石矿物 SiO_2、CaO 等形成了新的物相。1100℃时，磁选渣中还出现了枪晶石（$Ca_4Si_2O_7F_2$ 或 $CaF_2·3CaO·2SiO_2$）和萤石（CaF_2）的特征峰，其中萤石的特征峰较为明显，说明萤石并未全部参与反应，有大量剩余，脉石成分主要为 CaF_2、$Ca_4Si_2O_7F_2$ 等。物料中较高的 F 含量具有促进枪晶石生成、抑制铁酸钙和硅酸二钙生成的作用，易使焙烧试样呈现薄壁大气孔结构，降低铁的还原性[22,23]，这一点也解释了不加 CaO 条件下焙烧后产物铁的金属化率较低的原因。

利用 SEM-EDS 分析磁选后富稀土渣单一颗粒元素形貌与组成，如图 4-11 所示。EDS 能谱 1 主要为 $Ce_2O_3 \cdot CaO \cdot 2SiO_2$（铈钙硅石），能谱 2 主要为 CaF_2（萤石），能谱 3 主要为 $CaF_2 \cdot 3CaO \cdot 2SiO_2$（枪晶石），没有发现铁元素，说明还原焙烧渣铁分离、磁选铁效果较好。高温条件下，含稀土的氟碳铈矿与独居石完全分解，分解生成的稀土氟化物、稀土氧化物与物料中的 SiO_2、CaF_2、CaO 等形成硅酸盐渣系。均以 +3 价计的稀土元素（La、Ce、Nd）主要以 $4RE_2O_3 \cdot 2CaO \cdot 6SiO_2$ [$Ca_2RE_8(SiO_4)_6O_2$]、$RE_2O_3 \cdot CaO \cdot 2SiO_2$ [$CaRE_2(SiO_4)_2$] 等硅酸盐矿物形式存在。类似于 $Ca_2RE_8(SiO_4)_6O_2$ 的稀土硅酸盐与 $Ca_4Si_2O_7F_2$ 相互嵌布包裹，CaF_2、$Ca_4Si_2O_7F_2$ 等脉石矿物充当基体，稀土矿物依附在基体表面或者基体中。

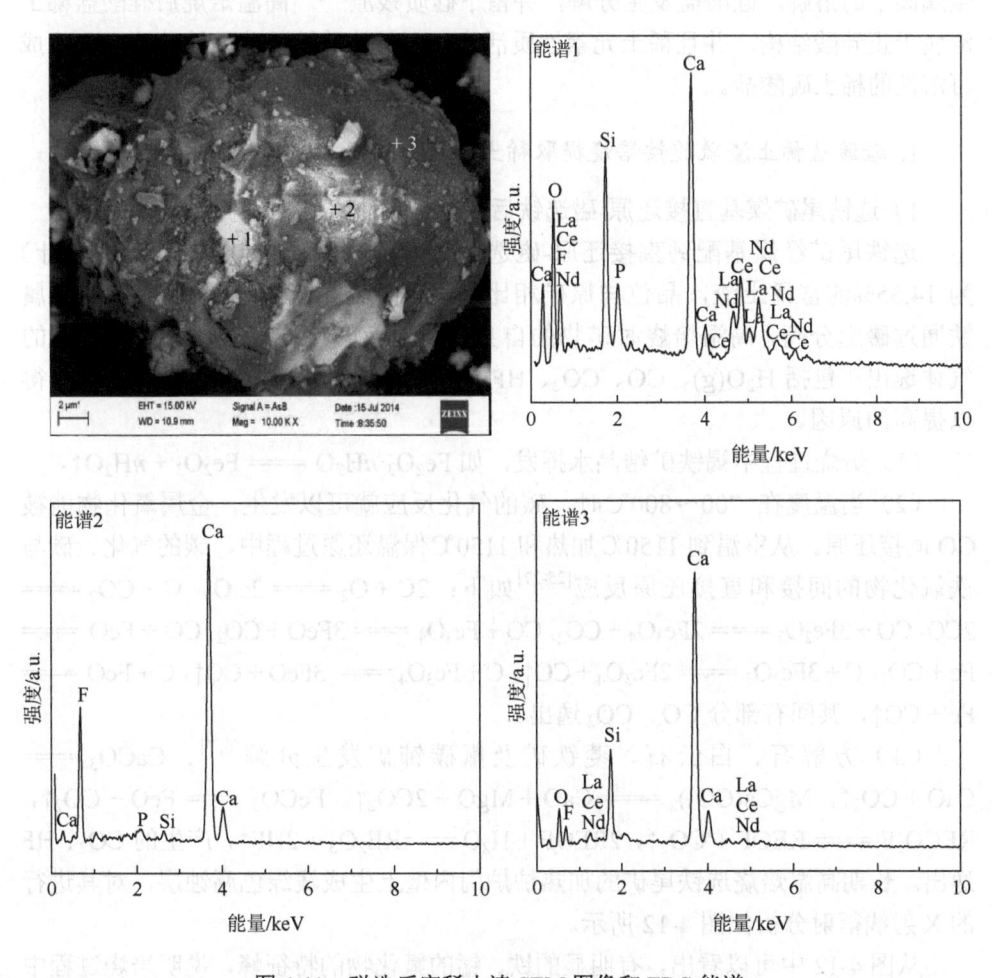

图 4-11 磁选后富稀土渣 SEM 图像和 EDS 能谱

4.2.2 硅酸盐稀土渣硫酸铵焙烧及稀土浸出过程实验研究

选铁尾矿经煤基配钙直接还原-磁选铁工艺，不仅有效将稀土与铁分离，获取了高品位和高回收率的铁精粉（铁品位和回收率分别为 87.85%、89.47%），而且含稀土的氟碳铈矿、独居石也完全分解，产生的硅酸盐类稀土渣有聚集长大的趋势，有利于稀土矿物的富集与回收。本节主要针对硅酸盐类稀土渣提出了硫酸铵焙烧-水浴浸出稀土的方法，将稀土元素从渣中分离出来。硅酸盐的反应性是由硅酸盐的结构特点和硅酸盐中金属阳离子的性质共同决定的。在酸的作用下，随着金属离子的溶解，硅酸盐发生分解，并留下硅质残渣[24]。高温焙烧后硅酸盐稀土渣属于正硅酸结构，并且稀土元素性质活泼，可与硫酸铵及硫酸铵分解产物生成可溶性的稀土硫酸盐。

1. 硅酸盐稀土渣硫酸铵焙烧提取稀土的可行性研究

1) 选铁尾矿煤基直接还原-磁选铁后稀土元素的富集

选铁尾矿经煤基配钙直接还原-磁选铁处理后，得到稀土品位（以 REO 计）为 14.35%的富稀土渣，品位与原矿相比提高了 5.71 个百分点。还原出的金属铁通过磁选分离，高温焙烧时矿物的自身分解以及间接或直接还原反应产生的气体逸出［包括 $H_2O(g)$、CO、CO_2、HF 等］，这些都是富稀土渣的稀土品位得以提高的原因。

（1）焙烧过程中褐铁矿结晶水挥发，如 $Fe_2O_3 \cdot nH_2O = Fe_2O_3 + nH_2O\uparrow$。

（2）当温度在 700~800℃时，碳的气化反应就可以发生，金属氧化物能被 CO 间接还原。从室温到 1150℃加热和 1150℃保温还原过程中，碳的气化、碳与铁氧化物的间接和直接还原反应[25-27]如下：$2C + O_2 = 2CO$，$C + CO_2 = 2CO$，$CO + 3Fe_2O_3 = 2Fe_3O_4 + CO_2$，$CO + Fe_3O_4 = 3FeO + CO_2$，$CO + FeO = Fe + CO_2$，$C + 3Fe_2O_3 = 2Fe_3O_4 + CO\uparrow$，$C + Fe_3O_4 = 3FeO + CO\uparrow$，$C + FeO = Fe + CO\uparrow$，其间有部分 CO、$CO_2$ 逸出。

（3）方解石、白云石、菱铁矿及氟碳铈矿发生分解[6,7]：$CaCO_3 = CaO + CO_2\uparrow$，$MgCa(CO_3)_2 = CaO + MgO + 2CO_2\uparrow$，$FeCO_3 = FeO + CO_2\uparrow$，$RECO_3F = REOF + CO_2\uparrow$，$2REOF + H_2O = RE_2O_3 + 2HF\uparrow$，产生的 CO_2、HF 逸出。长期高温焙烧选铁尾矿的加热炉炉门内壁上生成浅绿色腐蚀层，对其进行的 X 射线衍射分析如图 4-12 所示。

从图 4-12 中可以看出，有明显的铁、锰的氟化物的特征峰，说明焙烧过程中确实有氟逸出。由于含氟气体具有腐蚀性，因此将金属炉门腐蚀。

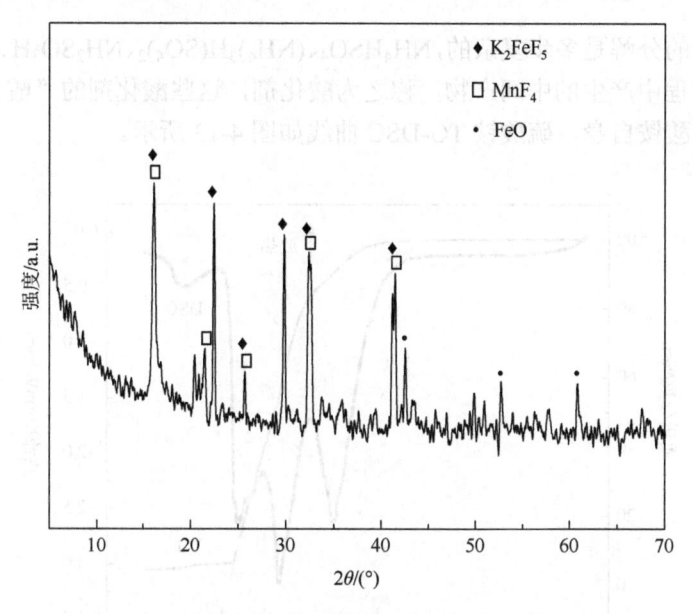

第4章 白云鄂博矿含稀土选铁尾矿硫酸铵焙烧、浸出及矿相重构

图 4-12 炉门腐蚀层 XRD 图

（4）高温焙烧后的物料直接还原-磁选处理后，近13%的铁精粉被选出。

综上可知，大量的非稀土矿物逸出或被选出，稀土矿转变为稀土渣后稀土品位得以提高。

2）稀土矿物的分解及"固氟"

选铁尾矿煤基直接还原物料中添加 CaO，不仅促进铁酸钙生成，利于铁的还原，提高铁的金属化率和回收率，而且 CaO 参与并加快了氟碳铈矿和独居石分解反应，见式（4-2）～式（4-4）。过多的 CaO 还与 CaF_2、SiO_2 在 800～1407℃反应生成了枪晶石（$CaF_2 \cdot 3CaO \cdot 2SiO_2$）类矿物，具有一定的"固氟"作用，因而减少了含氟气体的排放。尤其是独居石矿物在高温条件下分解，脱 P 后进入稀土硅酸盐，这是富稀土渣硫酸铵焙烧-水浸稀土工艺获得高稀土浸出率的重要前提。

3）硫酸铵焙烧-水浸稀土工艺

采用低温硫酸铵焙烧法，硫酸铵在加热（200～450℃）过程中，发生分解反应[28-30]：

$$(NH_4)_2SO_4 \Longrightarrow NH_4HSO_4 + NH_3\uparrow \quad (4\text{-}22)$$

$$2(NH_4)_2SO_4 \Longrightarrow (NH_4)_3H(SO_4)_2 + NH_3\uparrow \quad (4\text{-}23)$$

$$NH_4HSO_4 \Longrightarrow NH_2SO_3H + H_2O\uparrow \quad (4\text{-}24)$$

$$2NH_4HSO_4 \Longrightarrow (NH_4)_2S_2O_7 + H_2O\uparrow \quad (4\text{-}25)$$

$$NH_4HSO_4 + NH_2SO_3H \Longrightarrow (NH_4)_2S_2O_7 \quad (4\text{-}26)$$

硫酸铵的分解是多步复杂的，NH_4HSO_4、$(NH_4)_3H(SO_4)_2$、NH_2SO_3H、$(NH_4)_2S_2O_7$均是分解过程中产生的中间产物，称之为酸化剂，这些酸化剂的"酸化"作用要远远超过硫酸铵自身，硫酸铵 TG-DSC 曲线如图4-13所示。

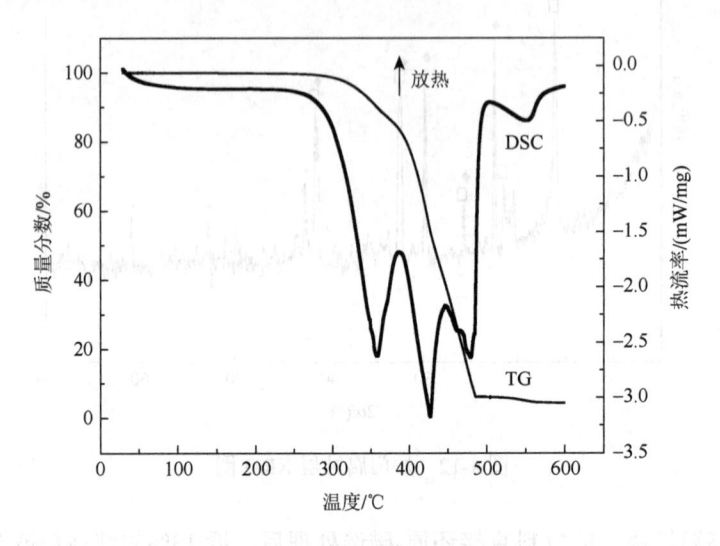

图4-13 硫酸铵 TG-DSC 曲线

从图中可以看出硫酸铵分解过程有四个明显的吸热峰，分解过程吸收了大量的热量，最终硫酸铵全部分解。第一阶段明显的吸热过程中（250～386℃）失重率为16.21%，说明该过程中失去了 NH_3；温度继续升高，第二阶段明显的吸热过程中（386～447℃）失重率为45.90%，且温度为427℃时出现最高吸热峰，此时除了 NH_3 逸出外，还有其他产物，说明该温度范围为硫酸铵分解或酸化剂形成的最佳反应温度范围，但考虑到失重率较高，该阶段范围内温度不宜过高，时间不宜过长，避免产生的 NH_4HSO_4、$(NH_4)_3H(SO_4)_2$、NH_2SO_3H、$(NH_4)_2S_2O_7$ 等酸化剂再分解；温度为450℃时，失重率达到60%以上，这些酸化剂发生再分解，生成产物全部以气体形式逸出，直到完全分解，失重率达到100%。

硫酸铵和酸化剂将富稀土渣中的稀土元素转变为可溶性的稀土硫酸铵盐或稀土硫酸盐，进而通过水浴浸出实现稀土的分离。浸出液中的稀土被提取后，高浓度的硫酸铵母液可以用作离子型稀土矿铵浸的有效成分[31-33]，或者经烘干结晶后重复用于稀土矿的焙烧，硫酸铵的循环利用与浓硫酸废液的处理相比较为容易。传统的酸碱浸出稀土工艺难免会产生大量的含酸碱废水，利用硫酸铵类化合物焙烧稀土矿可以有效降低含酸碱废水的排放量，铵盐焙烧过程中产生的氨气可用于稀土浸出液的除杂、沉淀和结晶（详细论述见4.3节）。

2. 硅酸盐稀土渣硫酸铵焙烧-水浸稀土影响因素及过程中的物相转变

以硫酸铵配量、焙烧保温时间、焙烧温度作为考察因素，利用单因素优化实验，考察了不同条件对稀土矿硫酸铵焙烧产物水浸稀土的影响，并通过 XRD、TG-DSC 等手段表征了焙烧、浸出过程中的物相变化。

1）硫酸铵配量对稀土元素浸出的影响

从图 4-13 中可知，380℃时硫酸铵的第一个吸热反应基本完成，生成活性较强的酸化剂硫酸氢铵，因此以焙烧温度 380℃、焙烧时间 38min 分别作为基准温度、时间点进行单因素优化实验。在不同质量配比的物料混匀后经 380℃焙烧38min，去离子水 80℃热水浴中搅拌浸出 1h，浸出液液固比 10：1 条件下，硫酸铵配量对焙烧后物料中稀土浸出率的影响见图 4-14。

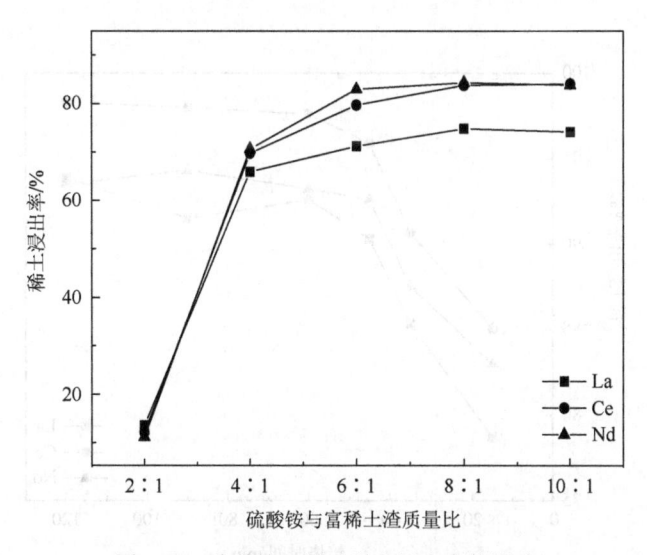

图 4-14 硫酸铵配量对稀土浸出率的影响

从图 4-14 中可以看出，随着硫酸铵配比的升高，稀土浸出率增大，稀土（La、Ce、Nd）最大浸出率分别为 74.84%、83.79%、84.30%。当硫酸铵与富稀土渣质量比大于 8：1 后，稀土浸出率趋于恒定值。在焙烧时间足够的前提下，从动力学角度而言，加大硫酸铵的配量有助于反应物料中液相的生成，加大反应接触面积，使反应更加充分。这说明在硫酸铵高配比条件下，有利于硫酸铵与富稀土渣的充分反应。由于硫酸铵熔点较低，380℃加热条件下，配比较低的硫酸铵自身熔融导致少量液相析出，出现明显的烧结现象，稀土矿并未与熔融的硫酸铵及分解产物完全接触，稀土硅酸盐向可溶性稀土硫酸盐的转变并不充分。增大硫酸铵配量，一方面，硫酸铵分解释放的 NH_3 有利于提高物料间的松散度，当有液相生成时，

产生的 NH_3 为液相提供搅拌，改善反应的动力学条件，促进富稀土渣转化为可溶性稀土硫酸盐；另一方面，硫酸铵的加入有利于破坏铈钙硅石结构，从而使稀土的反应速率加快。硫酸铵配量越多，反应越易正向进行，从而形成可溶性盐的量越多，使稀土的浸出率升高。然而硫酸铵用量过多，虽对强化焙烧转化有利，但会导致后续浸出液相中 NH_4^+ 和 SO_4^{2-} 浓度过高，易使金属离子以水合金属硫酸铵盐形式过快析出，因此需同步增大浸出液液固比，因此在同一液固比条件下，当硫酸铵的配量增加到一定程度后，稀土的浸出率基本上保持稳定甚至有所降低。从提高稀土浸出率角度讲，硫酸铵与富稀土渣最佳质量比为 8∶1。

2）焙烧过程中焙烧时间对稀土元素浸出的影响

在硫酸铵与富稀土渣质量比 8∶1，焙烧温度 380℃，去离子水 80℃热水浴中搅拌浸出 1h，浸出液液固比为 10∶1 条件下，焙烧保温时间对稀土浸出率的影响见图 4-15。

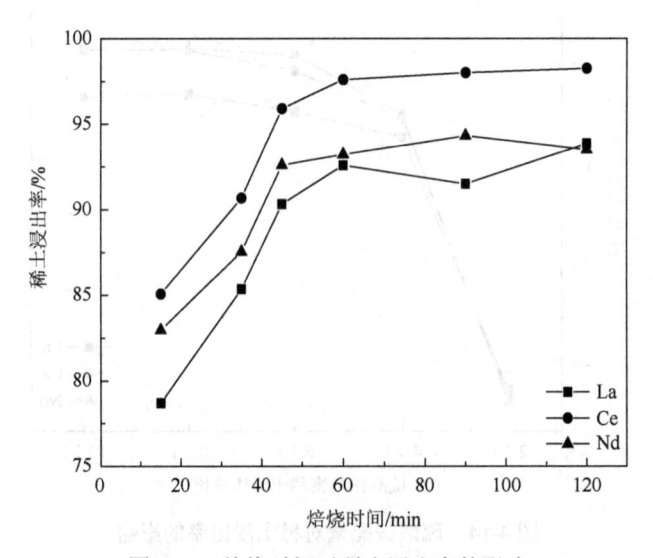

图 4-15 焙烧时间对稀土浸出率的影响

从图中可以看出，随着焙烧时间的延长，稀土浸出率呈逐渐增大趋势，但焙烧时间超过 60min 后，浸出率变化趋于平缓，焙烧 60min 时稀土浸出率分别为 92.58%、97.60%、93.22%。因反应时间过短，发现焙烧后产物中心部位未全部转变为液相，体系变为块状，体系中活性酸化剂的量较少，使得反应不够充分。随着反应时间的延长，物料中液相逐渐增多，与硅酸盐稀土渣接触面积增大，固液反应增多，利于稀土硅酸盐向可溶性稀土硫酸盐的转化，稀土的浸出率升高。焙烧时间继续延长，硫酸铵分解逐渐增多，酸化剂与稀土矿物反应增强，稀土硫酸铵盐结晶更加完善，有利于稀土的硫酸铵化转变，但是硫酸铵熔融过程是其分解转变为气相的过程，见式（4-22）～式（4-25），熔盐液相量逐渐减少，稀土的浸出率最终变化不大。随着焙烧时间的延长，硫酸铵分解产生的 NH_3、H_2O（g）的逸出量增加，不利于硫酸铵的循环使用，从经济、节能、环保的角度得出最佳焙烧时间为 60min。

3）焙烧温度对稀土元素浸出的影响

在硫酸铵与富稀土渣质量比为 8:1，焙烧时间 60min，去离子水 80℃热水浴中搅拌浸出 1h，浸出液液固比 10:1 条件下，焙烧温度对富稀土渣稀土浸出率的影响见图 4-16。从图中可以看出，随温度的升高，稀土浸出率呈先增大后减小的趋势。焙烧温度为 350℃时，稀土浸出率偏低。当温度达到 380℃时，稀土浸出率陡然升高，温度高于 400℃之后浸出率有降低趋势。400℃时，稀土（La、Ce、Nd）浸出率分别达 96.13%、98.88%、97.10%。焙烧温度对焙烧后产物稀土浸出率具有显著影响。

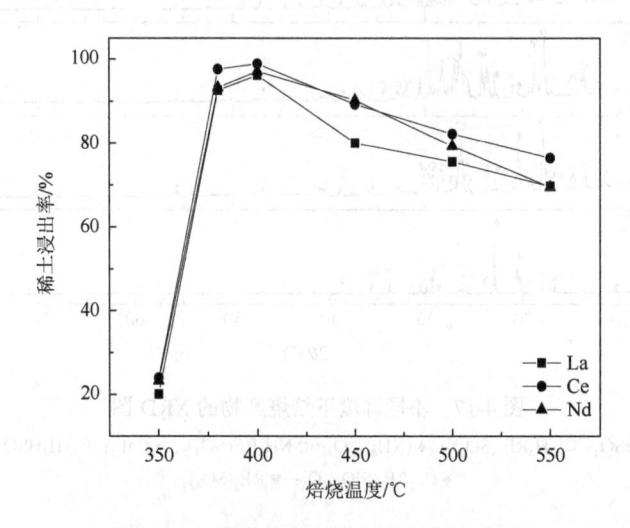

图 4-16 焙烧温度对稀土浸出率的影响

不同温度下富稀土渣硫酸铵焙烧产物的 X 射线衍射分析如图 4-17 所示，可以发现在不同温度下焙烧产物不完全相同。350℃时，出现了 NH_4HSO_4 的特征峰，说明硫酸铵发生分解，但并没有发现含稀土相、$CaSO_4$ 等反应产物的特征峰，说明此时含稀土矿物并未与硫酸铵或其分解产物发生充分反应，因此后续焙烧产物浸出后稀土的浸出率较低，物料中硫酸铵配比较高，温度较低时硫酸铵分解或者反应较少，其他物质由于相对含量过低衍射峰并不明显。升温至 400℃时，除了硫酸铵分解中间产物 NH_4HSO_4 特征峰外，还出现了含稀土的 $NH_4RE(SO_4)_2$ 和 $CaSO_4$ 的特征峰，说明稀土硅酸盐与硫酸铵或其分解产物发生反应，生成 $NH_4RE(SO_4)_2$，稀土浸出率得以明显升高。温度继续升高至 450℃时，出现了过程中间产物 NH$_4$RE$_3$(SO$_4$)$_5$ 和稀土硫酸铵盐分解产物 RE$_2$(SO$_4$)$_3$ 的特征峰,并且 NH$_4$HSO$_4$ 的特征峰强度减弱,说明 NH$_4$HSO$_4$ 发生分解反应,见式(4-24)~式(4-26),稀土硫酸铵盐也发生分解,即

$$NH_4RE_3(SO_4)_5 \Longrightarrow NH_4RE(SO_4)_2 + RE_2(SO_4)_3 \quad (4\text{-}27)$$

$$2NH_4RE(SO_4)_2 \Longrightarrow RE_2(SO_4)_3 + 2NH_3\uparrow + SO_3\uparrow + H_2O\uparrow \quad (4\text{-}28)$$

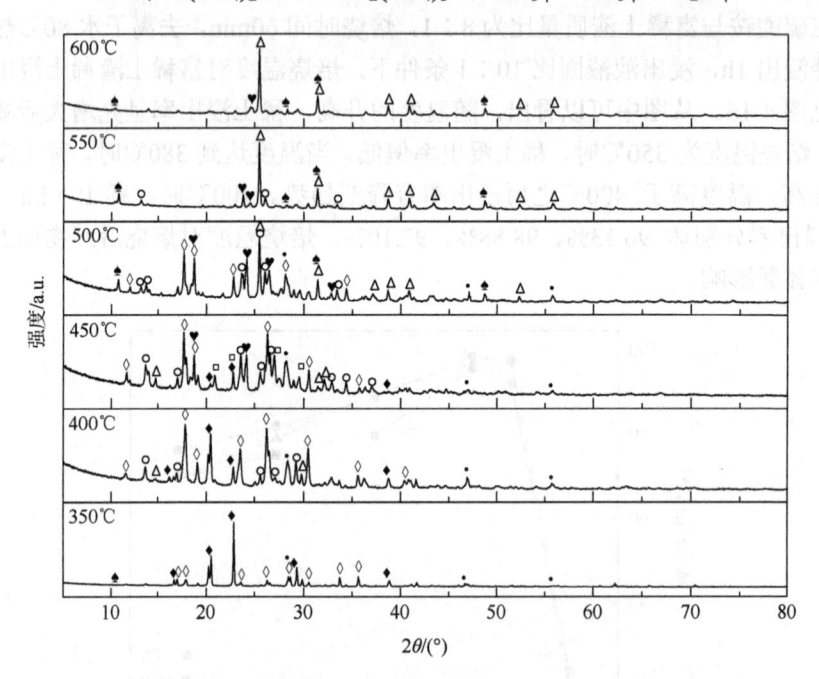

图 4-17 不同温度下焙烧产物的 XRD 图

△CaSO$_4$; □NH$_4$RE$_3$(SO$_4$)$_5$; ♦(NH$_4$)$_2$SO$_4$; ○NH$_4$RE(SO$_4$)$_2$; •CaF$_2$; ◊NH$_4$HSO$_4$; ♠Ca$_2$RE$_8$(SiO$_4$)$_6$O$_2$; ♥RE$_2$(SO$_4$)$_3$

500℃时,硫酸铵特征峰完全消失,硫酸铵完全分解;RE$_2$(SO$_4$)$_3$ 的特征峰强度增大,说明此时 NH$_4$RE(SO$_4$)$_2$ 或 NH$_4$RE$_3$(SO$_4$)$_5$ 等稀土硫酸铵盐继续发生分解反应,氨气逸出后变为稀土硫酸盐;500~600℃焙烧产物中 CaF$_2$ 的衍射峰明显减弱,而 CaSO$_4$ 的衍射峰强度增大,分析认为加热至 500℃时萤石参与了硫酸铵的焙烧反应[34]:

$$CaF_2 + (NH_4)_2SO_4 \Longrightarrow CaSO_4 + 2NH_4F \quad (4\text{-}29)$$

$$NH_4F \Longrightarrow NH_3\uparrow + HF\uparrow \quad (4\text{-}30)$$

当温度直接升高至 500℃及以上时,仍可以见到 Ca$_2$RE$_8$(SiO$_4$)$_6$O$_2$ 的衍射峰,说明温度过高,(NH$_4$)$_2$SO$_4$ 并未与硅酸盐稀土渣充分反应便自身分解,部分稀土硅酸盐未能转变为可溶性的稀土硫酸盐,最终使得稀土浸出率降低。

富稀土渣硫酸铵焙烧反应物及反应产物相对含量的变化,如表 4-4 所示。

表 4-4 富稀土渣硫酸铵不同温度焙烧物相变化

温度/℃	反应物	酸化剂	反应产物
350	CaF$_2$	(NH$_4$)$_2$SO$_4$、NH$_4$HSO$_4$	NH$_4$RE(SO$_4$)$_2$（少量）
400	CaF$_2$↓	(NH$_4$)$_2$SO$_4$↓、NH$_4$HSO$_4$↑	NH$_4$RE(SO$_4$)$_2$↑、CaSO$_4$↑
450	CaF$_2$↓	(NH$_4$)$_2$SO$_4$↓、NH$_4$HSO$_4$↓	NH$_4$RE(SO$_4$)$_2$、NH$_4$RE$_3$(SO$_4$)$_5$、RE$_2$(SO$_4$)$_3$、CaSO$_4$↑
500	Ca$_2$RE$_8$(SiO$_4$)$_6$O$_2$↑	NH$_4$HSO$_4$↓	NH$_4$RE(SO$_4$)$_2$↓、RE$_2$(SO$_4$)$_3$↑、CaSO$_4$↑
550	Ca$_2$RE$_8$(SiO$_4$)$_6$O$_2$	—	NH$_4$RE(SO$_4$)$_2$↓、RE$_2$(SO$_4$)$_3$↓、CaSO$_4$↑
600	Ca$_2$RE$_8$(SiO$_4$)$_6$O$_2$	—	RE$_2$(SO$_4$)$_3$↓、CaSO$_4$↑

注：↑和↓分别表示与前一温度点相比，相对含量增加、减少，—表示物相全部分解或消失。

本实验采用连续加热，在温度逐渐升高的过程中，硫酸铵及酸化剂发生直接分解反应，见式（4-22）～式（4-26）。再结合图 4-13～图 4-17 分析得出，当温度高于 400℃时，萤石的量在一直减少，当温度高于 500℃时，酸化剂完全消失，温度过高不利于稀土硅酸盐与硫酸铵发生反应，并且高温下萤石也被分解。因此，为尽量减少硫酸铵的直接分解和 NH$_3$、SO$_3$ 的排放，使稀土元素充分转变为可溶的稀土硫酸铵盐，同时避免萤石分解生成 HF，应将温度控制在 400℃以下，并尽量缩短焙烧时间。

根据不同温度下焙烧产物的 X 射线衍射分析，以及硫酸铵与富稀土渣质量比为 6∶1 混匀物料的 TG-DSC 分析曲线（图 4-18）可知，随焙烧温度的升高，焙烧产物物相发生明显变化，并且失重现象较为明显，硫酸铵与富稀土渣混合料 TG-DSC 曲线与硫酸铵自身分解 TG-DSC 曲线变化趋势不尽相同。

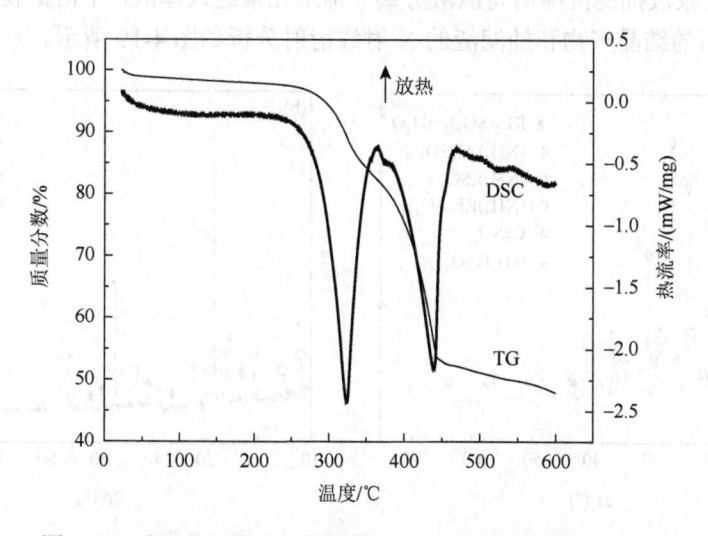

图 4-18 硫酸铵与富稀土渣质量比 6∶1 试样的 TG-DSC 曲线

硫酸铵与富稀土渣的主要反应温度区间及失重情况见表4-5。硫酸铵焙烧富稀土渣过程主要为吸热反应,并且有4个吸热峰,升温至600℃时,失重率为50%,与硫酸铵的自身分解相比吸热现象减弱,部分硫酸铵与稀土矿发生了反应。第1~3阶段主要为$(NH_4)_2SO_4$、$(NH_4)_3H(SO_4)_2$、NH_4HSO_4、NH_2SO_3H 或$(NH_4)_2S_2O_7$的分解反应,第1阶段吸热曲线与硫酸铵自身分解第1阶段极为类似,反应区间有所缩短,吸热量减少,说明第1阶段硫酸铵及硫酸铵分解产物与稀土类矿物并没有发生充分反应;第2~3阶段TG-DSC曲线显示365~460℃区间失重率达37.11%,反应温度区间较长,并且400℃、450℃焙烧产物的XRD图中出现了稀土硫酸铵盐的衍射峰,说明吸热、氨逸出、稀土矿分解反应主要发生在该阶段,并且第2个吸热区间(365~380℃)很有可能就是$(NH_4)_2SO_4$及酸化剂与稀土矿物反应的最佳反应温度区间;第4阶段主要为硫酸铵盐的分解。

表4-5 TG-DSC 实验数据

阶段	反应温度区间/℃	峰值温度/℃	失重率/%
1	270~365	320	15.06
2	365~380	375	2.65
3	380~460	440	34.46
4	460~540	500	4.62

4)浸出过程中稀土物相、渣相的研究

硫酸铵与富稀土渣按质量比8:1混匀的物料经400℃焙烧60min后,热水浴浸出,浸出浆液抽滤洗涤后将渣液分离。稀土元素进入母液,不溶矿物进入渣中。母液烘干后的结晶产物和抽滤渣的X射线衍射分析如图4-19所示。

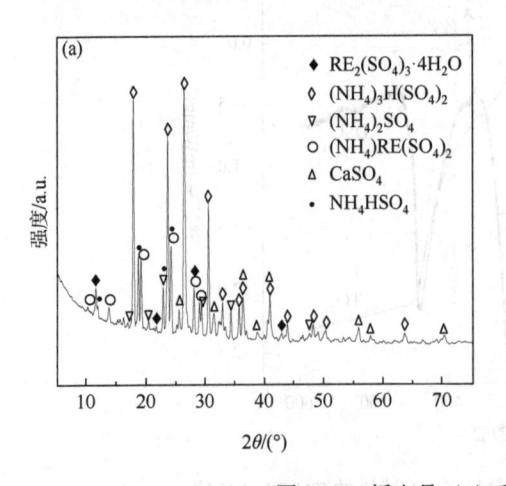

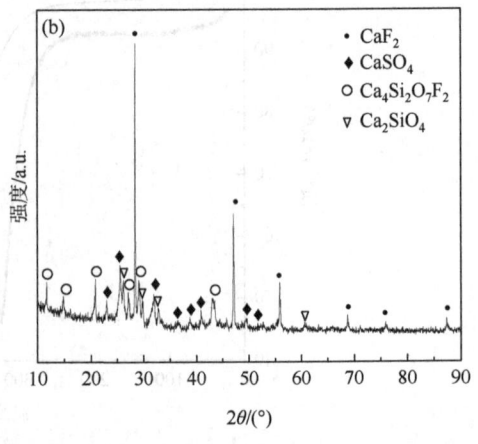

图4-19 析出晶(a)和抽滤渣(b)XRD图

图 4-19（a）中主要为硫酸铵及其分解产物、稀土硫酸铵盐和稀土硫酸盐的衍射峰，可以看出加热条件下硫酸铵发生分解，稀土硅酸盐与硫酸铵或氧化剂发生反应，生成了稀土硫酸铵盐，稀土元素主要以可溶的稀土硫酸铵盐和稀土硫酸盐形式与硫酸铵分解产物共存于母液中。另外，图中显示还有少量的 $CaSO_4$，说明有少量微溶于水的 $CaSO_4$ 也进入了浸出液中。浸出液中有大量的铵盐，提取稀土后含这些分解产物的铵盐母液经烘干析出结晶后可重复利用。水浴浸出渣烘干后 X 射线衍射分析如图 4-19（b）所示，图中主要为 $CaSO_4$、$Ca_4Si_2O_7F_2$ 及 CaF_2 的衍射峰。其中 CaF_2 的衍射峰强度较强，说明在焙烧温度 400℃条件下，萤石与硫酸铵反应不够完全。没有发现 RE^{3+}、NH_4^+，说明硫酸铵焙烧富稀土渣浸出后稀土与脉石分离的效果较好，浸出使得稀土元素完全进入浸出液中。大量的枪晶石（$Ca_4Si_2O_7F_2$）衍射峰的出现，说明枪晶石不参与硫酸铵焙烧反应。另外，渣中含有大量的 $CaSO_4$，可以作为生产高纯石膏的原料。

4.2.3 本节小结

（1）选铁尾矿煤基配钙直接还原过程中，氧化钙将铁橄榄石类矿物中的 FeO 游离置换出来，转变为易被还原的铁酸钙相，铁的金属化率得到显著提高。选铁尾矿添加 10% CaO，1150℃焙烧保温 2h 后，铁金属化率达到 91.43%，磁选后得到铁品位和回收率分别为 87.85%、89.47%的铁精粉。

（2）选铁尾矿直接还原-磁选后，得到的稀土渣相中稀土品位（REO）变为 14.35%，与选铁尾矿相比稀土品位提高了 5.71 个百分点。渣中稀土主要以 $Ca_2RE_8(SiO_4)_6O_2$、$CaRE_2(SiO_4)_2$ 等硅酸盐渣系形式存在，脉石成分主要为 $Ca_4Si_2O_7F_2$（枪晶石）和 CaF_2（萤石），其中铁相、稀土相分别有聚集长大趋势，铁相长大析出，稀土相呈结核状、柱状聚集，最终实现铁和稀土渣的分离。含稀土矿物与脉石矿物相互嵌布包裹，CaF_2、$Ca_4Si_2O_7F_2$ 等充当基体。

（3）经讨论和实验验证，选铁尾矿煤基配钙直接还原-磁选铁-富稀土渣硫酸铵焙烧-水浴浸出稀土实验方法是可行的，尤其是 CaO 的加入不仅促进了含铁矿物的还原，铁磁选出后避免了对后续稀土元素的浸出与分离的影响，而且 CaO 还参与了尾矿中氟碳铈矿和独居石的分解，稀土矿物都得到一定的活化甚至分解，生成的枪晶石具有一定的"固氟"效果。利用硫酸铵焙烧将稀土转变为可溶性的稀土硫酸铵盐或者稀土硫酸盐，通过水浴浸出，实现可溶的稀土与脉石的分离。

（4）以硫酸铵配量、焙烧温度、焙烧时间为主要参数的单因素优化实验，确定了硫酸铵焙烧富稀土渣水浴浸出稀土的最佳实验条件：硫酸铵与富稀土渣质量比 8：1、焙烧温度 400℃、焙烧时间 60min，并在液固比为 10：1，80℃水浴浸出 1h 后得到稀土浸出液。稀土 La、Ce、Nd 最高浸出率分别达 96.13%、98.88%、97.10%。

（5）通过分析稀土浸出液烘干析出晶和浸出渣，进一步确定了稀土元素是以稀土硫酸铵盐或者稀土硫酸盐形式与硫酸铵分解产物共存于浸出液中，不溶物浸出渣的主要成分为 $Ca_4Si_2O_7F_2$、CaF_2、$CaSO_4$ 等，说明在 400℃条件下萤石及枪晶石与硫酸铵不反应，或者有其他物相存在条件下反应不够充分。

4.3 低温处理选铁尾矿硫酸铵焙烧、浸出及物相转变实验研究

对选铁尾矿进行了煤基适度还原焙烧-磁选铁精矿-富稀土渣硫酸铵焙烧-水浴浸出稀土实验研究，主要考察了硫酸铵配量、焙烧温度、焙烧时间对稀土元素浸出的影响，以及硫酸铵焙烧、浸出过程中物相组成与转变。同时研究了选铁尾矿直接与硫酸铵混合焙烧-水浴浸出稀土实验，利用单因素实验考察了硫酸铵配量、焙烧温度、焙烧时间对稀土元素浸出率指标的影响。

4.3.1 选铁尾矿适度还原磁选渣硫酸铵焙烧过程实验研究

选铁尾矿煤基（配钙）直接还原-磁选铁工艺能有效将稀土与铁分离，硫酸铵焙烧富稀土渣-水浴浸出稀土工艺利用焙烧后矿物的水溶性差异将可溶性的稀土硫酸铵盐、稀土硫酸盐与不溶矿物（枪晶石、萤石、石英等）分离，得到了浸出率较高的稀土浸出液。整个工艺从原理上是可行的，并已得到了验证，但是该工艺流程中高温焙烧尤其是碳的直接还原环节需要吸收大量热量[35]，能耗较高。为此，针对白云鄂博含稀土弱磁选铁尾矿，探讨低温条件下将铁与稀土分离，进一步提取稀土的方法。利用煤基适度还原焙烧-磁选法从含铁矿物中分离、提纯铁精矿，这在很多矿物研究中已得到验证。本节针对选铁尾矿利用该方法磁选铁精矿使得铁与脉石矿物分离，同时富集回收稀土矿物（磁选铁后剩余渣），该磁选渣再与硫酸铵混合焙烧、水浴浸出稀土，得到稀土浸出液。

利用化学定量、XRD、SEM-EDS 等分析检测手段，研究低温适度还原焙烧处理后的富稀土渣再经硫酸铵焙烧、水浴浸出过程中稀土的物相变化，以及焙烧工艺条件（硫酸铵配量、焙烧时间、焙烧温度）对焙烧后产物水浸稀土浸出率的影响，并探索研究利用稀土浸出液、焙烧过程废气（NH_3）、CO_2 制取稀土氧化物的方法。

1. 适度还原磁选渣硫酸铵焙烧提取稀土的可行性研究

目前，科研人员利用煤基适度还原焙烧-磁选铁技术处理难选、低品位、复杂的含铁矿物，回收铁兼顾富集其他矿物。煤基适度还原焙烧的主要原理是将含铁矿物还原为磁性铁矿，再利用磁性差异磁选出铁精矿，针对包头白云鄂博铁矿中的主要成分赤铁矿的适度还原焙烧反应主要描述为式（4-6）和式（4-7）。赤铁矿在还原气氛中，400℃时开始还原，570℃时较快变成磁铁矿。磁铁矿在无氧气氛

下快速冷却时，其组成仍是磁铁矿[36]。在低温条件下，铁矿中的硅酸铁矿（钠辉石、钠闪石等）很难被还原[37]，因此铁的回收率与直接还原相比较低。利用适度还原焙烧预实验最佳工艺条件，配煤量为2.2%，适度还原焙烧温度570℃，保温时间60min，焙烧产物水冷、磁选得到铁精矿和富稀土渣，其中铁精矿的铁品位为58.25%，回收率为78.60%，磁选铁后的富稀土渣中稀土（REO）品位为10.07%，其中La为2.4%，Ce为4.73%，Nd为1.47%，稀土（REO）品位提高1.43个百分点。整个工艺过程都是在低温条件下进行，主要为碳的间接还原反应，还原剂煤粉使用量较少，还原温度较低，能耗较低，经济可行性较高。

570℃煤基适度还原焙烧、磁选铁后使渣中的稀土元素得到了富集，焙烧过程中不仅铁矿物发生间接还原反应，将赤铁矿还原为磁铁矿，而且含稀土的氟碳铈矿也发生分解反应：$(La,Ce,Nd)CO_3F \Longrightarrow (La,Ce,Nd)OF + CO_2\uparrow$，焙烧后矿物疏松，出现孔洞，分解生成的$(La,Ce,Nd)OF$提升了矿物与硫酸铵焙烧反应的活性，易于生成可溶性的稀土硫酸铵盐和稀土硫酸盐，进而提高了稀土浸出率。

将硫酸铵与富稀土渣按质量比4:1混匀，不同温度焙烧1h的产物XRD图如图4-20所示。当焙烧温度为300℃时，XRD图中显示的主要为硫酸铵及其分解产物硫酸氢铵[$(NH_4)_3H(SO_4)_2$]的衍射峰，该温度下仅有硫酸铵的分解反应，见

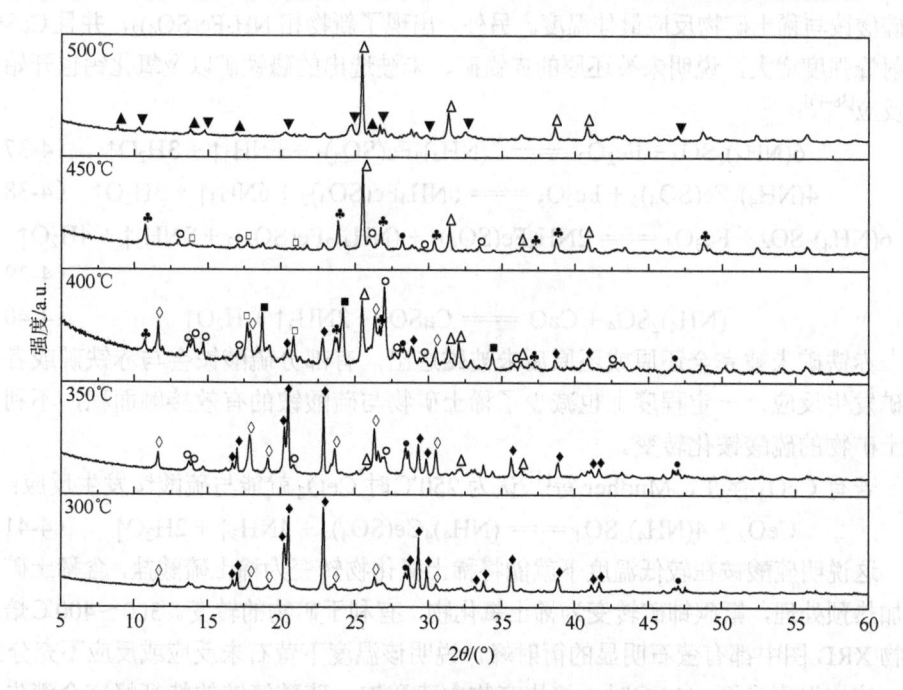

图4-20 不同温度下焙烧产物的XRD图

△$CaSO_4$; □$La_2(SO_4)_3$; ○$NH_4RE(SO_4)_2 \cdot 4H_2O$; ●$CaF_2$; ♦$(NH_4)_2SO_4$; ◊$(NH_4)_3H(SO_4)_2$; ▼$Fe_2(SO_4)_3$; ♣$NH_4Fe(SO_4)_2$; ▲$RE_2(SO_4)_3$; ■$NH_4HSO_4$

式（4-22）和式（4-23）。300℃时还发现了萤石的衍射峰，物料中硫酸铵配比较高，硫酸铵分解或者反应较少，其他物质由于相对含量过低衍射峰并不明显。焙烧温度升高至350℃时，硫酸铵的衍射峰强度减弱，而硫酸氢铵的衍射峰强度有所增强，并出现了衍射强度较弱的 $NH_4RE(SO_4)_2·4H_2O$ 的衍射峰，说明在该温度下富稀土渣中少量的稀土矿物与硫酸铵或者酸化剂发生反应（稀土元素以+3价计）：

$$4(NH_4)_2SO_4 + 2RECO_3F = 2NH_4RE(SO_4)_2 + 2HF\uparrow + 6NH_3\uparrow + 2CO_2\uparrow + 2H_2O\uparrow \quad (4-31)$$

$$(NH_4)_3H(SO_4)_2 + RECO_3F = NH_4RE(SO_4)_2 + HF\uparrow + 2NH_3\uparrow + CO_2\uparrow + H_2O\uparrow \quad (4-32)$$

$$4NH_4HSO_4 + 2RECO_3F = 2NH_4RE(SO_4)_2 + 2HF\uparrow + 2NH_3\uparrow + 2CO_2\uparrow + 2H_2O\uparrow \quad (4-33)$$

$$4(NH_4)_2SO_4 + 2REOF = 2NH_4RE(SO_4)_2 + 2HF\uparrow + 6NH_3\uparrow + 2H_2O\uparrow \quad (4-34)$$

$$(NH_4)_3H(SO_4)_2 + REOF = NH_4RE(SO_4)_2 + HF\uparrow + 2NH_3\uparrow + H_2O\uparrow \quad (4-35)$$

$$4NH_4HSO_4 + 2REOF = 2NH_4RE(SO_4)_2 + 2HF\uparrow + 2NH_3\uparrow + 2H_2O\uparrow \quad (4-36)$$

当温度达到400℃时，焙烧产物中硫酸铵的特征峰强度明显减弱，而 $NH_4RE(SO_4)_2·4H_2O$ 的特征峰强度增强，说明上述反应变得更为剧烈，从而证实400℃是硫酸铵与稀土矿物反应最佳温度。另外，出现了新物相 $NH_4Fe(SO_4)_2$，并且 $CaSO_4$ 衍射峰强度增大，说明未被还原的赤铁矿、未被选出的磁铁矿以及氧化钙也开始参与反应[38-40]：

$$6(NH_4)_2SO_4 + Fe_2O_3 = 2(NH_4)_3Fe(SO_4)_3 + 6NH_3\uparrow + 3H_2O\uparrow \quad (4-37)$$

$$4(NH_4)_3Fe(SO_4)_3 + Fe_2O_3 = 6NH_4Fe(SO_4)_2 + 6NH_3\uparrow + 3H_2O\uparrow \quad (4-38)$$

$$6(NH_4)_2SO_4 + Fe_3O_4 = 2NH_4Fe(SO_4)_2 + (NH_4)_2Fe(SO_4)_2 + 8NH_3\uparrow + 4H_2O\uparrow \quad (4-39)$$

$$(NH_4)_2SO_4 + CaO = CaSO_4 + 2NH_3\uparrow + H_2O\uparrow \quad (4-40)$$

赤铁矿未被完全还原或还原后未被磁选出，有部分硫酸铵会与赤铁矿或者磁铁矿发生反应，一定程度上也减少了稀土矿物与硫酸铵的有效接触面积，不利于稀土矿物的硫酸铵化转变。

若有 CeO_2 存在，Mudher 等[41]认为250℃时 CeO_2 就能与硫酸铵发生反应：

$$CeO_2 + 4(NH_4)_2SO_4 = (NH_4)_4Ce(SO_4)_4 + 4NH_3\uparrow + 2H_2O\uparrow \quad (4-41)$$

这说明硫酸铵在较低温度下就能将稀土氧化物转变为稀土硫酸盐，含稀土矿物经加热预处理，氟碳铈矿转变为稀土氧化物，有利于矿物的转变。300~400℃焙烧产物XRD图中都有萤石明显的衍射峰，说明该温度下萤石未反应或反应不充分。

焙烧温度升至450℃时，焙烧产物中硫酸铵、硫酸氢铵的特征峰完全消失，$NH_4RE(SO_4)_2·4H_2O$、CaF_2 的衍射峰强度降低，并出现 $La_2(SO_4)_3$ 的衍射峰，说明该温度下硫酸铵及酸化剂完全分解或反应，稀土硫酸铵盐开始了分解反应，同时该温度下有部分萤石被分解，见式（4-29）和式（4-30）。

继续升温至 500℃时，焙烧产物中 $NH_4Fe(SO_4)_2$ 的衍射峰消失，出现了 $Fe_2(SO_4)_3$、$RE_2(SO_4)_3$ 等衍射峰，说明 $NH_4Fe(SO_4)_2$ 在该温度下也发生了分解，形成稳定性更高的 $Fe_2(SO_4)_3$：

$$2NH_4Fe(SO_4)_2 =\!=\!= Fe_2(SO_4)_3 + 2NH_3\uparrow + SO_3\uparrow + H_2O\uparrow \qquad (4\text{-}42)$$

500℃时，萤石的衍射峰完全消失，说明已被分解完全。综上，焙烧温度不宜高于 400℃。

选铁尾矿煤基适度还原焙烧、磁选铁后的富稀土渣与硫酸铵按质量比 1∶4 混匀后置于马弗炉中，400℃焙烧 1h，焙烧产物经研磨后进行 SEM-EDS 分析，如图 4-21 所示。发现焙烧后物料中有小晶粒（白色）依附在大颗粒表面，也有部分小晶粒分散在观察微区中，焙烧后产物再结晶现象明显。EDS 能谱分析显示，图中大颗粒上 1 点主要为 S、O、Ca 和少量的稀土元素，分析认为主要成分为硫酸

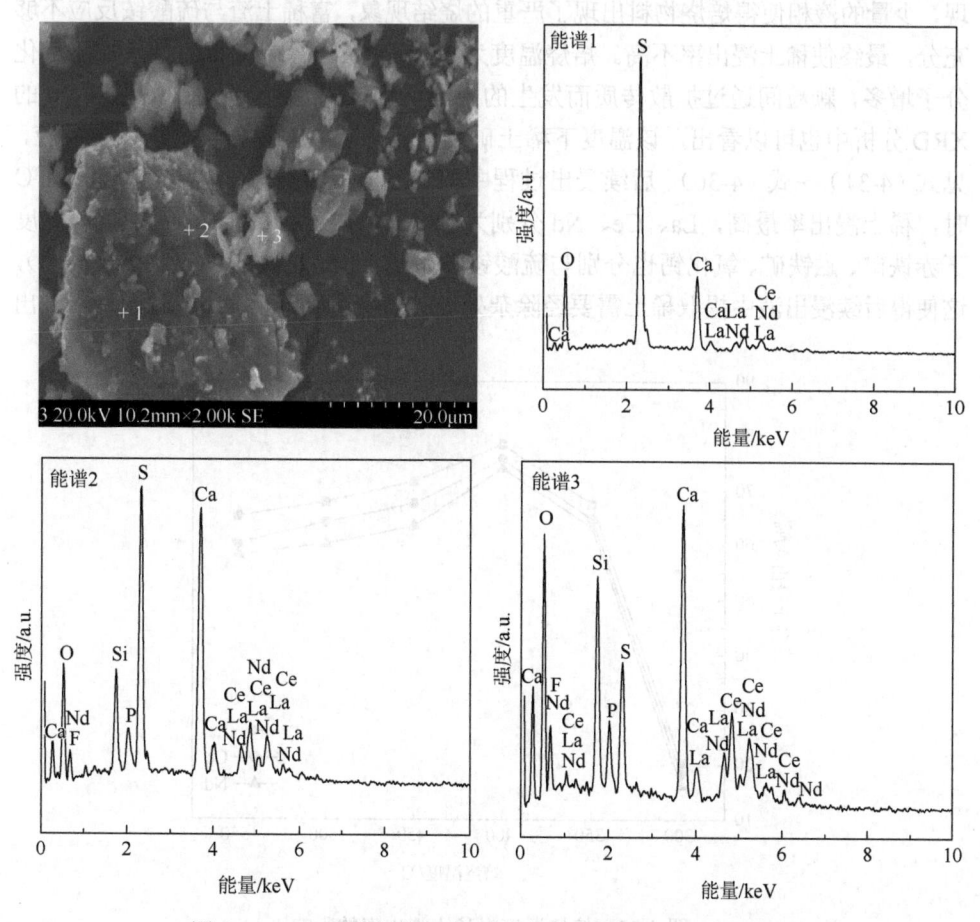

图 4-21　400℃磁选渣硫酸铵焙烧后 SEM 图像和 EDS 能谱

钙和稀土硫酸盐，说明硫酸铵不仅与磁选渣中稀土发生反应生成稀土硫酸铵盐或者稀土硫酸盐，还与 CaO 或 CaF$_2$ 反应生成硫酸钙，并且晶粒聚集，呈大颗粒状。依附在大颗粒上的小晶粒点 2、点 3 能谱分析显示，主要为 S、Ca、O、稀土（La、Ce、Nd）、Si、P、F 等元素。稀土硫酸铵盐与硫酸钙具有相同的硫酸根，使二者性质相似，出现相互依附现象。

2. 适度还原磁选渣硫酸铵焙烧水浸稀土实验研究

1）焙烧温度对稀土元素浸出的影响

将硫酸铵与富稀土渣按质量比 4：1 混匀，在不同温度焙烧 60min，去离子水 80℃热水浴中搅拌浸出 1h，浸出液液固比 10：1 条件下，焙烧温度对焙烧后物料稀土浸出率的影响见图 4-22。300℃时开始出现硫酸铵的分解反应，由于硫酸铵的熔点较低，当混合物料达到最低共熔温度后，在反应体系中开始有少量的液相出现，少量的液相使得焙烧物料出现了严重的烧结现象，富稀土渣与硫酸铵反应不够充分，最终使稀土浸出率不高。焙烧温度为 350℃时，体系中液相的量增加，活化分子增多，颗粒间通过扩散传质而发生的固固反应转变为固液反应，从图 4-20 的 XRD 分析中也可以看出，该温度下稀土矿物已经与硫酸铵及分解产物发生反应，见式（4-31）~式（4-36），后续浸出过程中稀土浸出率明显增大。温度升至 400℃时，稀土浸出率最高，La、Ce、Nd 分别为 78.42%、76.05%、75.69%，但该温度下赤铁矿、磁铁矿、氧化钙也分别与硫酸铵发生了反应，见式（4-37）~式（4-40），这使得后续浸出液中提取稀土需要经除杂处理。焙烧温度升至 450℃时，稀土浸出

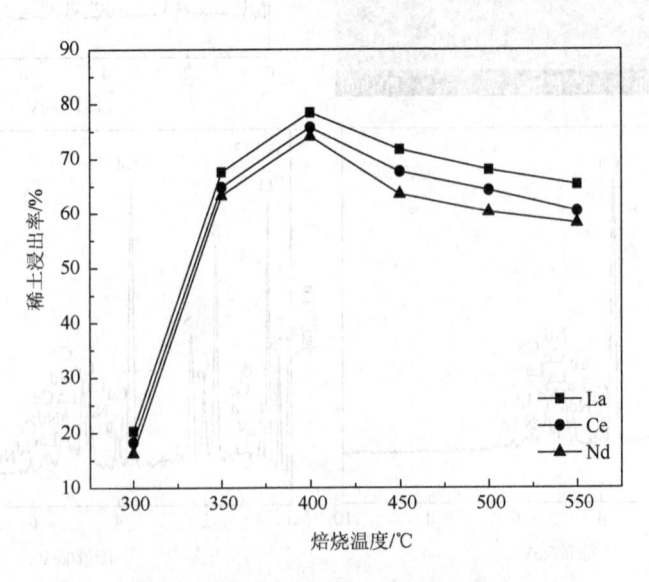

图 4-22 焙烧温度对稀土浸出率的影响

率有降低趋势,分析认为温度过高加快了硫酸铵与硫酸氢铵的分解,挥发速率加快,酸化剂的含量减少使得反应物料还没有完全反应就被析出,温度过高不利于富稀土渣的硫酸铵焙烧,致使稀土浸出率降低。综合考虑,最佳焙烧温度为400℃。

2)焙烧过程中焙烧时间对稀土浸出的影响

将硫酸铵与富稀土渣按质量比4:1混匀,在400℃焙烧保温不同时间,去离子水80℃热水浴中搅拌浸出1h,浸出液液固比10:1条件下,焙烧时间对焙烧后物料稀土浸出率的影响见图4-23。

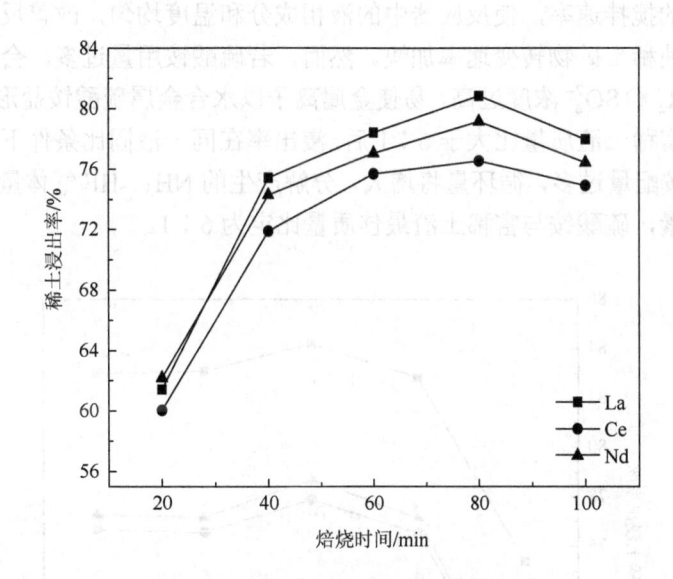

图 4-23 焙烧时间对稀土浸出率的影响

从图4-23中可以看出,随着焙烧时间的延长,稀土(La、Ce、Nd)浸出率呈先增大后略有降低的趋势,并在80min时浸出率分别达到最大值80.83%、76.53%、79.14%。反应时间过短,发现焙烧产物中心部位未全部转变为液相,出现烧结现象,体系中活性酸化剂的量较少,使得反应不够充分。随着反应时间的延长,温度逐渐升高,物料全部转变为液相,稀土矿物转变为可溶性的硫酸盐。焙烧时间继续延长,硫酸铵分解所得氨气量逐渐增多,熔盐液相减少,生成的稀土硫酸盐类减少,进而导致浸出率降低。随着焙烧时间的延长,硫酸铵及酸化剂分解过多,不利于铵盐的循环利用,焙烧时间80min为宜。

3)硫酸铵配量对稀土元素浸出的影响

将硫酸铵与富稀土渣按不同质量比混匀,在400℃焙烧80min,去离子水80℃热水浴中搅拌浸出1h,浸出液液固比10:1条件下,硫酸铵配量对焙烧后物料稀土浸出率的影响见图4-24。随着硫酸铵配量的增加,稀土(La、Ce、Nd)的浸出率维持在68%~84%范围内，在质量比为6:1条件下出现峰值，La、Ce、Nd的浸出率分别为84.08%、77.16%、78.55%，之后浸出率略有降低，但变化趋势不大。

在400℃时，增大硫酸铵用量，液相酸化剂$(NH_4)_3H(SO_4)_2$、NH_4HSO_4等量增加，可强化与富稀土渣之间的传质过程，促进反应式（4-31）~式（4-36）正向进行。从反应式可以看出，硫酸铵配量越多，反应越易正向进行，有利于破坏氟碳铈矿及其分解产物结构，从而促进可溶性稀土硫酸铵盐的生成，最终稀土元素的浸出率升高。另外，硫酸铵用量增大，焙烧过程中分解释放的NH_3增多，有利于加快熔池的搅拌速率，使反应器中的液相成分和温度均匀，改善反应的动力学性能，从而使稀土矿物转变速率加快。然而，若硫酸铵用量过多，会导致后续浸出液相中NH_4^+和SO_4^{2-}浓度过高，易使金属离子以水合金属硫酸铵盐形式析出，因此硫酸铵与富稀土渣质量比大于6:1后，浸出率在同一液固比条件下并没有显著提高。硫酸铵配量过多，循环量将增大，分解产生的NH_3、HF气体量增多。综合考虑以上因素，硫酸铵与富稀土渣最佳质量比定为6:1。

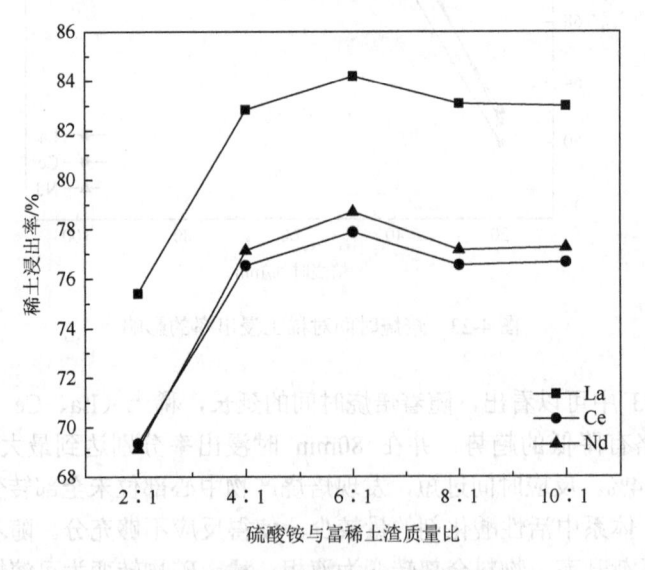

图4-24 硫酸铵配量对稀土浸出率的影响

4）浸出过程中稀土物相、渣相的研究

在稀土浸出率最高的工艺条件下，即硫酸铵与富稀土渣质量比6:1，焙烧温度400℃，焙烧时间80min，焙烧后产物在80℃热水浴搅拌浸出1h，用孔径为0.45mm混合滤膜抽滤将渣液分离。在适度还原焙烧-磁选渣硫酸铵焙烧最佳工艺条件下，焙烧产物水浴浸出得到稀土浸出液，烘干结晶进行X射线衍射分析，如图4-25所示。从图中可以看出主要为硫酸铵和硫酸氢铵的衍射峰，说明在400℃

第 4 章　白云鄂博矿含稀土选铁尾矿硫酸铵焙烧、浸出及矿相重构　　·157·

硫酸铵并未完全分解，足够的液相能够满足含稀土矿物的转变。另外，$NH_4Nd(SO_4)_2 \cdot 4H_2O$ 衍射峰也较为明显，又一次证明了氟碳铈矿及其分解产物与硫酸铵发生了反应，变成了可溶性的稀土硫酸铵盐，可利用溶解度的差异将其与不溶矿物分离。值得注意的是有少量可溶性的硫酸铁铵及微溶的 $CaSO_4$ 进入浸出液中，这可能会影响稀土的进一步提取与分离，因此，从稀土浸出液中提取稀土过程需要经过除杂处理。

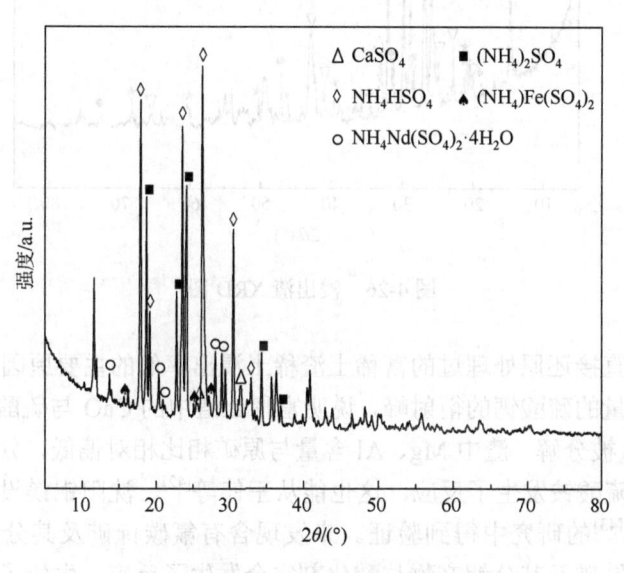

图 4-25　析出晶 XRD 图

过滤后不溶脉石矿物进入渣中，过滤渣的化学元素定量分析如表 4-6 所示，X 射线衍射分析如图 4-26 所示。

表 4-6　浸出渣的化学成分　　（单位：%）

组成	TFe	REO	CaO	SO_4^{2-}	CaF_2	SiO_2	BaO	P	MgO	Al_2O_3
含量（质量分数）	1.10	3.74	4.60	13.86	29.09	15.62	6.27	1.03	0.68	0.57

从表 4-6 中可以看出，浸出渣中的 Ca、F、Si、Ba 含量较高。XRD 图显示有明显的 $BaSO_4$、$CaSO_4$、SiO_2 的衍射峰，其中重晶石与石英衍射峰较强，说明矿物中的重晶石、石英不与硫酸铵反应，最后以不溶物的形式被过滤分离，而萤石反应得不够充分。另外，稀土含量相对偏高，结合 XRD 图发现有独居石（$CePO_4$）进入渣中，说明独居石未参与硫酸铵焙烧反应，这也是低温适度还原焙烧处理过

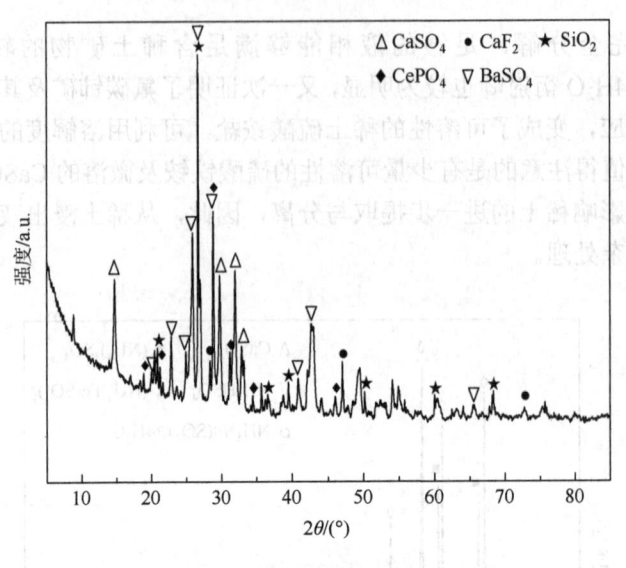

图 4-26 浸出渣 XRD 图

的富稀土渣比直接还原处理过的富稀土渣稀土浸出率低的主要原因。在 XRD 图中还发现了大量的硫酸钙的衍射峰，说明富稀土渣中的 CaO 与硫酸铵反应，也有可能部分 CaF$_2$ 被分解。渣中 Mg、Al 含量与原矿相比相对偏低，分析认为有部分 Mg、Al 也与硫酸铵发生了反应，这也能从王伟等[42]、沈阳铝镁设计研究院有限公司李来时等[43]的研究中得到验证。未发现含有氟碳铈矿及其分解产物的衍射峰，说明氟碳铈矿及其分解产物与酸化剂完全发生了反应，生成了可溶性的稀土矿物。铁与氟的出现说明 400℃时，赤铁矿与硫酸铵反应[式（4-37）、式（4-38）]并不完全，或者说与氟碳铈矿相比，赤铁矿和硫酸铵的反应活性相对较弱，该温度下偏向于稀土矿物向稀土硫酸盐的转变。因此，提高适度还原焙烧-磁选铁过程中含铁矿物的磁性率和回收率，减少含铁矿物与硫酸铵的反应，是提高富稀土渣硫酸铵焙烧-水浸稀土浸出率的重要保证。

4.3.2 选铁尾矿硫酸铵焙烧实验研究

含稀土弱磁选铁尾矿经不同温度处理后，利用硫酸铵焙烧-水浴浸出方法，都能有效将尾矿中的稀土元素转变为可溶性的盐类，进而实现稀土的分离。因此，本节探究了原矿（选铁尾矿）直接与硫酸铵混合后低温焙烧，水浴浸出稀土。利用单因素实验，考察了焙烧温度、硫酸铵配量、焙烧时间对稀土浸出率的影响，并通过化学定量分析、SEM-EDS、TG-DSC 等手段表征了这些反应过程中物相的转变。

1. 硫酸铵配量对稀土元素浸出的影响

将硫酸铵与选铁尾矿按不同质量比混匀，在400℃焙烧60min，去离子水80℃热水浴中搅拌浸出1h，浸出液液固比10∶1条件下，硫酸铵配量对焙烧后物料中稀土浸出率的影响见图4-27。

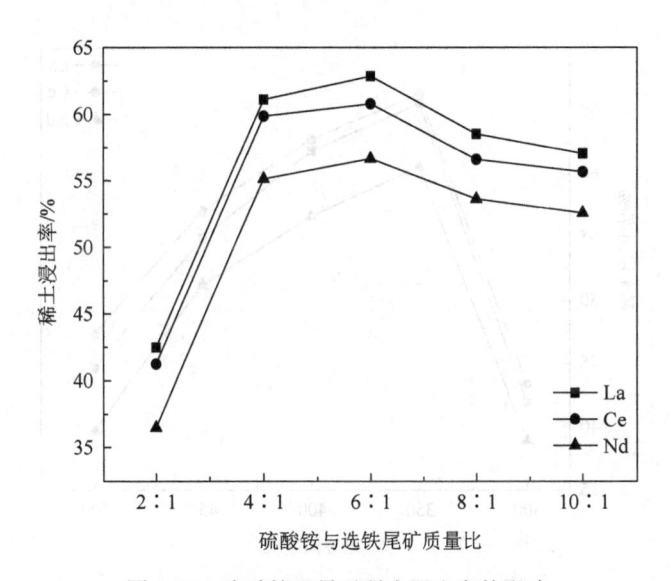

图4-27 硫酸铵配量对稀土浸出率的影响

从图中可以看出，选铁尾矿与硫酸铵直接混合焙烧，稀土浸出率普遍不高，稀土（La、Ce、Nd）的浸出率主要维持在50%~65%范围内。随着硫酸铵配量的增加，浸出率呈先升高后降低的趋势，在硫酸铵与选铁尾矿质量比为6∶1条件下出现峰值，此时La、Ce、Nd的浸出率分别为62.86%、60.79%、56.67%。

将选铁尾矿与硫酸铵直接混匀后于400℃焙烧，此过程中含稀土的氟碳铈矿、独居石类矿物并没有得到完全分解，也没有完全参与硫酸铵的分解反应，仅可能会发生如式（4-31）~式（4-33）的反应，这从图4-20和图4-25中也能推断出来。经直接还原或适度还原焙烧预处理的稀土矿硫酸铵焙烧后水浸稀土与稀土矿直接硫酸铵焙烧相比浸出率较高，说明选铁尾矿经预加热处理（直接还原或适度还原）能够提升稀土矿物的活性，在与硫酸铵焙烧反应过程中更充分地转变为可溶性的稀土硫酸盐，进而提高焙烧产物稀土浸出率。硫酸铵与选铁尾矿质量比对稀土浸出率的影响与适度还原焙烧磁选渣硫酸铵焙烧后稀土浸出趋势相似，因此可以用4.3.1节的分析理论来说明硫酸铵用量对硫酸铵焙烧选铁尾矿稀土浸出率的影响。

2. 焙烧温度对稀土元素浸出的影响

将硫酸铵与选铁尾矿以质量比 6∶1 混匀，在不同温度焙烧 60min，去离子水 80℃热水浴中搅拌浸出 1h，浸出液液固比 10∶1 条件下，焙烧温度对焙烧后物料稀土浸出率的影响如图 4-28 所示。

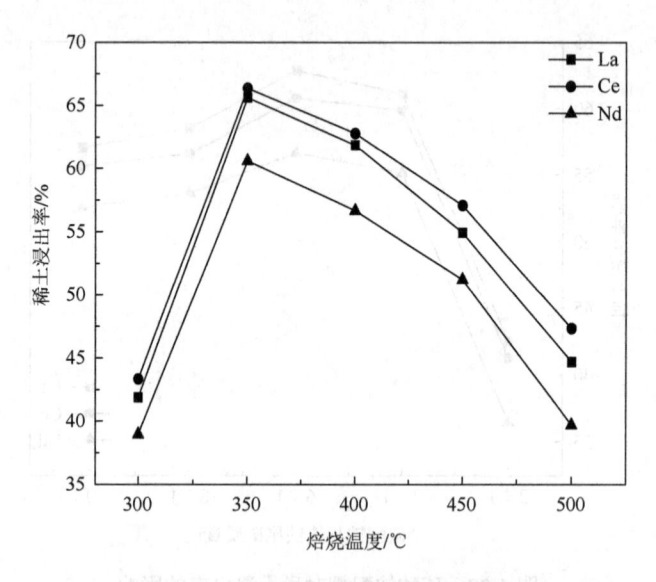

图 4-28 焙烧温度对稀土浸出率的影响

固体在熔体中的溶解与熔体的温度及溶解过程的热效应有关[25]，硫酸铵作为低熔点的物质经熔融变为液相，然后经扩散或对流传质分散在选铁尾矿中。选铁尾矿的熔点高于硫酸铵及其分解产物熔体温度，因此在其溶解过程中可出现化学作用、组织扩散、酸化剂向氟碳铈矿等稀土矿物的孔隙中渗透，在毛细力的作用下，酸化剂沿稀土矿内晶间或疏松的孔隙分布，从而使稀土矿成为更小块。硫酸铵液相中选铁尾矿的溶解是按照扩散机理进行的，NH_3 的逸出正好加快了熔池的搅拌速率，使选铁尾矿中有用矿物的溶解加速。

300℃时，因硫酸铵的熔点较低，开始出现液相，但富稀土渣与硫酸铵反应并不充分，所以稀土浸出率不高。焙烧温度升至 350℃时，体系中液相含量增加，活化分子增多，见式（4-22）～式（4-26），颗粒间的扩散传质由固固反应转变为固液反应，促进稀土矿物与酸化剂发生反应，见式（4-31）～式（4-36），后续浸出过程中稀土浸出率明显增大。升温至 350℃时稀土浸出率最大，La、Ce、Nd 分别为 65.62%、66.36%、60.6%，然而与预处理过的选铁尾矿相比稀土浸出率明显偏低。未经处理的选铁尾矿中全铁含量为 13.06%，焙烧时与硫酸铵发生了反应，降低了稀土矿物与硫酸铵的接触面积。另外，焙烧温度升至350℃以后，稀土浸出率显著降低，这与适度还原焙烧-磁选渣硫酸铵焙烧过程中温度对稀土浸出率的影响趋势并不相同，分析认为未经加热处理的选铁尾矿中的稀土矿物活化程度不高，硫酸铵焙烧过程中硫酸铵分解速率远大于硫酸铵或其分解产物与选铁尾矿的反应速率，也就是说低温条件下（400~500℃）氟碳铈矿的分解时间较长，而硫酸铵分解速率相对较快，升高温度加快了硫酸铵及酸化剂的分解，液相的量减少使得氟碳铈矿并没有完全反应，温度过高不利于选铁尾矿与硫酸铵反应，使稀土浸出率明显降低。

将硫酸铵与选铁尾矿按质量比4：1混匀后，试样的TG-DSC分析曲线如图4-29所示。从图中可以看出，反应主要为吸热反应，有4个明显的吸热峰。该曲线与硫酸铵分解TG-DSC曲线相比，第一个吸热反应温度区间明显变长，吸热量增多，说明氟碳铈矿分解吸收了大量的热量，第一个吸热反应主要为硫酸铵自身分解以及氟碳铈矿的分解，第二个吸热温度区间与硫酸铵分解TG-DSC曲线相比出现明显的滞后现象，硫酸铵及酸化剂与氟碳铈矿发生反应，生成稀土硫酸盐，第三个吸热峰为酸化剂及稀土硫酸铵盐发生分解，最后一个吸热峰可能为生成的硫酸盐进一步分解，生成 SO_3 逸出。当温度升至400℃时，失重仅为16%，说明该温度下硫酸铵并未分解完全，足够的液相有利于增大反应接触面积，加快反应正向进行，促进组织之间扩散与酸化剂向氟碳铈矿中的渗透，并且此时氟碳铈矿也能发生分解反应，但氟碳铈矿分解时间相对较长。当温度升至500℃时，失重率达到65%，硫酸铵完全分解，不利于稀土矿物的硫酸铵化转变。

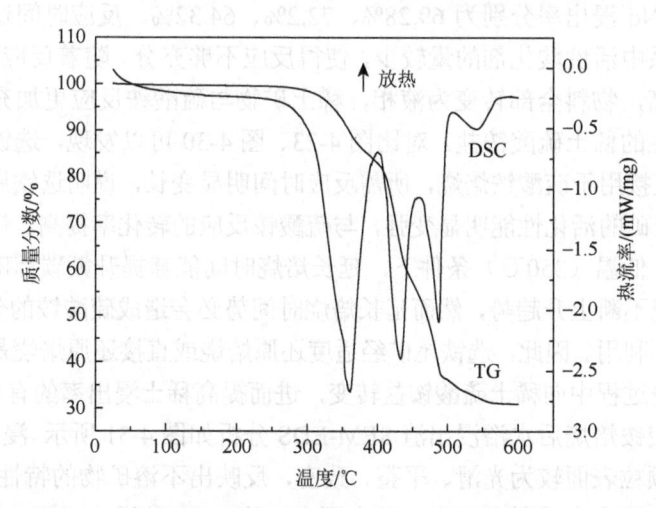

图4-29　硫酸铵与选铁尾矿质量比4：1试样的TG-DSC曲线

3. 焙烧过程中保温时间对稀土浸出的影响

将硫酸铵与选铁尾矿按质量比6：1混匀，在350℃焙烧不同时间，去离子水

80℃热水浴中搅拌浸出 1h，浸出液液固比 10∶1 条件下，焙烧时间对焙烧后物料中稀土浸出率的影响见图 4-30。

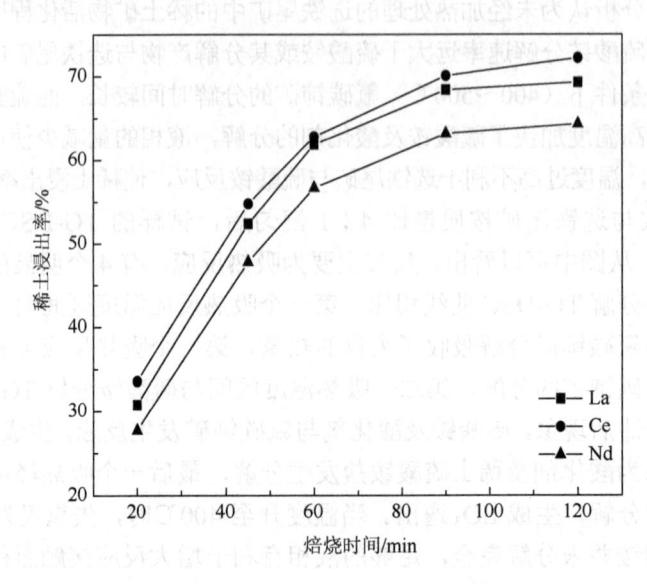

图 4-30　焙烧时间对稀土浸出率的影响

从图中可以看到，随着焙烧时间的延长，稀土浸出率逐渐增大，在 120min 时 La、Ce、Nd 浸出率分别为 69.28%、72.2%、64.32%。反应时间过短，发现焙烧后产物体系中活性酸化剂的量较少，使得反应不够充分。随着反应时间的延长，温度逐渐升高，物料全部转变为液相，稀土矿物与硫酸铵反应更加充分，更多地转变为可溶性的稀土硫酸铵盐。对比图 4-23、图 4-30 可以发现，选铁尾矿未经预焙烧处理，直接用于硫酸铵焙烧，所需反应时间明显变长，说明选铁尾矿经预焙烧处理后，稀土矿的活化性能明显变强，与硫酸铵反应的转化率提高。针对未经处理的选铁尾矿，低温（350℃）条件下，延长焙烧时间能够提升氟碳铈矿的活性，稀土浸出率呈现不断上升趋势，然而延长焙烧时间势必会造成硫酸铵的分解，不利于硫酸铵的循环利用。因此，选铁尾矿经适度还原焙烧或直接还原焙烧是提高稀土矿物硫酸铵焙烧过程中向稀土硫酸铵盐转变，进而提高稀土浸出率的有效方法。

原矿硫酸铵焙烧后水浴浸出渣 SEM-EDS 分析如图 4-31 所示。浸出渣 SEM 图像显示浸出颗粒表面较为光滑、平整、致密，反映出不溶矿物的特性。由 EDS 能谱分析，浸出渣中未见稀土元素，其中图中 1 点 EDS 能谱中元素主要为 O、F、Mg、Al、Si、K、Fe，与云母的化学组成十分类似，主要为铝铁硅酸盐，2 点 EDS 能谱中元素主要为 Ca、F，主要成分为萤石相。Mg、Al、Fe、K 元素的出现说明这些铝铁硅酸盐与硫酸铵不反应或者反应不够充分，最终随不溶矿物进入渣相中，而矿物中绝大多数稀土元素与硫酸铵转变为可溶性的硫酸铵盐或者硫酸盐，进入浸出液中，稀土和脉石得到分离。

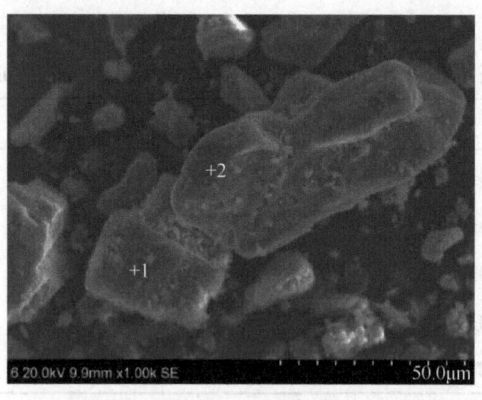

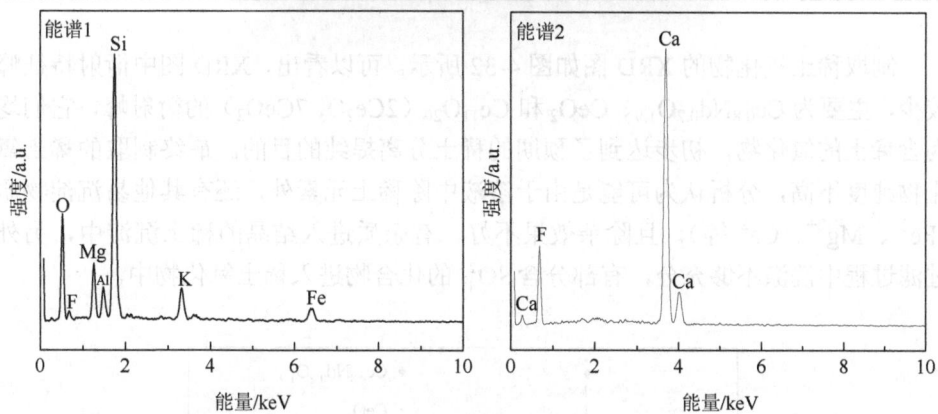

图 4-31　原矿硫酸铵焙烧后水浴浸出渣 SEM 图像和 EDS 能谱

4.3.3　稀土浸出液制取稀土氧化物探索性实验研究

稀土矿硫酸铵焙烧过程中产生了大量含 NH_3 废气，若未能有效地加以回收利用，将会污染环境。因此，本节探索性地利用 NH_3 和 CO_2 将浸出液中的稀土元素转变为稀土沉淀，再经除杂、结晶、陈化、过滤、焙烧处理后制取稀土氧化物。

通过模拟通 NH_3 工艺，直接向经磁选渣硫酸铵焙烧水浴浸出稀土的浸出溶液中滴加 $NH_3·H_2O$，调节 pH，使 Fe^{3+}、Al^{3+} 等选择性水解沉淀，氢氧化物沉淀 pH 见表 4-7[44]。除杂后继续调节 pH（pH＝4～5[9]），以 100mL/min 速率通入 CO_2 气体，当出现絮状物后，停止通入 CO_2，结晶陈化 1h 后，生成稀土沉淀，见式（4-13）。

将得到的稀土沉淀用 0.45mm 孔径的混合膜过滤后烘干，焙烧至 950℃，制取稀土氧化物，见式（4-14）。制取的稀土氧化物中稀土（REO）总量占 58.56%，稀土回收率约为 48.32%。

表 4-7 25℃及 $a_{Me^{z+}}=1$ 时某些氢氧化物沉淀的 pH

氢氧化物生成反应	溶度积 K_{sp}	溶解度/(mol/L)	生成 Me(OH)$_z$ 的 pH
$Fe^{3+} + 3OH^- \rightleftharpoons Fe(OH)_3$	4.0×10^{-38}	2.0×10^{-10}	1.6
$Al^{3+} + 3OH^- \rightleftharpoons Al(OH)_3$	1.9×10^{-33}	2.9×10^{-9}	3.1
$Cr^{3+} + 3OH^- \rightleftharpoons Cr(OH)_3$	5.4×10^{-31}	1.6×10^{-8}	4.6
$Fe^{2+} + 2OH^- \rightleftharpoons Fe(OH)_2$	1.6×10^{-15}	0.7×10^{-5}	6.7
$Mg^{2+} + 2OH^- \rightleftharpoons Mg(OH)_2$	5.5×10^{-12}	1.1×10^{-4}	8.4

制取稀土氧化物的 XRD 图如图 4-32 所示。可以看出，XRD 图中衍射特征峰较少，主要为 $Ce_{0.8}Nd_{0.2}O_{1.9}$、CeO_2 和 $Ce_{11}O_{20}$（$2Ce_2O_3 \cdot 7CeO_2$）的衍射峰，它们均为含稀土的氧化物，初步达到了预期的稀土分离提纯的目的。最终制取的稀土氧化物纯度不高，分析认为可能是由于溶液中除稀土元素外，还有其他易沉淀物质（Fe^{2+}、Mg^{2+}、Ca^{2+}等），且除杂效果不好，有杂质进入结晶的稀土沉淀中，另外过滤过程中洗涤不够充分，有部分含 SO_4^{2-} 的化合物进入稀土氧化物中。

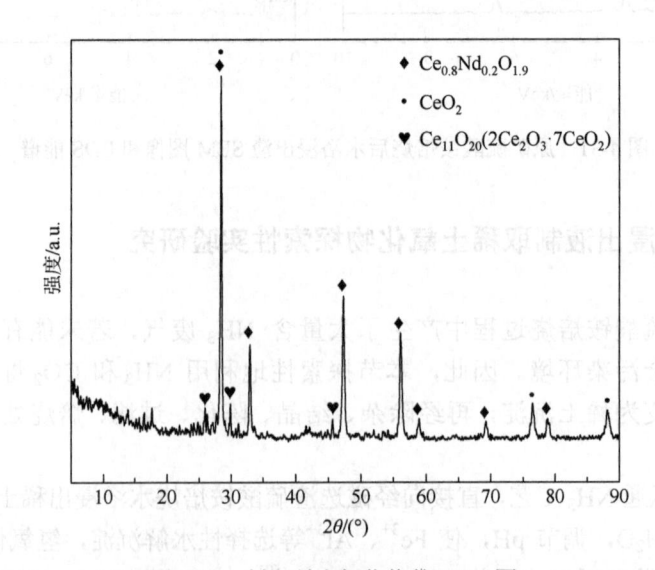

图 4-32 制取稀土氧化物的 XRD 图

稀土回收率较低的主要原因是稀土纯度不高，硫酸铵焙烧阶段并不是全部稀土矿物都转化为可溶性的稀土硫酸铵盐，有一部分进入浸出渣中，有少量稀土在除杂过程中随杂质分离，过滤分离稀土沉淀时进入稀土分离液中，这都有可能降低稀土的回收率。

进一步优化稀土氧化物制取工艺的研究方向如下。

（1）进一步提高选铁尾矿还原焙烧环节中赤铁矿向磁铁矿或金属铁的转化率，选铁尾矿还原焙烧后，焙烧产物可进行多步磁选，进而提高稀土回收率。

（2）继续优化硫酸铵焙烧环节的控制条件，添加外加剂类物质促进稀土矿物转变为可溶性的稀土硫酸铵盐，尤其是独居石类矿物的转变。

（3）稀土矿硫酸铵焙烧后水浴浸出、洗涤工艺可变为多次水浴浸出、多次洗涤，稀土沉淀过滤时用的滤膜孔径需进一步优化；进一步优化浸出实验条件（浸出液液固比、浸出时间、浸出液温度、是否用酸碱浸出）。

（4）稀土矿物制取工艺中的除杂应综合考察稀土回收、杂质元素去除等因素，进一步确定最佳除杂时溶液 pH、液固比、酸碱度等参考因素。

（5）$NH_3 \cdot H_2O\text{-}CO_2\text{-}RE_2(SO_4)_3$ 系统中有待进一步确定稀土元素沉淀的最佳条件（溶液 pH、氨气和 CO_2 通入流量、反应容器是否加压、是否加入沉淀晶种及加入比例、陈化时间等）。

4.3.4 本节小结

本节主要介绍了选铁尾矿煤基适度还原焙烧，焙烧产物经磁选后的富稀土渣硫酸铵焙烧水浸稀土工艺，以及硫酸铵直接与选铁尾矿混合焙烧水浸稀土工艺，并探索性研究了利用浸出液制取稀土氧化物的实验方法。通过化学分析、XRD、SEM-EDS 等分析检测手段，分析了该工艺过程中的物相变化及整个工艺的可行性。

（1）选铁尾矿经煤基适度还原焙烧-磁选处理，分别得到了铁品位为 58.25%、回收率为 78.60%的铁精矿和稀土品位为 10.07%的稀土富集渣，磁选铁后的稀土富集渣中仍含有少量赤铁矿，铁的回收率与高温处理的选铁尾矿相比较低。但由于焙烧温度较低，能耗较低，经济可行性较高。

（2）经过低温（570℃）还原焙烧后，选铁尾矿中的稀土矿物变得疏松、多孔，氟碳铈矿部分分解，独居石类矿物没有发生转变，稀土元素主要以$(La,Ce,Nd)CO_3F$、$(La,Ce,Nd)OF$、$(La,Ce,Nd)PO_4$ 的形式存在。硫酸铵焙烧能有效分解$(La,Ce,Nd)CO_3F$、$(La,Ce,Nd)OF$，将其转变为可溶性的稀土硫酸铵盐或稀土硫酸盐。但是独居石并未与硫酸铵反应，因此稀土浸出率与高温处理稀土矿相比较低。当温度高于 400℃时，与硫酸铵发生反应的除稀土相之外，还有赤铁矿、氧化钙、氟化钙，赤铁矿最终变为硫酸铁铵进入溶液中,对接下来浸出液中稀土元素的提取造成不利影响,而氧化钙、氟化钙转变为硫酸钙。因此,焙烧前应尽量将含铁矿物、萤石和石灰石选出,并且焙烧温度不宜高于400℃。

(3) 在稀土浸出率最高实验条件下,即硫酸铵与适度还原焙烧磁选渣质量比为6:1,焙烧温度400℃,焙烧时间80min,采用去离子水80℃热水浴搅拌浸出1h,浸出液液固比10:1,稀土元素La、Ce、Nd浸出率分别达84.08%、77.16%、78.55%。

(4) 适度还原磁选渣硫酸铵焙烧后的物料水浴浸出,渣液分离,稀土元素主要以稀土硫酸铵盐和稀土硫酸盐形式进入母液,$BaSO_4$、$CaSO_4$、CaF_2、$(La, Ce, Nd)PO_4$ 等不溶矿物进入渣中,进而实现了稀土与不溶脉石相的分离。

(5) 与经过预处理(直接还原、适度还原)的选铁尾矿相比,选铁尾矿直接与硫酸铵混合焙烧,水浴浸出稀土的浸出率较低,主要是因为稀土矿物中的氟碳铈矿并没有得到活化分解,与硫酸铵反应的转化率较低。延长焙烧时间是提高稀土浸出率的有效手段,但势必会增加硫酸铵的分解。

(6) 向稀土浸出液中加入 $NH_3·H_2O$ 调节 pH,除杂,通入 CO_2 经结晶沉淀、陈化、过滤、烘干、焙烧等处理后制取了稀土氧化物,稀土(REO)总量占58.56%,稀土回收率约为48.32%,实现了稀土元素的初步分离提纯。

4.4 单一矿物硫酸铵焙烧实验研究

白云鄂博稀土矿是共伴生矿,其中矿物种类较多,除了前文研究的赤铁矿、氟碳铈矿以外,还有含稀土的独居石和大量的脉石矿物,并且绝大多数的脉石矿物含量较少,有的附着在主矿体表面,有的镶嵌在其他矿物中,对进行原矿整体研究产生较大阻碍。为此,有必要对白云鄂博稀土矿中的单一矿物,开展其在硫酸铵焙烧过程中的物相变化及焙烧后产物的赋存状态的研究,这对白云鄂博稀土矿硫酸铵焙烧工艺的整体研究具有指导意义。

4.4.1 氟碳铈矿精矿硫酸铵焙烧实验与焙烧过程中的物相转变

氟碳铈矿是白云鄂博稀土矿中最典型的稀土矿物,氟碳铈矿不仅是轻稀土镧、铈、钕的提取原料,而且也是生产抛光粉和稀土催化剂的重要原料[45]。目前,针对白云鄂博稀土矿,已可以通过多种选矿手段选出高品位氟碳铈矿精矿[46],经预氧化焙烧处理后,酸碱分解,从浸出的稀土溶液中提取稀土。该过程产生大量含氟、硫废气,酸碱废水以及含氟废渣。本节使用的单矿物氟碳铈矿为四川产氟碳铈矿精矿，稀土（REO）品位为 71.30%，氟碳铈矿成分接近 100%。氟碳铈矿精矿的主要化学成分见表 4-8。

表 4-8 氟碳铈矿精矿的化学成分 （单位：%）

组成	REO	La	Ce	Nd	TFe	Ca	Si	F
含量（质量分数）	71.30	20.10	27.90	5.11	1.20	8.33	0.91	8.33

将硫酸铵与氟碳铈矿精矿按质量比 6∶1 混匀，400℃焙烧 1h，焙烧后产物 XRD 分析如图 4-33 所示。从图中可以看出，焙烧产物中除了硫酸氢铵及分解产物的衍射峰以外，还出现了稀土硫酸铵盐$(NH_4)_2Ce(SO_4)_3$ 的衍射峰，说明焙烧过程中有部分稀土矿物转变成可溶性的硫酸盐，并且稀土元素 Ce 由三价被氧化为四价，见式（4-9）和式（4-10）。氟碳铈矿衍射峰的出现说明焙烧过程中氟碳铈矿并未被硫酸铵完全分解，可能是由于未经焙烧处理的氟碳铈矿表面致密，活性较低。因此，氟碳铈矿与硫酸铵直接混合焙烧，不利于完全转变为可溶性的稀土硫酸盐，这也验证了不经处理的选铁尾矿硫酸铵焙烧水浴浸出率要比经预处理（直接还原焙烧、适度还原焙烧）过的尾矿低。

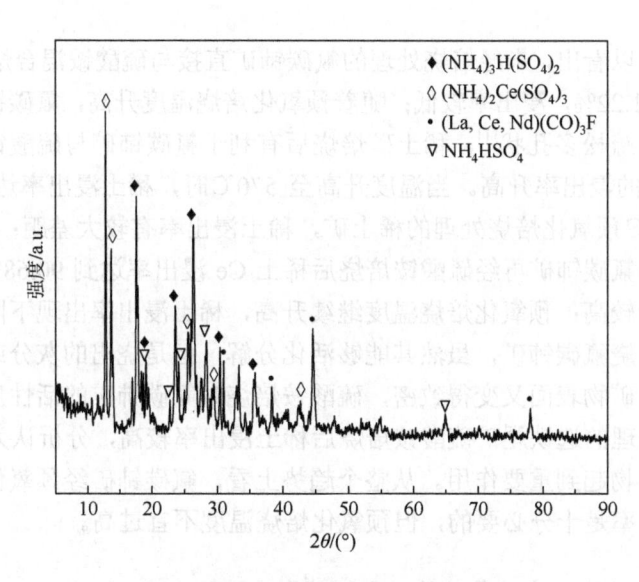

图 4-33 氟碳铈矿硫酸铵焙烧产物 XRD 图

1. 预焙烧处理对氟碳铈矿硫酸铵焙烧水浴浸出稀土 Ce 的影响

将氟碳铈矿原矿、氟碳铈矿不同温度（400℃、570℃、700℃、850℃、1000℃、

1150℃）预氧化焙烧 1h 的产物分别与硫酸铵以质量比 1∶6 混匀，400℃焙烧 1h，冷却后再经 80℃水浴搅拌浸出 2h，浸出液液固比为 20∶1，得到稀土浸出液。氟碳铈矿预氧化焙烧温度对稀土元素 Ce 浸出率的影响如图 4-34 所示。

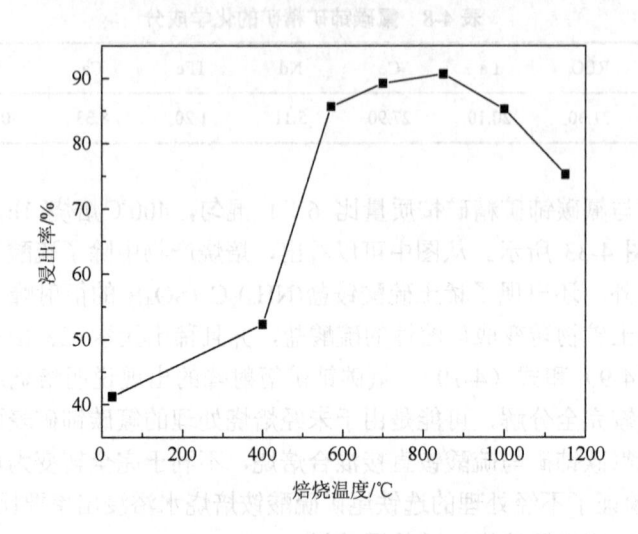

图 4-34　焙烧温度对 Ce 浸出率的影响

从图中可以看出，未经焙烧处理的氟碳铈矿直接与硫酸铵混合焙烧，稀土 Ce 浸出率仅为 41.22%，浸出率较低；随着预氧化焙烧温度升高，氟碳铈矿表面出现许多裂纹，呈疏松多孔状[1]，稀土矿焙烧后有利于氟碳铈矿与硫酸铵的反应，进而使稀土 Ce 的浸出率升高。当温度升高至 570℃时，稀土浸出率达到 85.66%，400℃与 570℃预氧化焙烧处理的稀土矿，稀土浸出率有较大差距；850℃预氧化焙烧处理后的氟碳铈矿再经硫酸铵焙烧后稀土 Ce 浸出率达到 90.68%，此时稀土矿物活化性能较高；预氧化焙烧温度继续升高，稀土浸出率出现下降趋势，分析认为过高温焙烧氟碳铈矿，虽然其能够活化分解，但是烧出的灰分或熔融物将活化气孔堵塞，矿物表面又变得致密，硫酸铵焙烧时氟碳铈矿的活性反而降低。针对直接还原处理的选铁尾矿硫酸铵焙烧后稀土浸出率较高，分析认为添加的 CaO 对分解稀土矿物起到重要作用。从整个趋势上看，氟碳铈矿经预氧化焙烧处理对提高稀土浸出率是十分必要的，但预氧化焙烧温度不宜过高。

2. 预氧化焙烧温度对氟碳铈矿分解的影响

氟碳铈矿直接与硫酸铵混合焙烧后，稀土浸出率并不理想，如图 4-34 所示。考虑到加热处理过（570℃适度还原、1150℃直接还原）的选铁尾矿能够提高硫酸铵焙烧后最终的稀土浸出率，因此，本节采用氟碳铈矿在不同温度（570℃、

850℃、1150℃）预氧化焙烧分解，探究预氧化焙烧温度对氟碳铈矿分解的影响。氟碳铈矿精矿经不同温度氧化焙烧处理后产物的 XRD 图如图 4-35 所示。

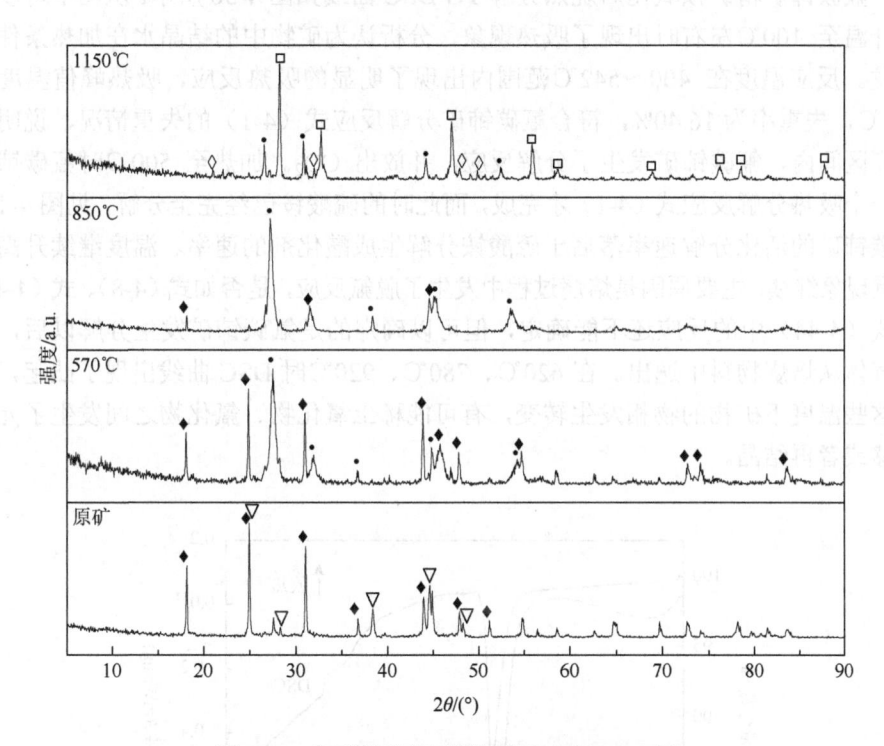

图 4-35　氟碳铈矿经不同温度处理后 XRD 图
♦ (La,Ce,Nd)CO$_3$F；◇ Ce$_{11}$O$_{20}$；□ Ce$_{0.75}$Nd$_{0.25}$O$_{1.875}$；• (La,Ce,Nd)OF；▽ Ca(La,Ce,Nd)$_2$(CO$_3$)$_3$F$_2$

由图 4-35 和表 4-8 可知，原料稀土精矿的主要成分为(La,Ce,Nd)CO$_3$F 和少量 Ca(La,Ce,Nd)$_2$(CO$_3$)$_3$F$_2$，其他杂质含量较少；当温度为 570℃时，氟碳铈矿发生了分解，见反应式（4-1）、式（4-11）和式（4-12），出现了(La,Ce,Nd)OF 相（稀土元素以+3 价计）。氟碳钙铈矿发生的分解反应为

$$\mathrm{Ca(La,Ce,Nd)_2(CO_3)_3F_2 == 2(La,Ce,Nd)OF + CaCO_3 + 2CO_2\uparrow} \quad (4\text{-}43)$$

温度继续升高至 850℃时，氟碳钙铈矿衍射峰强度明显减弱，氟碳钙铈矿继续发生分解；当温度达到 1150℃时，氟碳钙铈矿特征峰完全消失，出现了 Ce$_{0.75}$Nd$_{0.25}$O$_{1.875}$、Ce$_{11}$O$_{20}$ 特征峰，说明此时稀土精矿完全分解，生成了稀土氧化物 Ce$_{0.75}$Nd$_{0.25}$O$_{1.875}$ 和 Ce$_{11}$O$_{20}$ 以及稀土氟氧化物(La,Ce,Nd)OF，但温度过高可能导致焙烧产物表面致密，气孔率低，不利于与硫酸铵反应，进而影响水浴浸出时稀土的浸出率。在空气中有水存在的情况下，认为有可能发生反应式（4-8），温度较高时，稀土氟氧化物会与空气中的水发生脱氟反应[3]：

$$2REOF + H_2O =\!=\!= RE_2O_3 + 2HF \quad\quad (4\text{-}44)$$

氟碳铈矿精矿预氧化焙烧热分解 TG-DSC 曲线如图 4-36 所示。从图中可以看出升温至 100℃左右时出现了吸热现象，分析认为矿物中的结晶水在加热条件下蒸发。反应温度在 400~542℃范围内出现了明显的吸热反应，吸热峰值温度为 488℃，失重率为 16.40%，符合氟碳铈矿分解反应式（4-1）的失重情况，说明该温度区间内，氟碳铈矿发生了分解反应，并放出 CO_2。加热至 500℃时氟碳铈矿第一个吸热分解反应式（4-1）才完成，而此时的硫酸铵已经完全分解，见图 4-13。氟碳铈矿的活化分解速率落后于硫酸铵分解生成酸化剂的速率。温度继续升高，失重现象继续，主要原因是焙烧过程中发生了脱氟反应，是否如式（4-8）、式（4-43）和式（4-44）中的反应还不能确定，但可以确定的是氟碳铈矿发生分解以后，仍有气体从焙烧物料中逸出。在 620℃、780℃、920℃时 DSC 曲线出现了凸起，说明这些温度下矿物的物相发生转变，有可能稀土氧化物、氟化物之间发生了元素迁移或者再结晶。

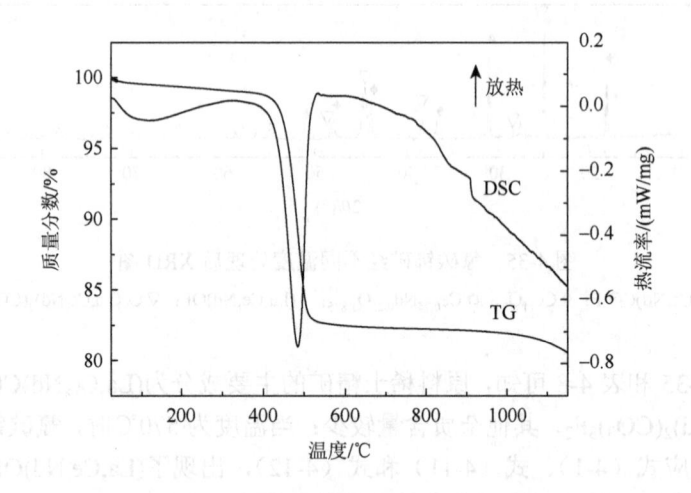

图 4-36　氟碳铈矿精矿 TG-DSC 曲线图

为了避免含氟废气造成污染，应尽量减少高温处理氟碳铈矿。针对氟碳铈矿在不同温度下的具体分解反应，研究人员[8,47,48]的观点并不一致，但观点一致的是氟碳铈矿的分解反应是在不同阶段完成的，并且预加热处理过的氟碳铈矿的活性明显增强。

氟碳铈矿于 570℃氧化焙烧处理后，再与硫酸铵混匀于 400℃焙烧 1h，氟碳铈矿原矿、氟碳铈矿氧化焙烧后产物、氧化焙烧产物与硫酸铵焙烧后 SEM-EDS 分析如图 4-37 所示。

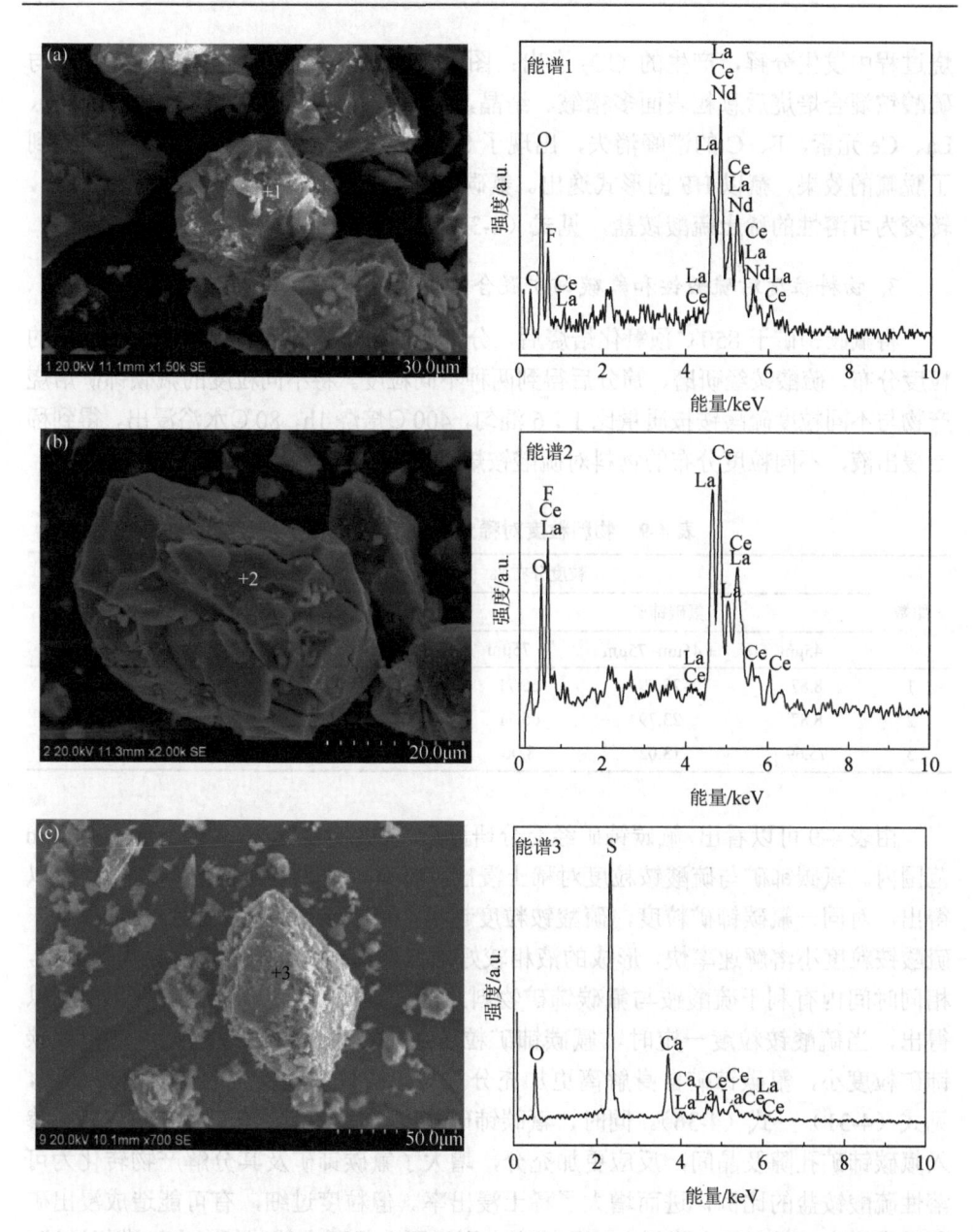

第 4 章　白云鄂博矿含稀土选铁尾矿硫酸铵焙烧、浸出及矿相重构　·171·

图 4-37　氟碳铈矿 SEM-EDS 分析：(a) 原矿；(b) 氧化焙烧后产物；(c) 氧化焙烧产物与硫酸铵焙烧后

图 4-37(a) 氟碳铈矿烧前矿物表面致密，成分较为均匀，点 1 能谱分析显示主要元素为 La、Ce、Nd、F、C 和 O；图 4-37(b) 氟碳铈矿氧化焙烧后，点 2 能谱分析发现 C 的谱峰消失，颗粒表面疏松并出现明显裂缝，说明氟碳铈矿预焙

烧过程中发生分解，产生的 CO_2 逸出；图 4-37（c）氟碳铈矿预氧化焙烧产物与硫酸铵混合焙烧后颗粒表面多褶皱、结晶，点 3 能谱分析显示主要为 S、Ca、O、La、Ce 元素，F、C 的谱峰消失，出现了 S、Ca 谱峰，说明硫酸铵焙烧反应起到了脱氟的效果，氟以 HF 的形式逸出。氟碳铈矿被硫酸铵或硫酸铵分解产物分解，转变为可溶性的稀土硫酸铵盐，见式（4-31）～式（4-33）。

3. 物料粒度对硫酸铵和氟碳铈矿混合焙烧后浸出稀土 Ce 的影响

将氟碳铈矿于 850℃预氧化焙烧后，分别研磨至不同粒度，湿筛后得到试样的粒度分布，硫酸铵经研磨、筛分后得到两种不同粒度。将不同粒度的氟碳铈矿焙烧产物与不同粒度硫酸铵按质量比 1:6 混匀，400℃焙烧 1h，80℃水浴浸出，得到稀土浸出液，不同粒度分布的物料对硫酸铵焙烧后稀土 Ce 浸出率的影响见表 4-9。

表 4-9 物料粒度对稀土 Ce 浸出率的影响

组数	粒度分布/%					Ce 的浸出率/%
	氟碳铈矿			硫酸铵		
	−45μm	+45μm−75μm	+75μm	−180μm	+250μm	
1	8.87	23.79	65.71	0	100	88.25
2	8.87	23.79	65.71	100	0	90.68
3	75.69	13.02	8.00	100	0	98.54

由表 4-9 可以看出，氟碳铈矿经充分研磨后，粒度明显变小，主要分布在−45μm 范围内。氟碳铈矿与硫酸铵粒度对稀土浸出率都有一定影响，由组 1 和组 2 可以得出，对同一氟碳铈矿粒度，硫酸铵粒度越小，稀土浸出率越大。同一温度下，硫酸铵粒度小溶解速率快，形成的液相较好地包裹氟碳铈矿，增大反应接触面积，相同时间内有利于硫酸铵与氟碳铈矿物料之间的液固反应。由组 2 和组 3 可以得出，当硫酸铵粒度一定时，氟碳铈矿粒度越小，稀土浸出率越大，说明氟碳铈矿粒度小，氟碳铈矿自身解离更加充分，与硫酸铵液固反应的传质速率加快，见式（4-31）～式（4-36）。同时，氟碳铈矿粒度小使得硫酸铵液相更为容易地渗入氟碳铈矿孔隙及晶间，反应更加充分，增大了氟碳铈矿及其分解产物转化为可溶性硫酸铵盐的比例，进而增大了稀土浸出率。但粒度过细，有可能造成浸出矿浆黏度增大，浸出速率降低，并且粒度小则需要孔径更小的滤纸（布）进行过滤，浸出时固液相较难分离，过滤速率较低。

4.4.2 独居石在硫酸铵焙烧过程中的物相转变

独居石是稀土和钍的磷酸盐矿物，化学式为$(La,Ce,Nd,Th)PO_4$。独居石是提炼

第4章 白云鄂博矿含稀土选铁尾矿硫酸铵焙烧、浸出及矿相重构

铈、镧、钕等稀土金属和放射性金属的主要矿物及商业来源。单斜晶系的稀土磷酸盐化学性质非常稳定,采用一般冶炼方法较难分解该类矿物。目前工业上针对独居石矿物主要采用烧碱焙烧法。另外,独居石的放射性对环境有害,近几年独居石的生产呈下降趋势,印度、巴西等国已禁止开采独居石类矿物,我国目前对该类矿物的开发利用较少。

研究用独居石为白云鄂博独居石精矿,其中稀土金属总量(TREM)为 56.27%。独居石矿是包头白云鄂博混合型稀土矿中的重要组成成分,独居石单一矿物研究对稀土矿整体利用具有积极作用。硫酸铵与独居石精矿按质量比 6∶1 充分混匀后,不同温度下焙烧 2h,独居石原矿及不同温度焙烧产物的 X 射线衍射分析如图 4-38 所示。从图中可以看出,当温度升高至 400℃时,独居石衍射峰并未出现明显变化,该过程只是硫酸铵自身的分解反应,生成酸化剂 NH_4HSO_4。当温度达到 450℃时,出现了 $NH_4Ce(SO_4)_2$ 衍射峰,并且独居石 $(La,Ce,Nd)PO_4$ 衍射峰强度减弱,说明该温度下独居石与硫酸铵的分解产物发生了反应,生成稀土硫酸铵盐,但是反应不够充分。然而,升温至 450℃时,硫酸铵及酸化剂由于温度过高分解速率加快,未来得及与独居石充分反应便自身分解,未经处理的独居石矿物与硫酸铵直接混合焙烧的效果不甚理想。

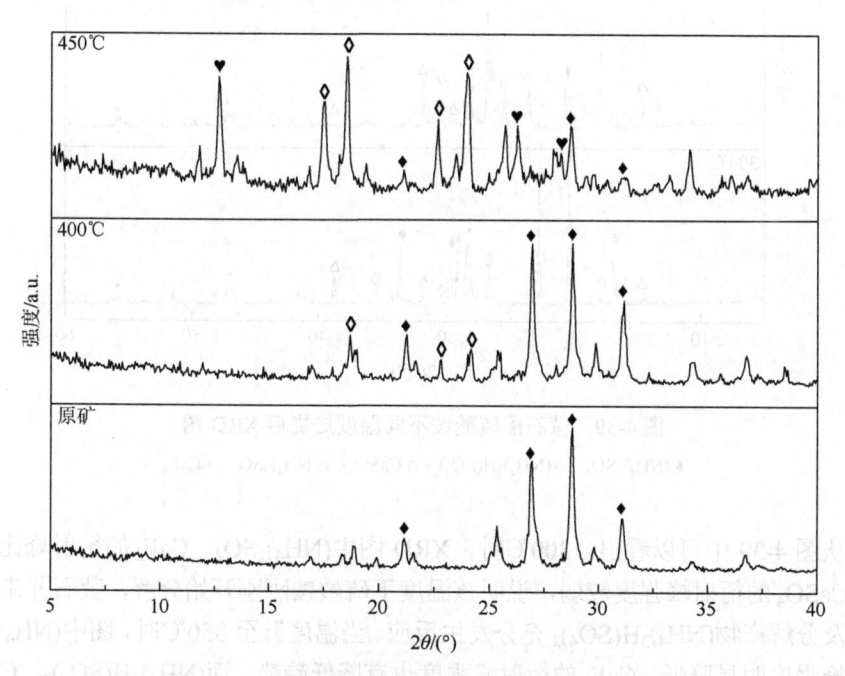

图 4-38 独居石配硫酸铵不同温度焙烧后 XRD 图
♦ $(La,Ce,Nd)PO_4$; ◊ NH_4HSO_4; ♥ $NH_4Ce(SO_4)_2$

4.4.3 脉石矿物在硫酸铵焙烧过程中的物相转变

1. 氟化钙在硫酸铵焙烧过程中的物相转变

萤石（CaF_2）是稀土矿中的重要脉石矿物，磁铁矿、赤铁矿、独居石、氟碳铈矿、氟碳钙铈矿、白云石等均与萤石有共伴生存在的现象。白云鄂博矿中的萤石矿物形状以塔形粒状为主，分布复杂，有共生的包裹体，也有细粒状的单体。本章研究的选铁尾矿中萤石含量约占20%，因此有必要研究萤石矿物硫酸铵焙烧时的物相变化。将$(NH_4)_2SO_4$与CaF_2按质量比6∶1充分混匀后，不同温度下焙烧2h，焙烧产物X射线衍射分析如图4-39所示。

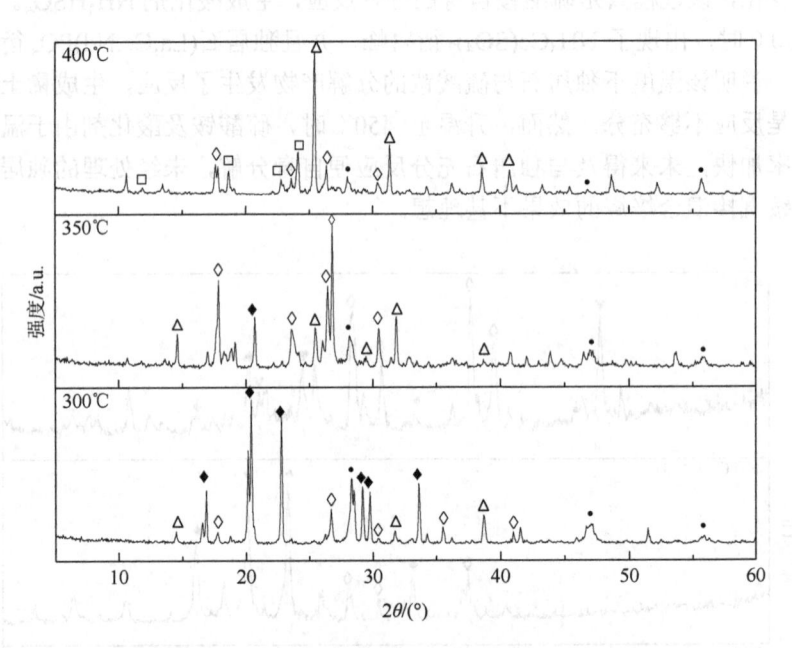

图4-39 萤石配硫酸铵不同温度焙烧后XRD图

♦ $(NH_4)_2SO_4$；◇ $(NH_4)_3H(SO_4)_2$；△ $CaSO_4$；□ NH_4HSO_4；• CaF_2

从图4-39中可以看出，300℃时，XRD图中$(NH_4)_2SO_4$、CaF_2的衍射峰比较明显，$CaSO_4$的衍射峰强度较弱，说明该温度下硫酸铵刚刚开始分解，萤石并未与硫酸铵及分解产物$(NH_4)_3H(SO_4)_2$充分发生反应。当温度升至350℃时，图中$(NH_4)_2SO_4$衍射峰强度明显降低，CaF_2的衍射峰强度也有降低趋势，而$(NH_4)_3H(SO_4)_2$、$CaSO_4$的衍射峰强度明显升高，说明反应变得充分，见反应式（4-29）。升高温度，反应向右进行，400℃时，$(NH_4)_2SO_4$的衍射峰完全消失，主要为NH_4HSO_4和$CaSO_4$

的衍射峰，CaF$_2$被硫酸铵或分解产物酸化剂所分解，这与Chaudhury等[34]提出的观点一致。然而图中并没有出现NH$_4$F的衍射峰，说明NH$_4$F不稳定，在加热时发生了分解反应，见式（4-30）。同时，这也解释了400℃硫酸铵焙烧选铁尾矿后浸出渣中有较多的CaSO$_4$。从图中还可以看出，焙烧温度、酸化剂成分是决定硫酸铵与氟化钙反应程度的重要因素。从以上分析可得，选铁尾矿硫酸铵焙烧提取稀土法应该在焙烧前将萤石矿物选出，这样不仅减少了硫酸铵的加入量，增大了酸化剂与稀土矿物的接触面积，也可避免废气（NH$_3$、HF等）的排放。

2. 氧化钙在硫酸铵焙烧过程中的物相转变

白云鄂博矿中的钙主要以白云石、方解石、萤石、石灰石的形式存在。石灰石或者白云石在高温下分解产物的主要成分为CaO。实验将硫酸铵与CaO按质量比6∶1混匀后，不同温度下焙烧2h，X射线衍射分析如图4-40所示。

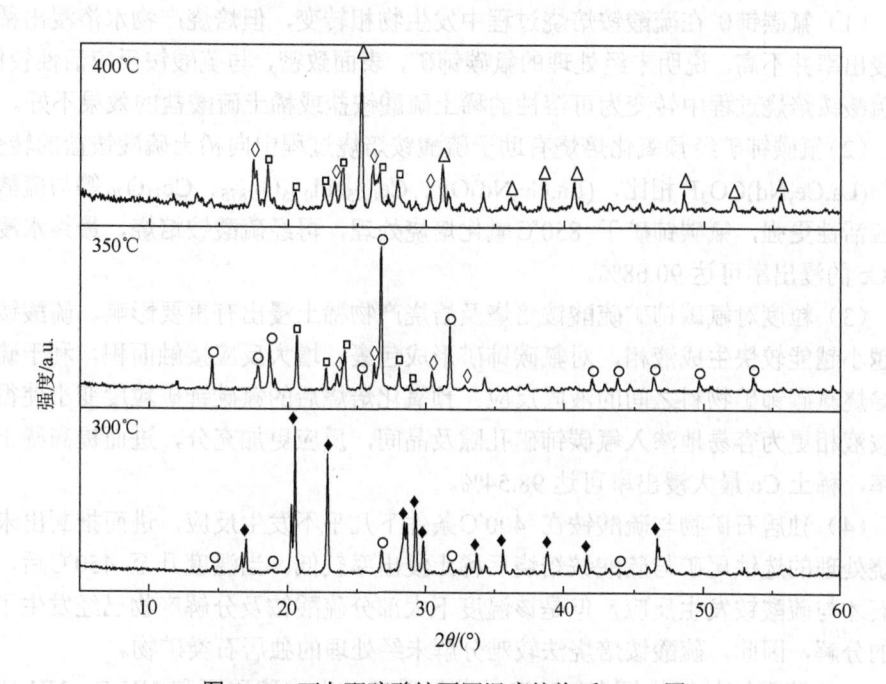

图4-40 石灰配硫酸铵不同温度焙烧后XRD图
♦(NH$_4$)$_2$SO$_4$；○(NH$_4$)$_2$Ca$_2$(SO$_4$)$_3$；◇(NH$_4$)$_3$H(SO$_4$)$_2$；△CaSO$_4$；□NH$_4$HSO$_4$

从图中可以看出，300℃时未出现CaO的衍射峰，主要为(NH$_4$)$_2$SO$_4$和少量的(NH$_4$)$_2$Ca$_2$(SO$_4$)$_3$的衍射峰，说明CaO在较低温度时就能与(NH$_4$)$_2$SO$_4$反应，生成中间产物硫酸钙铵[(NH$_4$)$_2$Ca$_2$(SO$_4$)$_3$]，即

$$3(NH_4)_2SO_4 + 2CaO = (NH_4)_2Ca_2(SO_4)_3 + 4NH_3\uparrow + 2H_2O\uparrow \quad (4-45)$$
$$3(NH_4)_3H(SO_4)_2 + 4CaO = 2(NH_4)_2Ca_2(SO_4)_3 + 5NH_3\uparrow + 4H_2O\uparrow \quad (4-46)$$
$$3NH_4HSO_4 + 2CaO = (NH_4)_2Ca_2(SO_4)_3 + NH_3\uparrow + 2H_2O\uparrow \quad (4-47)$$

当温度升高至 350℃时，出现 NH_4HSO_4 的衍射峰，并且$(NH_4)_2Ca_2(SO_4)_3$ 的衍射峰强度明显提高，酸化剂 [$(NH_4)_3H(SO_4)_2$、NH_4HSO_4] 的酸化程度比硫酸铵强，正是由于硫酸铵分解生成的酸化剂促进了 CaO 的分解，进而促进硫酸钙铵的生成。温度继续升高至 400℃，$(NH_4)_2Ca_2(SO_4)_3$ 的衍射峰消失，出现 $CaSO_4$ 的衍射峰，说明$(NH_4)_2Ca_2(SO_4)_3$ 发生了分解：$(NH_4)_2Ca_2(SO_4)_3 = 2CaSO_4 + NH_4HSO_4 + NH_3\uparrow$。

4.4.4 本节小结

（1）氟碳铈矿在硫酸铵焙烧过程中发生物相转变，但焙烧产物水浴浸出稀土的浸出率并不高，说明未经处理的氟碳铈矿，表面致密，与硫酸铵反应活性较低，与硫酸铵焙烧过程中转变为可溶性的稀土硫酸铵盐或稀土硫酸盐的效果不好。

（2）氟碳铈矿经预氧化焙烧有助于硫酸铵焙烧过程中向稀土硫酸铵盐的转变，即与$(La,Ce,Nd)CO_3F$ 相比，$(La,Ce,Nd)OF$、$Ce_{0.75}Nd_{0.25}O_{1.875}$、$Ce_{11}O_{20}$ 等与硫酸铵反应活性更强，氟碳铈矿于 850℃氧化焙烧处理，再经硫酸铵焙烧，最终水浸稀土 Ce 的浸出率可达 90.68%。

（3）粒度对氟碳铈矿硫酸铵焙烧及焙烧产物稀土浸出有重要影响。硫酸铵粒度越小越能较快生成液相，对氟碳铈矿形成包裹，增大反应接触面积，利于硫酸铵焙烧氟碳铈矿物料之间的液固反应；预氧化焙烧后的氟碳铈矿粒度变小使得硫酸铵液相更为容易地渗入氟碳铈矿孔隙及晶间，反应更加充分，进而提高稀土浸出率，稀土 Ce 最大浸出率可达 98.54%。

（4）独居石矿物与硫酸铵在 400℃条件下几乎不发生反应，进而推断出未经焙烧处理的选铁尾矿与硫酸铵焙烧后稀土浸出率较低。当温度升至 450℃后，独居石才与硫酸铵发生反应，但是该温度下大部分硫酸铵及分解产物已经发生了自身的分解，因此，硫酸铵焙烧法较难分解未经处理的独居石类矿物。

（5）硫酸铵与氟化钙在 400℃时发生反应，生成硫酸钙和 NH_4F，NH_4F 在加热条件下不稳定，发生分解。硫酸铵与氧化钙在 300℃时便能发生反应，生成硫酸钙铵。400℃时硫酸钙铵发生分解，生成硫酸钙。为了避免 Fe_2O_3、CaF_2、CaO 对硫酸铵焙烧反应产生负面影响，应先将赤铁矿、萤石、氧化钙等与硫酸铵反应的矿物选出，这样不仅有利于氟碳铈矿的转化，也避免了后续稀土浸出、提取过程中杂质的影响。

4.5 本章小结

本章主要以包头白云鄂博矿弱磁选铁尾矿为基础，通过火法与湿法冶金相结合，非传统选冶铁与非传统稀土焙烧工艺相结合，探讨含混合型稀土的选铁尾矿、稀土富集渣以及稀土精矿绿色选冶的新路径。

对白云鄂博矿弱磁选铁尾矿分别进行了煤基配钙直接还原焙烧-磁选铁-富稀土渣硫酸铵焙烧-水浴浸出稀土，煤基适度还原焙烧-磁选铁精矿-富稀土渣硫酸铵焙烧-水浴浸出稀土，弱磁选铁尾矿硫酸铵焙烧-水浴浸出稀土，以及氟碳铈矿精矿氧化焙烧-焙烧后产物硫酸铵焙烧-水浴浸出稀土的实验研究，利用化学分析、XRD、SEM-EDS、TG-DSC 等手段验证了工艺的可行性，研究了过程物相变化和过程因素对实验结果的影响，最终得到实验室条件下的最佳工艺条件。具体研究成果如下：

(1) 选铁尾矿经煤基配钙直接还原，添加 10% CaO，1150℃焙烧保温 2h，铁的金属化率达到 91.43%，磁选后得到铁品位和回收率分别为 87.85%、89.47%的铁精粉，稀土（REO）品位为 14.35%富稀土渣。渣中稀土主要以 $Ca_2RE_8(SiO_4)_6O_2$、$CaRE_2(SiO_4)_2$ 等硅酸盐渣系的形式存在，脉石成分主要为枪晶石（$Ca_4Si_2O_7F_2$）、萤石（CaF_2）等。通过煤基直接还原焙烧后，铁相、稀土渣相分别聚集长大，铁相析出，含稀土的渣相与脉石矿物相互嵌布包裹，$Ca_4Si_2O_7F_2$、CaF_2 等充当基体。

(2) 选铁尾矿煤基配钙直接还原-磁选铁-富稀土渣硫酸铵焙烧-水浴浸出稀土实验方法是可行的，尤其是 CaO 的加入不仅促进了含铁矿物的还原，而且尾矿中氟碳铈矿和独居石均被分解，生成的枪晶石具有一定的"固氟"作用。利用硫酸铵焙烧将稀土转变为可溶性的稀土硫酸铵盐或者稀土硫酸盐，通过水浴浸出，可实现可溶的稀土硫酸铵盐与不溶渣（$Ca_4Si_2O_7F_2$、CaF_2、$CaSO_4$ 等）的分离。

(3) 以硫酸铵配量、焙烧温度、焙烧时间为参考因素的单因素实验，确定了硫酸铵焙烧富稀土渣水浴浸出稀土最佳实验条件：硫酸铵与富稀土渣质量配比 8:1，焙烧温度 400℃，焙烧时间 60min，并在浸出液液固比为 10:1，80℃水浴浸出 1h 后得到稀土浸出液。稀土 La、Ce、Nd 最高浸出率分别为 96.13%、98.88%、97.10%。

(4) 选铁尾矿经煤基适度还原焙烧-磁选处理，分别得到了铁品位为 58.25%、回收率为 78.60%的铁精矿和稀土（REO）品位为 10.07%的富稀土渣，其中 La 为 2.4%，Ce 为 4.73%，Nd 为 1.47%。经过低温还原焙烧后，选铁尾矿中的稀土矿物变得疏松多孔，氟碳铈矿发生活化甚至分解，独居石类矿物没有发生转变，稀土元素主要以$(La,Ce,Nd)CO_3F$、$(La,Ce,Nd)OF$、$(La,Ce,Nd)PO_4$ 的形式存在。

(5) 硫酸铵焙烧能有效分解$(La,Ce,Nd)CO_3F$、$(La,Ce,Nd)OF$，将其转变为可溶性的稀土硫酸铵盐或稀土硫酸盐，通过水浴浸出实现可溶性稀土盐与脉石[$BaSO_4$、$CaSO_4$、CaF_2、$(La,Ce,Nd)PO_4$ 等]的分离。独居石并未与硫酸铵发生分解反应,因此选铁尾矿经低温处理后稀土浸出率与高温处理稀土浸出率相比较低。赤铁矿最终变为硫酸铁铵或硫酸铁进入浸出液中,对后续浸出液中稀土元素的提取产生不利影响。在稀土浸出率最高实验条件下,即硫酸铵与适度还原磁选渣质量比为 6∶1,400℃焙烧 80min,80℃去离子水浴浸出 1h,浸出液液固比 10∶1,稀土 La、Ce、Nd 的浸出率分别达 84.08%、77.16%、78.55%。

(6) 选铁尾矿直接与硫酸铵混合焙烧,与经过预处理(直接还原、适度还原)的选铁尾矿相比,稀土浸出率较低,主要是因为选铁尾矿中的氟碳铈矿、独居石并没有得到活化分解,活化性能不高,与硫酸铵反应的转化率较低。延长焙烧时间是提高稀土浸出率的有效手段,但势必会增加硫酸铵的分解。

(7) 未经处理的氟碳铈矿表面致密,与硫酸铵反应活性较低,水浸稀土的浸出率不高。氟碳铈矿经预氧化焙烧处理有助于硫酸铵焙烧过程中向稀土硫酸铵盐的转变,即与 $(La,Ce,Nd)CO_3F$ 相比,$(La,Ce,Nd)OF$、$Ce_{0.75}Nd_{0.25}O_{1.875}$、$Ce_{11}O_{20}$ 等与硫酸铵反应活性更强。氟碳铈矿 850℃氧化焙烧处理,再经硫酸铵焙烧,最终水浸稀土 Ce 的浸出率可达 90.68%。粒度对氟碳铈矿硫酸铵焙烧后稀土浸出有重要影响,一定范围内,硫酸铵、氟碳铈矿粒度越小,焙烧后产物水浴浸出稀土的浸出率越高,Ce 的浸出率最高达 98.54%。

(8) 独居石矿物与硫酸铵 400℃焙烧几乎不发生反应,所以未经处理的选铁尾矿与硫酸铵焙烧后稀土浸出率较低。当温度升至 450℃后,独居石才与硫酸铵发生反应,但是该温度下大部分硫酸铵及分解产物已经发生了自身的分解。因此,硫酸铵焙烧法较难分解未经处理的独居石类矿物。

(9) 硫酸铵与氟化钙在 400℃时发生反应,生成硫酸钙和 NH_4F,NH_4F 在加热条件下发生分解。硫酸铵与氧化钙在 350℃时发生反应,生成硫酸钙铵。400℃时硫酸钙铵发生分解,生成硫酸钙。为了避免 Fe_2O_3、CaF_2、CaO 等对硫酸铵焙烧反应产生影响,应先将赤铁矿、萤石、氧化钙等与硫酸铵反应的矿物选出,这样有利于氟碳铈矿的转化,避免对后续稀土提取过程产生不利影响,同时减少废气(NH_3、HF 等)的排放。

(10) 选铁尾矿煤基配钙直接还原能有效分解稀土矿物,提高后续硫酸铵焙烧过程中的反应活性,得到浸出率较高的稀土浸出液,但高温处理能耗较高;煤基适度还原焙烧过程能耗较低,经济可行性较高,但富稀土渣硫酸铵焙烧后水浸稀土浸出率相对较低,浸出液杂质含量较高。为此,我们应从经济、能源、产率、工艺复杂性、环境保护等多角度综合考察方案的具体可行性。

参 考 文 献

[1] 林东鲁,李春龙,邬虎林. 白云鄂博特殊矿采选冶工艺攻关与技术进步[M]. 北京: 冶金工业出版社, 2007: 12-21, 685-693.

[2] Wu W Y, Bian X, Sun S C, et al. Study on roasting decomposition of mixed rare earth concentrate in CaO-NaCl-CaCl$_2$ [J]. Journal of Rare Earths, 2006, 24 (1): 23-27.
[3] 孙树臣, 高波, 吴志颖, 等. 氧化钙对混合稀土精矿分解气相中氟的影响[J]. 稀有金属, 2007, 31(3): 400-403.
[4] 李大纲, 卜庆才, 娄太平, 等. RE$_2$O$_3$-CaO-SiO$_2$-CaF$_2$-MgO-Al$_2$O$_3$ 系炉渣的凝固组织[J]. 钢铁研究学报, 2004, 16 (1): 30-33.
[5] 储满生, 柳正根. 铁矿热压含碳球团制备及其应用技术[M]. 北京: 科学出版社, 2012: 21-24.
[6] 吴志颖, 吴文远, 孙树臣, 等. 混合稀土精矿氧化焙烧过程中氟的逸出规律研究[J]. 稀土, 2009, 30 (6): 18-21.
[7] 吴文远, 陈杰, 孙树臣, 等. 添加稀土硝酸盐氟碳铈矿的热分解行为[J]. 东北大学学报（自然科学版）, 2004, 25 (4): 378-381.
[8] 张世荣, 李红卫, 马秀芳. 高品位氟碳铈矿焙烧分解过程的研究[J]. 广东有色金属学报, 1997, 7(2): 113-116.
[9] Kim E, Osseo-Asare K. Aqueous stability of thorium and rare earth metals in monazite hydrometallurgy: Eh-pH diagrams for the systems Th-, Ce-, La-, Nd-(PO$_4$)-(SO$_4$)-H$_2$O at 25℃[J]. Hydrometallurgy, 2012, 113-114: 67-78.
[10] 杨合, 荣宜, 薛向欣, 等. 包头稀土尾矿回收铁的直接还原研究[J]. 中国稀土学报, 2012, 30 (4): 470-474.
[11] 储满生. 钢铁冶金原燃料及辅助材料[M]. 北京: 冶金工业出版社, 2010: 98, 143.
[12] 都兴红, 解誌, 娄太平. 钒钛磁铁矿固态还原的研究[J]. 东北大学学报（自然科学版）, 2012, 33 (5): 685-688.
[13] 王筱留. 钢铁冶金学（炼铁部分）[M]. 北京: 冶金工业出版社, 2011: 41.
[14] 朱亚东, 罗果萍, 王艺慈, 等. 包钢铁精矿低硅烧结的试验研究[J]. 内蒙古科技大学学报, 2010, 29 (1): 8-13.
[15] 朱苗勇. 现代冶金学: 钢铁冶金卷[M]. 北京: 冶金工业出版社, 2008: 62.
[16] 孟繁明, 赵庆杰. 铁矿石含碳球团中碳的气化反应速度对球团熔融的影响[J]. 钢铁研究学报, 2007, 19(12): 5-9.
[17] 吕宪俊. 工艺矿物学[M]. 长沙: 中南大学出版社, 2011: 66.
[18] 张培善, 陶克捷, 杨主明, 等. 中国稀土矿物学[M]. 北京: 科学出版社, 1998: 49.
[19] Cruz A, Chávez F, Romero A, et al. Mineralogical phases formed by flux glasses in continuous casting mould [J]. Journal of Materials Processing Technology, 2007, 182 (1-3): 358-362.
[20] 王艺慈, 罗果萍, 柏京波, 等. F、K、Na 对烧结固相反应影响的研究[J]. 钢铁, 2008, 43 (7): 12-15.
[21] Gupta S, French D, Sakurovsa R, et al. Minerals and iron-making reactions in blast furnaces [J]. Progress in Energy and Combustion Science, 2008, 34 (2): 155-197.
[22] 朱传运, 刘承军, 史培阳, 等. 保护渣成分对结晶矿相的影响[J]. 东北大学学报（自然科学版）, 2004, 5 (6): 559-561.
[23] 罗果萍, 孙国龙, 赵艳霞, 等. 包钢常用铁矿粉烧结基础特[J]. 过程工程学报, 2008, 8 (增刊): 198-204.
[24] Terry B. The acid decomposition of silicate minerals part Ⅰ. Reactivities and modes of dissolution of silicates [J]. Hydrometallurgy, 1983, 10 (2): 135-150.
[25] 黄希祜. 钢铁冶金原理[M]. 北京: 冶金工业出版社, 2013: 157-158, 397-404.
[26] 陈津, 林万明. 非高炉炼铁[M]. 北京: 化学工业出版社, 2014: 60-64.
[27] Gui S L, Strezov V, Lucas J A, et al. Thermal investigations of direct iron ore reduction with coal [J]. Thermochimica Acta, 2004, 410 (1): 133-140.
[28] Kiyoura R, Urano K. Mechanism, kinetics, and equilibrium of thermal decomposition of ammonium sulfate [J]. Industrial and Engineering Chemistry Process Design and Development, 1970, 9 (4): 489-494.

[29] Maheshwari J, Crawford J, LeCaptain D J. *In situ* Raman spectroscopic analysis of the regeneration of ammonium hydrogen sulfate from ammonium sulfate [J]. Industrial and Engineering Chemistry Research, 2007, 46 (14): 4900-4905.

[30] Kosova D A, Emelina A L, Bykov M A. Phase transitions of some sulfur-containing ammonium salts [J]. Thermochimica Acta, 2014, 595: 61-66.

[31] 池汝安, 田君. 风化壳淋积型稀土矿评述[J]. 中国稀土学报, 2007, 25 (6): 641-649.

[32] Moldoveanu G A, Papangelakis V G. Recovery of rare earth elements adsorbed on clay minerals: Ⅱ. Leaching with ammonium sulfate [J]. Hydrometallurgy, 2013, 131-132: 158-166.

[33] 周新木, 张丽, 李青强, 等. 稀土分离高铵氮废水综合回收与利用研究[J]. 稀土, 2014, 35 (5): 7-10.

[34] Chaudhury S, Mudher K D S, Venugopal V. Recovery of uranium from fluoride matrix by solid state reaction routes [J]. Journal of Nuclear Materials, 2003, 322 (2): 119-125.

[35] 杨双平, 王苗, 折媛, 等. 直接还原与熔融还原冶金技术[M]. 北京: 冶金工业出版社, 2013, 46-49.

[36] 王秋林, 陈雯, 余永富, 等. 难选铁矿石磁化焙烧机理及闪速磁化焙烧技术[J]. 金属矿山, 2009, (12): 73-76.

[37] 梁中渝. 炼铁学[M]. 北京: 冶金工业出版社, 2009: 133-134.

[38] 辛海霞, 吴艳, 刘少名, 等. 硫酸铵-高铁铝土矿焙烧法提取铝、铁[J]. 矿产保护与利用, 2013, (4): 37-40.

[39] Song X F, Zhao J C, LI Y Z, et al. Thermal decomposition mechanism of ammonium sulfate catalyzed by ferric oxide [J]. Frontiers of Chemical Science and Engineering, 2013, 7 (2): 210-217.

[40] Sahoo P K. Sulfation of Al_2O_3, CaO, CdO and ZnO with $(NH_4)_2SO_4$ [J]. Thermochimica Acta, 1979, 31 (3): 315-322.

[41] Mudher K D S, Keskar M, Venugopal V. Solid state reactions of CeO_2, ThO_2 and PuO_2 with ammonium sulphate [J]. Journal of Nuclear Materials, 1999, 265 (1): 146-153.

[42] 王伟, 顾惠敏, 翟玉春, 等. 硫酸铵焙烧法从低品位菱镁矿提取镁及其反应动力学研究[J]. 分子科学学报, 2009, 25 (5): 305-309.

[43] 沈阳铝镁设计研究院有限公司. 粉煤灰硫酸铵混合焙烧生产冶金级砂状氧化铝的方法: 中国, CN201310026782.1 [P]. 2013-01-24.

[44] 赵俊学, 李林波, 李晓明, 等. 冶金原理[M]. 北京: 冶金工业出版社, 2012: 284-285.

[45] 杨英, 孙树臣, 涂赣峰, 等. 我国氟碳铈矿焙烧分解过程与机理研究进展[J]. 稀土, 2014, 35 (4): 98-101.

[46] 李良才. 节约资源 控制污染 平衡发展 关于白云鄂博稀土矿稀土提取技术的回顾与思考[J]. 稀土信息, 2015, (1): 35-37.

[47] 向军, 张成祥, 涂赣峰, 等. N_2气氛中氟碳铈矿焙烧产物分析[J]. 稀土, 1994, 15 (1): 66-68.

[48] 张世荣, 涂赣峰, 任存治, 等. 氟碳铈矿热分解行为的研究[J]. 稀有金属, 1998, 22 (3): 185-187.

第5章 白云鄂博矿弱磁选铁尾矿分离回收有价元素铁、稀土、铌和钪

白云鄂博矿是铁、稀土、铌等多金属共伴生的大型矿床,可供综合利用的元素多达数十种。白云鄂博矿"多、贫、细、杂"的工艺矿物学特点成为制约矿物利用的一大因素。现行的选冶工艺存在资源利用率低、环境负荷较重的问题。提高矿产资源综合利用率、减轻污染成为实现白云鄂博矿绿色选冶目标的重要举措。

本章针对白云鄂博矿选冶过程中存在的问题,以白云鄂博矿弱磁选铁尾矿为研究对象,提出基于磁化焙烧预处理或选稀土尾矿磨矿预处理来提高铁矿物选别指标的思路,将碱性复合助剂清洁分解稀土矿技术引入磁化焙烧流程和稀土精矿分解流程,阐明碱性复合助剂在不同含稀土矿物体系中的作用机制。从提铁、提稀土和抛除萤石的尾矿中有价组元综合回收入手,系统研究有价组元在不同活化焙烧体系中的提取工艺,揭示有价组元在各环节的物相转变规律。该研究工作为白云鄂博矿高效利用和清洁生产工艺的开发奠定基础。

5.1 弱磁选尾矿的工艺矿物学

5.1.1 弱磁选尾矿组成分析

1. 弱磁选尾矿的化学组成

实验中选用的矿物为白云鄂博矿弱磁选回收磁铁矿的尾矿(以下称"弱磁选尾矿")。采用化学分析法对弱磁选尾矿进行多元素分析,表5-1为弱磁选尾矿中各组分的质量分数。从表5-1中可以看出,矿物中的元素以铁、稀土、氟、硅和钙等为主。其中,有价元素铁和稀土的含量(以TFe和REO计)分别为14.28%、9.80%,杂质元素硅和钙的含量(以SiO_2和CaO计)分别为11.43%、22.99%,微量元素钛、铌和钪的含量(以TiO_2、Nb_2O_5、Sc_2O_3计)分别为0.90%、0.17%、

0.012%。有害元素硫、磷含量（以 S 和 P_2O_5 计）分别为 1.76%、2.73%。由表中数据计算可知，该弱磁选尾矿碱度为 2.03，属于碱性矿。

表 5-1 弱磁选尾矿的化学组成（质量分数）　　　（单位：%）

组分	F	Na_2O	MgO	Al_2O_3	SiO_2	P_2O_5	S	K_2O	BaO
含量	12.57	0.95	2.50	1.12	11.43	2.73	1.76	0.35	4.10
组分	CaO	TiO_2	MnO	TFe	FeO	Nb_2O_5	Sc_2O_3	REO	ThO_2
含量	22.99	0.90	1.09	14.28	1.51	0.17	0.012	9.80	0.053

弱磁选尾矿中的主要有价组元为铁和稀土，对铁和稀土进行化学物相分析，各物相中的有价组元含量及有价组元在各物相中的分布率如表 5-2 和 5-3 所示。从表 5-2 中可以看出，铁在尾矿中的赋存矿物主要为铁氧化物和含铁硅酸盐，铁在铁氧化物中的分布率为 80.23%。表 5-3 中数据表明，尾矿中稀土主要以氟碳铈矿、氟碳钙铈矿和独居石形式存在，稀土在氟碳铈矿（含氟碳钙铈矿）和独居石中的分布比例约为 7:3。

表 5-2 弱磁选尾矿中铁的化学物相分析　　　（单位：%）

铁物相	赤铁矿	磁铁矿	硫铁矿	硅酸盐	其他	合计
含量	10.40	0.68	0.72	1.68	0.33	13.81
分布率	75.31	4.92	5.21	12.17	2.39	100.00

表 5-3 弱磁选尾矿中稀土的化学物相分析　　　（单位：%）

稀土物相	氟碳铈矿	氟碳钙铈矿	独居石	合计
含量	5.39	0.97	2.69	9.05
分布率	59.58	10.68	29.74	100.00

2. 弱磁选尾矿的矿物组成

为研究弱磁选尾矿的矿物组成，采用 X 射线衍射仪对尾矿进行定性分析，分析结果如图 5-1 所示。表 5-4 为弱磁选尾矿中主要矿物含量的分析结果。

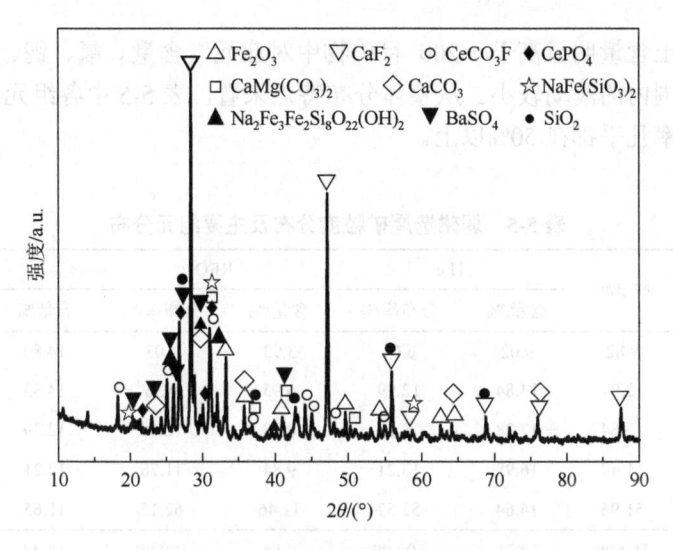

第 5 章　白云鄂博矿弱磁选铁尾矿分离回收有价元素铁、稀土、铌和钪

图 5-1　弱磁选尾矿的 XRD 图

表 5-4　弱磁选尾矿的矿物组成（质量分数）　　　　　　　　　　（单位：%）

矿物	赤铁矿	磁铁矿	黄铁矿	萤石	石英	磷灰石	氟碳钙铈矿
含量	14.87	0.77	1.62	23.30	3.67	5.11	1.68
矿物	氟碳铈矿	独居石	辉石	闪石	云母	重晶石	白云石和方解石
含量	7.62	3.91	5.76	7.54	4.17	6.76	12.53

从图 5-1 和表 5-4 中可以看出，铁矿物主要以赤铁矿形式存在，稀土矿物主要由氟碳铈矿和独居石组成，氟主要以萤石和氟碳铈矿的形式赋存于尾矿中，磷元素以独居石和磷灰石形式存在。脉石类矿物主要包含白云石、方解石、重晶石以及辉石、闪石等含铁硅酸盐矿物。由表 5-4 可知，尾矿中赤铁矿占矿物总量的 14.87%，氟碳铈矿、氟碳钙铈矿和独居石等稀土矿物占矿物总量的 13.21%，萤石在尾矿中的比例为 23.30%，硅酸盐类矿物所占比例为 17.47%，白云石和方解石所占比例为 12.53%。此外，弱磁选尾矿中还含有少量磷灰石和重晶石矿物。

3. 弱磁选尾矿的粒度及主要元素分布

为研究弱磁选尾矿的粒度分布及主要元素在各粒级的分布特点，采用湿筛的方法对尾矿粒度进行统计分析，并对各粒级矿物中主要组元的含量进行化学分析。

表 5-5 为弱磁选尾矿粒度分布及主要组元分布表。从表中统计数据可以看出，弱磁选尾矿嵌布粒度较小。其中，-200 目矿物占矿物总量的 90.18%，-500 目矿物占矿物总量的 51.96%。对比表 5-5 中各粒度区间的元素含量可发现，-200 目矿

物中铁和稀土含量明显高于+200目矿物中对应元素含量。氟、铌、钪及钍含量在各区间范围内的波动较小。从整体分布特点来看，表5-5中各组元在-500目矿物中的分布率几乎都在50%以上。

表5-5 弱磁选尾矿粒度分布及主要组元分布

粒级/目	产率/%	TFe 含量/%	TFe 分布率/%	REO 含量/%	REO 分布率/%	F 含量/%	F 分布率/%
+200	9.82	9.02	6.01	3.93	4.03	14.80	11.65
-200+325	12.91	14.84	12.99	6.95	9.36	14.33	14.83
-325+400	13.84	17.28	16.22	8.78	12.68	12.39	13.75
-400+500	11.47	16.98	13.21	9.84	11.78	12.21	11.23
-500	51.96	14.64	51.57	11.46	62.15	11.65	48.54
合计	100.00	14.75	100.00	9.58	100.00	12.47	100.00

粒级/目	产率/%	Nb_2O_5 含量/%	Nb_2O_5 分布率/%	Sc_2O_3 含量/%	Sc_2O_3 分布率/%	Th_2O_3 含量/%	Th_2O_3 分布率/%
+200	9.82	0.17	9.65	0.014	10.59	0.027	6.35
-200+325	12.91	0.20	13.39	0.012	11.93	0.035	10.81
-325+400	13.84	0.17	12.20	0.011	11.73	0.038	12.59
-400+500	11.47	0.20	11.89	0.011	9.72	0.043	11.80
-500	51.96	0.20	53.87	0.014	56.03	0.047	58.45
合计	100.00	0.1929	100.00	0.01298	100.00	0.04178	100.00

4. 主要矿物的粒度分布

由于弱磁选尾矿是取自弱磁选铁生产流程的尾矿，烘干的样品存在结块现象，测试之前需对样品进行轻微研磨，以降低测量误差。该测试采用北京矿冶研究总院自主研发的"工艺矿物学参数自动测试系统"对主要矿物粒度进行分析。在分析过程中，以等面积圆直径表示矿物粒度，通过统计矿物面积的方法来计算矿物含量。

表5-6为氟碳铈矿、独居石、铁矿物（赤铁矿、磁铁矿）的嵌布粒度分布表。由统计结果可知，表中所列各矿物主要分布于-400+1340目区间范围内，矿物嵌布粒度较小。其中，氟碳铈矿和独居石平均粒度较为接近，且二者在各粒级范围的分布情况大致相同。同铁矿物相比，稀土矿物粒度整体略大。在选矿生产中，可依据该统计数据来调整矿物的磨矿粒度，提高目标矿物的解离度，进而达到优化铁矿物和稀土矿物选矿条件的目的。

表 5-6 铁矿物和稀土矿物的嵌布粒度分布

粒级/目	铁矿物 含量/%	铁矿物 累积量/%	氟碳铈矿 含量/%	氟碳铈矿 累积量/%	独居石 含量/%	独居石 累积量/%
+270	—	—	1.14	1.14	—	—
−270+325	0.52	0.52	2.57	3.71	3.32	3.32
−325+400	0.46	0.97	2.50	6.21	1.45	4.77
−400+800	29.25	30.22	38.80	45.02	37.19	41.96
−800+1000	23.85	54.07	21.40	66.42	22.17	64.13
−1000+1340	28.26	82.33	21.08	87.50	21.49	85.62
−1340	17.67	100.00	12.50	100.00	14.38	100.00
平均粒度/μm	17.01		20.83		19.51	

5. 主要矿物的解离度分析

本测试的样品是将结块的弱磁选尾矿烘干后经轻微研磨粉碎得到的。在光学显微镜下对弱磁选尾矿中铁矿物和稀土矿物的连生情况进行统计，表 5-7 为铁矿物（赤铁矿、磁铁矿）、稀土矿物在单体及连生体中的分布率统计表。表中单体表示铁矿物或稀土矿物单体，稀土型、萤石型、碳酸盐型、铁矿物型、硅酸盐型、磷灰石型分别表示含稀土、萤石、碳酸盐、铁矿物或磷灰石的连生体矿物。

表 5-7 铁矿物和稀土矿物在单体及连生体中的分布 （单位：%）

连生类别	单体	稀土型	萤石型	碳酸盐型	铁矿物型	硅酸盐型	磷灰石型	其他类型
铁分布率	86.69	2.73	3.40	1.31	—	2.49	0.67	2.70
稀土分布率	79.31	—	6.62	1.83	4.46	3.21	1.89	3.16

从表 5-7 中统计数据可以看出，有 86.69%的铁矿物以单体形式存在，另有 2.73%的铁矿物与稀土矿物连生，有 10.57%的铁矿物与碳酸盐、硅酸盐、磷灰石、萤石及其他脉石矿物连生。在强磁选铁工艺中，脉石型连生体的存在会成为影响铁精矿品位的主要因素。在包钢现行稀土选矿流程中，氟碳铈矿（含氟碳钙铈矿）和独居石是通过浮选进行同步回收的，因此，各类稀土矿物彼此间形成的连生体不会对浮选效果产生影响，可将其视为稀土矿物单体进行分析。有 79.31%的稀土矿物以单体形式存在，有 4.46%的稀土矿物与铁矿物连生，稀土矿物连生体以稀土矿物与脉石矿物形成的连生体为主。就包钢目前的选矿效果来看，浮选稀土精矿完全能够满足高温焙烧工艺对精矿品位的要求，可暂时不予考虑对连生矿物进行进一步分离。弱磁选尾矿中主要矿物的嵌布状态如图 5-2 所示。

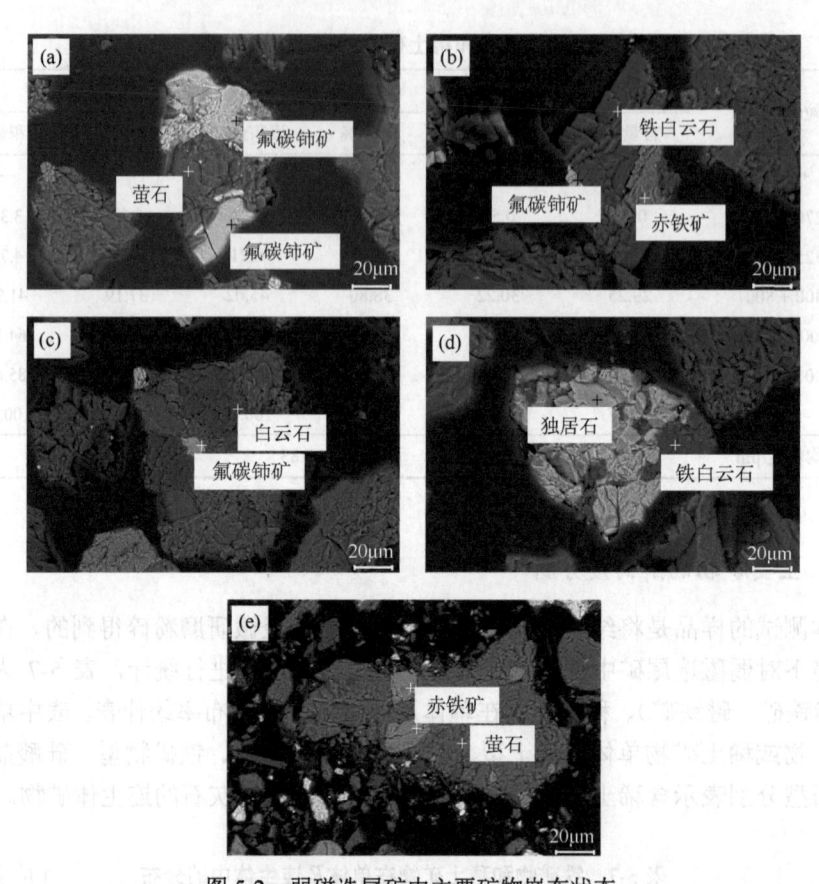

图 5-2 弱磁选尾矿中主要矿物嵌布状态

(a) 氟碳铈矿-萤石连生体；(b) 氟碳铈矿-赤铁矿-铁白云石连生体；(c) 氟碳铈矿-白云石包裹体；
(d) 独居石-铁白云石连生体；(e) 赤铁矿-萤石包裹体

在图 5-2（a）中，氟碳铈矿与萤石连生；在图 5-2（b）中，氟碳铈矿与赤铁矿和铁白云石连生；在图 5-2（c）中，细粒氟碳铈矿包裹于白云石中，同白云石形成包裹体；图 5-2（d）中矿物为独居石与铁白云石形成的连生体，图 5-2（e）中矿物为赤铁矿与萤石形成的包裹体。从图中可以看出，未解离的铁矿物和稀土矿物嵌布粒度极细，与脉石矿物形成复杂的连生体或包裹体。

5.1.2 本节小结

本节研究采用化学分析、ICP-MS（电感耦合等离子体质谱）、X 射线衍射分析对矿物化学成分及物相组成进行分析，同时借助扫描电镜、光学显微镜以及矿物分析检测系统对矿物微观赋存状态进行研究，可得到以下结论。

（1）弱磁选尾矿中的主要元素包括氟、钙、铁和稀土，同时含有少量的铌、钪、钛等有价组元。尾矿的矿物种类以赤铁矿、稀土矿物、萤石、硅酸盐及碳酸盐等矿物为主。

（2）弱磁选尾矿中可被高炉利用的铁矿物（赤铁矿及磁铁矿）中的铁占全铁总量的80%左右；稀土元素主要以氟碳铈矿（含氟碳钙铈矿）和独居石形式赋存，稀土元素在氟碳铈矿中的分布率为70%左右。

（3）从元素分布规律来看，氟、铌、钪和钍在各粒级矿物中的含量较为接近，铁和稀土在+200目矿物中的含量明显低于在其他各粒级中的含量。从元素及矿物分布规律来看，铁、稀土、氟、铌、钪和钍在−500目矿物中的分布率基本都在50%以上，铁矿物和稀土矿物在−400目矿物中的分布率基本上均高于90%。

（4）从矿物的解离情况来看，铁矿物的单体解离度为86.69%，稀土矿物的单体解离度为79.31%。有10.57%的铁矿物与碳酸盐、硅酸盐、磷灰石、萤石等脉石矿物连生，脉石型连生体会成为影响磁选铁精矿品位的主要因素，在铁矿物选别过程中应当重点关注该类连生体的解离情况。

（5）根据弱磁选尾矿的工艺矿物学特点，在本研究中，针对铁矿物赋存特点，将通过提高铁矿物和脉石矿物磁性差别，或通过进一步磨矿提高矿物解离度的方法来改善选矿条件，优化铁矿物选矿指标。

5.2 弱磁选尾矿磁化焙烧实验

通过磁化焙烧将弱磁选尾矿中弱磁性的赤铁矿还原为强磁性的磁铁矿，再通过弱磁选分离铁矿物，可有效降低与赤铁矿比磁化系数接近的脉石矿物进入铁精矿的量，达到提高铁精矿品位和铁回收率的目的[1]。本节将分别采用煤基磁化焙烧法和气基磁化焙烧法对弱磁选尾矿球团进行磁化焙烧实验。实验将系统研究焙烧温度、还原时间、配煤量、还原气配比、还原气流量等因素[2,3]对弱磁选尾矿球团磁化焙烧效果的影响。同时对比两种磁化焙烧反应的难易程度，并对反应速率较低的焙烧反应的表观动力学进行研究，确定球团磁化焙烧反应的表观动力学模型及动力学参数，分析磁化焙烧反应的限制环节，为弱磁选尾矿球团磁化焙烧工艺的开发与应用提供理论基础。

5.2.1 研究方法

1. 实验原料

实验所用原料为白云鄂博矿弱磁选铁尾矿，其化学成分及矿物组成如5.1节中表5-1和表5-2所示。所用煤粉是由兰炭经盘式破碎机破碎得到的，兰炭的工业成分分析如表5-8所示，该煤粉固定碳含量为82.49%，灰分含量为8.01%，挥发分为 9.2%，硫含量低至 0.3%，杂质含量较低。所用氢氧化钠及氢氧化钙均为分析纯级化学试剂。

表 5-8　兰炭的工业成分分析（质量分数）　　　　　　　　（单位：%）

成分	灰分	挥发分	固定碳	硫
含量	8.01	9.20	82.49	0.30

2. 气基磁化焙烧实验

在气基磁化焙烧实验中，为保证物料的透气性，需先行将尾矿制成球团。造球所用的造球机直径为 1000mm，球盘边高为 250mm，球盘倾角设定为 45°，转速调节为 16r/min。造球前，先在尾矿中配加 1%的膨润土作为黏结剂，将混合料充分混匀，并加水以充分润湿混合料。启动造球机，将混合料缓慢加入球盘，可视成球情况在造球过程中补加水分。经过母球成型、生球长大、生球进一步密实后完成造球。用圆孔筛筛取直径为 10~12.5mm 的生球并将其放入烘箱烘干备用。

还原焙烧过程模拟竖炉磁化焙烧工艺，采用管式炉作为反应器，所通气体为 CO、CO_2 和 N_2 的混合气体。通入 CO 和 CO_2 混合气是为了更好地控制二者分压，营造适宜的磁化焙烧反应气氛。N_2 可作为保护气防止还原矿物被重新氧化。

图 5-3 为气基磁化焙烧实验装置图。焙烧实验前，将烘干的球团装入金属吊篮并推送至炉管恒温区的带孔托盘处，在加料口加盖并用螺栓固定，同时插入测温热电偶测量料温。以 0.60L/min 的流量向炉管中通入 N_2 以排尽空气，然后启动升温按钮开始升温，升温速率控制为 10℃/min。待料温达到设定温度后，保持 N_2 流量不变，同时通入 CO 和 CO_2 混合气体，恒温特定时间。待恒温结束后，停通 CO 和 CO_2 混合气体，焙烧球团在 N_2 保护气氛下冷却至室温。

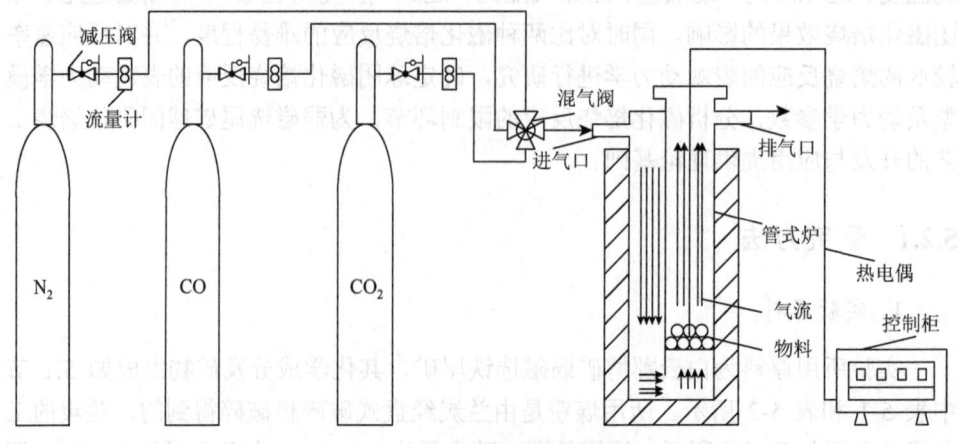

图 5-3　气基磁化焙烧实验装置

焙烧球团选矿实验中，在辊式球磨机中将焙烧球团磨至适宜粒度，然后采用湿式磁选管对物料进行磁选分离。在磁选过程中，可通过调节磁选管的激磁电流实现对磁场强度的控制。

3. 煤基磁化焙烧实验

在煤基磁化焙烧中，为了与实际生产中的竖炉工艺相衔接，同时为改善固体反应物的接触程度，提高反应效率，实验采用含碳球团为反应物料，球团直径控制在 10~12.5mm 范围内。

制备含碳球团时，在尾矿中配入相应比例的煤粉作为磁化焙烧还原剂，用氢氧化钙替代膨润土作黏结剂，并加入少量氢氧化钠，将物料混合均匀。造球工艺同气基焙烧球团造球工艺相同。在焙烧过程中，选取直径为 10~12.5mm 的干燥球团作为实验原料，采用石墨坩埚盛装球团，加装石墨盖以避免还原物料的再次氧化。将石墨坩埚放入马弗炉恒温带中，开启电源升温，待炉升温至设定温度且稳定后开始计时。还原结束后，取出石墨坩埚并冷却至室温。

4. 检测方法及评价指标

1) 元素分析

采用化学分析法对原矿、焙烧矿或磁选产物中的 TFe、FeO 含量进行检测。

2) X 射线衍射分析

本实验中物相检测主要通过 X 射线衍射技术进行分析，所用设备为日本岛津公司的 XRD-7000 型 X 射线衍射仪。采用 Cu 靶进行测试，管电压为 60kV，管电流 80mA，测试范围为 $2\theta = 10°\sim90°$，扫描速率为 5°/min。

3) 实验指标评价

磁化焙烧矿的还原程度可以用磁性率（还原度）来表示，磁性率是矿物中氧化亚铁质量分数与全铁质量分数的比值，其计算公式为[4]

$$R = \frac{w(\text{FeO})}{w(\text{TFe})} \times 100\% \quad (5-1)$$

式中：R 为焙烧矿磁性率，%；w 为质量分数，%。

磁选过程的铁回收率为精矿中全铁质量与焙烧矿中全铁质量之比，可以表示为

$$\varepsilon = \frac{m(\text{精矿}) \times \beta(\text{精矿})}{m(\text{原矿}) \times \beta(\text{原矿})} \times 100\% \quad (5-2)$$

式中：ε 为铁回收率，%；β 为矿物品位，%；m 为矿物质量，g。

5. 表观动力学分析方法

当研究球团在等温条件下的磁化焙烧表观动力学时，表观动力学方程可以表示为[5]

$$\frac{d\alpha}{dt} = kf(\alpha) \tag{5-3}$$

式中：α 为反应分数（反应度），%；t 为反应时间，s；k 为反应速率常数；$f(\alpha)$ 为反应动力学模型机理函数的微分形式。k 与反应温度的关系可用式（5-4）中阿伦尼乌斯方程来表示：

$$k = k_0 \exp\left(-\frac{E_a}{RT}\right) \tag{5-4}$$

对式（5-4）两边同时取对数可得到式（5-5）：

$$\ln k = -\frac{E_a}{RT} + \ln k_0 \tag{5-5}$$

式中：T 为化学反应温度，K；k_0 为指前因子（频率因子），可看作是 $T \to \infty$ 时的 k 值；R 为摩尔气体常数，8.314J/(mol·K)；E_a 为化学反应活化能，是指在完成某一化学反应的过程中使反应物变为活化分子所需的平均能量，J/mol。

将式（5-4）代入式（5-3）可得式（5-6）：

$$\frac{d\alpha}{dt} = k_0 \exp\left(-\frac{E_a}{RT}\right) f(\alpha) \tag{5-6}$$

将式（5-6）变形并进行积分可得式（5-7）：

$$g(\alpha) = \int_0^t k_0 e^{-\frac{E_a}{RT}} dt \tag{5-7}$$

$g(\alpha)$ 为反应动力学模型机理函数的积分表达式，$f(\alpha)$ 和 $g(\alpha)$ 的关系可以表述为

$$f(\alpha) = \frac{1}{g'(\alpha)} \tag{5-8}$$

含碳球团磁化焙烧表观动力学的研究，是在磁化焙烧反应度随焙烧时间变化的基础上得到与化学反应相吻合的反应机理函数 $F(\alpha)$，确定反应的限制环节，再通过阿伦尼乌斯方程计算化学反应的活化能 E_a 以及频率因子 k_0。

5.2.2 磁化焙烧热力学分析

1. 铁氧化物的还原热力学

根据铁氧相图及相关研究可知[6, 7]，在铁氧化物还原过程中，无论采用何种还原剂还原铁氧化物，铁氧化物的还原都是遵循逐级转化规律的，即在低于 570℃

时，其转化顺序为$Fe_2O_3 \rightarrow Fe_3O_4 \rightarrow Fe$，高于570℃时，其转化顺序为$Fe_2O_3 \rightarrow Fe_3O_4 \rightarrow Fe_xO \rightarrow Fe$。

若要判断铁氧化物在各温度下被还原剂还原的难易程度，可依据该铁氧化物的标准摩尔生成吉布斯自由能随温度的变化情况进行分析。图5-4为铁氧化物及由相关还原剂生成的氧化物的标准摩尔生成吉布斯自由能随温度的变化图，可称为"氧势图"，该图揭示了Fe_2O_3、Fe_3O_4和FeO三种铁氧化物被C和CO还原的条件[8]。

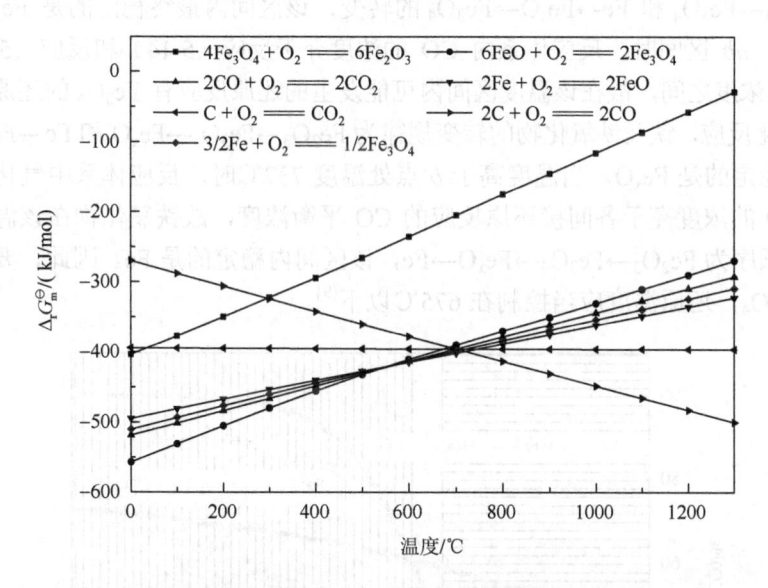

图5-4 不同温度下铁氧化物和碳氧化物标准生成吉布斯自由能

由热力学原理可知，标准摩尔生成吉布斯自由能负值越大（氧势越低），氧化物就越稳定，在图5-4中则表现为氧势线所处的位置更低。从图中可以看出，在三种铁氧化物中，Fe_2O_3的氧势线位置最高，其次为Fe_3O_4和FeO，因此，铁氧化物的稳定性从高到低依次为FeO、Fe_3O_4、Fe_2O_3。从还原剂的还原能力角度来讲，在675℃以下，CO氧化生成CO_2反应的氧势要低于C氧化生成CO或CO_2反应的氧势。在675℃以下，由CO生成的CO_2最稳定，即CO还原能力最强。当温度高于675℃时，C的还原能力高于CO，C的还原能力最强。除了在低温（327℃）下，Fe_2O_3几乎在全部温度范围内均可被C或CO还原。Fe_3O_4在低温下可被CO还原，在高温下可被C轻易还原。

1）碳还原铁氧化物的热力学

碳还原赤铁矿的反应包括铁氧化物的直接还原反应和间接还原反应，反应如式（5-9）~式（5-16）所示。在还原过程中，反应以碳气化反应和铁氧化物的间接还原反应为主，图 5-5 为铁氧化物间接还原反应与碳气化反应的平衡图，$\varphi(CO)$ 为 CO 浓度。在实际还原过程中，Fe_2O_3 很容易被还原为 Fe_3O_4，故反应平衡图仅限于研究化学反应(5-14)～反应(5-16)的平衡。图中碳气化反应的总压为 100kPa，a、b 点为碳气化反应与两个间接还原反应的交点，其中 a 点坐标 $\varphi(CO) = 42\%$，$T \approx 675℃$，该处温度为反应（5-14）的还原开始温度，b 点坐标 $\varphi(CO) = 62\%$，$T \approx 737℃$，该处温度为反应（5-15）的还原开始温度。当温度低于 a 点温度时，反应体系内 CO 的浓度均低于反应（5-14）和反应（5-15）的 CO 平衡浓度，将发生 $Fe_2O_3 \to Fe_3O_4$ 和 $Fe \to Fe_xO \to Fe_3O_4$ 的转变，该区间内最终稳定的是 Fe_3O_4。当温度介于 ab 区间时，反应体系内 CO 的浓度介于反应（5-14）和反应（5-15）的 CO 平衡浓度之间，故在该温度区间内可能发生的还原反应有 Fe_3O_4 的还原反应和 Fe 的氧化反应，铁及铁氧化物的转变规律为 $Fe_2O_3 \to Fe_3O_4 \to Fe_xO$ 和 $Fe \to Fe_xO$，该区间内稳定的是 Fe_xO。当温度高于 b 点处温度 737℃时，反应体系中气化反应产生的 CO 的浓度高于各间接还原反应的 CO 平衡浓度，故铁氧化物在该温度段内的转化顺序为 $Fe_2O_3 \to Fe_3O_4 \to Fe_xO \to Fe$，该区间内稳定的是 Fe。因此，要得到稳定的 Fe_3O_4，还原温度应当控制在 675℃以下[9]。

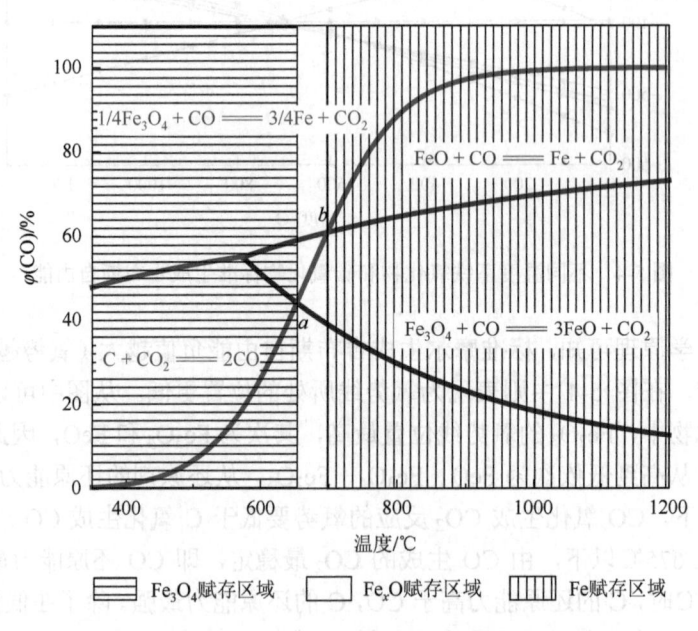

图 5-5 铁氧化物间接还原反应与碳气化反应的关系

$t > 570℃$时，

$$3Fe_2O_3(s) + C(s) \rightleftharpoons 2Fe_3O_4(s) + CO(g) \qquad \Delta_r G_m^\ominus = 120000 - 218.46T \text{ J/mol}$$

(5-9)

$$Fe_3O_4(s) + C(s) = 3FeO(s) + CO(g) \qquad \Delta_r G_m^\ominus = 207510 - 217.62T \text{ J/mol} \tag{5-10}$$

$$FeO(s) + C(s) = Fe(s) + CO(g) \qquad \Delta_r G_m^\ominus = 158970 - 160.25T \text{ J/mol} \tag{5-11}$$

$t < 570\text{℃}$时，
$$3Fe_2O_3(s) + C(s) = 2Fe_3O_4(s) + CO(g) \qquad \Delta_r G_m^\ominus = 120000 - 218.46T \text{ J/mol}$$

$$1/4Fe_3O_4(s) + C(s) = 3/4Fe(s) + CO(g) \qquad \Delta_r G_m^\ominus = 171100 - 174.5T \text{ J/mol} \tag{5-12}$$

$t > 570\text{℃}$时，
$$3Fe_2O_3(s) + CO(g) = 2Fe_3O_4(s) + CO_2(g) \qquad \Delta_r G_m^\ominus = -52131 - 41.0T \text{ J/mol} \tag{5-13}$$

$$Fe_3O_4(s) + CO(g) = 3FeO(s) + CO_2(g) \qquad \Delta_r G_m^\ominus = 35380 - 40.16T \text{ J/mol} \tag{5-14}$$

$$FeO(s) + CO(g) = Fe(s) + CO_2(g) \qquad \Delta_r G_m^\ominus = -22800 + 24.26T \text{ J/mol} \tag{5-15}$$

$t < 570\text{℃}$时，
$$3Fe_2O_3(s) + CO(g) = 2Fe_3O_4(s) + CO_2(g) \qquad \Delta_r G_m^\ominus = -52131 - 41.0T \text{ J/mol}$$

$$1/4Fe_3O_4(s) + CO(g) = 3/4Fe(s) + CO_2(g) \qquad \Delta_r G_m^\ominus = -9832 + 8.58T \text{ J/mol} \tag{5-16}$$

2）CO 还原铁氧化物的热力学

CO 在不同温度条件下还原铁氧化物的反应如反应式（5-13）～式（5-16）所示。各还原反应的 $\Delta_r G_m^\ominus$ 是通过测定反应达到平衡态时平衡常数 $K^\ominus$ 与 T 的关系得出的。

上述反应达到平衡时，平衡常数和反应体系中气相成分的关系可表示为

$$K^\ominus = \varphi(CO_2)/\varphi(CO) \tag{5-17}$$

$$\varphi(CO) = 100/(1 + K^\ominus) \tag{5-18}$$

式（5-13）～式（5-16）中，除反应式（5-13）的平衡常数 $K^\ominus \gg 1$ 外，其他 3 个反应式的 $K^\ominus$ 介于 0.3～0.9。

由于 CO 还原 Fe_2O_3 的反应极易进行，以下仅探讨式（5-14）～式（5-16）中涉及磁化焙烧产物 Fe_3O_4 过还原的反应。可利用式（5-17）和式（5-18）中气体浓度与平衡常数的关系作出 CO 还原铁氧化物的平衡图，如图 5-6 所示。

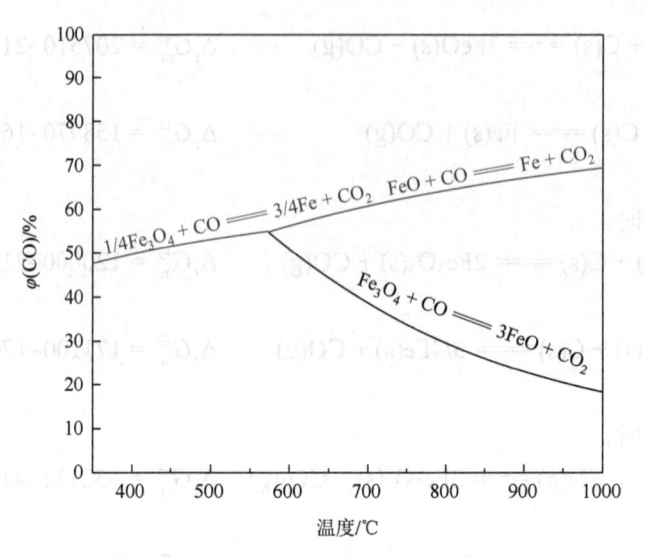

图 5-6 CO 还原铁氧化物的平衡图

图 5-6 中 3 条曲线交点处的温度 $t = 570$℃，CO 浓度 $\varphi(CO) = 52.2\%$。3 条曲线将图面划分为 Fe_3O_4、FeO 和 Fe 的稳定存在区。当体系中的 $\varphi(CO)$ 高于曲线上某温度所对应的 $\varphi(CO)$ 时，该曲线所对应的还原反应可以正向进行，反之，曲线所对应的反应则逆向进行。换言之，在同一温度下，曲线上方区域为该反应的产物稳定存在区，下方区域则为该反应的反应物稳定存在区。因此，可以通过平衡图判定在某一确定的温度、CO 浓度条件下铁氧化物的转变方向及最终的稳定物相。对于铁氧化物的磁化焙烧反应，可通过控制反应温度及所通还原气的成分使得铁氧化物向生成 Fe_3O_4 的方向进行。

2. 赤铁矿磁化焙烧热效应计算

由式（5-19）范托夫公式可确定温度对化学平衡移动方向的影响。式中，$K_m^\ominus$ 为标准状态下化学反应的平衡常数，T 为反应温度，K；$\Delta_r H_m^\ominus$ 为化学反应的标准摩尔焓变，即生成物的生成焓与反应物生成焓的差值，J/mol；R 为摩尔气体常数，8.314 J/(mol·K)。

$$\left(\frac{\partial \ln K_m^\ominus}{\partial T}\right)_p = \frac{\Delta_r H_m^\ominus}{RT^2} \tag{5-19}$$

当 $\Delta_r H_m^\ominus > 0$ 时，$\partial \ln K_m^\ominus / \partial T > 0$，$K_m^\ominus$ 值随着温度的升高而增大，即化学反应平衡向吸热方向进行；当 $\Delta_r H_m^\ominus < 0$ 时，$\partial \ln K_m^\ominus / \partial T < 0$，$K_m^\ominus$ 值随着温度的升高而减小，即化学反应平衡向放热方向进行。当 $\Delta_r H_m^\ominus = 0$ 时，$\partial \ln K_m^\ominus / \partial T = 0$，$K_m^\ominus$ 值不随温度变化而发生改变，即改变反应温度不会对化学反应平衡产生影响。

在实际反应过程中,摩尔反应焓变可通过已知焓变量 $\Delta_r H_m^\ominus$ 与反应所涉及物质的等压热容 c_p 进行计算,如 $T_1 \sim T_2$ 温度范围内反应的焓变量可以表示为

$$\Delta_r H_m(T_2) = \Delta_r H_m^\ominus(T_1) + \int_{T_1}^{T_2} \Delta c_p \mathrm{d}T \tag{5-20}$$

各物质在不同温度下的等压热容表达式如式(5-21)~式(5-26)所示。表5-9为磁化焙烧过程中所涉及的主要反应物和生成物在标准状态($T = 298\mathrm{K}$, $P = 100\mathrm{kPa}$)下的标准生成焓。

当 $T = 298 \sim 953\mathrm{K}$ 时,

$$c_p(\mathrm{Fe_2O_3}) = 98.282 + 77.822 \times 10^{-3}T - 14.853 \times 10^5 T^{-2}[\mathrm{J/(mol \cdot K)}] \tag{5-21}$$

当 $T = 298 \sim 866\mathrm{K}$ 时,

$$c_p(\mathrm{Fe_3O_4}) = 86.232 + 208.907 \times 10^{-3}T[\mathrm{J/(mol \cdot K)}] \tag{5-22}$$

当 $T = 866 \sim 1870\mathrm{K}$ 时,

$$c_p(\mathrm{Fe_3O_4}) = 200.832\,\mathrm{J/(mol \cdot K)} \tag{5-23}$$

当 $T = 298 \sim 1100\mathrm{K}$ 时,

$$c_p(\mathrm{C}) = 0.084 + 38.911 \times 10^{-3}T - 1.464 \times 10^5 T^{-2} - 17.364 \times 10^{-6} T^2 [\mathrm{J/(mol \cdot K)}] \tag{5-24}$$

当 $T = 298 \sim 2500\mathrm{K}$ 时,

$$c_p(\mathrm{CO}) = 28.409 + 4.100 \times 10^{-3}T - 0.46 \times 10^5 T^{-2}[\mathrm{J/(mol \cdot K)}] \tag{5-25}$$

当 $T = 298 \sim 2500\mathrm{K}$ 时,

$$c_p(\mathrm{CO_2}) = 44.141 + 9.037 \times 10^{-3}T - 8.535 \times 10^5 T^{-2}[\mathrm{J/(mol \cdot K)}] \tag{5-26}$$

表 5-9 焙烧过程中主要反应物和生成物的标准生成焓(298K,100kPa)

物质	Fe$_2$O$_3$	Fe$_3$O$_4$	CO	CO$_2$
$\Delta_f H_m^\ominus$ /(kJ/mol)	−823	−1115.5	−110.541	−393.505

1)间接还原反应摩尔焓变的计算

由表5-9中相关数据计算间接还原反应 $3\mathrm{Fe_2O_3} + \mathrm{CO(g)} \rightleftharpoons 2\mathrm{Fe_3O_4} + \mathrm{CO_2(g)}$ 的标准摩尔焓变,计算结果为

$$\Delta_r H_m^\ominus(298\mathrm{K}) = 2\Delta_f H_m^\ominus(\mathrm{Fe_3O_4}) + \Delta_f H_m^\ominus(\mathrm{CO_2}) - 3\Delta_f H_m^\ominus(\mathrm{Fe_2O_3}) - \Delta_f H_m^\ominus(\mathrm{CO})$$
$$= 2 \times (-1115.5) + (-393.505) - 3 \times (-823) - (-110.541) = -44.964(\mathrm{kJ/mol})$$

当 $T \leqslant 866\mathrm{K}$ 时,间接还原反应摩尔焓变为

$$\Delta_r H_m(T) = \Delta_r H_m^\ominus(298\mathrm{K}) + \int_{298}^{T} \Delta c_p \mathrm{d}T$$
$$= -44964 + \int_{298}^{T}(-106.65 + 0.189285T + 3648400T^{-2})\mathrm{d}T$$
$$= -9344 - 106.65T + 0.0946425T^2 - 3648400T^{-1}(\mathrm{J/mol})$$

当 $T>866\text{K}$ 时,间接还原反应摩尔焓变为

$$\Delta_r H_m(T) = \Delta_r H_m^{\ominus}(298\text{K}) + \int_{298}^{T} \Delta c_p dT$$

$$= -44964 + \int_{298}^{866}(-106.65 + 0.189285T + 3648400T^{-2})dT$$

$$+ \int_{866}^{T}(122.55 - 0.22853T + 3648400T^{-2})dT$$

$$= -51159.74 + 122.55T - 0.114265T^2 - 3648400T^{-1}\ (\text{J/mol})$$

表 5-10 所列数据为 673~973K 下间接还原反应的摩尔焓变,从表 5-10 中计算结果可以看出,在还原温度介于 673~973K 时,磁化焙烧过程中的间接还原反应摩尔焓变 $\Delta_r H_m < 0$,说明该过程为放热反应。当反应温度介于 673~873K 时,还原反应热效应随反应温度升高而增加。

表 5-10 不同温度下间接还原反应的热效应

温度/K	673	723	773	823	873	923	973
$\Delta_r H_m$/(J/mol)	-43674.2	-42025.8	-39952.6	-37445.9	-35437.4	-39344.5	-43846.2

2)直接还原反应摩尔焓变的计算

由表 5-9 中相关数据计算磁化焙烧反应 $3\text{Fe}_2\text{O}_3(\text{s}) + \text{C}(\text{s}) \Longleftrightarrow 2\text{Fe}_3\text{O}_4(\text{s}) + \text{CO}(\text{g})$ 的标准摩尔焓变,结果为

$$\Delta_r H_m^{\ominus}(298\text{K}) = 2\Delta_f H_{298}^{\ominus}(\text{Fe}_3\text{O}_4) + \Delta_f H_{298}^{\ominus}(\text{CO}) - 3\Delta_f H_{298}^{\ominus}(\text{Fe}_2\text{O}_3) - 0$$

$$= 2\times(-1111.5) + (-110.541) - 3\times(-823) = 127.459(\text{kJ/mol})$$

当 $T \leq 866\text{K}$ 时,直接还原反应摩尔焓变为

$$\Delta_r H_m(T) = \Delta_r H_m^{\ominus}(298\text{K}) + \int_{298}^{T} \Delta c_p dT$$

$$= 127459 + \int_{298}^{T}(-94.057 + 0.149537T + 4648300T^{-2} + 0.0000174T^2)dT$$

$$= 127459 + (-94.057T + 0.0747685T^2 - 4648300T^{-1} + 0.0000058T^3)$$

$$-(-36834.1)$$

$$= 164293.1 - 94.057T + 0.0747685T^2 - 4648300T^{-1} + 0.0000058T^3\ (\text{J/mol})$$

当 $T>866\text{K}$ 时,直接还原反应摩尔焓变为

$$\Delta_r H_m(T) = \Delta_r H_m^{\ominus}(298\text{K}) + \int_{298}^{T} \Delta c_p dT$$

$$= 127459 + \int_{298}^{866}(-94.057 + 0.149537T + 4648300T^{-2} + 0.0000174T^2)dT$$

$$+ \int_{866}^{T}(135.143 - 0.26828T + 4556300T^{-2} + 0.0000174T^2)dT$$

$$= 127459 + 9853.12766 + (135.143T - 0.13414T^2 - 4556300T^{-1}$$

$$+0.0000058T^3 - 14940.3)$$
$$= 122371.8277 + 135.143T - 0.13414T^2 - 4556300T^{-1} + 0.0000058T^3 \text{(J/mol)}$$

表 5-11 所列数据为 673~973K 下直接还原反应的摩尔焓变，表中计算结果表明，在 673~973K 温度范围内，磁化焙烧过程中的直接还原反应为吸热反应。当反应温度介于 673~873K 时，还原反应热效应随反应温度升高而增加。

表 5-11 不同温度下直接还原反应的热效应

温度/K	673	723	773	823	873	923	973
$\Delta_r H_m$/(J/mol)	129718.7	131136.4	132929	135112.2	136759.5	132455.4	127531.8

5.2.3 弱磁选尾矿气基磁化焙烧

1. 焙烧温度的影响

在 CO、CO_2、N_2 流量分别为 0.54L/min、0.64L/min、0.60L/min，CO 与 CO_2 体积比为 45:55 的条件下，将弱磁选尾矿分别在 430℃、480℃、530℃、580℃、630℃下焙烧 10min，不同焙烧温度下焙烧产物的 XRD 图如图 5-7 所示。

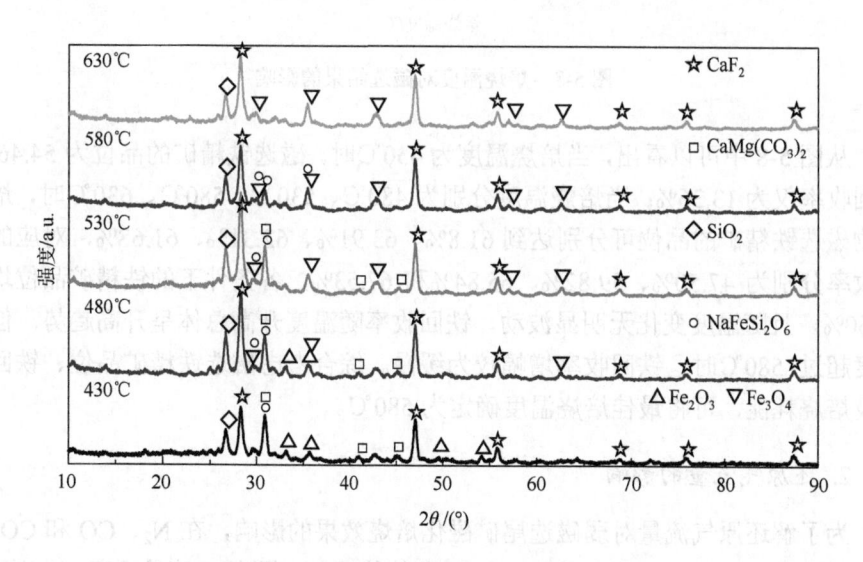

图 5-7 不同焙烧温度下焙烧产物的 XRD 图

从图 5-7 中可以看出，当焙烧温度为 430℃时，焙烧产物 XRD 图中未能明显观察到 Fe_3O_4 衍射峰，焙烧产物中铁氧化物主要为 Fe_2O_3；当焙烧温度为 480℃时，焙烧产物中的铁氧化物以 Fe_2O_3 和 Fe_3O_4 为主；当焙烧温度为 530℃时，焙烧产物中 Fe_2O_3 的衍射峰消失，铁氧化物以 Fe_3O_4 为主；当焙烧温度为 580℃时，Fe_3O_4 衍射峰强度略有增强；继续升高焙烧温度至 630℃，Fe_3O_4 衍射峰强度无明显变化。由此可见，当焙烧温度为 580℃时，磁化焙烧反应已经进行得非常彻底。

为了进一步研究焙烧条件对磁化焙烧的影响规律，本实验对不同温度下的焙烧产物进行弱磁选。在磁选过程中，焙烧矿的磨矿粒度为 $-76\mu m$ 的颗粒占比为 99.41%，磁感应强度为 140mT，图 5-8 为不同焙烧温度下焙烧产物的磁选结果。

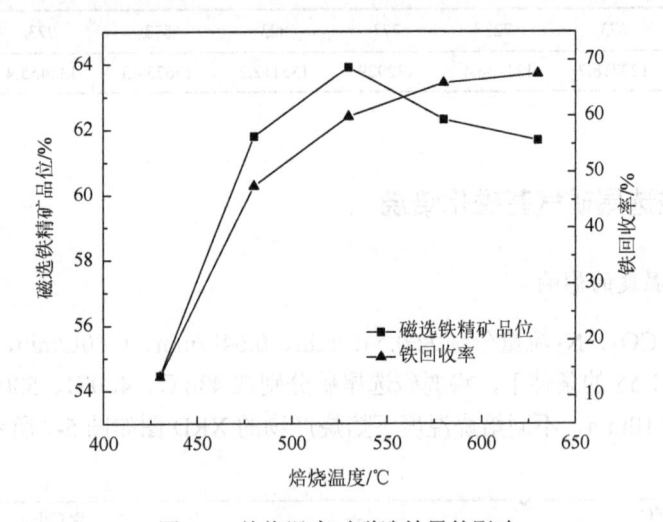

图 5-8　焙烧温度对磁选结果的影响

从图 5-8 中可以看出，当焙烧温度为 430℃时，磁选铁精矿的品位为 54.46%，铁回收率仅为 13.36%；当焙烧温度分别为 480℃、530℃、580℃、630℃时，焙烧产物磁选铁精矿的品位可分别达到 61.8%、63.91%、62.31%、61.68%，对应的铁回收率分别为 47.50%、59.82%、65.84%和 67.53%，各条件下的铁精矿品位均超过 60%，且随温度变化无明显波动，铁回收率随温度升高总体呈升高趋势。但当温度超过 580℃时，铁回收率增幅较为缓慢。综合考虑磁选铁精矿品位、铁回收率及焙烧耗能，可将最佳焙烧温度确定为 580℃。

2. 还原气流量的影响

为了解还原气流量对弱磁选尾矿磁化焙烧效果的影响，在 N_2、CO 和 CO_2 流量分别为 0.60L/min、0.54L/min、0.64L/min 的基础上，保持 N_2 流量不变，分别研究了还原气流量（CO 和 CO_2 总流量）为基础实验气体流量的 0.4 倍、0.6 倍、0.8 倍、1 倍和 1.2 倍时焙烧矿的焙烧效果，焙烧实验温度均设定为 580℃，焙烧时间为 10min。图 5-9 为不同还原气流量条件下焙烧产物的 XRD 图。

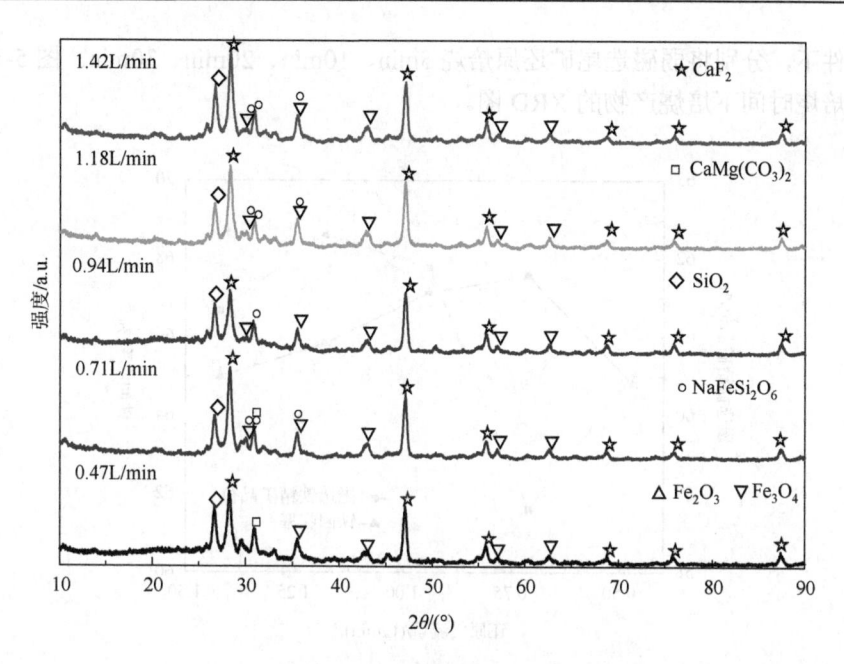

第5章 白云鄂博矿弱磁选铁尾矿分离回收有价元素铁、稀土、铌和钪 ·199·

图 5-9 不同还原气流量下焙烧产物的 XRD 图

从图 5-9 中可以看出，当 N_2 流量为 0.60L/min，还原气流量为基础气流量的 0.4 倍（0.47L/min）时，焙烧产物的 XRD 图中未能观察到 Fe_2O_3 衍射峰，铁氧化物以 Fe_3O_4 为主；当还原气流量为基础气流量的 0.6 倍（0.71L/min）、0.8 倍（0.94L/min）、1 倍（1.18L/min）时，产物 XRD 图中 Fe_3O_4 的衍射峰强度呈逐渐增强的趋势；当还原气流量为基础气流量的 1.2 倍（1.42L/min）时，产物 XRD 图中 Fe_3O_4 的衍射峰强度略微减弱，可能是由少量 Fe_3O_4 被进一步还原为 FeO 导致 Fe_3O_4 量降低所致。

对不同还原气流量下焙烧产物进行磁选，磁选条件同前面一致，磁选结果如图 5-10 所示。从图 5-10 中可以看出，当还原气流量分别为基础气流量的 0.4 倍、0.6 倍、0.8 倍、1 倍和 1.2 倍时，焙烧产物磁选所得铁精矿的品位分别为 60.53%、58.81%、61.88%、62.31%、61.34%，铁精矿品位随气流量升高无明显变化，铁回收率分别为 64.80%、67.56%、67.14%、65.84%、65.00%，呈先升高后降低的趋势。综合分析磁选铁精矿的品位及铁回收率，可确定适宜的还原气流量应为基础气流量的 0.8 倍或 1 倍，即 0.94L/min 或 1.18L/min。

3. 焙烧时间的影响

为探究弱磁选尾矿在不同焙烧时间下的还原情况，在焙烧温度为 580℃，CO、CO_2、N_2 流量分别为 0.54L/min、0.64L/min、0.60L/min，CO 与 CO_2 体积比为 45:55

的条件下，分别将弱磁选尾矿还原焙烧 5min、10min、20min、30min。图 5-11 为不同焙烧时间下焙烧产物的 XRD 图。

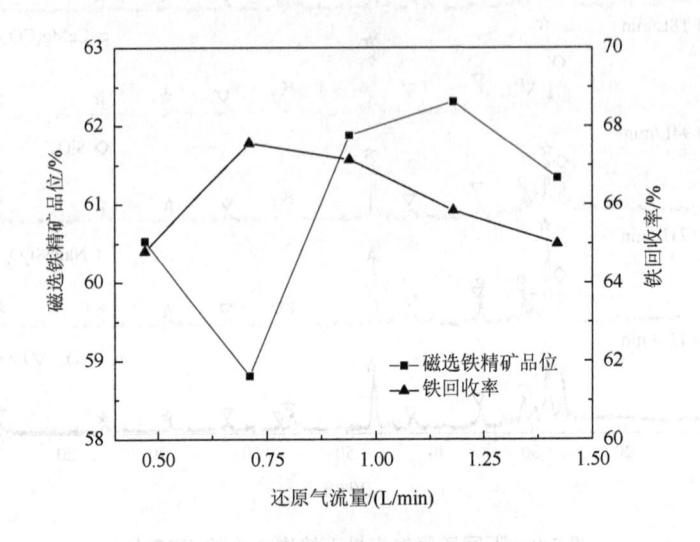

图 5-10　还原气流量对磁选结果的影响

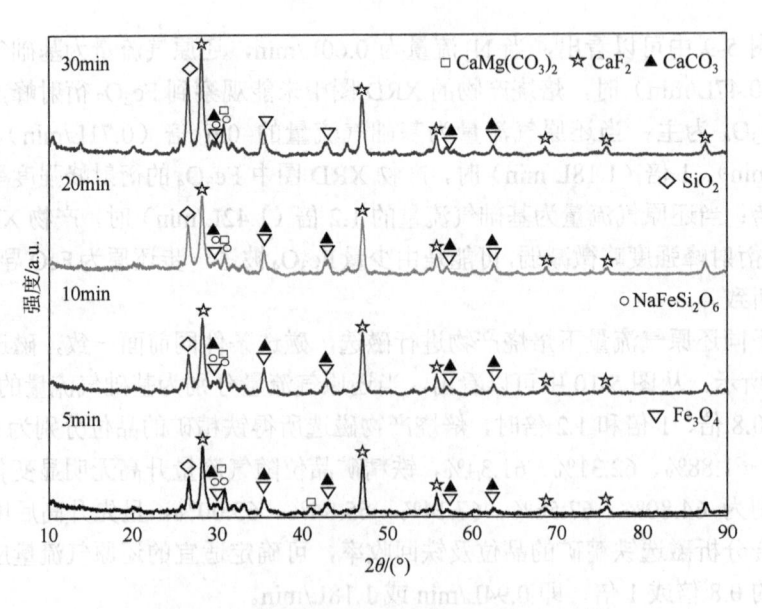

图 5-11　不同焙烧时间下焙烧产物的 XRD 图

从图 5-11 中可以看出，当焙烧时间为 5min 时，焙烧产物的 XRD 图中未能观察到 Fe_2O_3 的衍射峰，可明显观察到 Fe_3O_4 的衍射峰，说明 Fe_2O_3 在该条件下大部分已还原为 Fe₃O₄，由于未还原的 Fe₂O₃ 含量较低而未能在 XRD 图中显示其衍射峰；当焙烧时间延长至 10min 时，Fe₃O₄ 衍射峰强度显著增强，Fe₂O₃ 在该条件下可充分还原为 Fe₃O₄；将焙烧时间延长至 20min 或 30min 时，Fe₃O₄ 的衍射峰强度略有减弱，可能是部分 Fe₃O₄ 被还原为 FeO 所致。由以上分析可知，弱磁选尾矿中 Fe₂O₃ 在还原时间为 10min 时已完全还原为 Fe₃O₄。

图 5-12 为不同焙烧时间下焙烧产物的磁选结果。磁选实验中焙烧产物磨矿粒度及磁选场强均与以上各节保持一致。从图 5-12 中可以看出，当焙烧时间为 5min、10min、20min 时，磁选铁精矿的品位分别为 61.37%、62.31%、62.07%，焙烧时间对焙烧产物磁选铁精矿的品位无明显影响，各焙烧条件下焙烧产物的磁选实验的铁回收率分别为 56.52%、65.84%、62.31%。当焙烧时间为 10min 时，铁回收率达到最大值，延长焙烧时间至 20min，铁回收率开始急剧下降，过长时间的焙烧会导致部分 Fe₃O₄ 过还原为弱磁性的 FeO。因此，可确定较佳的磁化焙烧时间应为 10min。

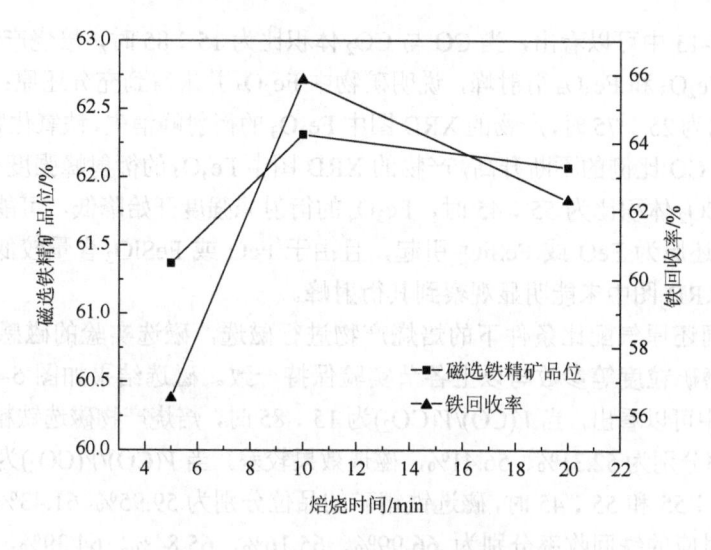

图 5-12 焙烧时间对磁选结果的影响

4. 还原气配比的影响

为研究 CO 配比对磁化焙烧的影响，在焙烧温度为 580℃，N₂ 流量为 0.60L/min、CO 和 CO₂ 总流量为 1.18L/min 时，分别在 CO 与 CO₂ 体积比为 15∶85、25∶75、35∶65、45∶55、55∶45 的条件下对弱磁选尾矿进行磁化焙烧，焙烧时间设定为 10min。图 5-13 为不同还原气配比条件下焙烧产物的 XRD 图。

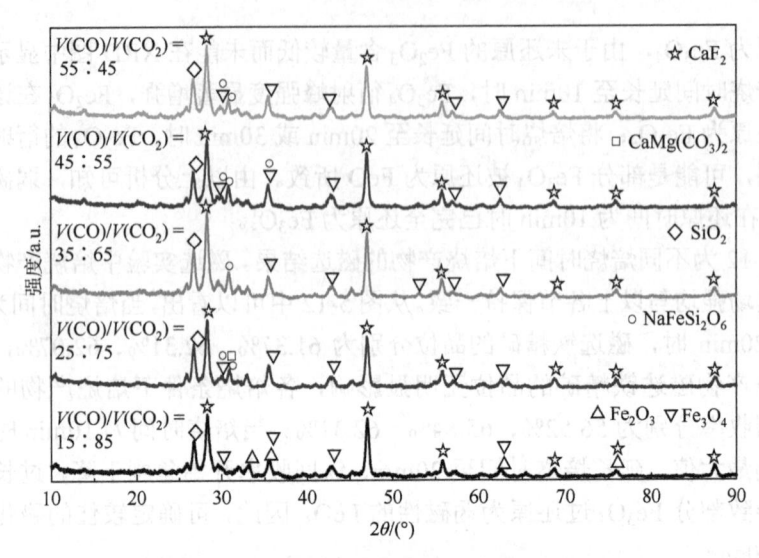

图 5-13 不同还原气配比下焙烧产物的 XRD 图

从图 5-13 中可以看出，当 CO 与 CO₂ 体积比为 15∶85 时，焙烧产物的 XRD 图中可见 Fe_2O_3 和 Fe_3O_4 衍射峰，说明矿物中 Fe_2O_3 并未得到充分还原；当 CO 与 CO₂ 体积比为 25∶75 时，产物的 XRD 图中 Fe_2O_3 的衍射峰消失，铁氧化物以 Fe_3O_4 为主；随着 CO 比例的不断升高，产物的 XRD 图中 Fe_3O_4 的衍射峰强度有所增强；当 CO 与 CO₂ 体积比为 55∶45 时，Fe_3O_4 的衍射峰强度开始降低，可能是由少量 Fe_3O_4 被过还原为 FeO 或 $FeSiO_3$ 引起，且由于 FeO 或 $FeSiO_3$ 含量较低，故在焙烧产物的 XRD 图中未能明显观察到其衍射峰。

对不同还原气配比条件下的焙烧产物进行磁选，磁选实验的磁感应强度及焙烧产物磨矿粒度等参数与以上各节实验保持一致。磁选结果如图 5-14 所示。从图 5-14 中可以看出，当 $V(CO)/V(CO_2)$ 为 15∶85 时，焙烧产物磁选铁精矿的品位及铁回收率分别为 52.31%、56.41%，磁选效果较差。当 $V(CO)/V(CO_2)$ 为 25∶75、35∶65、45∶55 和 55∶45 时，磁选铁精矿的品位分别为 59.95%、61.43%、62.31%、59.07%，对应的铁回收率分别为 66.99%、65.16%、65.84%、64.39%，铁精矿品位和铁回收率均得到大幅度提升。综合分析磁选结果可得出，焙烧过程中适宜的还原气配比 $V(CO)/V(CO_2)$ 应为 45∶55。

从本节实验结果来看，影响气基磁化焙烧产物磁选效果的主要因素为焙烧温度和还原气配比，其次为焙烧时间，还原气体流量对磁选效果影响较小。焙烧温度和还原气配比对磁选铁精矿品位及铁回收率均有影响，其中，焙烧温度对铁回收率的影响更为明显。焙烧时间对磁选效果的影响主要体现在对铁回收率的影响上。在焙烧温度、还原气配比、焙烧时间不变的情况下，随着还原气流量的变化，磁选铁精矿品位及铁回收率无大幅变化。

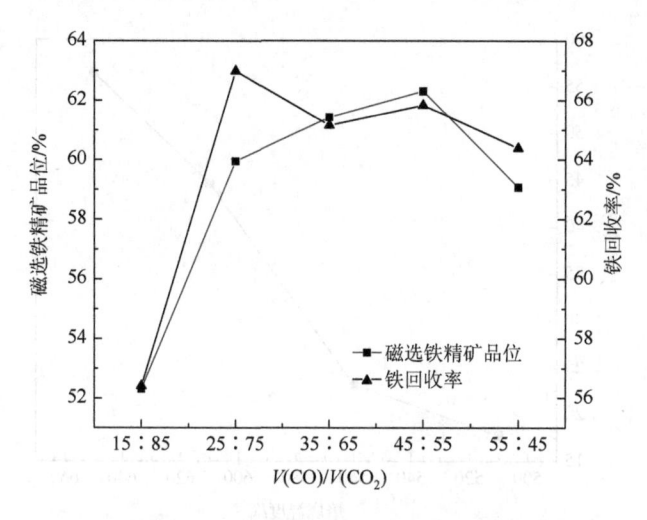

图 5-14 还原气配比对磁选结果的影响

5.2.4 弱磁选尾矿煤基磁化焙烧

煤基还原是在工业生产中运用得最为普遍的磁化焙烧方式。本节实验按照反应式（5-12）中所示反应机理，在弱磁选尾矿中配加煤粉并对配煤矿物进行造球，分别研究碳氧摩尔比及焙烧条件对球团磁化焙烧效果的影响。本节实验采用焙烧产物的磁性率[w(FeO)/w(TFe)×100%]来反映弱磁选尾矿的磁化焙烧程度。

1. 焙烧温度的影响

按照碳氧摩尔比[n(C)/n(O)]为 0.43 的比例在弱磁选尾矿中配入煤粉，然后分别在 510℃、560℃、610℃、650℃下对弱磁选尾矿进行煤基磁化焙烧，焙烧时间为 2h。焙烧结束后，分别对各条件下焙烧产物进行化学分析并计算其磁性率，各温度下焙烧产物的磁性率如图 5-15 所示。图 5-16 为不同焙烧温度下产物的 XRD 图。

由图5-15可见，随着焙烧温度的升高，焙烧产物的磁性率整体呈升高趋势。当焙烧温度为510℃时，焙烧产物的磁性率为17.73%。从图5-16中可以看出，此时焙烧产物中开始出现 Fe_3O_4 的衍射峰，但仍可观察到 Fe_2O_3 的衍射峰，说明含碳球团中的 Fe_2O_3 已经开始向 Fe_3O_4 转变。焙烧温度介于 560~610℃时，均未能从 XRD 图中观察到 Fe_2O_3 的衍射峰，但 Fe_3O_4 衍射峰强度随温度升高逐渐增强，说明 Fe_2O_3 随温度升高逐渐趋于完全还原。当焙烧温度升高至650℃时，焙烧产物磁性率为56.50%，还原生成的 Fe_3O_4 被进一步还原为 FeO，开始出现"过还原"现象。从图5-16可以看出，Fe_3O_4 衍射峰强度明显减弱，但由于过还原生成的 FeO

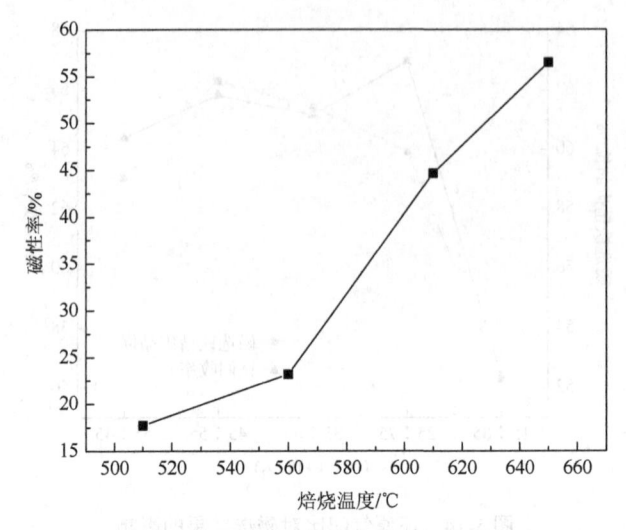

图 5-15 焙烧温度对焙烧产物磁性率的影响

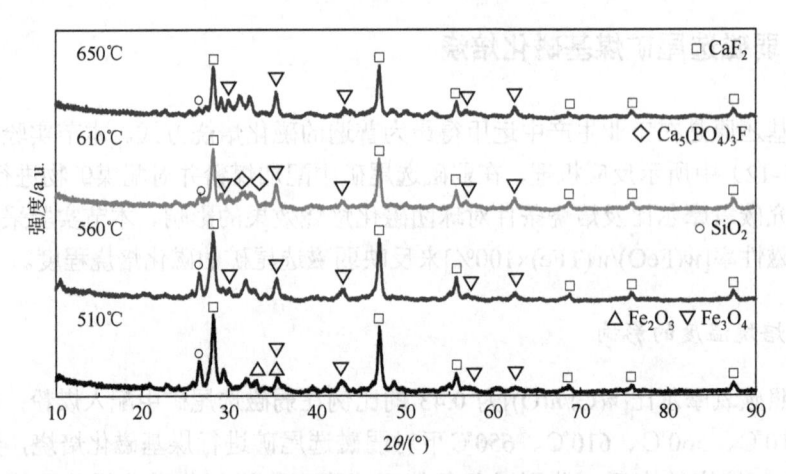

图 5-16 不同焙烧温度下焙烧产物的 XRD 图

或 Fe_2SiO_4 含量较低，因此，很难观察到其对应衍射峰。从分析结果来看，本实验最佳焙烧温度应为 610℃，该温度下所得焙烧产物的磁性率更接近理论磁性率。鞍山钢铁集团有限公司东鞍山烧结厂对白云鄂博矿的烧结经验也表明磁性较好的矿物的磁性率介于 42%~52% 之间。

2. 碳氧摩尔比的影响

利用煤粉作为还原剂还原赤铁矿时，将弱磁选尾矿中的铁看作全部以赤铁矿形式存在，根据含氧量近似计算出磁化焙烧的理论碳氧摩尔比，适当改变碳氧摩尔比，对不同碳氧摩尔比下的焙烧产物进行分析，确定适宜的碳氧摩尔比。实验条件为焙烧温度 610℃，焙烧时间 2h，碳氧摩尔比分别为 0.22、0.33、0.43 和 0.47。图 5-17 为焙烧产物磁性率随碳氧摩尔比的变化规律，图 5-18 为不同碳氧摩尔比下焙烧产物的 XRD 图。

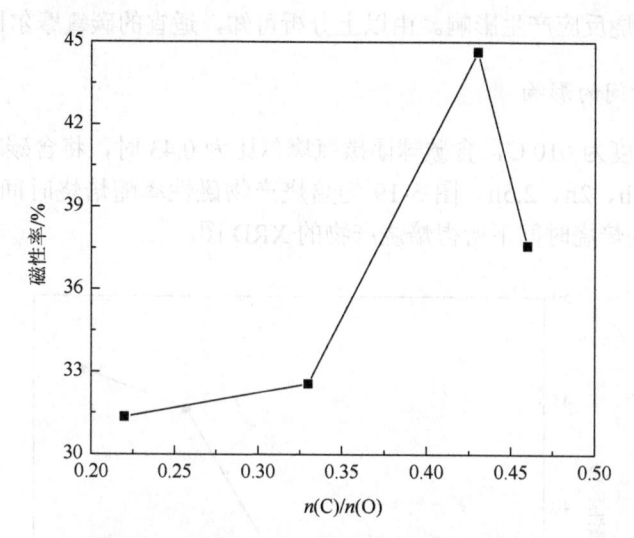

图 5-17 碳氧摩尔比对焙烧产物磁性率的影响

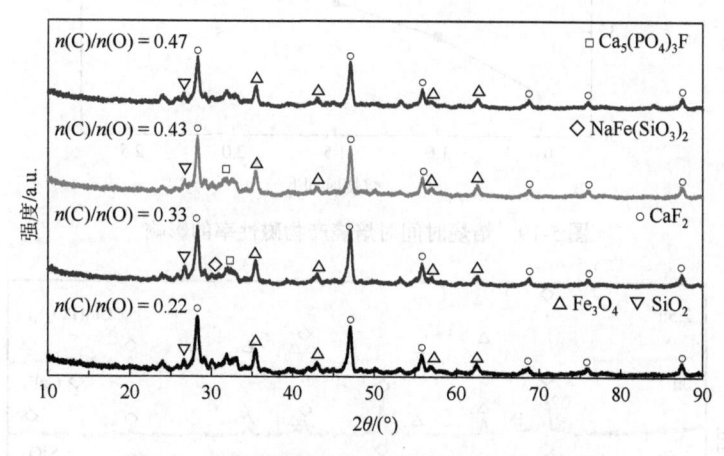

图 5-18 不同碳氧摩尔比下焙烧产物的 XRD 图

从图 5-17 可以看出，在碳氧摩尔比由 0.22 逐渐升高至 0.43 的过程中，焙烧产物的磁性率呈现出逐渐升高的趋势，焙烧产物的磁化焙烧效果得到改善，继续提高碳氧摩尔比至 0.47，焙烧产物磁性率开始降低，还原效果开始变差。由图 5-18 可知，随着碳氧摩尔比的升高，XRD 图中 Fe_3O_4 的衍射峰强度呈现出明显增强的趋势。这是由于随着碳氧摩尔比的增加，赤铁矿与煤粉接触面积增大，球团内部 CO 浓度相应提高，故在相同反应时间内赤铁矿的还原程度更趋于完全。然而，当碳氧摩尔比达到 0.47 时,焙烧产物的磁性率呈现降低的趋势,且焙烧产物 XRD 图中 Fe_3O_4 衍射峰的强度也明显减弱,磁化焙烧效果变差,这可能是由于细粒度煤粉颗粒数量的增加使含碳球团的透气性降低,导致气体扩散速率降低,进而对赤铁矿磁化焙烧反应产生影响。由以上分析可知,适宜的碳氧摩尔比应为 0.43。

3. 焙烧时间的影响

当焙烧温度为 610℃,含碳球团碳氧摩尔比为 0.43 时,将含碳球团分别焙烧 0.5h、1h、1.5h、2h、2.5h。图 5-19 为焙烧产物磁性率随焙烧时间的变化曲线,图 5-20 为不同焙烧时间下所得焙烧产物的 XRD 图。

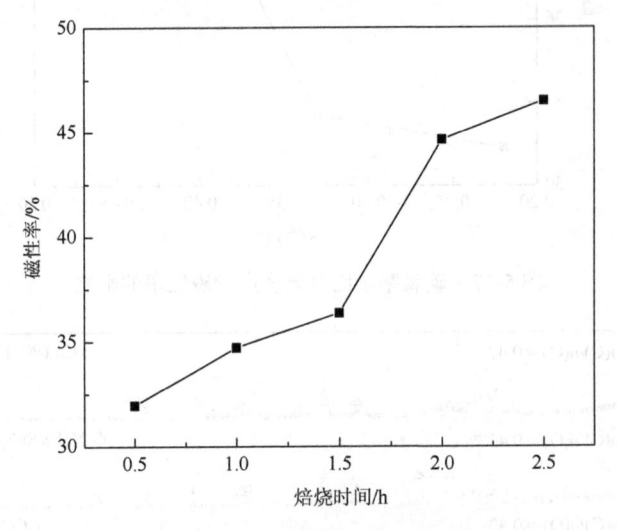

图 5-19 焙烧时间对焙烧产物磁性率的影响

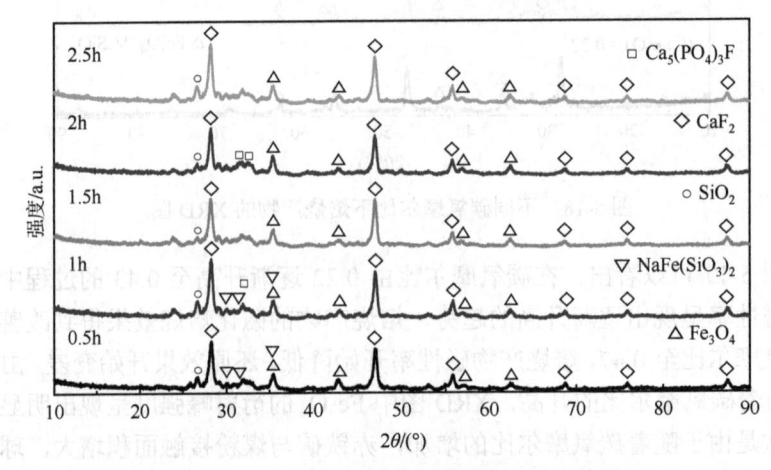

图 5-20 不同焙烧时间下焙烧产物的 XRD 图

由图 5-19 可知，随着焙烧时间的延长，焙烧产物的磁性率整体呈上升趋势。当焙烧时间由 0.5h 延长至 2h 时，焙烧产物磁性率由 31.35%升至 44.64%；继续延长焙烧时间至 2.5h，焙烧产物磁性率达到 46.51%，与焙烧时间 2h 时相比磁性率变化不明显，该现象说明球团中所配煤粉在 2h 内已基本全部消耗。从图 5-20 中可看出，焙烧时间由 0.5h 延长至 2h 的过程中，焙烧产物 XRD 图中的 Fe_3O_4 的衍射峰强度随焙烧时间的延长呈现出逐渐增强的趋势；当焙烧时间达到 2h 以上时，Fe_3O_4 衍射峰强度无明显变化。综合以上分析，适宜的磁化焙烧时间应为 2h。

根据以上条件实验所确定的适宜的磁化焙烧条件为焙烧温度 610℃、焙烧时间 2h、碳氧摩尔比 0.43。将该焙烧条件下所得焙烧球团磨至–200 目颗粒占矿物总量的 95%，在 130mT 的磁感应强度下对磨矿物料进行磁选，可获得品位为 51.65%的铁精矿，铁回收率为 45.66%。

从含碳球团磁化焙烧条件实验的结果来看，焙烧温度和焙烧时间是影响焙烧产物磁性率的主要因素，碳氧摩尔比对磁性率有影响的范围较小。在本节实验中，随着焙烧温度升高或焙烧时间延长，焙烧产物磁性率均呈明显升高趋势。而随着碳氧摩尔比的升高，焙烧产物磁性率呈先升高后降低的趋势，碳氧摩尔比仅在小范围内对焙烧产物磁性率的提高发挥作用。

5.2.5 磁化焙烧表观动力学

本节中关于弱磁选尾矿球团的气基磁化焙烧和煤基磁化焙烧实验表明，含碳球团的煤基磁化焙烧反应速率较慢，完成磁化焙烧用时远远长于气基磁化焙烧用时。本节针对含碳球团恒温焙烧过程中反应动力学展开研究，确定适宜的焙烧反应表观动力学模型，明确含碳球团磁化焙烧的限制环节。

1. 球团磁化焙烧表观动力学模型

弱磁选尾矿含碳球团的焙烧是一个自还原过程。含碳球团可以看作是由多个微小矿物颗粒组成的集合体。在微观层面上，各微小矿物颗粒虽然在形状和粒度上不尽相同，但其粒度整体分布在一个较小区间内，可近似认为球团是由多个形状和粒度相近的颗粒组成。球团整体的还原反应是分布于球团内部的各铁氧化物颗粒同时进行还原反应的综合效应。就铁氧化物颗粒而言，其还原反应均是自外而内逐层进行，表观动力学模型符合未反应核模型[10]。

反应初始阶段，煤粉与铁氧化物颗粒发生直接还原反应产生 CO，CO 与铁氧化物发生间接还原反应生成 CO_2，碳气化反应和铁氧化物的间接还原反应循环进行，直至所添加的煤粉全部消耗。因此，含碳球团的还原过程可看作是由两个相

继发生的气固反应组成,即碳的气化反应和铁氧化物的还原反应,弱磁选尾矿含碳球团的还原过程可描述如下[11-13]:

(1) CO_2 与球团中的碳发生气化反应产生 CO 气体;
(2) CO 通过球团内间隙扩散至 Fe_2O_3 界面并与 Fe_2O_3 发生反应产生 CO_2;
(3) CO_2 向固体产物表面扩散,并通过气固边界层进入气相。

从还原磁化焙烧反应启动到反应循环进行的过程可由图 5-21 中的 5 个步骤进行描述,即直接还原、CO 向外扩散、间接还原、CO_2 向外扩散和碳气化反应。

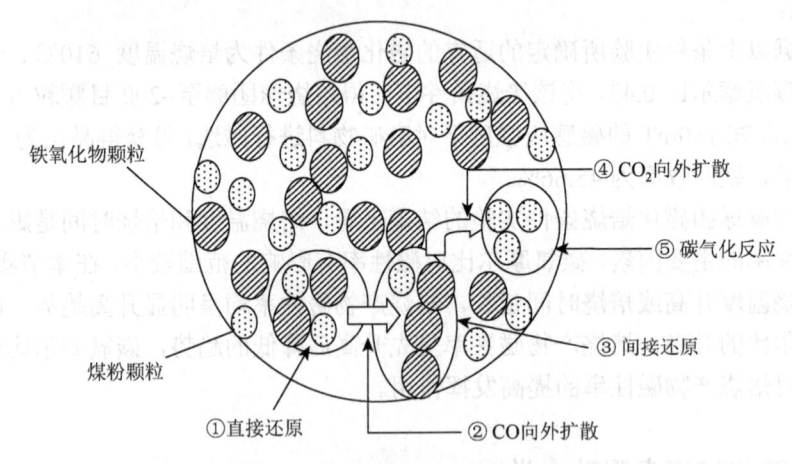

图 5-21 含碳球团磁化焙烧示意图

另外,为了简化动力学研究和分析过程,对还原过程作以下三点假设:
(1) 团块内部赤铁矿与煤粉分布均匀;
(2) 反应过程中体系的温度保持恒温状态;
(3) 焙烧过程中两种气体在球团内部的比例不发生变化。

在整个反应的初始阶段,因铁氧化物和还原剂碳接触紧密,直接还原反应会微弱进行。随着反应的进行,碳和铁氧化物接触的紧密程度减弱,体系内反应以碳气化反应和间接还原反应组成的两步反应为主。因此,直接还原反应在整个还原反应过程中只是发挥启动作用,并不会成为反应的限制环节。

结合以上分析,弱磁选尾矿含碳球团磁化焙烧过程中的限制环节主要包括碳气化反应、相界面化学反应和气体的扩散。在表观动力学研究过程中,3 种限制环节(控速环节)分别对应不同的动力学模型。本节将对不同限制环节下的表观动力学方程进行推导。

含碳球团焙烧过程中的还原反应以间接还原反应为主,可将球团中各铁氧化物微颗粒近似看作球形颗粒,通过气固反应的未反应核模型来研究还原过程的表观动力学。图 5-22 为未反应核模型示意图,图中 r_0 和 r 分别表示球形颗粒半径及未反应核半径，c_0、c_1 和 c_2 分别表示还原气体在气相中的浓度、在固体产物层表面的浓度以及在未反应核表面的浓度。未反应核模型推导过程中的假设条件为：固体反应物是致密的或者无孔隙的，固体产物层是多孔的，界面化学反应发生在多孔的产物层和未反应的反应核之间。

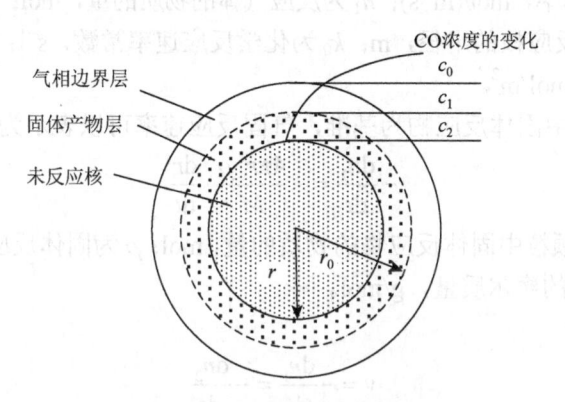

图 5-22 未反应核模型示意图

1）碳气化反应控速

若含碳球团的碳气化反应为一级反应，且碳气化反应为焙烧反应的限制环节，则含碳球团的还原反应速率可用碳的气化速率表示，反应的速率方程可以表示为

$$\frac{\mathrm{d}m_\mathrm{c}}{\mathrm{d}t}=-k_\mathrm{c}m_\mathrm{c} \tag{5-27}$$

式中：m_c 为含碳球团中碳的质量，g；t 为反应时间，s；k_c 为碳气化反应速率常数，s^{-1}。

对式（5-27）在 $0\sim t$ 时间段内进行积分，可以得到：

$$\ln\left(1-\frac{m_{\mathrm{c},0}-m_{\mathrm{c},t}}{m_{\mathrm{c},0}}\right)=\ln(1-\alpha)=-k_\mathrm{c}t \tag{5-28}$$

式中：t 为反应时间，s；$m_{\mathrm{c},0}$ 为初始时刻球团中碳的含量，g；$m_{\mathrm{c},t}$ 为反应时间为 t 时球团中碳的质量，g；k_c 为反应速率常数，s^{-1}；α 为碳的气化反应率。

因此，碳气化反应为焙烧反应的限制环节时，焙烧反应的表观动力学机理函数可表示为

$$F(\alpha)=-\ln(1-\alpha) \tag{5-29}$$

2）相界面反应控速

在焙烧反应过程中，含碳球团中的还原反应主要为间接还原反应，因此，在讨论相界面反应时，以气固还原反应为主。铁氧化物颗粒被还原气体包围，反应发生在气体与未反应核的接触面上。当反应速率由相界面化学反应或局部反应控

制时，气体反应物在气相内、颗粒表面及反应相界面的浓度均相等，即在图 5-22 中，$c_0 = c_1 = c_2$。气固反应速率可以表示为

$$v = -\frac{dn_1}{dt} = 4\pi r^2 k_0 c_0 \tag{5-30}$$

式中：v 为反应速率，mol/(m^3·s)；n_1 为反应气体的物质的量，mol；t 为反应时间，s；r 为球形颗粒未反应核的半径，m；k_0 为化学反应速率常数，s^{-1}；c_0 为还原气体在气相中的浓度，mol/m^3。

以球形颗粒中固体反应物为基准，气固反应速率可以表示为

$$-\frac{dn_2}{dt} = -\frac{4\pi r^2 \rho}{M} \cdot \frac{dr}{dt} \tag{5-31}$$

式中：n_2 为球形颗粒中固体反应物的物质的量，mol；ρ 为固体反应物的密度 g/m^3；M 为固体反应物的摩尔质量，g/mol。

由

$$v = -\frac{dn_1}{dt} = -\frac{dn_2}{dt} \tag{5-32}$$

可得

$$-dr = \frac{Mk_0 c_0}{\rho}dt \tag{5-33}$$

规定 r_0 为反应物球形颗粒初始半径，在球形颗粒半径 $r_0 \sim r$ 范围内对式(5-33)积分，可得

$$r_0 - r = \frac{k_0 c_0}{\rho}t \tag{5-34}$$

假定反应前后球形颗粒密度不变，则反应物反应分数 α 与颗粒半径 r、r_0 的关系可以表示为

$$\alpha = \frac{(r-r_0)^3}{r^3} = 1 - \left(\frac{r}{r_0}\right)^3 \tag{5-35}$$

则有

$$r = r_0(1-\alpha)^{1/3} \tag{5-36}$$

将式（5-36）代入式（5-34）中可得

$$1-(1-\alpha)^{1/3} = \frac{k_0 c_0}{r_0 \rho}t \tag{5-37}$$

对式（5-37）合并常数项，可得

$$1-(1-\alpha)^{1/3} = kt, k = \frac{k_0 c_0}{r_0 \rho} \tag{5-38}$$

因此，相界面化学反应或局部反应为焙烧反应的限制环节时，焙烧反应的表观动力学模型可由 Mckwan 方程来表述，即

$$F(\alpha) = 1 - (1-\alpha)^{1/3} \tag{5-39}$$

3）碳气相扩散控速

假设固体反应物为同半径的球形颗粒，固体反应物颗粒被气体反应物所包围时，反应符合 Fick 定律。含碳球团磁化焙烧反应由气体内扩散控制时，气体反应物在产物层中呈线性分布。在气固反应中，反应形成的固体产物层的体积可用式（5-40）进行计算。

$$V = \frac{4\pi}{3}\left[r_0^3 - (r_0 - y)^3\right] \tag{5-40}$$

式中：V 为固体产物层体积，m^3；r_0 为球形颗粒初始半径，m；y 为固体产物层厚度，m。

若以固体反应物为基准来计算反应物的转化率，则反应物转化率 α 可表示为

$$\alpha = \frac{3V}{4\pi r_0^3} = 1 - \left(1 - \frac{y}{r_0}\right)^3 \tag{5-41}$$

将式（5-40）代入式（5-41）可得

$$\frac{y}{r_0} = 1 - [1-(1-\alpha)]^{1/3} \tag{5-42}$$

假定气体反应物与固体反应物两相接触面为平板形，且气体反应物扩散截面积不变，则固体产物层厚度与反应时间的关系可用抛物线速率方程来表示，即

$$y^2 = k_0 t \tag{5-43}$$

式中：k_0 为常数项。

将式（5-43）代入式（5-42）可得

$$\left[1-(1-\alpha)^{1/3}\right]^2 = \frac{k_0 t}{r_0^2} = kt, \; k = \frac{k_0}{r_0^2} \tag{5-44}$$

因此，气体内扩散为焙烧反应的限制环节，且化学反应的接触面为平板形时，含碳球团还原反应的动力学模型可用 Jander 方程进行表达，即

$$F(\alpha) = \left[1-(1-\alpha)^{1/3}\right]^2 \tag{5-45}$$

假定反应物为半径相同的球形颗粒，球形颗粒表面和未反应核表面的气体浓度恒定，且未反应核表面气体浓度恒为 0，反应接触面和气体扩散截面积均随反应进行而发生改变。气体在固相产物层中的内扩散速率可以表示为

$$v = -\frac{dn_1}{dt} = 4\pi D r^2 \frac{dc}{dr} \tag{5-46}$$

式中：v 为气体在固相产物层中的扩散速率，$m \cdot s^{-1}$；n_1 为通过产物层的气体反应

物的物质的量，mol；t 为反应时间，s；D 为分子扩散系数，m^2/s；r 为产物层内任一球面的半径，m；c 表示气体浓度，mol/m^3。

对气体反应物在产物层中的扩散速率表达式（5-46）积分可得

$$\int_{c_1}^{c_2} dc = -\frac{1}{4\pi D}\frac{dn}{dt}\int_{r_0}^{r}\frac{1}{r^2}dr \tag{5-47}$$

$$-\frac{dn}{dt} = 4\pi D \frac{r_0 r}{r_0 - r}(c_1 - c_2) \tag{5-48}$$

式中：n 为气体反应物的物质的量，mol；c_1 为球形颗粒表面的气体浓度，mol/m^3；c_2 为未反应核表面的气体浓度，mol/m^3；r_0 为球形颗粒初始半径，m。

当反应由内扩散控制，对不可逆反应，$c_2 = 0$，则有

$$-\frac{dn_1}{dt} = 4\pi D \left(\frac{r_0 r}{r_0 - r}\right) c_1 \tag{5-49}$$

式中：n_1 为气体反应物的物质的量，mol。

以固体反应物的转化速率来计算焙烧反应的反应速率，反应速率可以表示为

$$-\frac{dn_2}{dt} = -\frac{4\pi r^2 \rho}{M}\cdot\frac{dr}{dt}$$

式中：n_2 为固体反应物的物质的量，mol；ρ 为固体反应物的密度，g/m^3；M 为固体反应物的摩尔质量，g/mol。

由

$$-\frac{dn_1}{dt} = -\frac{dn_2}{dt}$$

可得

$$-\frac{MDc_1}{\rho}dt = r - \frac{r^2}{r_0}dr \tag{5-50}$$

对式（5-50）在 $0\sim t$ 时间段和 $r_0\sim r$ 范围内积分，可得到

$$\int_0^t -\frac{MDc_1}{\rho}dt = \int_{r_0}^{r}\left(r - \frac{r^2}{r_0}\right)dr \tag{5-51}$$

$$t = \frac{\rho r_0^2}{6DMc_1}\left[1 - 3\left(\frac{r}{r_0}\right)^2 + 2\left(\frac{r}{r_0}\right)^3\right] \tag{5-52}$$

$$\frac{6DMr_0c_1}{\rho}t = r_0^3 - 3r_0 r^2 + 2r^3 \tag{5-53}$$

由

$$\alpha = 1 - \left(\frac{r}{r_0}\right)^3$$

得到式（5-53）可表示为

$$\frac{6DMc_1}{\rho r_0^2}t = 1 - 3(1-\alpha)^{2/3} + 2(1-\alpha) \tag{5-54}$$

$$\frac{2DMr_0c_1}{\rho}t = 1 - \frac{2}{3}\alpha - (1-\alpha)^{2/3} = kt, k = \frac{2DMr_0c_1}{\rho} \tag{5-55}$$

因此，内扩散为焙烧反应的限制环节，反应接触面和气体扩散截面积均随反应进行而发生改变，Ginstling-Brundshtein三维扩散模型的函数方程可以表达含碳球团的还原速率，即

$$F(\alpha) = 1 - \frac{2}{3}\alpha - (1-\alpha)^{2/3} \tag{5-56}$$

2. 磁化焙烧表观动力学研究方法的确定

在磁化焙烧等温表观动力学研究中，通常是将表征反应度的数据代入不同动力学模型对应的机理函数中，然后对函数计算数据与拟合曲线的相关性进行分析，相关性最佳的一组所对应的模型即为反应所遵循的动力学模型。在动力学研究中，还原反应的反应度可通过以下三种方法获得[14-18]：①通过测量焙烧矿在升温或等温状态下质量随时间的变化规律来计算反应动力学，其中通过热重分析或天平称量的方法来统计反应物质量随时间变化规律的方式较为常用；②在焙烧过程中，通过测量焙烧矿中FeO含量的变化来表征赤铁矿或褐铁矿反应程度；③在中性气氛中焙烧菱铁矿时，通过测量尾气中CO和CO_2的含量来计算菱铁矿的失重率，然后采用失重率来表征菱铁矿反应度。

查阅采用上述方法研究焙烧动力学的文献，多采用反应过程中焙烧矿的质量损失近似代替还原焙烧失氧量，然后利用试样质量的变化来表征铁矿物的反应度[19-23]，该方法仅适用于杂质含量较低的高品位铁精矿的动力学研究。对于品位较低的铁矿物，则需要考虑其他矿物的分解对于焙烧矿质量的影响。在本研究中，选铁尾矿的全铁含量仅为14%左右，且以赤铁矿形式赋存的铁占全铁量的75%左右，磁化焙烧过程中氧化矿失氧量极低，煤粉受热分解、氟碳铈矿的分解反应以及尾矿在焙烧过程中的失水量的小范围波动都将会对磁化焙烧失氧量的统计产生很大影响，无法在实验中精确排除其他因素对失重率的影响，因此，采用热重分析法或直接采用悬挂天平监测焙烧矿失重率的方法不适用于本实验的表观动力学研究。鉴于尾矿的特殊性，本实验拟对不同焙烧时间下的焙烧矿还原度[R = w(FeO)/w(TFe)×100%，磁性率]进行测定，欲通过计算还原度变化率来表征磁化焙烧的反应度（反应分数）。理论上，规定焙烧矿还原度达到理论还原度（R = 42.8%）时的反应度为100%。在实际磁化焙烧过程中，焙烧矿的平均还原度应当略高于理论还原度，方可保证球团充分还原。在关于含碳球团焙烧的条件实验中，最佳焙

烧条件下焙烧产物的还原度为 44.60%，故在动力学实验中选取与之较为接近的还原度 50%作为磁化焙烧反应的最终还原度，将在该还原度下含碳球团的反应度计为 100%，并以此为基准计算含碳球团在各反应条件下的反应度。含碳球团反应度的计算式可以表示为

$$\alpha = (R_t - R_0)/(R_\infty - R_0) \times 100\% \tag{5-57}$$

式中，R_0 为含碳球团原矿的还原度；R_t 为恒温时间为 t 时含碳球团的还原度；R_∞ 为反应终点时球团的还原度。在磁化焙烧过程中，最终还原度均需略高于磁化焙烧的理论还原度，结合磁化焙烧实验结果，本实验将最终还原度定为 50%。

3. 等温还原过程表观动力学研究

本节实验研究内容为配碳球团磁化焙烧的等温还原动力学。相关实验已表明，在本实验条件下，含碳球团在部分升温阶段或低温焙烧初始阶段的氧化程度远高于还原程度，该阶段属于氧化反应阶段。另外，为保证随炉升温的配碳球团料温与马弗炉显示炉温更接近，在等温还原实验中，选择待炉温恒定 30min 后开始对焙烧球团进行取样分析。

图 5-23 是配煤量为 2.3%（碳氧摩尔比为 0.43）的含碳球团分别在 510℃、560℃、610℃下焙烧时还原度随焙烧恒温时间的变化规律。从图 5-23 中可以看出，当球团配碳量相同时，不同焙烧温度下还原度随恒温时间的变化趋势相同。在实验选定的 3 个不同温度下焙烧含碳球团时，含碳球团的还原度随恒温时间的延长而增加，在 30~150min 的焙烧时间段内，当焙烧温度为 510℃时，球团还原度由 7.90%增加至 20.84%；当焙烧温度为 560℃时，球团还原度由 15.49%增加至 27.68%；当焙烧温度为 610℃时，球团还原度由 31.91%增加至 46.44%。

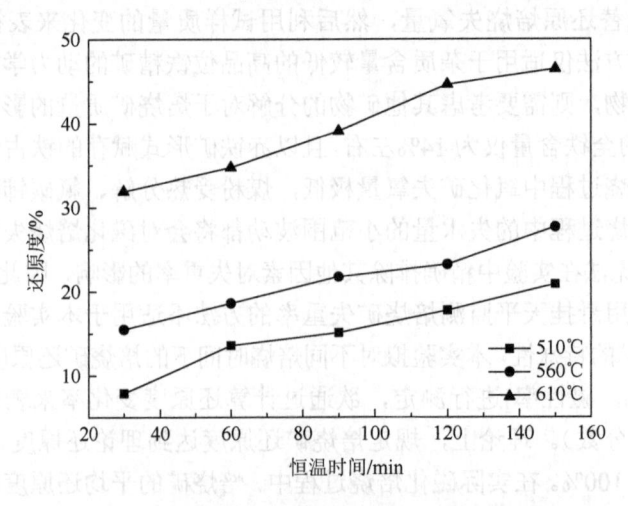

图 5-23　不同温度下还原度随恒温时间的变化规律

图 5-24 为含碳球团反应度随磁化焙烧恒温时间的变化规律。由图 5-24 可见，在各温度下，含碳球团的反应度均随着恒温时间的延长而增加。当焙烧温度为 510℃和 560℃时，反应度的变化率较为接近，温度的变化对反应度的变化率无明显影响。当焙烧温度达到 560℃以上时，反应度变化率随焙烧温度的升高明显增大。

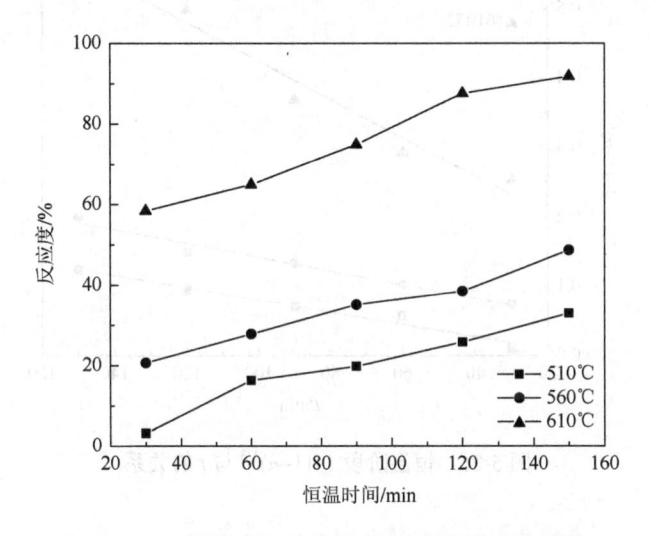

图 5-24 不同温度下反应度随恒温时间的变化规律

将图 5-24 中各温度点的反应度分别代入各限制环节对应的动力学机理函数，计算各点的 $F(\alpha)$ 值并拟合出 $F(\alpha)$ 关于恒温时间 t 的线性回归曲线。图 5-25～图 5-28

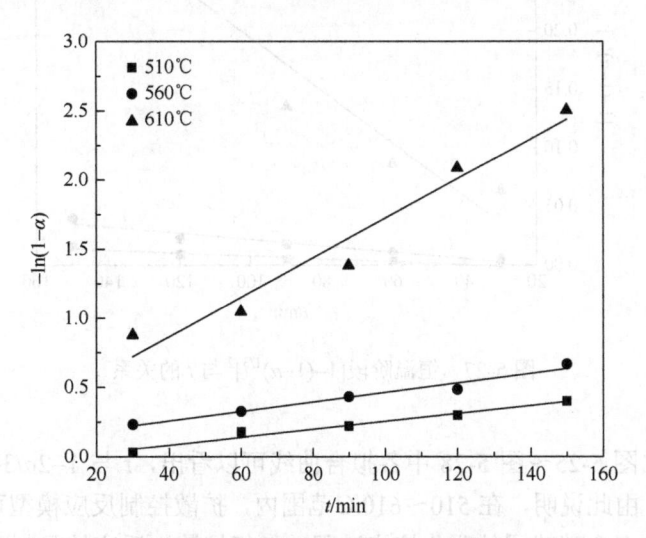

图 5-25 恒温阶段 $-\ln(1-\alpha)$ 与 t 的关系

中曲线分别为线性拟合得到的$-\ln(1-\alpha)$、$1-(1-\alpha)^{1/3}$、$[1-(1-\alpha)^{1/3}]^2$、$1-2\alpha/3-(1-\alpha)^{2/3}$关于恒温时间 t 的曲线。

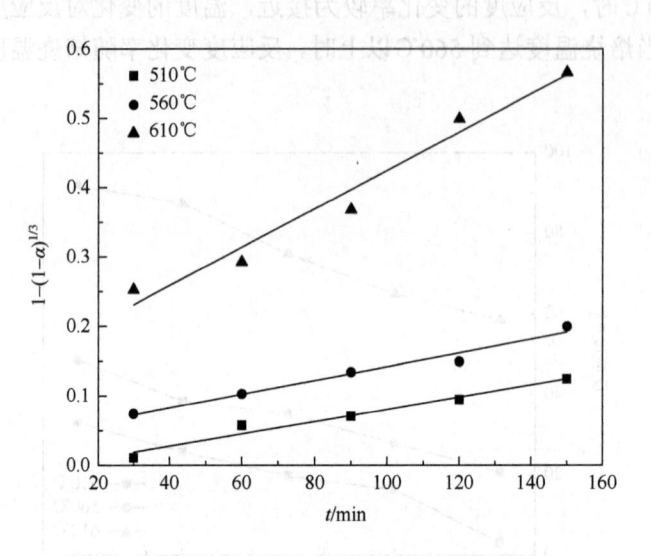

图 5-26　恒温阶段 $1-(1-\alpha)^{1/3}$ 与 t 的关系

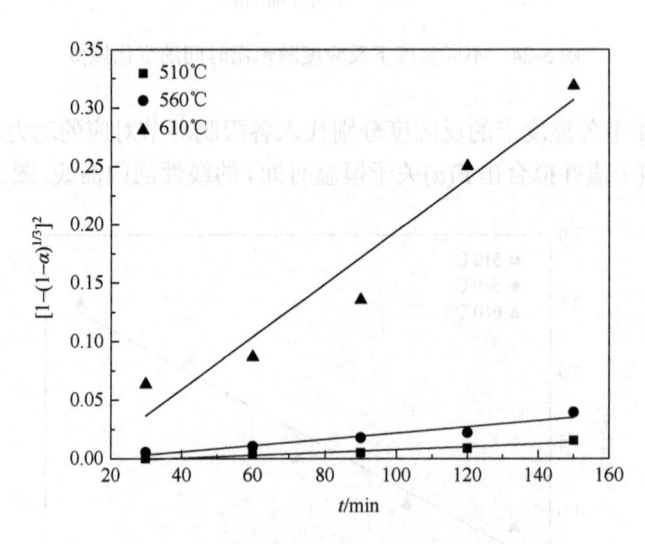

图 5-27　恒温阶段 $[1-(1-\alpha)^{1/3}]^2$ 与 t 的关系

通过对比图 5-25～图 5-28 中各拟合曲线可以看出，t 与 $1-2\alpha/3-(1-\alpha)^{2/3}$ 基本呈线性关系。由此说明，在 510～610℃范围内，扩散控制反应模型可以更好地描述本实验条件下含碳球团的磁化焙烧过程，气相扩散为反应的限制环节。

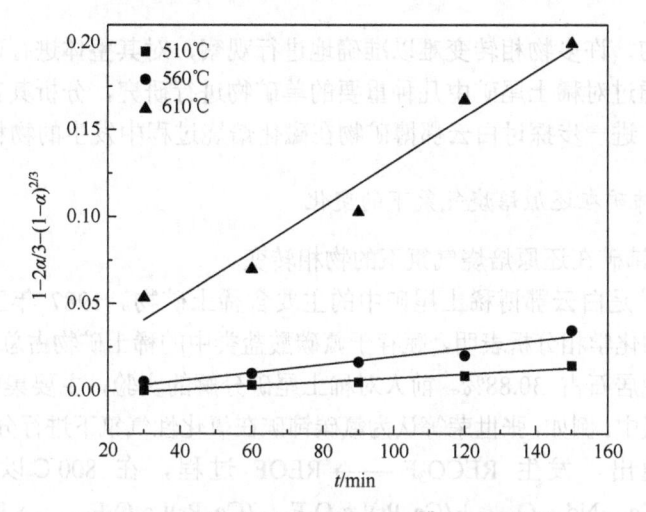

图 5-28 恒温阶段 $1-2\alpha/3-(1-\alpha)^{2/3}$ 与 t 的关系

图 5-27 中温度（T）510℃、560℃、610℃对应的曲线斜率分别为 1.11784×10^{-4}、2.28886×10^{-4}、1.3×10^{-3}，由图中确定的速率常数作出 $\ln k$ 关于 $1/T$ 的关系图，如图 5-29 所示。图 5-29 中拟合直线的线性方程为 $\ln k = -16808.37693/T + 12.1809$。由阿伦尼乌斯方程可求出还原磁化焙烧反应的表观活化能 $E_a = 139.745\text{kJ/mol}$，频率因子为 $1.95\times10^5\text{min}^{-1}$。

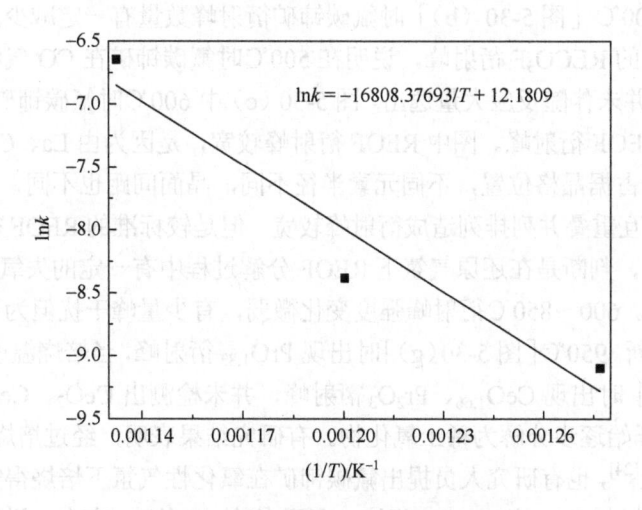

图 5-29 恒温阶段 $\ln k$ 与 $1/T$ 的关系

5.2.6 单矿物在还原焙烧过程中的转变

白云鄂博稀土尾矿矿相组成复杂，各矿物之间共生、包裹现象十分严重，粒度分布不均匀,许多物相转变难以准确地进行观察,对其整体进行研究存在一定困难。本节通过对稀土尾矿中几种重要的单矿物进行研究,分析其在还原焙烧过程中的转变,进一步探讨白云鄂博矿物在磁化焙烧过程中发生的物相转变过程。

1. 氟碳铈矿在还原焙烧气氛下的变化

1) 氟碳铈矿在还原焙烧气氛下的物相转变

氟碳铈矿是白云鄂博稀土尾矿中的主要含稀土矿物。1987年工业分流实验对原矿稀土的化学相分析表明,赋存于氟碳酸盐类中的稀土矿物占总量的69.12%,磷酸盐矿物独居石占30.88%。前人对稀土尾矿分解的实验,主要集中在氧化性气氛和中性气氛中。例如,张世荣等认为氟碳铈矿在氧化性气氛下进行分步分解[24,25]。首先CO_2逸出,发生$RECO_3F \longrightarrow REOF$过程,在800℃以上相继发生$REOF \longrightarrow Ce_{0.75}Nd_{0.25}O_{1.875} + (Ce, Pr)La_2O_3F_3$,$(Ce, Pr)La_2O_3F_3 \longrightarrow LaF_3 + Ce_2O_3 + PrO_{1.83}$过程,同时铈及镨发生氧化作用,没有明显的脱氟现象。向军等[26]在中性气氛下进行了氟碳铈矿的分解研究,认为在N_2条件下首先在较低温度下分解为REOF,在1000℃下分解为$(Ce, La)OF$、$(Ce, La)_3O_4F$以及少量的$Ca_4La_6(SiO_4)_6(OH)_2$等。

本实验在CO浓度40%,焙烧时间1h的条件下研究了不同温度下氟碳铈矿单矿物的分解过程,实验设定温度400~850℃,保温时间1h,实验试样XRD分析见图5-30。

图5-30(a)为400℃下氟碳铈矿焙烧XRD图,在400℃时氟碳铈矿衍射峰明显,焙烧至500℃[图5-30(b)]时氟碳铈矿衍射峰数量有一定减少,但仍有相当数量较为尖锐的$RECO_3F$衍射峰,说明在500℃时氟碳铈矿在CO气氛下并未大量分解,CO_2也并未伴随反应大量逸出。图5-30(c)中600℃时氟碳铈矿衍射峰消失,出现明显的REOF衍射峰。图中REOF衍射峰较宽,是因为由La、Ce、Pr、Nd等不同稀土元素占据晶格位置,不同元素半径不同,晶面间距也不同,其2θ值也有一定差异,相互重叠并列排列造成衍射峰较宽。但是较标准的REOF衍射峰仍向小角度方向偏移,判断是在还原气氛下REOF分解过程中有一定的失氧,REOF可写成$REO_{1-x}F_{1+x}$。600~850℃衍射峰强度变化微弱,有少量峰干扰但不含稀土的物相,故不作判断。950℃[图5-30(g)]时出现$PrO_{1.83}$衍射峰,当焙烧温度达到1050℃[图5-30(h)]时出现$CeO_{1.66}$、Pr_2O_3衍射峰,并未检测出CeO_2、Ce_7O_{12}衍射峰,说明REOF开始逐步分解为稀土氧化物。有研究结果表明,经过焙烧,Ce的氧化率在95%以上[24],也有研究人员提出氟碳铈矿在氧化性气氛下焙烧得氟碳铈矿分解产物Ce_7O_{12}[27],$CeO_{1.66}$与Ce_7O_{12}相比,有更多的+3价Ce存在,说明在还原性气氛下Ce并未充分氧化,仍有较多+3价Ce存在。从600℃至1050℃均可见明显的REOF衍射峰,而氧化性气氛下REOF在800℃即大量分解,说明在还原性气氛下REOF分解受到抑制。有研究表明,REOF相分解的前提是达到一定温度和Ce^{3+}氧化为Ce^{4+},在还原性气氛中Ce的氧化受限,进而影响了REOF的分解。

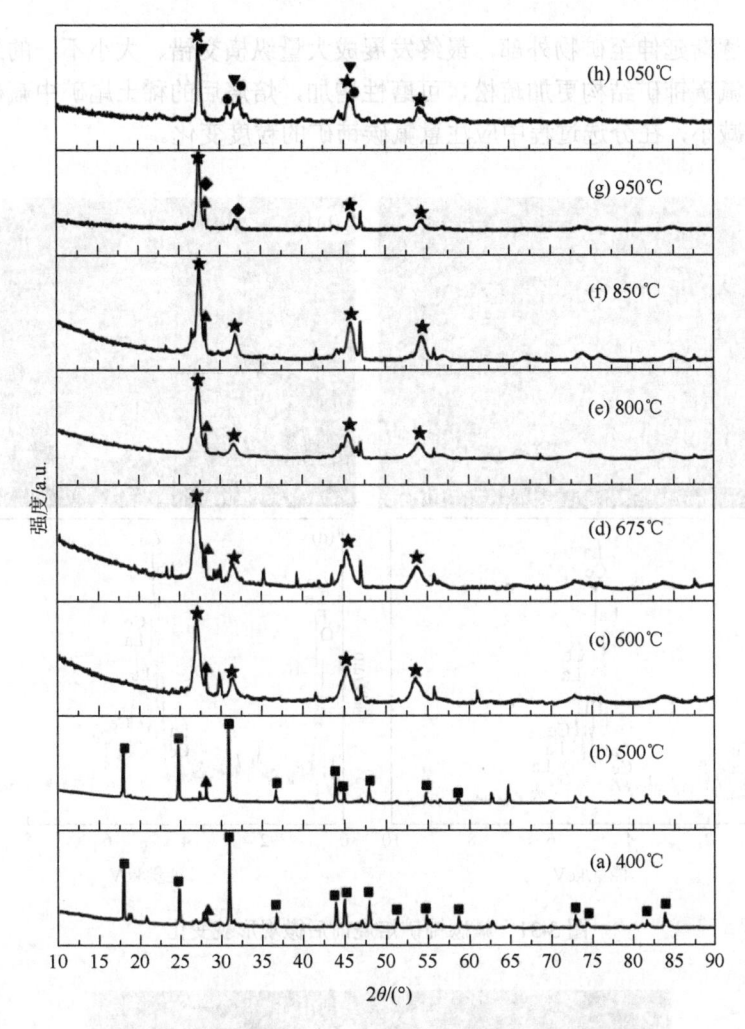

图 5-30 氟碳铈矿在 CO 气氛下不同温度焙烧 XRD 图

■RECO$_3$F；▲CaF$_2$；★REOF；◆PrO$_{1.83}$；▼CeO$_{1.66}$；●Pr$_2$O$_3$

2）氟碳铈矿在还原焙烧气氛下的微观形貌变化

对还原焙烧前氟碳铈矿及 CO 浓度 40%、焙烧温度 570℃、保温时间 1h 的焙烧矿进行 SEM-EDS 分析，结果见图 5-31。图 5-31（a）为未经过焙烧的氟碳铈矿，图 5-31（c）为图 5-31（a）中 1 处的 EDS 分析结果，可见颗粒表面光滑平整，成分分布均匀。图 5-31（b）为还原焙烧过的氟碳铈矿，图 5-32 为对焙烧矿进行放大观察的照片，可以发现氟碳铈矿中出现了清晰的裂纹，部分裂纹较粗，粗裂纹上伴生有许多细小裂纹。对其进行能谱分析［图 5-31（d）］，可发现 C 能谱峰消失，判断是氟碳铈矿发生分解反应，伴随大量 CO$_2$ 逸出，造成氟碳铈矿内部出现裂纹,并逐渐延伸至矿物外部,最终发展成大量纵横交错、大小不一的裂纹。出现裂纹的氟碳铈矿结构更加疏松,可磨性增加,焙烧后的稀土尾矿中氟碳铈矿的粒度可能减小,在分选过程中应注意氟碳铈矿的粒度变化。

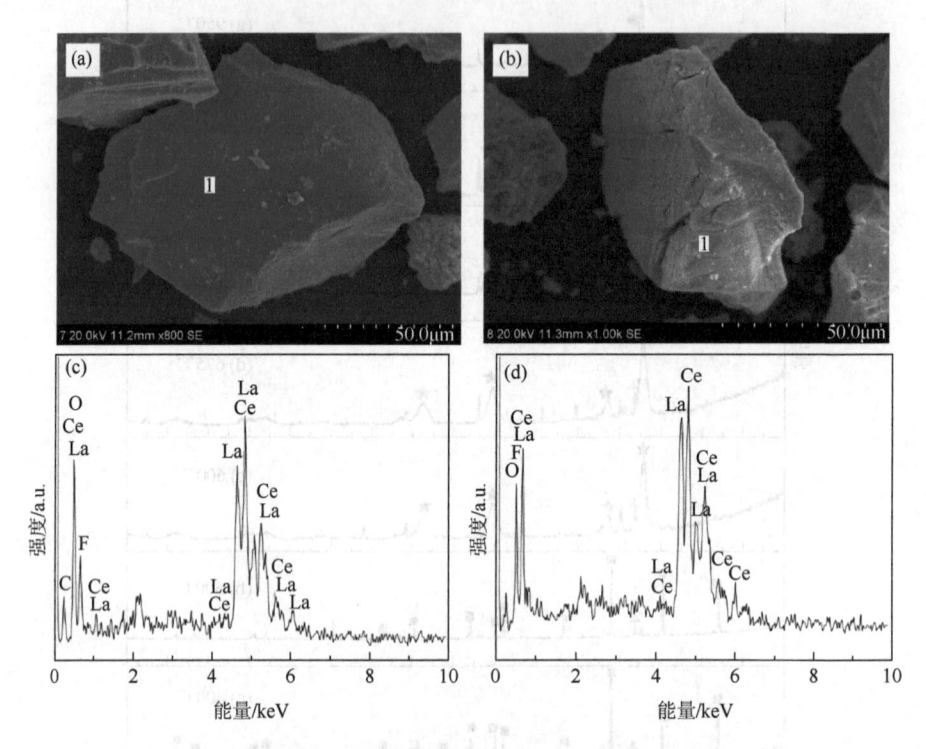

图 5-31 氟碳铈矿焙烧前后微观形貌变化

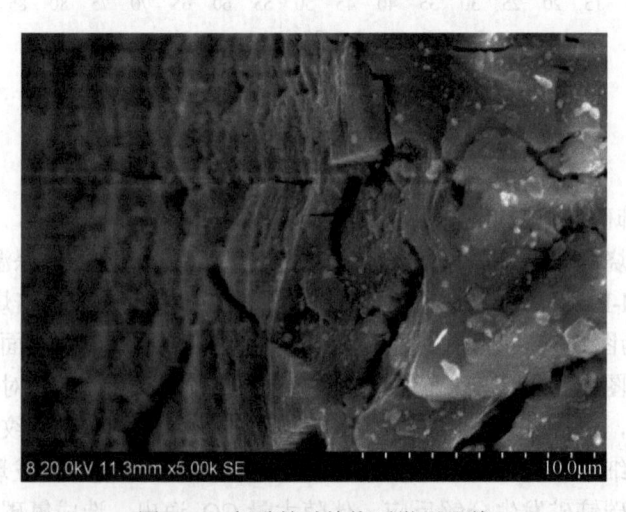

图 5-32 氟碳铈矿焙烧后微观形貌

3）氟碳铈矿在还原焙烧气氛下氟的逸出

氟的逸出率与湿度的关系较大[27]，为了避免水蒸气的影响，实验前对试样、坩埚均进行烘干处理，通入不含水蒸气的高纯气体。考察不同温度下氟碳铈矿在 CO 气氛下的失重变化及氟的逸出情况，结果见表 5-12。氟逸出率和氟碳铈矿失重率与温度的关系见图 5-33。由表 5-12 可见，在 500~570℃，氟碳铈矿大量失重，说明氟碳铈矿分解，CO_2 逸出过程主要发生在这一温度区间。氟的逸出率采用下式计算：

$$氟逸出率 = \frac{焙烧前质量 \times 氟含量 - 焙烧后质量 \times 氟含量}{焙烧前质量 \times 氟含量} \times 100\% \quad (5\text{-}58)$$

表 5-12　氟碳铈矿在 CO 气氛下不同温度焙烧失重及 F 含量变化

温度/℃	焙烧前质量/g	焙烧后质量/g	失重率/%	氟含量/%	氟逸出率/%
400	5.017	5.013	0.08	9.30	0.40
500	5.034	4.971	1.25	9.39	0.62
570	5.018	4.484	10.24	10.32	1.16
605	5.038	4.203	16.57	11.04	1.28
640	5.06	4.183	17.33	10.85	3.86
675	5.081	4.157	18.19	10.75	5.73
700	5.07	4.179	17.57	10.45	7.68
800	5.015	4.072	18.80	10.24	10.92
850	5.009	4.048	19.19	10.21	11.54
950	5.015	4.029	19.66	9.43	18.81
1050	5.009	4.005	20.04	9.29	20.42

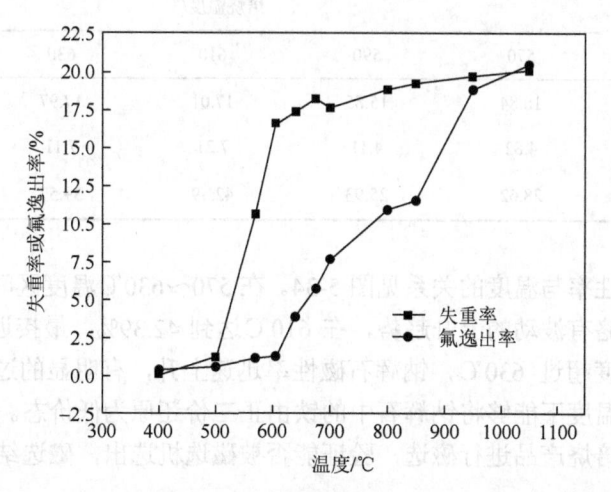

图 5-33　还原气氛下氟的逸出率和氟碳铈矿失重率与温度的关系

由表5-12可见,在400~570℃氟碳铈矿失重率较大,达到10.24%,但氟逸出率仅为1.16%,说明在此温度区间主要发生$RECO_3F$分解逸出CO_2过程,但氟并未逸出。从640℃开始,氟逸出率逐渐增加,焙烧温度越高,氟的逸出率也越高,850℃以上氟逸出率增加较快,1050℃时氟逸出率达到最高值20.42%。可见,还原气氛下氟的逸出规律与氧化性气氛近似,温度对其逸出率有较大的影响。为了避免氟的逸出,一方面可以限制在较低的温度下还原焙烧,另一方面也可在原矿中加入CaO等固氟剂。

2. 钠辉石配煤还原探索

钠辉石,分子式为$NaFe(SiO_3)_2$,理论含铁量达到24.2%,是白云鄂博稀土尾矿中一种重要的含铁矿物。目前对于其在磁化焙烧过程中是否参与反应和分选过程的走向均不甚清楚。因此对其进行单矿物研究,探索其在配煤条件下的还原行为与弱磁选机分选过程。

1) 钠辉石低温还原焙烧-磁选探索

在低温下进行钠辉石配煤还原实验,配煤量采用10%,理论上将钠辉石中的三价铁完全转化为Fe_3O_4所需的配煤量为1.05%,理论上还原为MFe(金属铁)所需的配煤量为9.44%,实验中配煤量取10%,能够充分保证还原过程中的还原气氛,在较长时间内均有过剩碳存在,避免焙烧矿再氧化。低温下还原后的磁性率结果见表5-13。

表5-13 钠辉石在不同焙烧温度下的磁性率

指标	焙烧温度/℃				
	570	590	610	630	650
TFe/%	16.84	15.85	17.01	17.97	16.49
FeO/%	4.82	4.11	7.21	7.11	10.71
磁性率/%	28.62	25.93	42.39	39.57	64.95

钠辉石磁性率与温度的关系见图5-34。在570~630℃温度区间,钠辉石的磁性率呈缓慢而略有波动的上升趋势,在610℃达到42.39%,最接近Fe_3O_4的理论磁性率,当温度超过630℃,钠辉石磁性率迅速上升,有明显的过还原趋势,证实了碳在较低温度下能够将钠辉石中的铁由正三价还原为低价态。

对钠辉石焙烧产品进行磁选,验证能否被磁选机选出,磁选结果见表5-14。

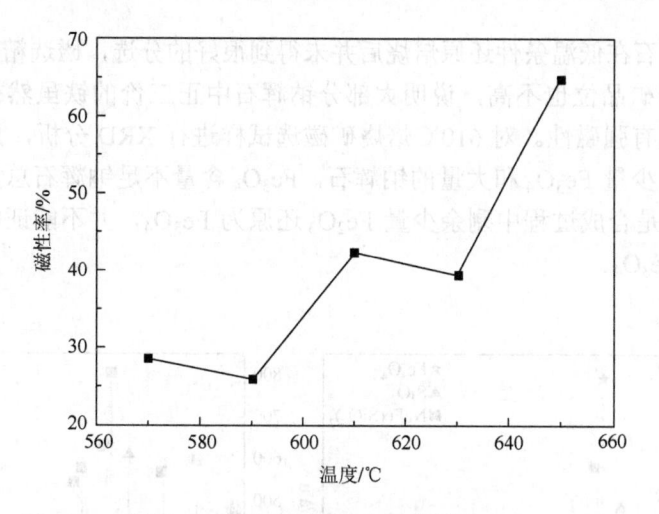

第5章 白云鄂博矿弱磁选铁尾矿分离回收有价元素铁、稀土、铌和钪

图 5-34 钠辉石磁性率与温度的关系

表 5-14 钠辉石低温还原铁不同焙烧温度磁选实验结果

精矿指标/%	焙烧温度/℃				
	570	590	610	630	650
铁品位	30.74	28.52	29.65	30.76	27.85
产率	3.10	4.65	6.85	6.39	9.98
回收率	5.66	8.37	11.94	10.94	16.86

图 5-35 给出了钠辉石低温还原不同焙烧温度与磁选铁精矿品位和铁回收率的

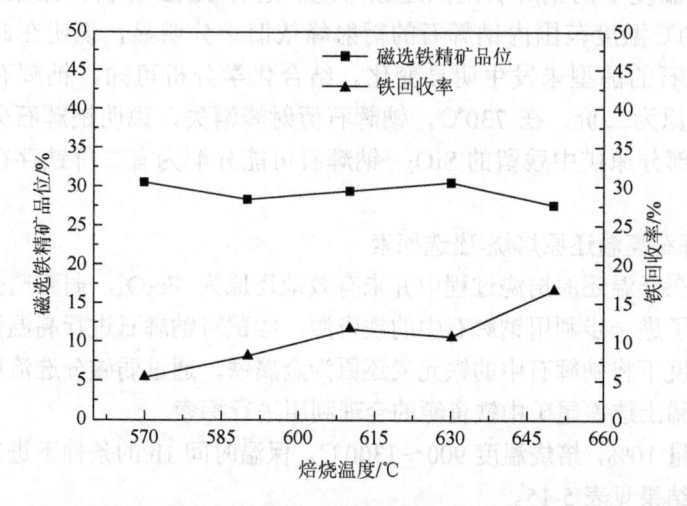

图 5-35 钠辉石低温还原不同焙烧温度与磁选铁精矿品位和铁回收率的关系

关系。钠辉石在低温条件还原焙烧后并未得到很好的分选,磁选精矿的铁回收率很低,铁精矿品位也不高,说明大部分钠辉石中正三价的铁虽然被还原为低价态,但并没有强磁性。对610℃焙烧矿磁选试样进行XRD分析,见图5-36,在精矿中发现少量Fe_3O_4和大量的钠辉石,Fe_3O_4含量不足钠辉石总量中铁含量的10%,可能是合成过程中剩余少量Fe_2O_3还原为Fe_3O_4,并不能证明钠辉石被充分还原为Fe_3O_4。

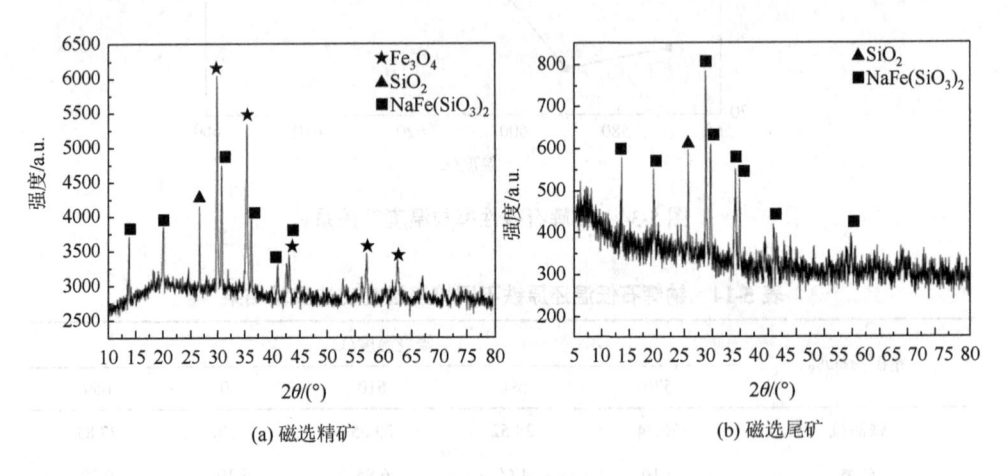

图5-36 钠辉石分选产物XRD图

(a) 磁选精矿 (b) 磁选尾矿

2）钠辉石低温还原焙烧的物相转变

对不同温度下的钠辉石配煤还原焙烧矿进行XRD分析,结果见图5-37。在570～650℃温度范围内钠辉石的衍射峰依旧十分明显,说明在此温度区间内焙烧钠辉石的晶型未发生明显变化。结合化学分析可知,钠辉石中的铁有一部分被还原为二价。在730℃,钠辉石衍射峰消失,说明钠辉石分解为非晶体,仅存在部分原矿中残留的SiO_2。钠辉石可能分解为有二价铁存在的非晶体物质。

3）钠辉石高温还原焙烧-磁选探索

钠辉石在低温还原焙烧过程中并未有效地还原为Fe_3O_4,弱磁选分选结果不甚理想,为了进一步利用钠辉石中的铁资源,尝试对钠辉石进行高温还原探索,在较高的温度下将钠辉石中的铁元素还原为金属铁,通过弱磁分选流程分离,对白云鄂博含稀土选铁尾矿中铁资源的合理利用进行探索。

在配煤量10%,焙烧温度900～1300℃,保温时间1h的条件下进行还原焙烧实验,实验结果见表5-15。

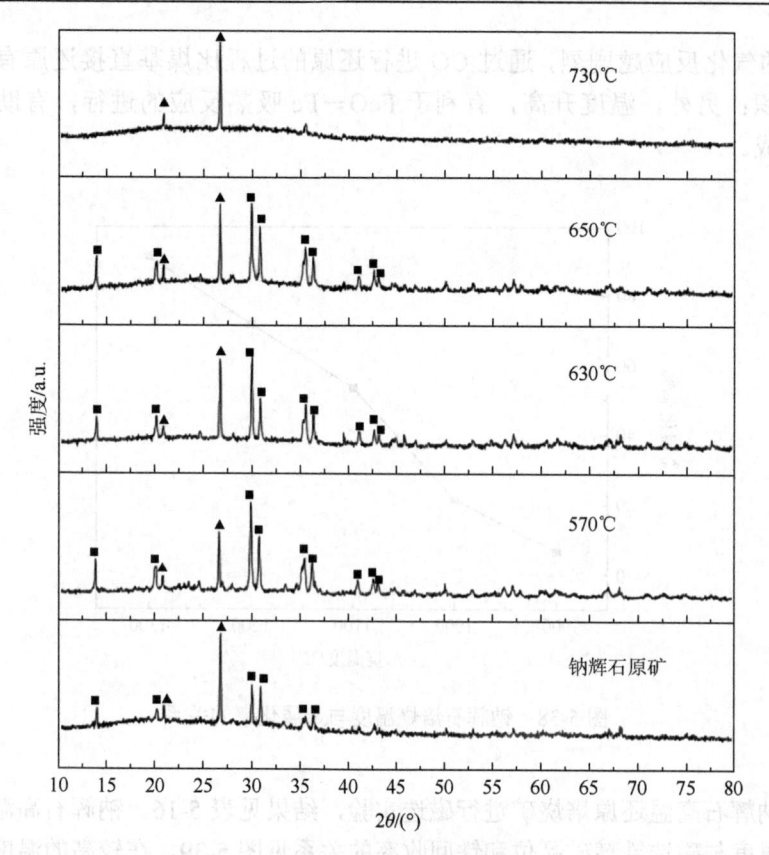

第 5 章　白云鄂博矿弱磁选铁尾矿分离回收有价元素铁、稀土、铌和钪 ·225·

图 5-37　钠辉石不同焙烧温度下的 XRD 图
■ NaFe(SiO$_3$)$_2$；▲ SiO$_2$

表 5-15　钠辉石高温还原铁化学分析结果

指标/%	焙烧温度/℃				
	900	1000	1100	1200	1300
TFe	15.68	14.8	15.86	18.2	18.24
FeO	18.8	14.8	9.4	6.51	1.17
MFe	1	3.22	8.47	13.02	16.59
金属化率	6.38	21.76	53.40	71.54	90.95

高温下钠辉石焙烧温度与金属化率的关系见图 5-38。从图中可以明显地观察到钠辉石的金属化率随着焙烧温度的升高而不断升高，在 1300℃时金属化率高达 90.95%。温度升高对还原有明显的促进作用，这可能是因为温度越

高，碳的气化反应越剧烈，通过 CO 进行还原的过程比煤基直接还原有更大的接触面积；另外，温度升高，有利于 FeO→Fe 吸热反应的进行，有助于金属铁的生成。

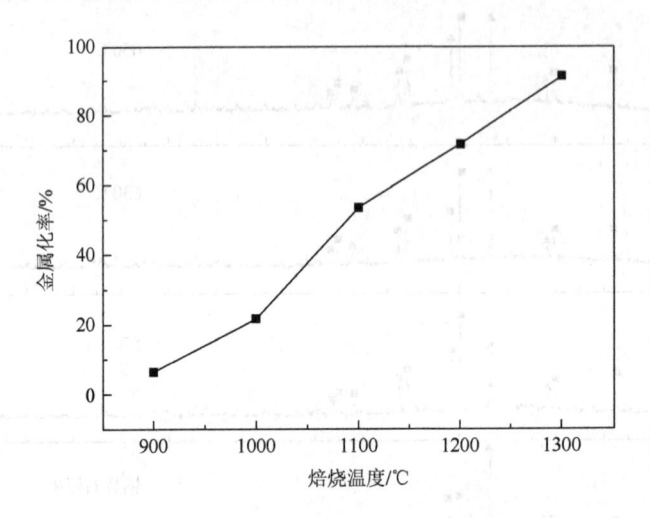

图 5-38 钠辉石焙烧温度与金属化率的关系

对钠辉石高温还原焙烧矿进行磁选实验，结果见表 5-16。钠辉石高温还原不同焙烧温度与磁选铁精矿品位和铁回收率的关系见图 5-39。在较高的温度下钠辉石被还原为金属铁，900~1000℃时铁精矿品位和铁回收率迅速升高，超过 1000℃后铁精矿品位和铁回收率可达到 80%以上，随着焙烧温度的升高，铁精矿品位略有升高，铁回收率在 1000~1200℃范围内缓慢增加，在 1300℃时达到最高值 84.12%。焙烧温度越高，金属铁的富集程度越高，说明高温下钠辉石还原为金属铁有利于较好地进行弱磁分选，钠辉石的高温还原-弱磁选方法可考虑作为利用钠辉石中铁资源的一条有效途径。

表 5-16 钠辉石高温还原铁不同焙烧温度磁选实验结果

精矿指标/%	焙烧温度/℃				
	900	1000	1100	1200	1300
铁品位	60.36	81.57	83.27	84.35	86.59
产率	12.26	12.50	13.22	15.04	17.72
回收率	47.19	68.89	69.41	69.70	84.12

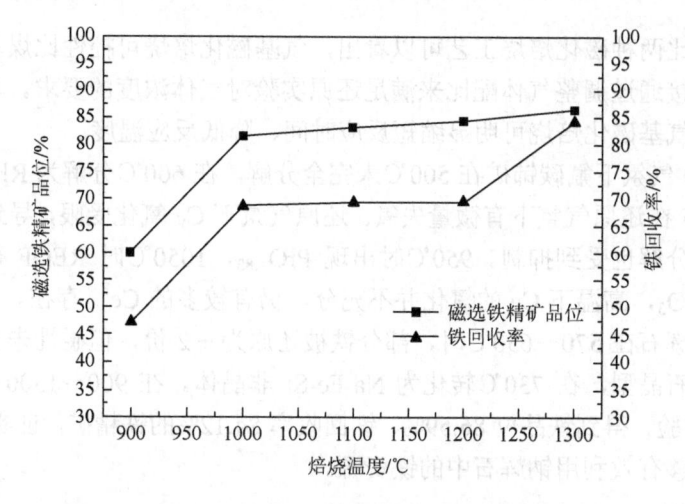

图 5-39 钠辉石高温还原不同焙烧温度与磁选铁精矿品位和铁回收率的关系

5.2.7 本节小结

本节在对磁化焙烧反应热力学进行分析的基础上，采用气基还原和煤基还原两种方法对弱磁选尾矿球团进行磁化焙烧，并通过单因素条件实验考察各焙烧条件对磁化焙烧效果的影响，并对反应速率较慢的煤基磁化焙烧反应的动力学进行分析。同时在还原条件下对氟碳铈矿和钠辉石进行焙烧，探索其分解行为及物相转变过程。由以上各节实验及分析可得出以下结论。

（1）在赤铁矿的磁化焙烧过程中，当还原温度范围为673~873K时，直接还原反应和间接还原反应的热效应均随温度升高而增加。

（2）采用 N_2 作为保护气，CO 和 CO_2 混合气为还原气，当 CO 与 CO_2 体积比为 45:55，CO、CO_2、N_2 流量分别为 0.54L/min、0.64L/min、0.60L/min 时，将弱磁选尾矿球团在 580℃下还原 10min，然后将还原产物磨至-200 目颗粒占比为 95%，并在 140mT 下对细磨矿物进行弱磁选，可获得品位为 62.31%的铁精矿，磁选过程中铁的回收率为 65.84%。铁精矿品位符合高炉入炉要求。

（3）在弱磁选尾矿的煤基磁化焙烧工艺中，当含碳球团碳氧比为 0.43 时，将球团矿在 610℃下焙烧 2h，焙烧矿的磁性率（还原度）为 44.60%，球团磁化焙烧效果最佳。将该条件下的焙烧球团磨至-200 目颗粒占矿物总量的 95%，并在 130mT 下进行磁选实验，可获得品位为 51.65%的铁精矿，铁回收率为 45.66%。

（4）弱磁选尾矿煤基磁化焙烧的等温动力学研究表明，实验中磁化焙烧反应的限制环节为还原气体内扩散，适宜的动力学机理模型为 Ginstling-Brundshtein 三维扩散模型，其函数表达式为 $F(\alpha) = 1-2\alpha/3-(1-\alpha)^{2/3}$，反应的表观活化能为 139.745kJ/mol，频率因子为 $1.95 \times 10^5 min^{-1}$。

(5) 对比两种磁化焙烧工艺可以看出，气基磁化焙烧可控性比煤基磁化焙烧更强，可直接通过调整气体配比来满足还原实验对气体浓度的要求。与煤基磁化焙烧相比，气基磁化焙烧可明显缩短反应时间、降低反应温度。

(6) CO 气氛下氟碳铈矿在 500℃未完全分解，在 600℃分解为 REOF 并出现裂纹。REOF 在还原气氛下有微量失氧。还原气氛下 Ce 氧化受限，导致 REOF 进一步的氧化分解也受到抑制。950℃时出现 $PrO_{1.83}$，1050℃时 REOF 部分分解为 $CeO_{1.66}$、Pr_2O_3，高温下 Ce 的氧化并不充分，仍有较多的 Ce^{3+} 存在。

(7) 钠辉石在 570～650℃时，部分铁被还原为 +2 价，但磁性未显著增加，仍保持钠辉石晶型，在 730℃转化为 Na-Fe-Si 非晶体。在 900～1300℃进行高温还原-磁选实验，得到铁品位 86.59%、铁回收率 84.12%的铁精矿，证实高温还原-磁选方法能够有效利用钠辉石中的铁资源。

5.3 弱磁选尾矿强磁选铁实验

弱磁选尾矿中稀土矿物、萤石等可选性矿物含量占矿物总量的 36.51%，碳酸盐、硅酸盐等脉石矿物含量占总矿物量的 30%左右。在 5.1 节中有关弱磁选尾矿的工艺矿物学研究表明，铁矿物的单体解离度较低，铁矿物的连生体以含萤石、碳酸盐、硅酸盐的连生体为主，铁矿物同稀土矿物的连生关系较弱。鉴于铁矿物的解离与连生特点，本节将以弱磁选尾矿浮选稀土所得尾矿为研究对象，以铁矿物的强磁选铁为主线开展实验，通过提高矿物解离度、优化选矿条件来提高铁矿物选矿指标[28, 29]。在分选铁矿物之前，采用当前已广泛应用于生产的稀土浮选工艺将弱磁选尾矿中含量较高、价值较高且易于选别的稀土矿物先行回收[30, 31]，这样既可以降低后续再磨矿及铁矿物选矿工序中矿物的处理量，又可以减少价值较高的稀土矿物在强磁选铁过程中的损失，对选铁原料起到降"杂"作用，还可以防止稀土矿物因"过磨"而在浮选过程中出现"泥化"现象，对优化铁矿物和稀土矿物选矿条件具有重要意义。

5.3.1 研究方法

1. 实验原料

本节实验所用原料为弱磁选尾矿再浮选稀土的尾矿（简称"稀选尾矿"），由包头稀土研究院提供。在该浮选工艺中，选取 8#油为稀土捕收剂、水玻璃为抑制剂，通过"一粗三精一扫"的闭路浮选流程可获得 REO 含量为 51.13%的稀土精矿，REO 回收率为 84.48%。表 5-17 为稀选尾矿的化学成分表。

第5章 白云鄂博矿弱磁选铁尾矿分离回收有价元素铁、稀土、铌和钪

表 5-17 稀选尾矿的化学成分（质量分数） （单位：%）

成分	TFe	REO	Na$_2$O	MgO	Al$_2$O$_3$	SiO$_2$	K$_2$O	CaO	Sc$_2$O$_3$
含量	19.47	2.16	1.49	3.44	1.13	17.47	0.42	20.51	0.019
成分	TiO$_2$	MnO$_2$	BaO	Nb$_2$O$_5$	ThO$_2$	S	F	P$_2$O$_5$	—
含量	0.98	1.17	4.93	0.15	0.019	1.72	10.56	1.10	—

将表 5-17 与表 5-1 中弱磁选尾矿的成分对比可看出，在浮选稀土的尾矿中，稀土含量由弱磁选尾矿的 9.80% 降至稀选尾矿的 2.16%，铁含量由 14.28% 提高至 19.47%，稀土得到有效回收，铁元素获得进一步富集。

2. 实验设备

脉动高梯度磁选技术是细粒弱磁性矿物的高效选矿技术之一。本实验采用的强磁选设备为赣州金环磁选科技装备股份有限公司生产的 SLon-100（2.0T）型立环脉动高梯度磁选机。图 5-40 为周期式脉动高梯度磁选机的结构示意图[32]。

SLon-100 周期式脉动高梯度磁选机中磁介质采用导磁的不锈钢钢板网或圆棒制成。分选区背景磁感应强度是通过调节流经激磁线圈的电流值进行改变的，矿浆的流速和液面高度可通过调节底部的阀门实现控制。磁选机底部装有产生脉动的冲程机构，由偏心连杆产生的交变力推动橡胶鼓膜往复运动，将交变力传递给分选腔内的浆液，使分选腔内的矿浆产生脉动，脉动能量能够

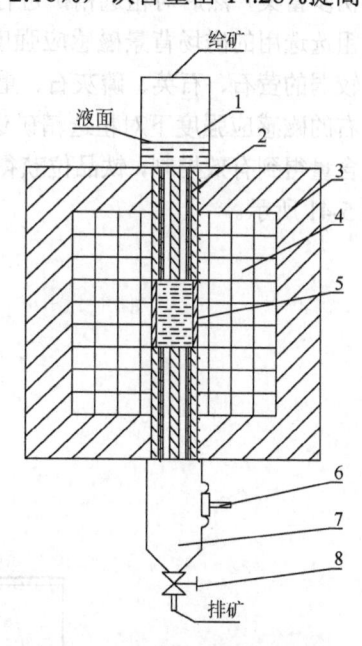

图 5-40 周期式脉动高梯度磁选机结构示意图

1. 给矿盒；2. 磁极头；3. 磁轭；4. 激磁线圈；
5. 磁介质核；6. 脉动机构；7. 矿斗；8. 阀门

使矿浆保持松散状态，会使非磁性矿物颗粒和磁性矿物颗粒有效分离，冲程冲次可通过改变变频器频率得到精确控制。表 5-18 为 SLon-100 周期式脉动高梯度磁选机背景磁感应强度与激磁电流的关系表，表 5-19 为冲程冲次与频率的关系表。

表 5-18 SLon-100 周期式脉动高梯度磁选机背景与激磁电流的关系

激磁电流/A	200	300	500	600	700	800	900	1000	1100	1200	1300	1400
背景磁感应强度/T	0.473	0.651	0.897	0.986	1.077	1.170	1.247	1.348	1.436	1.510	1.601	1.675

表 5-19 冲程冲次与频率的关系

频率/Hz	13	26	39
冲程冲次/（次/min）	100	200	300

3. 实验方法

为了最大限度提高铁矿物回收率和铁精矿品位，先通过强磁粗选对铁矿物进行初步富集，然后对粗选精矿进行强磁精选，以进一步提高铁精矿的品位[33-36]。强磁粗选选用的磁场背景磁感应强度通常介于 1.0~1.5T 之间，目的是将无磁性或磁性较弱的萤石、石英、磷灰石、重晶石、碳酸盐及其贫铁连生体抛除，然后在 0.5T 左右的磁感应强度下对粗选精矿进行强磁精选，将含铁硅酸盐抛除，精矿中的碱金属含量得到有效控制，铁品位获得进一步提升[37]。稀选尾矿强磁选铁的选矿流程如图 5-41 所示。

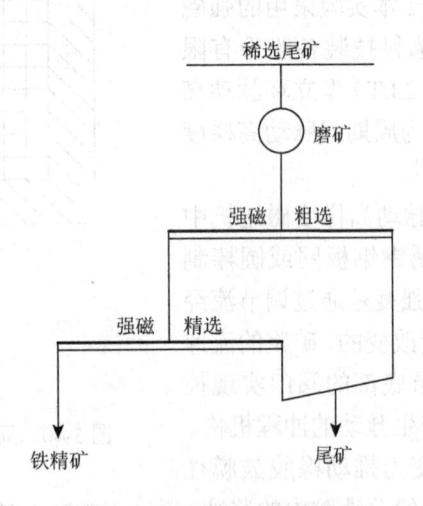

图 5-41 稀选尾矿磁选流程图

实验开始前，向磁选机的分选腔内注水至指定液面高度。启动激磁电流和脉动，待激磁电流稳定后，匀速加入搅拌均匀的矿浆。流经分选腔的磁性矿物与非磁性矿物在磁力、脉动流体力、重力的综合作用下得到分离，磁性矿物颗粒附着在磁介质核上，非磁性矿物以尾矿形式自底部接矿斗处排出。待矿浆分选结束后，排尽分选腔中的水分，切断激磁电流，向分选腔内注水以冲洗出磁性矿物。对收集到的含磁性矿物的矿浆和含非磁性矿物的矿浆分别进行过滤、烘干处理，得到磁性矿物和非磁性矿物。采用化学滴定或 ICP-MS 分析磁选产品中主要元素含量，采用偏光显微镜对磁选精矿中矿物进行鉴别并对矿物连生状况进行分析。

5.3.2 稀选尾矿的强磁选工艺

实验以弱磁选尾矿开路浮选稀土的尾矿为原料,在矿浆浓度为50%的条件下,分别考察矿物的磨矿粒度、脉动高梯度磁选机的冲程冲次(脉动频率)、磁选背景磁感应强度对磁选铁精矿品位和铁回收率的影响。

1. 强磁粗选背景磁感应强度对选矿指标的影响

在实验中,稀选尾矿的磨矿粒度为-325目的矿物占矿物总量的90.95%,冲程冲次为200次/min。在此条件下,研究了强磁粗选背景磁感应强度对选矿效果的影响。图5-42为强磁粗选铁精矿品位和铁回收率随强磁粗选背景磁感应强度的变化规律。

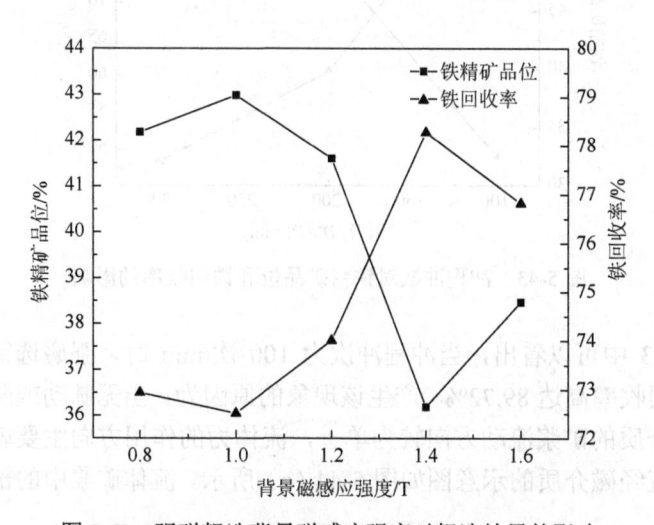

图5-42 强磁粗选背景磁感应强度对粗选结果的影响

由图5-42可看出,当磨矿粒度为-325目的矿物含量占矿物总量的90.95%,粗选背景磁感应强度由0.8T增大至1.0T时,铁精矿品位略有升高,铁回收率无明显变化;继续增大背景磁感应强度,铁精矿品位逐渐降低,铁回收率则呈升高趋势;当背景磁感应强度达到1.4T时,铁精矿品位降至36.19%,铁回收率达到78.28%,这是由杂质矿物在高磁感应强度下进入铁精矿所致;当背景磁感应强度大于1.4T时,随着背景磁感应强度的增大,铁精矿品位有一定的回升,但远低于1.0T时的铁精矿品位,此时的铁回收率呈小幅度降低趋势。综合考虑铁精矿品位和铁回收率指标,确定最佳强磁粗选背景磁场强度为1.0T。此时,强磁粗选铁精矿的品位为42.98%,铁回收率为72.52%。

2. 冲程冲次对选矿指标的影响

本节实验研究了冲程冲次对强磁选矿指标的影响。选取磨矿粒度为-325目的矿物占矿物总量的 90.95%。强磁选过程分为强磁粗选和强磁精选两步，粗选背景磁感应强度和精选磁感应强度分别设定为 1.0T 和 0.6T。在以上条件下，分别考察冲程冲次为 100 次/min、200 次/min、300 次/min 时的铁精矿品位和铁回收率，结果如图 5-43 所示。

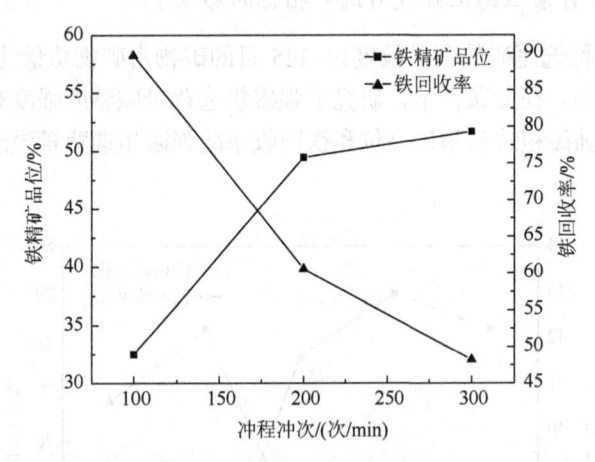

图 5-43 冲程冲次对铁精矿品位和铁回收率的影响

从图 5-43 中可以看出，当冲程冲次为 100 次/min 时，强磁选铁精矿品位为 32.48%，铁回收率高达 89.72%。产生该现象的原因为：当无脉动或脉动频率较低时，经过磁介质的矿浆流动方向较为单一，流体力的作用方向主要朝下。矿浆流在该条件下流经磁介质的示意图如图 5-44（a）所示。流体矿浆中的部分非磁性矿

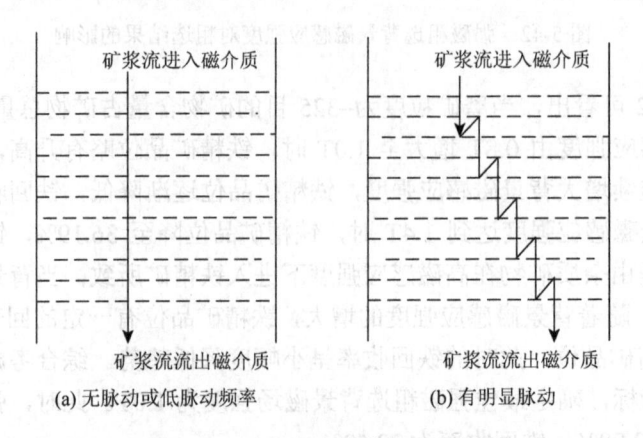

(a) 无脉动或低脉动频率
(b) 有明显脉动

图 5-44 矿浆流穿过磁介质示意图

物在表面力或桥链作用下滞留于磁介质堆内,同铁精矿混合在一起,进而降低铁精矿的品位。当冲程冲次为 200 次/min 时,强磁选铁精矿品位升高至 50%左右,铁回收率明显降低。这是由于随着冲程冲次的提高,矿浆流通过磁介质时方向明显发生交替变化,矿浆流流动轨迹为上下波动的曲线。此时,矿浆流流经磁介质的示意图如图 5-44（b）所示。该条件下,非磁性矿物受到的流体力会显著增大,非磁性矿物离开磁介质重新流向磁选尾矿,且矿物间的桥链被交变流体力破坏,夹杂于磁性矿中的脉石矿物或脉石与铁矿物形成的弱磁性连生体可正常通过磁介质进入尾矿。继续提高冲程冲次至 300 次/min,铁精矿品位为 51.69%,无明显变化,而铁回收率显著降低,仅为 48.23%。这是部分磁性过低的微细磁性颗粒在交变流体力的作用下离开磁介质而最终进入尾矿所致。综合考虑铁精矿品位和铁回收率,将最佳冲程冲次确定为 200 次/min,此时铁精矿品位为 49.47%,回收率为 60.55%。

3. 磨矿粒度对选矿指标的影响

对于脉动高梯度强磁选实验,粗选和精选背景磁感应强度、冲程冲次均属于外界条件因素。对于待选矿物自身来说,矿物颗粒的很多理化特性对选矿效果也有很大的影响,这些特性包括矿粒的磁性、粒度和表面特性等。在实验中,白云鄂博矿复杂的矿物工艺学特性使矿物解离度成为影响选矿效果的重要因素,因此,探究磨矿粒度对磁选效果的影响十分重要。该实验中,磨矿粒度以−325 目的矿物在矿物总量中的占比作为考量。

在矿浆浓度为 50%时,将矿物分别磨至−325 目的矿物含量占比为 70.11%、76.27%、81.05%、86.35%、90.95%和 95.31%。强磁粗选和精选的背景磁感应强度分别设定为 1.0T 和 0.6T,冲程冲次为 200 次/min。在以上实验条件下,分别考察了不同磨矿粒度下的选矿效果。图 5-45 为磨矿粒度对强磁粗选-强磁精选流程所得铁精矿品位和铁回收率的影响。

从图 5-45 可以看出,当−325 目矿物占比从 70.11%增加到 76.27%时,铁精矿品位从 45.66%提高到 46.44%,铁精矿品位呈小幅度升高趋势,铁回收率从 64.35%降低到 63.49%,铁回收率呈小幅度降低趋势；当−325 目矿物占比由 76.27%提高至 81.05%时,铁精矿品位和铁回收率均有大幅度变化,这是由于随着矿物粒度的减小,铁矿物的解离度随之提高,但细粒铁矿物也随之增多,部分细粒铁矿物由于磁性较低难以回收而流失,在此条件下,磁选铁精矿品位可达到 48.95%,铁回收率降低至 61.29%；当−325 目矿物比例为 86.35%时,铁精矿品位达到 49.47%,铁回收率为 60.55%；继续提高−325 目矿物比例至 90.95%时,铁精矿品位为 49.13%,铁回收率为 61.54%,选矿指标无明显变化；当−325 目矿物占比为 95.31%时,铁矿物颗粒解离度进一步提高,铁精矿品位升高至 51.69%,铁回收率大幅降

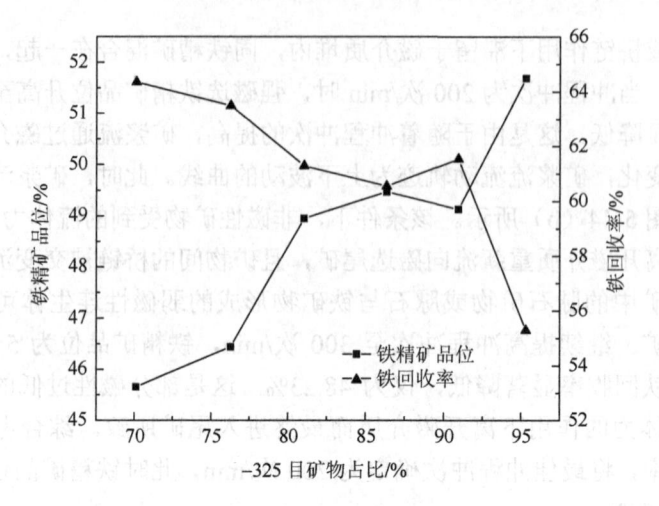

图 5-45 磨矿粒度对铁精矿品位和铁回收率的影响

低至 55.29%。综合考虑铁精矿品位和铁回收率，可确定最佳磨矿粒度下-325 目的矿物占比介于 81.05%～90.95%。

4. 强磁精选背景磁感应强度对选矿指标的影响

根据以上各节实验研究所确定的最佳工艺条件，本节选取磨矿粒度为-325 目的矿物占矿物总量的 90.95%，冲程冲次为 200 次/min，粗选背景磁感应强度为 1.0T，分别研究了精选背景磁感应强度为 0.1～0.8T 时强磁粗选-强磁精选流程所得精矿的品位与铁回收率，结果如图 5-46 所示。

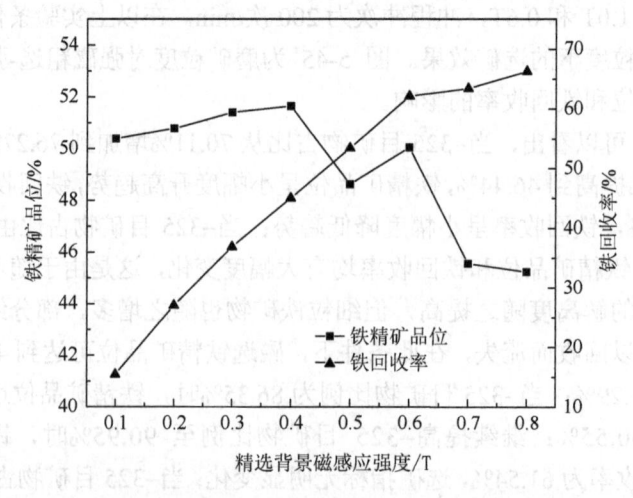

图 5-46 精选背景磁感应强度对铁精矿品位和铁回收率的影响

从图 5-46 可以看出，随着精选背景磁感应强度的增大，铁精矿品位整体呈降低趋势，铁回收率呈升高趋势。当精选背景磁感应强度由 0.1T 升高至 0.4T 时，精矿品位随着磁感应强度的增加而缓慢增加，当背景磁感应强度为 0.4T 时，铁精矿品位达到最大值 51.65%，此时铁回收率仅为 45.03%；当背景磁感应强度升高至 0.5T 和 0.6T 时，铁精矿品位略有降低，但变化幅度较小，而铁回收率则分别达到 53.38%、62.14%；当背景磁感应强度在 0.6~0.8T 范围内变化时，铁精矿品位急剧降低，铁回收率升高趋势趋于缓慢。综合考虑铁精矿品位和铁回收率指标，强磁精选的最佳背景磁感应强度应为 0.6T。

5.3.3 强磁选精矿矿物检测

1. 磁选产品检测

表 5-20 为强磁选实验所得铁精矿的化学成分表，表 5-21 为包钢选矿厂现场工序中强磁精矿的化学成分表[38]。对比实验所得强磁精矿和生产现场的强磁精矿成分可发现，实验所得强磁精矿的铁品位比现场强磁精矿铁品位约高 8 个百分点，碱金属（Na_2O、K_2O）、F、P_2O_5 和 SiO_2 等杂质含量也均低于生产现场的参数。另外，包钢选矿厂强磁选铁时铁的作业回收率介于 39.58%~42.4%之间。在本实验中，强磁选铁时铁的作业回收率为 62%左右，该指标优于选矿现场指标。

表 5-20 实验所得强磁精矿的化学成分（质量分数） （单位：%）

成分	Na_2O	K_2O	MgO	CaO	BaO	MnO_2	SiO_2	TiO_2	ThO_2
含量	0.91	0.088	1.70	5.14	0.54	1.48	9.46	1.37	0.0066
成分	Al_2O_3	Sc_2O_3	REO	P_2O_5	Nb_2O_5	F	S	TFe	—
含量	0.26	0.016	0.92	0.30	0.27	0.43	0.30	48.94	—

表 5-21 包钢选矿厂现场工序中强磁精矿的化学成分（质量分数） （单位：%）

成分	Na_2O	K_2O	MgO	CaO	BaO	SiO_2	Al_2O_3
含量	0.62	0.55	2.36	7.20	0.37	10.40	1.08
成分	Nb_2O_5	REO	P_2O_5	F	S	TFe	烧损
含量	0.12	4.00	0.98	5.80	0.51	41.00	7.25

表 5-22 为强磁精矿的矿物组成表。从表中可以看出，磁选精矿中赤铁矿和磁铁矿的总含量为 72.39%，脉石矿物主要为硅酸盐矿物（辉石、闪石等）、萤石、白云石和方解石。

表 5-22　强磁精矿矿物组成（质量分数）　　　　　　　　　（单位：%）

矿物	磁铁矿	赤铁矿	钛铁矿	云母	闪石	辉石	石英	钛铁金红石
含量	1.63	70.76	1.19	0.57	4.48	4.19	1.56	0.03
矿物	菱铁矿	菱锰矿	包头矿	褐帘石	独居石	氟碳铈矿	硅灰石	白云石和方解石
含量	0.44	0.53	0.01	0.05	0.29	0.80	0.01	6.49
矿物	烧绿石	易解石	萤石	重晶石	磷灰石	黄铁矿	绿泥石	铌铁金红石
含量	0.01	0.04	3.35	0.53	0.37	0.70	0.05	0.07

2. 铁精矿的微观分析

图 5-47 为强磁选铁精矿的光学显微照片。其中，图 5-47（a）～（c）为粒度分布为 +200 目矿物颗粒的照片，图 5-47（d）、(e) 为粒度分布为 –200 + 270 目的矿物颗粒照片。从图 5-47 中可以看出，在磁选精矿中，赤铁矿主要与硅酸盐、

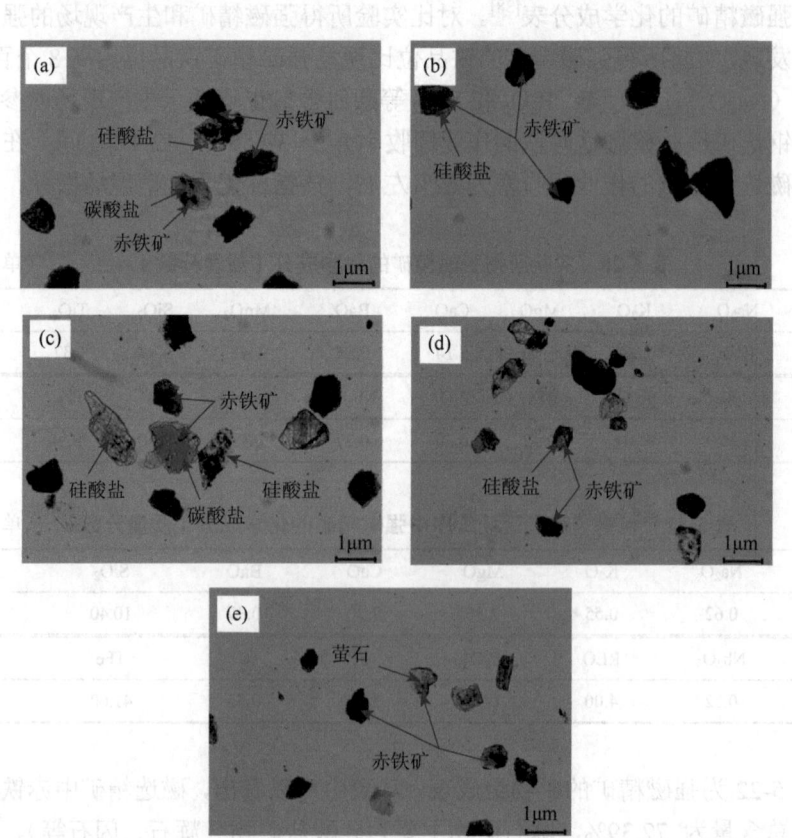

图 5-47　铁精矿的光学显微照片：（a）～（c）+200 目颗粒；（d）、(e) –200 + 270 目颗粒

碳酸盐和萤石矿物连生。连生体中铁矿物与脉石矿物主要以穿插、包裹等复杂形式连生，个别铁矿物在连生体内与脉石矿物互相浸染，且连生体内铁矿物粒度极小，在磨矿过程中不易发生解离，造成弱磁性铁矿物分离困难。

本节实验对不同粒度范围的铁精矿的解离情况进行分析，表 5-23 为铁精矿解离度分析表。从表 5-23 中可以看出，随着矿物粒度的减小，铁矿物单体解离度逐渐升高，粒度分布于–500 目的铁矿物单体解离度可达到 91.01%。从统计规律来看，完全解离的铁矿物颗粒占矿物总量的 87.20%，与萤石连生的铁矿物颗粒占矿物总量的 4.26%，与碳酸盐连生的铁矿物颗粒占矿物总量的 7.69%，与硅酸盐矿物连生的铁矿物颗粒占矿物总量的 0.77%，与稀土矿物连生的铁矿物颗粒占矿物总量的 0.07%。在强磁选铁精矿中，铁矿物颗粒主要以单体形式存在，连生体则以与萤石或碳酸盐形成的连生体为主。

表 5-23 铁精矿的解离度分析

粒级/目	产率/%	单体解离度/%	连生体比例/%			
			与萤石连生	与碳酸盐矿物连生	与硅酸盐矿物连生	与稀土矿物连生
+200	0.20	25.67	25.13	33.16	16.04	0.00
−200+270	1.10	52.31	13.23	26.77	7.69	0.00
−270+325	1.40	65.49	9.88	18.00	6.63	0.00
−325+400	8.77	73.52	11.38	12.69	2.41	0.00
−400+500	12.16	79.85	9.13	9.89	1.14	0.00
−500	76.37	91.01	2.39	6.24	0.28	0.09
合计	100.00	87.20	4.26	7.69	0.77	0.07

5.3.4 本节小结

本节以白云鄂博矿弱磁选铁、浮选稀土尾矿为原料，采用强磁选铁方法回收其中的铁矿物。实验研究了脉动高梯度磁选机冲程冲次、背景磁感应强度以及磨矿粒度对铁精矿品位及铁回收率的影响规律，并对在最佳磁选工艺条件下得到的铁精矿的化学成分、矿物组成及微观组成进行分析，可得出以下结论。

(1) 将稀选尾矿磨至粒度为–325 目的颗粒占矿物总量的 90.95%，在强磁粗选背景磁感应强度为 1.0T、强磁精选背景磁感应强度为 0.6T，冲程冲次为 200 次/min 时，经过"一粗一精"选矿，可获得铁品位为 50.04%（因原矿成分变化可能存在小幅度波动）、铁回收率为 62.14%的铁精矿。

(2) 铁精矿的化学分析显示，铁精矿品位比生产现场强磁精矿品位约高 8 个百分点，铁作业回收率比生产现场作业回收率高出 20 个百分点左右。精矿中碱金属（Na_2O、K_2O）、F、P_2O_5 和 SiO_2 等杂质含量指标也优于生产现场指标。铁精矿的矿物组成分析表明，铁精矿中的主要脉石矿物为萤石、碳酸盐矿物（白云石、方解石）、硅酸盐矿物（辉石、闪石等）。

（3）通过偏光显微镜对铁精矿进行观察，可发现以单体形式存在的铁矿物颗粒居多；在铁矿物连生体中，铁矿物多与萤石、碳酸盐或硅酸盐连生。

（4）铁精矿的解离度分析结果表明，铁矿物的单体解离度为 87.20%，与萤石连生的铁矿物颗粒比例为 4.26%，与碳酸盐连生的铁矿物颗粒比例为 7.69%，与硅酸盐连生的铁矿物颗粒比例为 0.77%，与稀土矿物连生的铁矿物颗粒比例为 0.07%。在连生体中，以含萤石或碳酸盐的连生体居多。

（5）弱磁选尾矿经稀土浮选及磨矿处理后，经"一粗一精"强磁选获得的铁精矿品位及杂质含量等指标虽优于生产现场精矿指标，但仍不能满足高炉入炉的品位要求，可将该铁精矿接入包钢铁精矿浮选生产线或通过磁化焙烧-磁选处理来进一步提高铁精矿品位。

5.4 弱磁选尾矿在 NaOH-Ca(OH)$_2$-C 体系中的焙烧实验

在包头白云鄂博稀土矿冶炼过程中，稀土精矿在浓硫酸高温焙烧下转化为稀土硫酸盐，然后通过水浸出焙烧矿得到稀土硫酸盐溶液。尽管该方法是一种低成本、有效的分解方法，但是在生产过程中会产生大量废水以及 SO_2、HF 等有害气体，对环境造成严重污染。伴随矿物资源的不断消耗和环保要求的紧迫性，一些高效、清洁分解稀土矿物的方法被相继提出。时文中等[39]采用氧化镁和氯化铵两步焙烧法分解白云鄂博稀土精矿，然后通过水浸出的方式得到氯化稀土溶液。该方法不引入酸、碱且无污染性气体逸出。吴文远等[40,41]在 $CaO-NaCl-CaCl_2$ 体系中焙烧分解白云鄂博稀土精矿，精矿分解率可达到 90%左右，该方法可有效减少含氟气体排放。磁化焙烧技术在低品位赤铁矿选矿预处理中的应用已获得广泛关注。其中，在 20 世纪 80 年代，包钢选矿厂采用竖炉对铁品位为 33.09%的白云鄂博贫氧化矿进行磁化焙烧-磁选处理，获得品位为 58.42%的铁精矿，铁回收率为 72.17%。本课题组对弱磁选尾矿粉末及球团进行煤基磁化焙烧，均获得了较好的磁化效果。独居石的分解实验也表明 NaOH-Ca(OH)$_2$ 复合助剂可有效分解较难分解的独居石矿物，利用 Ca(OH)$_2$ 代替部分 NaOH 可降低碱法分解独居石的用碱量，减少流程终端的碱性废水量。

基于白云鄂博矿弱磁选尾矿含赤铁矿和稀土矿物的特点，本节拟将铁的磁化焙烧工艺和稀土矿物的清洁分解工艺相结合[42]，采用煤粉作为还原剂，以 NaOH-Ca(OH)$_2$ 复合助剂作为稀土矿物分解剂，对磁化焙烧条件下弱磁选尾矿中含铁矿物及稀土矿物的反应进行分析，为弱磁选尾矿综合利用的新工艺的开发提供理论基础。

5.4.1 实验原理

煤基还原是常见的铁矿物还原反应。弱磁性的赤铁矿可在磁化焙烧过程中转化为强磁性的磁铁矿，可通过弱磁选实现铁矿物与其他脉石矿物的有效分离，该过程主要反应为间接还原反应，反应机理已在 5.2 节中进行阐述。焙烧过程中稀土矿物同 NaOH-Ca(OH)$_2$ 复合助剂可能发生的主要反应如式（5-59）～式（5-63）所示[43]。

$$2REPO_4 + 3Ca(OH)_2 = RE_2O_3 + Ca_3(PO_4)_2 + 3H_2O(g) \quad (5-59)$$

$$3Ca_3(PO_4)_2 + CaF_2 = 2Ca_5F(PO_4)_3 \quad (5-60)$$

$$RECO_3F = REOF + CO_2(g) \quad (5-61)$$

$$2REOF + Ca(OH)_2 = RE_2O_3 + CaF_2 + H_2O(g) \quad (5-62)$$

$$2RECO_3F + 3Ca(OH)_2 = RE_2O_3 + 2CaCO_3 + CaF_2 + 3H_2O(g) \quad (5-63)$$

5.4.2 实验材料与方法

1. 实验原料

实验所用弱磁选尾矿和煤粉均与 5.2 节中煤基磁化焙烧实验的用料相同，所用氢氧化钠、氢氧化钙及盐酸均为分析纯级试剂。

2. 实验方法

将氢氧化钠、氢氧化钙和煤粉按照一定比例配入弱磁选尾矿中，并将混合料置于球磨罐中充分混合。设定好马弗炉焙烧温度，用石墨坩埚盛装混合料并置于马弗炉中按设定时间进行焙烧。焙烧结束后，在氮气保护气氛下冷却物料。采用制样机磨制焙烧矿并检测矿样，然后采用化学分析法对焙烧矿的化学组分进行分析。采用 X 射线衍射仪对矿物物相进行定性分析，利用 SEM-EDS 对矿物的微观形貌及元素分布进行分析。

5.4.3 主要矿物在焙烧过程中的反应

从 5.1 节中的弱磁选尾矿中铁和稀土的物相组成来看，铁矿物主要以赤铁矿形式存在，赤铁矿中的铁占尾矿总铁量的 75.31%，另有 12.17% 的铁以含铁硅酸盐形式存在，从尾矿的矿物组成来看，含铁硅酸盐主要包括辉石、闪石和云母。

尾矿中的稀土矿物几乎全部以氟碳铈矿（含氟碳铈钙矿）和独居石形式存在。本节将针对赤铁矿、氟碳铈矿、独居石和含铁硅酸盐等主要含铁矿物和稀土矿物在 NaOH-Ca(OH)$_2$-C 体系中的反应展开讨论。

1. 赤铁矿在 NaOH-Ca(OH)$_2$-C 体系中的反应

本课题组在前期研究中确立了弱磁选尾矿粉末煤基磁化焙烧的最佳工艺条件，即尾矿中的配煤量为尾矿量的 2.3%左右，焙烧温度为 650℃，焙烧时间为 2.5h[44]。本节实验在保持磁化焙烧条件不变的基础上，在配料环节分别按照尾矿量的 2.5%和 4.5%配入 NaOH 和 Ca(OH)$_2$。焙烧结束后，将该焙烧矿与弱磁选尾矿原矿、尾矿配煤磁化焙烧矿进行对照分析，阐明碱性助剂对赤铁矿磁化焙烧的影响机理。表 5-24 为弱磁选尾矿及焙烧矿中的铁物相分析结果，表中矿样 1、2、3 分别表示弱磁选尾矿原矿、尾矿配煤磁化焙烧矿和尾矿在 NaOH-Ca(OH)$_2$-C 体系中的焙烧矿。

表 5-24　矿样的铁物相分析结果（质量分数）　　　　（单位：%）

矿样	磁铁矿	碳酸盐	硅酸盐	硫铁矿	赤铁矿	合计
1	0.68	0.29	1.68	0.72	10.44	13.81
2	12.01	—	1.53	0.21	0.99	14.74
3	10.60	0.90	1.00	0.15	3.55	16.20

根据表 5-24 中数据计算可知，矿样 2 和 3 中铁在磁铁矿中的分布率分别为 81.48%、65.43%。铁在磁铁矿中的分布率差别表明，添加 NaOH 和 Ca(OH)$_2$ 会对尾矿的磁化焙烧效果产生影响。

为了研究 NaOH 对赤铁矿磁化焙烧的影响，实验在不改变煤粉和氢氧化钙添加量的前提下，研究 NaOH 添加量对尾矿磁化焙烧效果的影响。在本实验中，采用磁性率[w(FeO)/w(TFe)×100%]作为对焙烧矿焙烧效果进行简单评价的指标。图 5-48 为煤粉添加量为 2.3%，氢氧化钙添加量为 4.5%，温度为 650℃，焙烧时间为 3h 条件下，焙烧矿磁性率随 NaOH 添加量的变化趋势。

从图 5-48 中可以看出，当 NaOH 添加量从 2%增加到 9%时，焙烧矿的磁性率逐渐偏离磁铁矿的理论磁性率 42.8%，且整体呈降低趋势。图 5-49 为 NaOH 添加量为 2%、4%、6%和 8%时的 XRD 图。从图中可以看出，NaOH 添加量为 2%和 4%时，焙烧矿中的铁氧化物全部为 Fe$_3$O$_4$，可能是由于 Fe$_2$O$_3$ 含量较低而无法通过 X 射线衍射仪检测到其衍射峰，说明 NaOH 在该条件下对尾矿磁化焙烧效果影响较小。当 NaOH 添加量达到 6%和 8%，焙烧矿 XRD 图中可明显观察到 Fe$_2$O$_3$ 的衍射峰，在该条件下未发生还原的赤铁矿开始增多。该现象的产生可能是由于

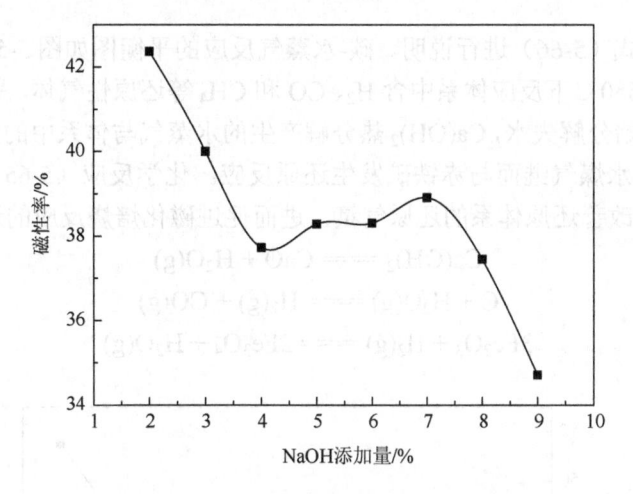

图 5-48 NaOH 添加量对磁化焙烧的影响

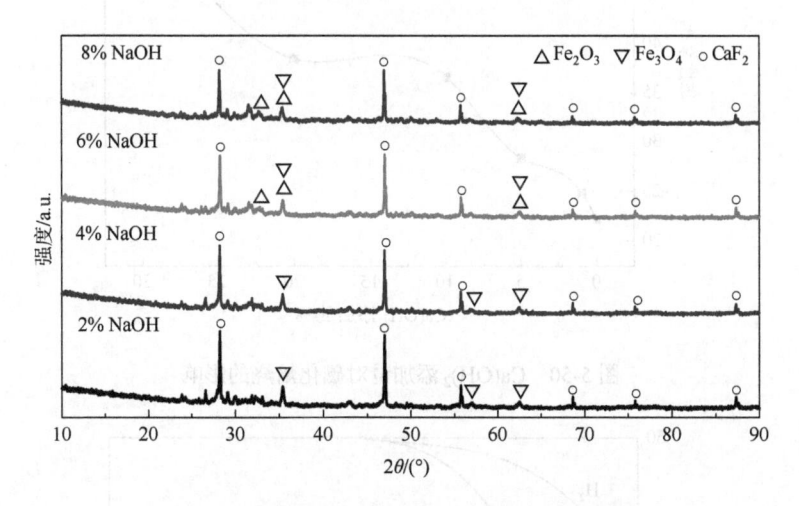

图 5-49 不同 NaOH 添加量下焙烧矿的 XRD 图

液相 NaOH 与部分赤铁矿形成的包裹体阻断了赤铁矿与还原剂的接触，进而导致部分赤铁矿无法还原。

在以上研究的基础上，实验又研究了 $Ca(OH)_2$ 对焙烧矿磁性率的影响。为使实验规律更具有代表性，本节实验研究了在 650℃以外的其他温度下 $Ca(OH)_2$ 对焙烧矿磁性率的影响。实验中，焙烧温度设定为 610℃，焙烧时间设定为 2h，煤粉添加量为尾矿量的 2.5%。图 5-50 为焙烧矿磁性率与 $Ca(OH)_2$ 添加量的关系曲线。从图 5-50 中可以看出，在 $Ca(OH)_2$ 添加量由 0%增加至 30%的过程中，焙烧矿的磁性率由 22.20%逐渐升高至 53.76%。该现象表明，在赤铁矿磁化焙烧的过程中，$Ca(OH)_2$ 与煤粉具有一定的协同作用，该协同反应过程可以用反应式（5-64）～式（5-66）进行说明。碳-水蒸气反应的平衡图如图 5-51 所示。从图中可以看出，650℃下反应体系中含 H_2、CO 和 CH_4 等还原性气体。另外，$Ca(OH)_2$ 在 580℃即开始分解失水，$Ca(OH)_2$ 热分解产生的水蒸气与体系中的煤粉发生反应生成水煤气，水煤气继而与赤铁矿发生还原反应。化学反应（5-65）可以显著增加还原气量，改善还原体系的还原气氛，进而促进磁化焙烧反应的进行。

$$Ca(OH)_2 =\!=\!= CaO + H_2O(g) \quad (5\text{-}64)$$

$$C + H_2O(g) =\!=\!= H_2(g) + CO(g) \quad (5\text{-}65)$$

$$3Fe_2O_3 + H_2(g) =\!=\!= 2Fe_3O_4 + H_2O(g) \quad (5\text{-}66)$$

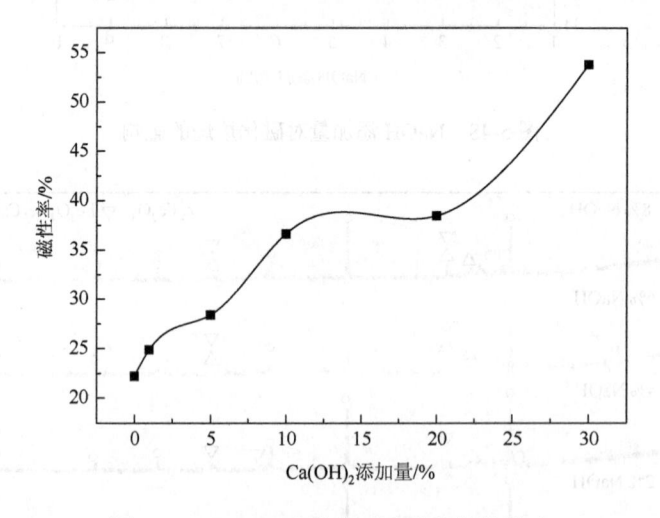

图 5-50　$Ca(OH)_2$ 添加量对磁化焙烧的影响

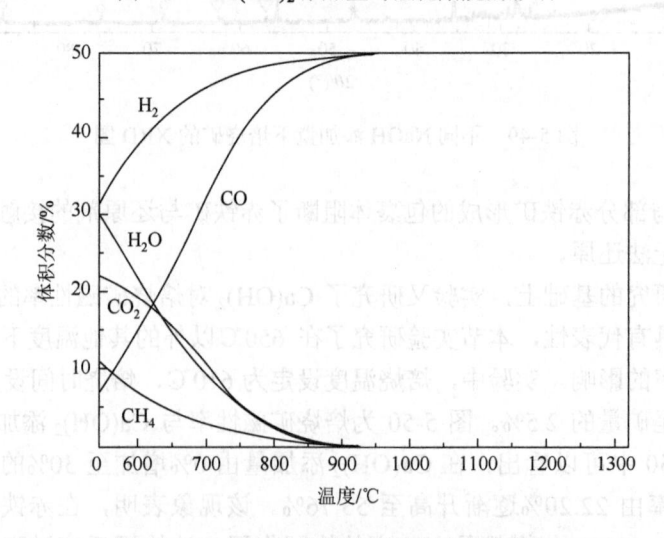

图 5-51　0.1MPa 下碳-水蒸气反应的平衡图

2. 含铁硅酸盐在 NaOH-Ca(OH)$_2$-C 体系中的反应

对高炉冶炼而言,碱金属属于有害元素,富含碱金属的含铁硅酸盐矿物不属于铁矿物回收的目标矿物。然而,弱磁选尾矿中的含铁硅酸盐,如辉石、闪石、云母等矿物占尾矿总量的 17.47%,是弱磁选尾矿的重要组成部分。因此,有必要对该特殊含铁矿物在焙烧过程中的变化以及同外加物质间的作用机制展开研究。图 5-52 为尾矿焙烧矿中的典型硅酸盐矿物的背散射电子(BSE)图像及不同区域的 EDS 能谱。图中硅酸盐颗粒边缘区域(点 1 和 2 所在区域)和中心未反应区域(点 3 所在区域)的灰度差异表明颗粒周围已发生侵蚀。对比硅酸盐颗粒边缘区域与中心未反应区域的 EDS 能谱可以看出,边缘区域的能谱中出现了 Ca 元素衍射峰。该现象说明有含钙物质在焙烧过程中参与了硅酸盐矿物的分解反应,该含钙物质可能是矿物中 CaF$_2$ 或外加 Ca(OH)$_2$。

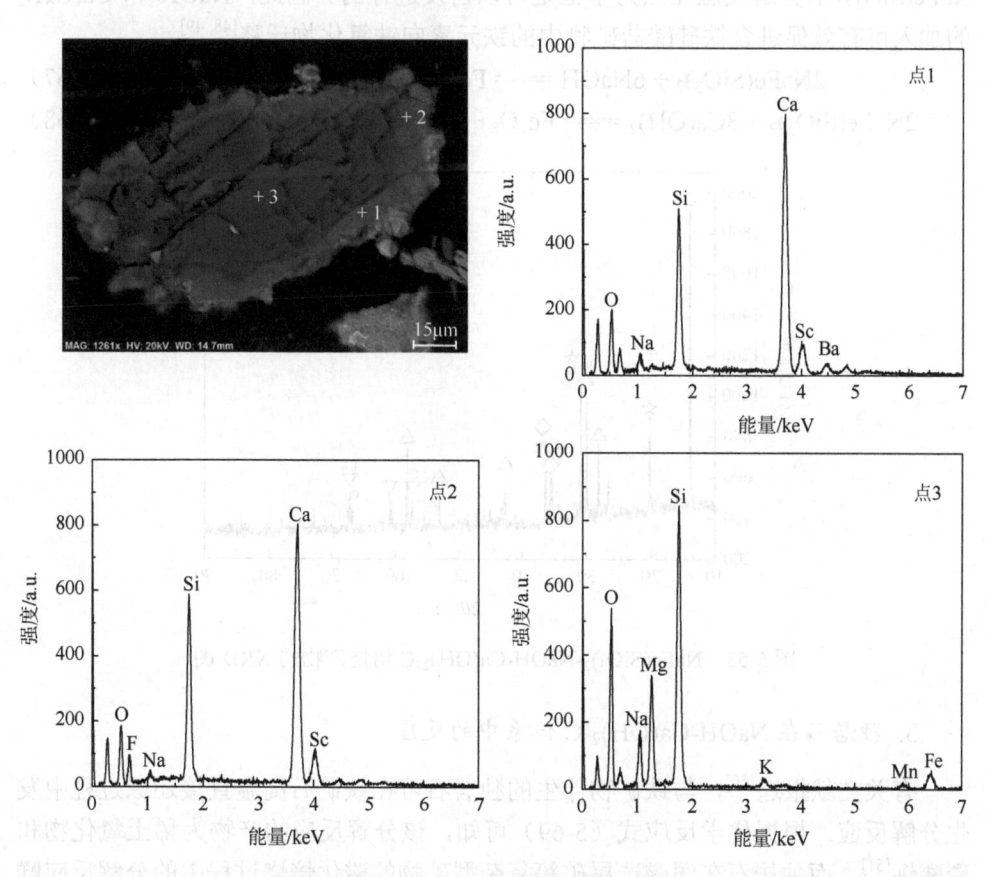

图 5-52 含铁硅酸盐焙烧颗粒背散射电子图像及点 1、2、3 的 EDS 能谱

为了探究含铁硅酸盐矿物在弱磁选尾矿焙烧过程中的反应情况,本节实验选取尾矿中含量较高的含铁硅酸盐 NaFe(SiO$_3$)$_2$ 为典型矿物进行分析。相关文献报道[45, 46],CaF$_2$ 分解白云鄂博矿中 NaFe(SiO$_3$)$_2$ 的温度为 980℃以上,可排除 CaF$_2$ 在 650℃分解 NaFe(SiO$_3$)$_2$ 的可能性,仅需考虑主要含钙物质 Ca(OH)$_2$ 与 NaFe(SiO$_3$)$_2$ 的反应。实验选取白云鄂博天然钠辉石矿物进行分析,将该矿物与 NaOH、Ca(OH)$_2$ 和煤粉按照质量比 100:2.5:4.5:2.3 进行混合并在 650℃下焙烧 2.5h。钠辉石焙烧产物的 XRD 图如图 5-53 所示。从图中可以看出,焙烧产物以未分解的钠辉石矿物为主,且图中可明显观察到 Fe$_2$O$_3$、Fe$_3$O$_4$、Na$_2$SiO$_3$、CaSiO$_3$ 和 CaCO$_3$ 的衍射峰。结果表明,钠辉石在 NaOH-Ca(OH)$_2$-C 体系中发生分解反应生成 Fe$_2$O$_3$,Fe$_2$O$_3$ 又被还原为 Fe$_3$O$_4$,钠辉石分解反应可用反应式(5-67)和式(5-68)进行表示。热力学计算结果也表明,化学反应式(5-67)和式(5-68)在 650℃下 $\Delta G_m^\ominus$ 分别为 –189.569kJ/mol 和 –149.084kJ/mol[47],NaOH 或 Ca(OH)$_2$ 与 NaFe(SiO$_3$)$_2$ 的分解反应在热力学上是可以自发进行的。因此,NaOH 和 Ca(OH)$_2$ 的加入可有效促进含铁硅酸盐矿物中的铁元素向铁氧化物迁移[48, 49]。

$$2\text{NaFe(SiO}_3)_2 + 6\text{NaOH} \Longrightarrow \text{Fe}_2\text{O}_3 + 4\text{Na}_2\text{SiO}_3 + 3\text{H}_2\text{O(g)} \quad (5\text{-}67)$$
$$2\text{NaFe(SiO}_3)_2 + 3\text{Ca(OH)}_2 \Longrightarrow \text{Fe}_2\text{O}_3 + \text{Na}_2\text{SiO}_3 + 3\text{CaSiO}_3 + 3\text{H}_2\text{O(g)} \quad (5\text{-}68)$$

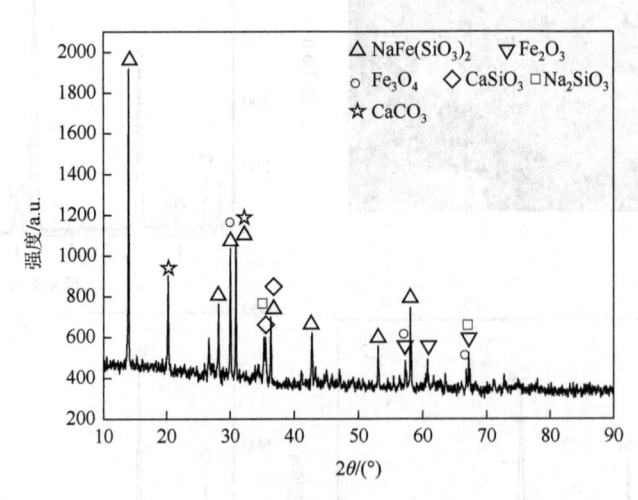

图 5-53　NaFe(SiO$_3$)$_2$-NaOH-Ca(OH)$_2$-C 焙烧产物的 XRD 图

3. 独居石在 NaOH-Ca(OH)$_2$-C 体系中的反应

有关文献报道[50],与铁矿物伴生的独居石可在铁矿石高温直接还原过程中发生分解反应。根据化学反应式(5-69)可知,该分解反应的产物为稀土氧化物和磷酸钙[51]。而独居石在弱磁选尾矿等复杂型矿物的磁化焙烧过程中的分解反应鲜有研究。本节对独居石在磁化焙烧还原气氛中的分解行为进行讨论。

第5章 白云鄂博矿弱磁选铁尾矿分离回收有价元素铁、稀土、铌和钪

$$2REPO_4 + 3CaO = RE_2O_3 + Ca_3(PO_4)_2 \qquad (5-69)$$

首先设置一组对照实验，将仅添加 2.3%煤粉的弱磁选尾矿在 650℃下磁化焙烧还原 2.5h，并对焙烧产物进行能谱分析，表 5-25 为弱磁选尾矿中独居石及焙烧产物中独居石的典型分解产物的 EDS 能谱分析数据。

表 5-25 独居石及其焙烧产物的化学成分（质量分数） （单位：%）

试样	P_2O_5	CaO	La_2O_3	Ce_2O_3	Nd_2O_3
独居石	30.87	0.07	18.27	39.27	11.52
焙烧产物	31.05	0.07	18.88	38.20	11.81

从表 5-25 中的数据可以看出，独居石的化学成分在焙烧前后未发生明显变化，独居石在对照实验下并未发生有效分解。由此可见，在磁化焙烧条件下，弱磁选尾矿中的其他矿物并不会与独居石发生分解反应，可排除独居石在弱磁选尾矿磁化焙烧过程中受热发生分解的可能性。

在排除磁化焙烧过程中独居石受热分解的基础上，对碱性助剂与独居石的反应进行研究。实验对配加 2.3%煤粉、2.5% NaOH 和 4.5% Ca(OH)$_2$ 的弱磁选尾矿进行焙烧，然后采用 SEM-EDS 对焙烧产物中独居石的典型分解颗粒进行分析。图 5-54 为独居石焙烧产物的背散射电子图像和元素面分布图像。根据元素分布特点，可将独居石颗粒由中心向边缘划分为三个区域，分别采用不同颜色对图中区域 1~3 进行标注，表 5-26 为各区域元素平均含量的 EDS 分析结果。

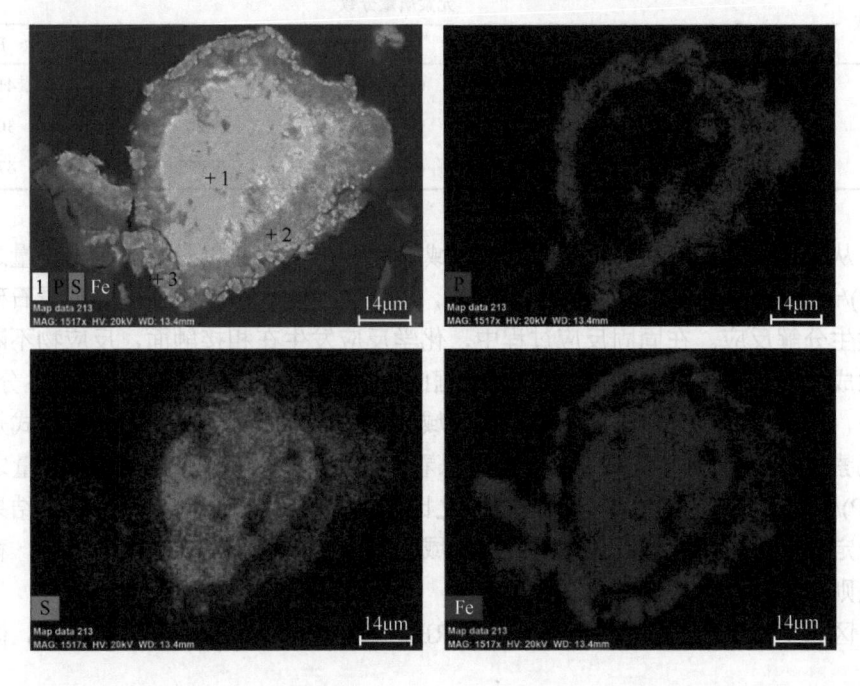

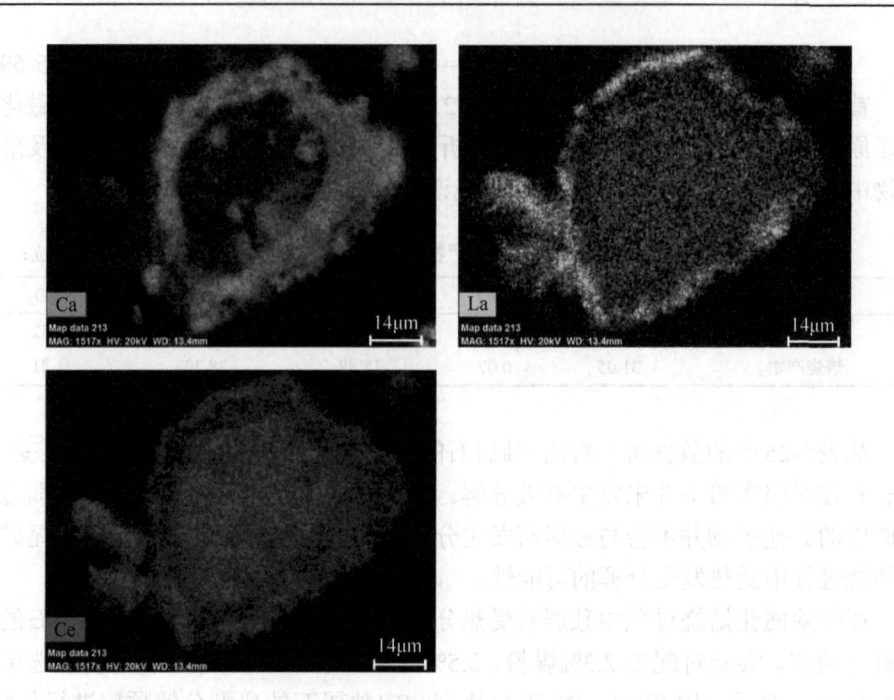

图 5-54　独居石焙烧产物的背散射电子图像和元素面分布图像

表 5-26　图 5-54 中各区域元素平均含量的 EDS 分析结果　　（单位：%）

区域	元素质量分数											
	O	F	Na	Mg	Al	Si	P	S	K	Ca	Fe	Ba	RE
1	18.24	—	0.80	0.18	—	0.58	0.28	9.81	0.23	2.29	23.15	3.16	41.30
2	27.93	4.70	0.70	—	0.02	—	9.99	—	—	25.06	0.35	—	30.72
3	23.40	—	0.28	0.15	0.29	0.11	0.36	0.51	—	3.37	24.20	—	47.33

从表 5-26 可以看出，图 5-54 中区域 1 和 3 的磷含量以及磷与稀土含量之比 [$w(P)/w(REO)$]较独居石原矿有明显降低，该现象表明区域 1 和 3 中的独居石矿物已发生分解反应。在固固反应过程中，化学反应发生在相接触面，反应物不断通过生成物向其他反应物的内部扩散，可据此判断区域 2 中的独居石也已发生分解。另外，1、2、3 三个化学组成不同的区域界限分明，说明各区域的分布形式是通过元素迁移形成的。从表 5-26 中可以看出，区域 1 和 3 中磷与钙含量之比 [$w(P)/w(Ca)$]比较接近，铁与稀土含量之比[$w(Fe)/w(REO)$]也较为接近。该结果可在一定程度上表明，在反应过程中，区域 1 和 3 中的磷、钙向区域 2 迁移，稀土和铁则由区域 2 向区域 1 和 3 迁移。

区域 1 中主要元素为 O、S、Fe 和 RE，从元素的面分布图中可以看出，区域

1 中 Ce、Fe 和 S 的分布区域重合。因此，区域 1 中稀土元素可能的赋存形式为 REO、CeFeO$_3$、Ce$_2$S$_3$ 或 CeS$_2$。弱磁选尾矿中的含硫矿物主要为重晶石和黄铁矿。重晶石在焙烧条件下可与碳发生还原反应生成 BaS，反应如式（5-70）所示，且热力学计算表明，在 650℃下该反应的标准摩尔吉布斯自由能变化值 $\Delta G_m^{\ominus}$ 为 –103.431kJ/mol，可由此认为在本实验条件下生成 BaS 的化学反应是可以进行的。综上分析，若独居石焙烧产物中有稀土硫化物（CeS、CeS$_2$ 或 Ce$_2$S$_3$），则硫化铈中硫的来源可能为硫酸钡、二硫化亚铁或硫化钡。在本实验中，稀土硫化物可能参与的化学反应可用式（5-71）～式（5-75）进行表示。采用 HSC6.0 软件对化学反应式（5-71）～式（5-75）的标准摩尔吉布斯自由能变化值 $\Delta G_m^{\ominus}$ 的计算结果表明，式（5-71）～式（5-75）中化学反应的 $\Delta G_m^{\ominus}$ 在实验温度下均为负值，即各个反应均可正向进行。故从理论上讲，含铈硫化物难以作为反应产物出现在独居石颗粒的焙烧产物中。另外，稀土氧化物在本实验条件下可以与 Fe$_2$O$_3$ 反应生成 REFeO$_3$，具体将在区域 3 中生成物的分析中进行讨论。可由以上分析作出判断，图 5-54 区域 1 中的独居石分解产物中稀土的主要存在形式为 REO 和 REFeO$_3$。

$$BaSO_4 + 4C = BaS + 4CO(g) \quad (5\text{-}70)$$

$$CeS_2 + FePO_4 = FeS_2 + CePO_4 \quad (5\text{-}71)$$

$$Ce_2S_3 + Ba_3(PO_4)_2 = 3BaS + 2CePO_4 \quad (5\text{-}72)$$

$$Fe_2O_3 + 2CeS_2 = 2FeS_2 + Ce_2O_3 \quad (5\text{-}73)$$

$$3BaO + Ce_2S_3 = 3BaS + Ce_2O_3 \quad (5\text{-}74)$$

$$2BaO + CeS_2 = 2BaS + CeO_2 \quad (5\text{-}75)$$

从图 5-54 中元素面分布图可以看出，区域 2 中 P、Ca 的分布区域重合度较高，该区域以氢氧化钙分解独居石的产物 Ca$_3$(PO$_4$)$_2$ 为主。从元素构成来看，稀土元素可能以 REF$_3$ 或 REO 形式存在。作为矿物中 F 的主要来源的 CaF$_2$，既无法通过直接参与独居石分解的方式产生 REF$_3$，也无法同 REO 直接反应产生 REF$_3$。因此，可判定区域 2 中稀土元素主要以稀土氧化物 REO 形式赋存。

区域 3 中的主要元素为 O、Fe 和 RE，且在元素分布图中稀土元素与铁的分布区域重合，区域 3 独居石分解产物中稀土可能的赋存形式为 REO、REFeO$_3$。由于热力学数据手册中缺乏 CeFeO$_3$、NdFeO$_3$ 的热力学数据，故采用已知的 Fe$_2$O$_3$、Pr$_2$O$_3$、PrFeO$_3$ 的数据计算式（5-76）中化学反应在 650℃时的标准摩尔吉布斯自由能变化值，此时 $\Delta G_m^{\ominus}$ 为–43.03kJ/mol。该结果表明，独居石分解生成的 REO 在理论上可以和焙烧矿中的 Fe$_2$O$_3$ 发生化合反应形成 REFeO$_3$。

$$RE_2O_3 + Fe_2O_3 \rightleftharpoons 2REFeO_3 \qquad (5-76)$$

为明确独居石在尾矿焙烧过程中的反应情况，本研究在确定区域 3 中实际参与反应的元素后，结合弱磁选尾矿中主要矿物的成分和比例，将独居石精矿、氧化铁、氟化钙、重晶石同 NaOH、Ca(OH)$_2$、煤粉进行混合焙烧，并对焙烧产物进行 XRD 分析，图 5-55 为该模拟矿焙烧产物的 XRD 图。从图中可以看出，焙烧矿中的稀土物相主要有 La$_2$O$_3$、Pr$_6$O$_{11}$、Nd$_2$O$_3$、Sm$_2$O$_3$、LaFeO$_3$、CeFeO$_3$ 和 PrFeO$_3$。显然，独居石自身分解反应的产物以 REO 为主，Fe$_2$O$_3$ 又可进一步同 REO 反应生成 REFeO$_3$。

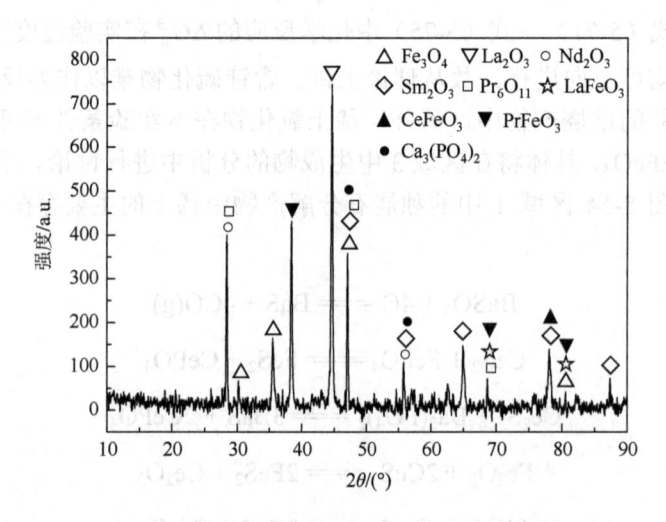

图 5-55　650℃时模拟矿在 NaOH-Ca(OH)$_2$-C 体系中焙烧产物的 XRD 图

鉴于独居石在 NaOH-Ca(OH)$_2$-C 体系中的反应特点，很难利用 SEM-EDS 从弱磁选尾矿中独居石的分解产物中检测到纯净的稀土氧化物。根据理论分析和实验验证，可判定弱磁选尾矿中独居石在 NaOH-Ca(OH)$_2$-C 体系中的分解产物主要为 REO 和 REFeO$_3$，而 REFeO$_3$ 难以溶解于盐酸溶液[52]，常用的盐酸浸出稀土的方法不适用于该类焙烧产物中稀土元素的浸出。

4. 氟碳铈矿在 NaOH-Ca(OH)$_2$-C 体系中的反应

在弱磁选尾矿中，稀土在氟碳铈矿中的分布率约为 70%，氟碳铈矿是尾矿中主要的稀土矿物。为查明 NaOH-Ca(OH)$_2$-C 焙烧体系对氟碳铈矿分解的实际作用，现采用 SEM-EDS 对弱磁选尾矿中氟碳铈矿原矿及其在其他反应体系中的分解产物进行对比分析，表 5-27 为 3 种不同矿样的 EDS 分析表。表中 RECO$_3$F、产物 1 和产物 2 分别表示尾矿中 RECO₃F、磁化焙烧矿中 RECO₃F 分解产物及 NaOH-Ca(OH)₂-C-尾矿焙烧矿中 RECO₃F 分解产物。从表 5-27 中可以看出，氟碳铈矿分解产物中氟与稀土含量之比[$w(F)/w(REO)$]较原矿明显降低，该现象表明氟元素在氟碳铈矿焙烧过程中发生迁移。

表 5-27 氟碳铈矿及其焙烧样中元素平均含量的 EDS 分析　　（单位：%）

矿样	元素质量分数							
	O	F	Ca	La	Ce	Nd	C
RECO₃F	21.09	9.22	0.11	17.92	36.32	10.15	5.2
产物 1	14.41	2.49	0.40	24.18	44.64	13.17	—
产物 2	15.04	2.67	1.14	26.34	44.28	10.55	—

为了研究磁化焙烧矿中氟碳铈矿中氟的逸出情况，对氟碳铈矿焙烧产物颗粒表面的不同位置进行能谱分析，图 5-56 为氟碳铈矿焙烧产物的 SEM 图及图中相应点的 EDS 能谱。

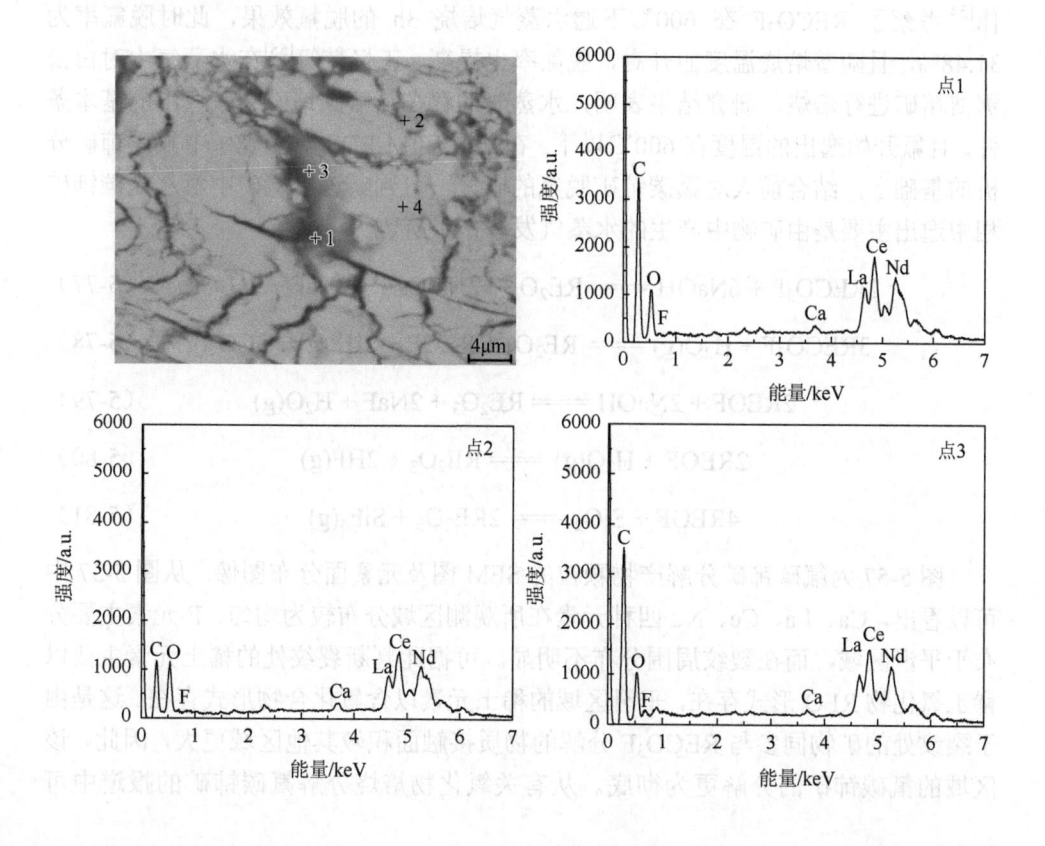

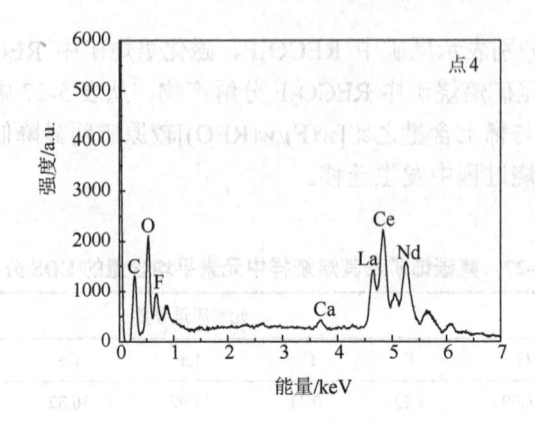

图 5-56　650℃下氟碳铈矿焙烧产物的 BSE 图像及点 1、2、3、4 的 EDS 能谱

从图 5-56 中氟碳铈矿焙烧产物的 EDS 能谱图中可以看出，氟碳铈矿焙烧产物中并未检测到 Si 元素，由此可认为 Si 无明显向氟碳铈矿扩散并参与化学反应的行为。张芳[53]通过热重分析及焙烧实验证明 SiO₂ 对 RECO₃F 脱氟的反应温度约为 1080℃，因此，可基本排除 SiO₂ 在 650℃下对 RECO₃F 大量脱氟的可能性。贾伟[54]考察了 RECO₃F 在 600℃下通水蒸气焙烧 3h 的脱氟效果，此时脱氟率为 31.48%，且随着焙烧温度的升高，脱氟率也提高。王忆慈等[55]在水蒸气中对白云鄂博精矿进行焙烧，研究结果表明，水蒸气的存在是氟碳铈矿中氟逸出的基本条件，且氟开始逸出的温度在 600℃以下。在采用 SEM-EDS 对焙烧矿中氟碳铈矿分析的基础上，结合前人对氟碳铈矿脱氟的研究，可判断该焙烧矿中氟从氟碳铈矿相中逸出主要是由矿物中产生的水蒸气发挥作用所致。

$$2RECO_3F + 6NaOH \Longrightarrow RE_2O_3 + 2Na_2CO_3 + 2NaF + 3H_2O(g) \quad (5-77)$$

$$3RECO_3F + H_2O(g) \Longrightarrow RE_2O_3 + REOF + 2HF(g) + 3CO_2(g) \quad (5-78)$$

$$2REOF + 2NaOH \Longrightarrow RE_2O_3 + 2NaF + H_2O(g) \quad (5-79)$$

$$2REOF + H_2O(g) \Longrightarrow RE_2O_3 + 2HF(g) \quad (5-80)$$

$$4REOF + SiO_2 \Longrightarrow 2RE_2O_3 + SiF_4(g) \quad (5-81)$$

图 5-57 为氟碳铈矿分解产物颗粒的 SEM 图及元素面分布图像。从图 5-57 中可以看出，Ca、La、Ce、Nd 四种元素在所观测区域分布较为均匀，F 元素主要分布于平滑区域，而在裂纹周围分布不明显。可据此判断裂纹处的稀土元素主要以稀土氧化物 REO 形式存在，平滑区域的稀土元素以含氟化合物形式存在。这是由于裂纹处的矿物同参与 RECO₃F 分解的物质接触面积较其他区域更大，因此，该区域的氟碳铈矿的分解更为彻底。从有关氧化物焙烧分解氟碳铈矿的报道中可

知,氟碳铈矿的分解过程主要包括两个阶段。第一阶段是氟碳铈矿分解成 REOF 及与 NaOH 和 Ca(OH)$_2$ 反应的过程,主要反应如化学反应式(5-61)、式(5-63)、式(5-77)、式(5-78)[56-58]所示;第二阶段是 REOF 继续同其他物质反应生成稀土氧化物 REO 的过程,主要反应如化学反应式(5-62)、式(5-79)~式(5-81)所示。从表 5-27 中两种氟碳铈矿焙烧矿的 EDS 分析结果来看,焙烧产物中稀土主要以稀土氧化物 REO 形式赋存。在本实验中,2.5% NaOH 和 4.5% Ca(OH)$_2$ 的加入对弱磁选尾矿中 REOF 的分解无明显影响。F 元素含量的大幅降低可以说明氟以气体形式向其他区域迁移。综合考虑尾矿固有成分及外加试剂 NaOH、Ca(OH)$_2$,可能与 REOF 发生反应导致氟逸出的简单氧化物为水蒸气[59]。

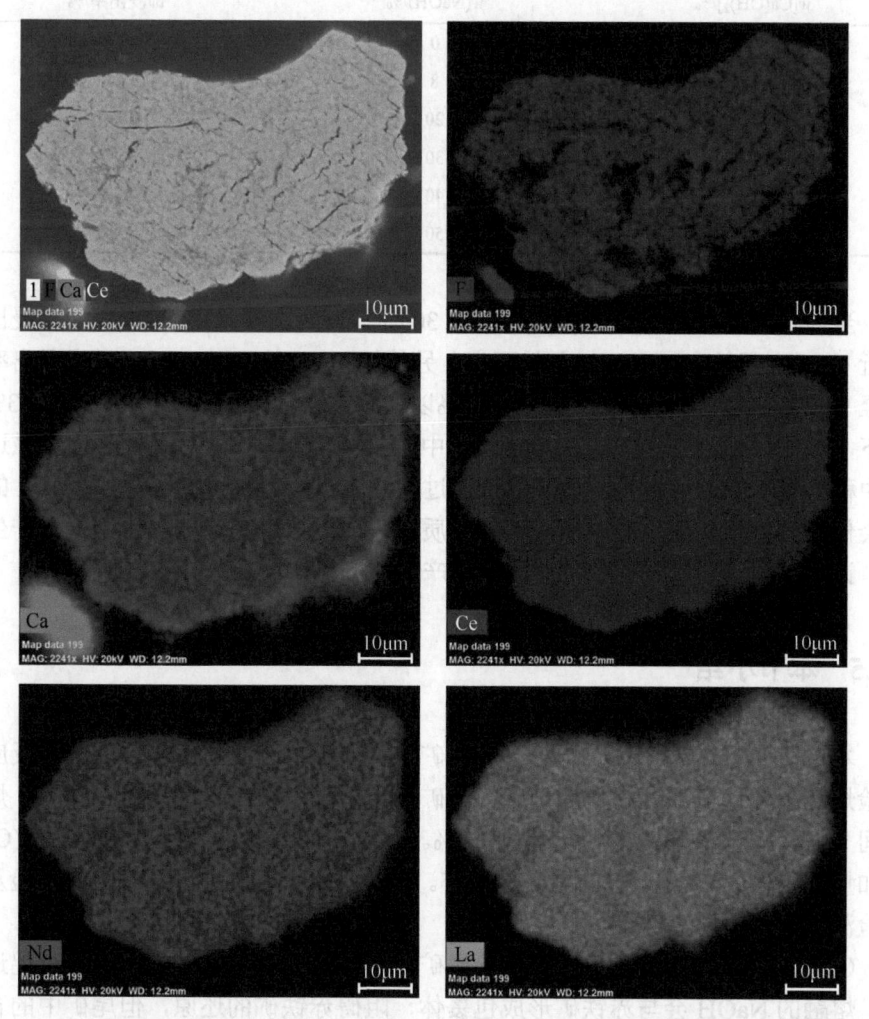

图 5-57 650℃下在 NaOH-Ca(OH)$_2$-C 体系中氟碳铈矿焙烧产物的背散射图像及元素面分布图

5.4.4 焙烧矿的浸出实验

在弱磁选尾矿中加入2.3%的煤粉和30%的Ca(OH)$_2$，将配入煤粉和Ca(OH)$_2$的尾矿分为5组，按照实验比例分别加入NaOH，并在650℃下焙烧2.5h。将焙烧矿充分研磨并进行盐酸浸出，表5-28为不同焙烧条件下焙烧矿中铈元素的浸出率。

表5-28 不同焙烧条件下焙烧矿中铈元素的浸出率

w[Ca(OH)$_2$]/%	w(NaOH)/%	铈浸出率/%
30	0	97.68
30	8	93.27
30	20	88.41
30	30	86.24
30	40	90.73
30	50	85.93

当弱磁选尾矿中Ca(OH)$_2$加入量为30%时，Ce的浸出率为97.68%，浸出率接近100%；保持Ca(OH)$_2$加入量不变，另外加入8%的NaOH，Ce元素浸出率降低至93.27%；当NaOH加入量达到20%以上时，Ce元素浸出率均处于90.73%及以下，该实验也进一步证明在焙烧过程中，Ca(OH)$_2$的加入可有效促进弱磁选尾矿中稀土矿物的分解，且分解产物可通过盐酸浸出的方式进行回收，NaOH的加入会使部分稀土矿物生成难溶于酸的物质，进而对焙烧矿的盐酸浸出效果产生影响，该结论与弱磁选尾矿中独居石焙烧产物的分析相一致。

5.4.5 本节小结

本节研究了白云鄂博矿弱磁选铁尾矿中主要矿物在磁化焙烧条件下的反应。实验焙烧条件选取课题组前期确定的尾矿最佳焙烧条件：焙烧温度650℃，焙烧时间2.5h，煤粉添加量为尾矿量的2.3%。该实验的研究主体为NaOH、Ca(OH)$_2$添加量分别为2.5%、4.5%的尾矿焙烧矿。在此基础上，通过进一步验证实验及分析检测，可得出以下结论。

（1）NaOH和Ca(OH)$_2$对弱磁选尾矿的磁化焙烧既有阻碍作用，也有促进作用。熔融的NaOH会与赤铁矿形成包裹体，阻碍赤铁矿的还原，但尾矿中的含铁硅酸盐可在NaOH和Ca(OH)$_2$的作用下分解为Fe$_2$O$_3$，进而提高磁化焙烧反应中

Fe_3O_4 的产出率。另外，$Ca(OH)_2$ 热分解产生的水蒸气可与煤粉作用从而改善还原气氛。

（2）独居石分解产物中的稀土元素主要以 REO 或 $REFeO_3$ 的形式赋存，未能通过能谱分析从独居石颗粒分解产物中发现纯净的稀土氧化物。由于 $REFeO_3$ 属难溶于盐酸的氧化物，因此分解产物中的稀土元素不能被盐酸完全浸出。

（3）反应体系中氟碳铈矿的分解产物主要为稀土氧化物 REO，且伴有少量未完全分解的 REOF。稀土氧化物主要分布于分解颗粒的裂纹区域，REOF 主要分布于分解颗粒的平滑区域。NaOH 和 $Ca(OH)_2$ 的加入对 $RECO_3F$ 的分解无明显促进作用，$RECO_3F$ 可在矿物中水分或空气中水蒸气的作用下分解为 REO。

（4）弱磁选尾矿在 NaOH-$Ca(OH)_2$-C 体系中焙烧时，氟碳铈矿和独居石均可得到有效分解，原生赤铁矿及含铁硅酸盐分解产生的赤铁矿可转化为磁铁矿。

5.5 萤石尾矿中有价组元的浸出

白云鄂博矿是世界上罕见的铁、稀土和铌等多金属共生矿床，是全球最大的稀土矿床和第二大铌矿床，伴生的铌资源储量达 660 万 t，矿床中钪元素的丰度远大于地壳中钪元素的丰度。包钢集团现行生产目标主要为铁矿物和稀土矿物的回收与冶炼，尾矿则几乎全部排入尾矿坝，铌、钪等资源并未得到有效回收。目前，包钢尾矿坝中堆存的尾矿已超过 1.6 亿 t，大量的稀土矿物和其他有用矿物被抛弃到尾矿中。尾矿的大量堆积不仅造成了资源浪费，而且也对周边环境造成污染[60, 61]。做好白云鄂博资源的综合利用工作，不仅可以有效提高资源的利用率，还可以减轻对环境的污染。另外，铌、钪等有价组元在选铁和选稀土流程中已获得多次富集，品位较原矿有大幅提高，文献中有关白云鄂博矿中铌、钪提取的研究也多以白云鄂博矿选铁和选稀土的尾矿为原料。为了进一步降低杂质含量，提高尾矿中铌、钪含量，减少回收过程中的矿物处理量，本节研究选用 5.3 节中强磁选尾矿再选萤石的尾矿（以下简称"萤石尾矿"）为研究对象，在对尾矿中含铌、钪矿物的微观赋存形态及可选性进行分析的基础上，提出白云鄂博尾矿中铌、钪的回收方法，通过对尾矿中铌、钪等有价组元的回收来提高尾矿的综合利用率。

5.5.1 研究方法

1. 实验材料

实验中采用的混合铌精矿和单一铌精矿（易解石、铌铁金红石）是对取自包钢集团的铌含量为 3%左右的铌精矿进行多步富集而得到的。实验所用铌精矿和铌铁金红石精矿的铌品位分别为42.33%、13.29%左右。实验所用钠辉石和钠闪石均由白云鄂博矿床中的纯矿物经破碎、研磨制得。所用萤石尾矿为白云鄂博弱磁选尾矿历经稀土矿物浮选、强磁选铁、萤石矿物浮选工艺（图5-58）所得。

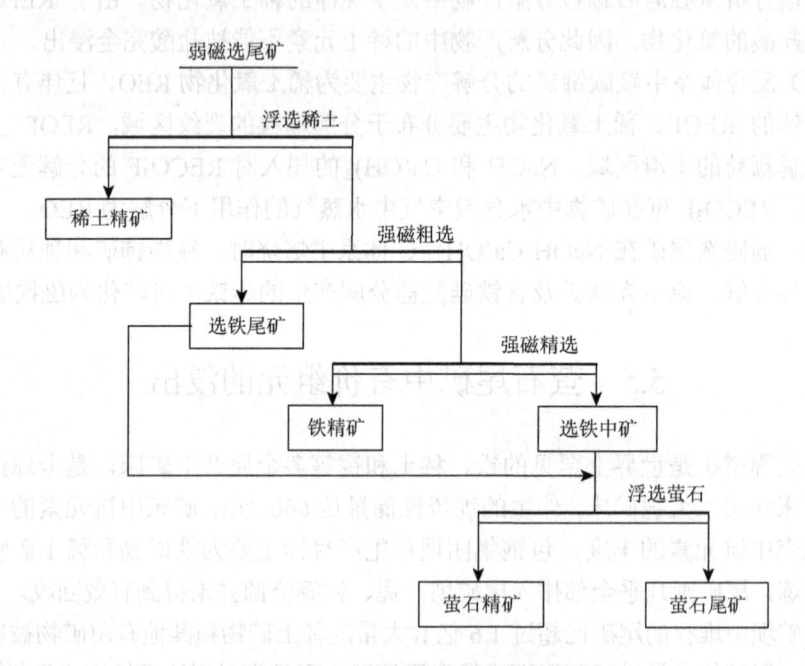

图5-58 弱磁选尾矿选矿流程图

表5-29和表5-30分别为白云鄂博矿和萤石尾矿的化学组成分析表。从表中可以看出，与原生矿相比，萤石尾矿中Nb_2O_5和Sc_2O_3含量均提高了3倍左右，铌和钪在萤石尾矿中得到富集。萤石尾矿中含量较高的元素为Ca、Si、Fe。从表5-31中萤石尾矿的矿物组成可以看出，矿物中的铁矿物主要为赤铁矿，含钙的矿物主要为方解石，含硅矿物主要为石英和硅酸盐类矿物，含铌矿物主要为铌铁矿、铌铁金红石、易解石和烧绿石。

表5-29 白云鄂博矿的化学组成（质量分数） （单位：%）

组分	Na_2O	K_2O	MgO	CaO	BaO	MnO_2	SiO_2	TiO_2	ThO_2
含量	0.855	0.82	1.86	4.40	1.91	1.44	15.50	0.44	0.046
组分	Al_2O_3	Sc_2O_3	REO	P_2O_5	Nb_2O_5	F	S	TFe	—
含量	1.27	0.0085	4.90	1.97	0.097	8.20	1.08	31.90	—

第5章 白云鄂博矿弱磁选铁尾矿分离回收有价元素铁、稀土、铌和钪

表 5-30 萤石尾矿的化学组成（质量分数）　（单位：%）

组分	Na₂O	K₂O	MgO	CaO	BaO	MnO₂	SiO₂	TiO₂	ThO₂	Al₂O₃	FeO
含量	2.25	0.93	5.14	11.68	3.15	1.50	33.26	1.08	0.021	2.24	2.38
组分	Sc₂O₃	REO	P₂O₅	Nb₂O₅	F	S	TFe		Fe₃O₄		烧损
含量	0.030	2.14	0.87	0.36	3.14	2.15	15.74		<0.50		7.81

表 5-31 萤石尾矿的矿物组成（质量分数）　（单位：%）

矿物	磁铁矿	赤铁矿	菱铁矿	钛铁矿	黄铁矿	铁金红石	金红石	铌铁金红石
含量	0.61	7.13	0.01	0.26	3.13	0.01	0.16	0.42
矿物	氟碳铈矿	独居石	褐帘石	易解石	褐钇铌矿	烧绿石	包头矿	铌铁矿
含量	0.97	0.49	0.16	0.24	0.02	0.11	0.02	0.10
矿物	软锰矿	菱锰矿	萤石	磷灰石	重晶石	硅灰石	长石	闪石
含量	0.14	0.02	1.93	1.26	2.71	0.31	5.77	15.04
矿物	辉石	云母	蛇纹石	绿泥石	石英	白云石	方解石	其他
含量	16.38	7.62	0.20	0.40	9.37	13.16	3.87	1.43

2. 萤石尾矿中主要有价组元的分布

为了有针对性地回收和提取萤石尾矿中主要的有价组元，制定了合理的实验方案，本节对萤石尾矿中铁、铌、钪等主要有价组元的物相组成或分布规律进行研究。表 5-32 为萤石尾矿中铁的物相组成。

表 5-32 萤石尾矿中铁的物相组成（质量分数）　（单位：%）

铁物相	碳酸盐	赤铁矿	硫铁矿	磁铁矿	硅酸盐	TFe
w(Fe)	1.46	12.46	0.82	<0.50	4.94	19.78

注：因取矿批次差异，TFe 含量的多次化学分析值略有波动。

从铁物相组成来看，萤石尾矿中的铁主要以氧化物和硅酸盐形式存在，以这两种形式赋存的铁元素在尾矿中的比例分别为 12.46%、4.94%。可通过高温还原的方式将铁氧化物和硅酸盐矿物中的铁转化为金属铁，然后通过磁选方式进行回收。

实验对含铌矿物、含钪矿物中的铌、钪含量（以 Nb₂O₅ 和 Sc₂O₃ 计）进行分析检测，并结合矿物含量计算铌、钪在各矿物中的分布率。表 5-33 和表 5-34 分别为萤石尾矿中铌、钪的元素平衡计算表。

表 5-33 萤石尾矿中 Nb_2O_5 的分布 （单位：%）

矿物	矿物含量	铌品位	Nb_2O_5 分配量	Nb_2O_5 分布率
铌铁矿	0.10	73.67	0.076	21.11
铌铁金红石	0.42	10.34	0.043	11.94
易解石	0.24	30.58	0.073	20.28
烧绿石	0.11	67.94	0.075	20.83
其他	99.13	0.094	0.093	25.84
合计	100.00	—	0.36	100.00

表 5-34 萤石尾矿中 Sc_2O_3 的分布

矿物	矿物含量/%	钪品位/ppm*	Sc_2O_3 分配量/ppm	Sc_2O_3 分布率/%
赤铁矿	7.13	102	7.27	2.42
氟碳铈矿	0.97	442	4.29	1.43
独居石	0.49	240	1.18	0.39
萤石	1.93	50	0.97	0.32
磷灰石	1.26	300	3.78	1.26
辉石、闪石	37.85	528	199.85	66.62
云母	7.62	70	5.33	1.78
白云石、方解石	17.03	68	11.58	3.86
石英、长石	15.14	20	3.03	1.01
重晶石	2.71	104	2.82	0.94
铌铁矿	0.10	400	0.40	0.13
铌铁金红石	0.42	1400	5.88	1.96
易解石	0.24	230	0.55	0.18
烧绿石	0.11	202	0.22	0.07
其他	7.00	755	52.85	17.63
合计	100.00	—	300.00	100.00

* $1ppm = 10^{-6}$。

从表 5-33 和表 5-34 中可以看出，萤石尾矿中的铌主要赋存于铌铁矿、铌铁金红石、易解石和烧绿石中。这 4 种矿物中的铌含量占萤石尾矿中铌总量的 74.16%。钪主要以类质同象形式赋存于辉石和闪石中[62]，萤石尾矿中约有 66.62% 的钪元素赋存于这两种矿物中。因此，确定萤石尾矿中铌、钪提取方案时，应以铌铁矿、铌铁金红石、易解石、烧绿石、辉石和闪石等目标矿物的性质为考量要点。

3. 萤石尾矿中主要矿物的嵌布状态

图 5-59 为萤石尾矿中主要含铁矿物的嵌布状态。图中铁矿物主要有赤铁矿和钠辉石，含铁矿物有铁白云石和钛铁矿。图 5-59（a）中铁白云石与独居石相连生，图 5-59（b）中少量萤石包裹于赤铁矿中，图 5-59（c）中钠辉石嵌布于钛铁矿中。

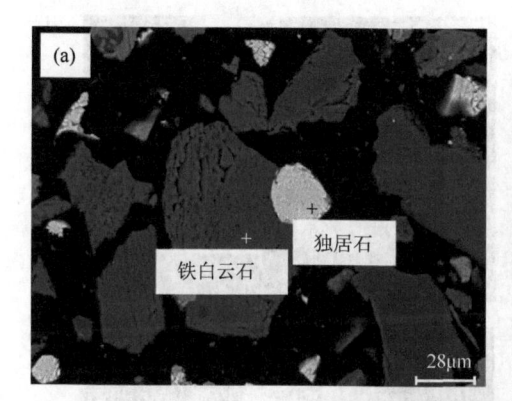

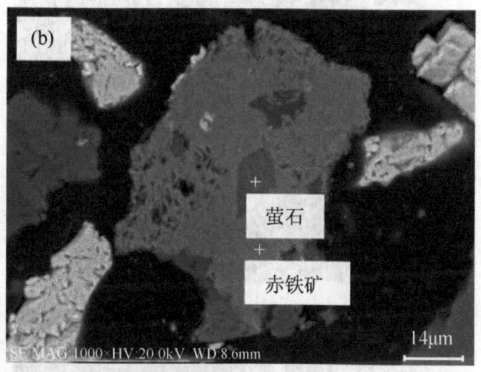

图 5-59 萤石尾矿中主要含铁矿物的嵌布状态

（a）铁白云石-独居石连生体；（b）赤铁矿-萤石包裹体；（c）钠辉石-钛铁矿连生体

图 5-60 为萤石尾矿中几种典型铌矿物的嵌布状态。图 5-60（a）中铌铁金红石、铌铁矿与氟碳钙铈矿和重晶石连生；图 5-60（b）中独居石分散于烧绿石矿物中；图 5-60（c）中萤石包裹于铌钙矿中；图 5-60（d）为铌钙矿与磷灰石的连生体；图 5-60（e）中易解石嵌布于铌铁金红石中，且铌铁金红石与钛铁矿连生；图 5-60（f）中铌锰矿同时与方解石和独居石连生。

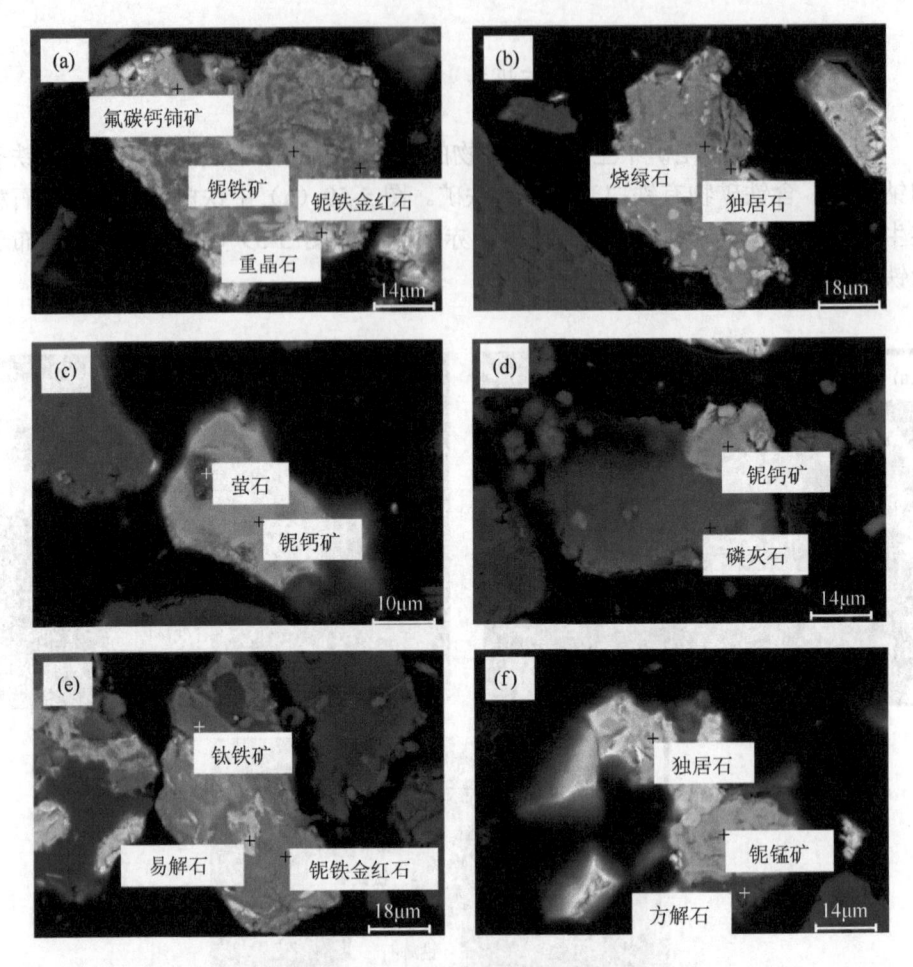

图 5-60 萤石尾矿中几种典型铌矿物的嵌布状态

(a) 铌铁金红石-铌铁矿-氟碳钙铈矿-重晶石连生体；(b) 烧绿石-独居石连生体；(c) 铌钙矿-萤石包裹体；
(d) 铌钙矿-磷灰石连生体；(e) 易解石-铌铁金红石-钛铁矿包裹体；(f) 铌锰矿-独居石-方解石连生体

从铌矿物与其他矿物连生情况来看，矿物连生及包裹情况复杂，且各矿物在连生体或包裹体中的嵌布粒度极细，采用磨矿的方法很难实现铌矿物的高度解离，铌矿物的嵌布特点决定了采用物理选矿方法很难实现对铌矿物的有效富集。

图 5-61 为含钪矿物连生体的 SEM 图像。图中含钪铌铁矿多与萤石、石英或独居石形成连生体，或以浸染状分布于钛铁矿中，同时与氟碳钙铈矿和重晶石连生。图 5-61 中含钪铌铁矿的嵌布粒度极细，钪又以类质同象形式赋存于铌铁矿中，因此，单独采用物理分离的方法很难对钪元素进行富集。

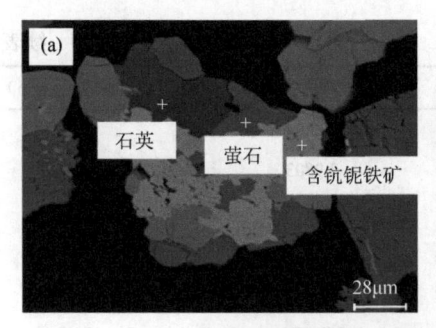

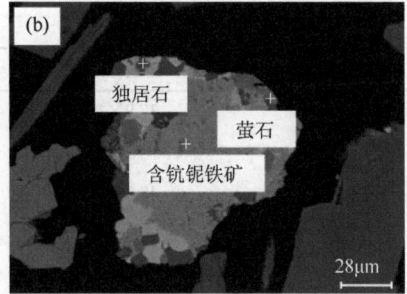

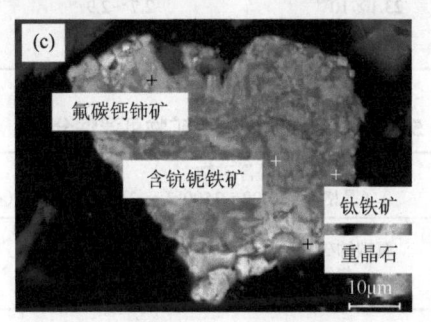

第5章 白云鄂博矿弱磁选铁尾矿分离回收有价元素铁、稀土、铌和钪

图 5-61 含钪矿物连生体的 SEM 图像

4. 研究方法的确定

1）萤石尾矿中矿物的可选性分析

本节从萤石尾矿中主要矿物的可选性出发，对采用选矿方式回收铌矿物的可行性做出初步分析。表 5-35 为萤石尾矿中主要矿物的分选参数[63]，表 5-36 为白云鄂博矿主要矿物的可浮性分类。

表 5-35 萤石尾矿中主要矿物的分选参数

矿物类型	比磁化系数	相对密度	介电常数/(F/m)
赤铁矿	203.7×10^{-6}	5.2000	19.5
磁铁矿	67230×10^{-6}	5.0~5.1	33.7~81.0
易解石	14.0×10^{-6}	5.0460	4.4~4.8
铌铁金红石	31.3×10^{-6}	4.3~4.6	14~19
铌铁矿	48.7×10^{-6}	5.3198	13.9
黄绿石	6.4×10^{-6}	4.2000	4.1~4.5
氟碳铈矿	22.4×10^{-6}	4.9687	5.65~6.90
独居石	12.6×10^{-6}	5.2497	4.45~6.69
钠辉石	67.3×10^{-6}	3.5663	7.2

续表

矿物类型	比磁化系数	相对密度	介电常数/（F/m）
钠闪石	37.9×10^{-6}	3.2462	7.37
白云母	$(35\sim36)\times10^{-6}$	2.9803	$6.2\sim8.0$
黑云母	48.3×10^{-6}	3.1324	$6.2\sim9.3$
萤石	35.88×10^{-6}	3.1840	$6.8\sim7.0$
石英	3.5×10^{-6}	2.6600	$4.2\sim5.0$
白云石	23.1×10^{-6}	$2.7\sim2.9$	8.45
方解石	1.41×10^{-6}	$2.7\sim22.9$	$7.8\sim9.5$

表 5-36　白云鄂博矿主要矿物可浮性分类

易浮矿物（晶格能<1000kJ/mol）	较易浮矿物（晶格能：1000~3500kJ/mol）	难浮矿物（晶格能>3500kJ/mol）
重晶石、萤石、黄铁矿	氟碳铈矿、独居石、白云石、黄绿石、铌铁金红石	磁铁矿、赤铁矿、褐铁矿、烧绿石、铌铁矿、易解石、钠辉石、钠闪石、黑云母

由萤石尾矿的矿物组成可知，从该尾矿中回收铌的关键是实现铌矿物与赤铁矿、硅酸盐矿物（钠辉石、钠闪石、云母等）和碳酸盐矿物的有效分离。从表 5-35 中主要矿物的分选参数来看，碳酸盐、硅酸盐以及石英等主要脉石矿物与铌矿物相对密度差异较大，可通过重选提高铌品位。相关资料显示，适当磨矿后，对白云鄂博东部接触带 2 号矿体矿物进行选铌实验，可利用重选将大部分非金属矿物予以抛除。在包钢开展的半工业重选实验中，铌回收率较低，仅为 35%左右。经查定，摇床尾矿中–500 目粒级矿物的产率接近 50%。即使采用细泥摇床对该部分铌矿物进行回收，也只能回收其中的一小部分。在本节的萤石尾矿中，–500 目的矿物占矿物总量的 60%以上，铌在该部分矿物中的分布率可达到 75%以上。因此，采用重选的办法很难对萤石尾矿中的铌矿物进行有效回收。对比表 5-35 中铌矿物和杂质矿物的比磁化系数可发现，易解石和独居石的比磁化系数接近，铌铁矿和黑云母的比磁化系数接近，铌铁金红石和白云母的比磁化系数接近，因此，采用磁选方式对铌矿物和硅酸盐矿物进行分离是非常困难的。从表 5-35 中矿物的介电常数来看，铌铁矿、铌铁金红石与铁矿物较接近，黄绿石、易解石又同稀土矿物及其他脉石矿物接近，所以电选不是理想的分离方法。从表 5-36 中矿物的可浮性分类可看出，几种主要的铌矿物属于较易浮和难浮矿物，其可浮性同铁矿物和硅酸盐矿物类似，因此采用常规浮选法也很难获得选矿指标较好的铌精矿[64]。

综合以上分析，铌矿物的物理化学性质不尽相同，可选性差异大，而铌矿物与其他矿物共生关系密切，可选性差异小。这些特点决定了利用萤石尾矿选铌不易获得具有理想选矿指标的铌精矿。另外，从以上分析可以看出，采用选矿手段也很难将作为钪元素主要赋存矿物的硅酸盐同其他矿物进行分离，选矿工艺同样不适用于钪元素的富集。因此，本节拟通过实验研究直接从萤石尾矿中回收铌、钪的方法。

2）有价组元的回收方法分析

依据结构不同，可将硅酸盐矿物划分为正硅酸盐、偏硅酸盐、环状硅酸盐、链状硅酸盐、层状硅酸盐以及架状硅酸盐。任何硅酸盐的金属阳离子-氧键均比硅-氧键弱，因此，金属阳离子更易于与酸发生作用，硅酸盐与酸的反应很大程度上由金属阳离子-氧键决定。而硅酸盐的结构是影响阳离子与酸反应的重要因素，如正硅酸盐、偏硅酸盐、环状硅酸盐中的金属阳离子-氧键和硅-氧键会同时遭到破坏，进而使得金属阳离子和硅以等成分形式溶于酸中。相反，链状硅酸盐、层状硅酸盐、架状硅酸盐等在同酸作用过程中则会留下硅质残渣。因此，若要将阳离子从这三种硅酸盐中溶出，则要求酸液进入硅酸盐骨架内部并将阳离子溶出[65]。

相关资料显示，在白云鄂博矿中，钠辉石、钠闪石等主要含钪硅酸盐均为链状硅酸盐结构，直接通过酸溶解的方式从中提取钪是非常困难的。相关文献也指出，直接采用浓硫酸焙烧矿物并不能实现对 $Si_2O_6^{2-}$ 的分解，分布于硅酸盐中的钪很难转化为溶于酸或水的 Sc^{3+}。基于以上分析可以得出，采用湿法浸出的方式从钠辉石等含钪硅酸盐中分离钪时，需先将该类硅酸盐转化为易溶于酸的正硅酸盐矿物，然后利用酸浸出其中的钪元素[66, 67]。在钪的实际提取过程中，通常会采用氯化物（NaCl、KCl、$CaCl_2$、$MgCl_2$、$BaCl_2$）或碱性物质（NaOH、CaO）预先对矿物进行活化焙烧[68]，然后采用酸浸出的方法提取钪。对于部分采用酸直接浸出钪的工艺，其浸出过程均需借助助浸剂的协同作用[69, 70]。

在有关铌矿物的分解方法中，碱分解是铌矿物分解的重要方法，可采用碱分解的方式同时实现铌矿物和含钪硅酸盐的分解，然后利用酸浸出焙烧矿中的目标元素。另外，为减少强碱性废弃物的排放，便于采用沉淀方式回收添加的活化剂，本节拟选用 $Ca(OH)_2$ 为活化剂对萤石尾矿进行活化焙烧。由于在硅酸盐矿物活化焙烧过程中，硅酸盐矿物中的铁元素会以氧化物形式出现在焙烧矿中，因此，可考虑同时在萤石尾矿中加入适量煤粉，将铁氧化物还原为磁铁矿或金属铁等磁性较强的铁物相[71, 72]，并通过磁选方式对铁进行回收，铌、钪元素可获得进一步富集，同时还可提高萤石尾矿的资源综合利用率。

5.5.2 实验原理

由于铁矿物的高温深度还原温度通常在 1000℃ 以上，因此，在本实验中，无论是直接还原反应还是间接还原反应，铁氧化物均应按照 $Fe_2O_3 \rightarrow Fe_3O_4 \rightarrow Fe_xO \rightarrow Fe$ 顺序进行还原。在高温深度还原温度范围内，相关反应的标准摩尔吉布斯自由能变化计算结果显示，除 CO 与 FeO 之间还原反应的 $\Delta_r G_m^\ominus$ 大于 0 外，C 或 CO 还原 Fe_2O_3、Fe_3O_4、Fe_xO 的各反应的 $\Delta_r G_m^\ominus$ 均小于 0。也就是说，在标准状态下，CO 还原 FeO 的化学反应不能自发进行，其他还原反应均可进行。但是，在实际焙烧过程中，化学反应的摩尔吉布斯自由能的变化值不仅与标准摩尔吉布斯自由能变化值相关，同时还受 CO 和 CO_2 分压的影响，其关系式可以式（5-82）进行表示。

$$\Delta G_m = \Delta_r G_m^\ominus + RT \ln\left(\frac{p_{CO_2}}{p_{CO}}\right) \tag{5-82}$$

式中：ΔG_m 为实际反应条件下摩尔吉布斯自由能的变化，kJ/mol；$\Delta_r G_m^\ominus$ 为标准摩尔吉布斯自由能变化，kJ/mol；R 为摩尔气体常数，$R = 8.314 J/(mol·K)$；T 为温度，K；p_{CO_2} 为混合气体中 CO_2 量纲一分压，即 CO_2 分压与体系总压的比值；p_{CO} 为混合气体中 CO 量纲一分压，即 CO 分压与体系总压的比值。

在还原过程中，铁氧化物与煤粉只在还原反应初期接触紧密，整个反应阶段的主要直接还原反应也出现在反应初期。随着反应的进行，碳气化反应愈发剧烈，生成的 CO 与铁氧化物的间接还原反应开始进行，气固还原反应成为主要反应。由图 5-5 中氧化铁间接还原反应的平衡图可以看出，固体 C 和气体 CO 都参与了铁氧化物的还原反应，且生成金属铁的最低反应温度为 737℃。金属铁可通过磁选的方式进行回收。

以硅酸盐矿物钠辉石为例，据文献报道[45]，钠辉石在加热条件下可自行分解或与 CaO 作用生成 Fe_2O_3，Fe_2O_3 又可在还原剂作用下还原为磁性铁。

碱性活化剂 $Ca(OH)_2$ 对铌矿物的活化作用是通过与铌矿物发生反应生成易溶于酸的化合物来实现的[73,74]。$Ca(OH)_2$ 可将含铌硅酸盐中α-石英相转变为 $CaSiO_3$，破坏硅酸盐的矿物结构，将以类质同象形式赋存于硅酸盐晶格中的铌释放出来，再通过酸浸出方式将铌转移至浸出液中进行回收[75]。

5.5.3 实验设备及方法

1. 铌精矿的富集

本实验采用富铌精矿为原料来研究 $Ca(OH)_2$ 助剂对铌矿物的活化焙烧作用机理，并对焙烧料的酸浸机理进行分析。实验所用铌精矿是由包钢集团提供的品位为 3%左右的富铌精矿经重液分离、磁力分离分选得到的[76]。重液分离选用密度介于白云石与铌矿物之间的 CH_2I_2 作为分选介质，重液分离装置如图 5-62 所示。

在分离过程中,将重液倒入分液漏斗(或带胶管的普通漏斗),放入矿样,用玻璃棒搅拌。密度大于 CH_2I_2 的矿物,如铁氧化物、硅酸盐矿物、稀土矿物、铌矿物均沉在漏斗底部,密度低于 CH_2I_2 的矿物,如白云石、方解石则上浮。然后打开开关(或夹子),将重矿物排入小烧杯内,待重矿物流尽后,移开重矿物,将轻矿物和 CH_2I_2 排入另一小烧杯内,即可实现轻、重矿物的分离。采用滤纸过滤来分离 CH_2I_2 和轻矿物, CH_2I_2 可继续回用。用乙醇冲洗重矿物并进行烘干处理[77]。经重液分离的铌精矿中的杂质矿物主要为磁铁矿、赤铁矿、稀土矿物和硅酸盐矿物,需采用磁力分离仪对铌精矿进行进一步除杂,通过调节磁力分离仪的激磁电流来控制磁场强度。实验过程中,依次

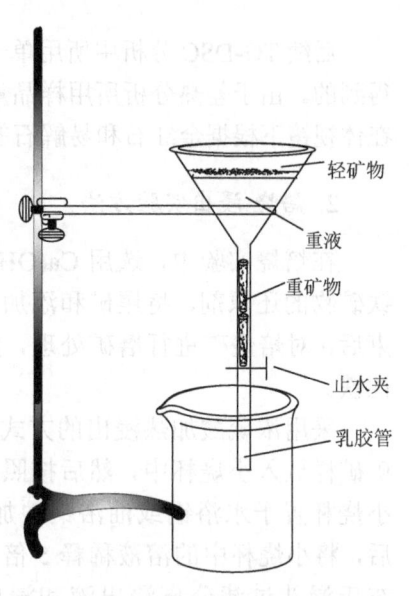

图 5-62 重液分离装置示意图

通过 0.05A、0.1A、0.2A 的激磁电流产生的磁场将重矿物中的磁铁矿、赤铁矿和含铁硅酸盐依次分离出来,剩余矿物主要为铌矿物和稀土矿物[78]。继续调高激磁电流,当激磁电流达到 0.3A 时,铌矿物将以磁性产物的形式同稀土矿物等非磁性产物分离。此时可获得铌品位为 42.33%(以 Nb_2O_5 计)的铌精矿。该处理过程中所用磁力分离仪为 S. G. Frantz LB-1 型,图 5-63 为磁力分离仪示意图,图中左侧部分为磁力分离仪的磁分离结构,右侧为振动频率及激磁电流控制装置。

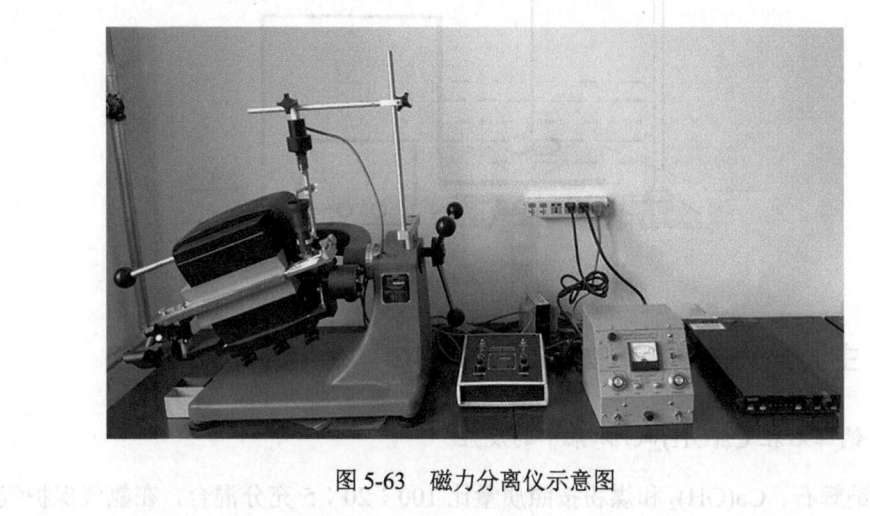

图 5-63 磁力分离仪示意图

后续 TG-DSC 分析中所用单一铌矿物是对上述分离所得的铌精矿进一步细分得到的。由于差热分析所用样品量极少，为保证矿物的纯净度，本实验采用钢针在体视镜下根据金红石和易解石的光学特征逐粒挑选出目标矿物颗粒以备用[79]。

2. 焙烧-浸出实验方法

在焙烧实验中，选用 $Ca(OH)_2$ 作为铌矿物和含钪矿物的分解剂、煤粉作为铁矿物的还原剂，将尾矿和添加剂按照比例混匀并置于马弗炉中焙烧。焙烧结束后，对焙烧矿进行磨矿处理，然后在磁选管中通过弱磁选分离焙烧矿中的磁性铁。

采用浓硫酸加热浸出的方式提取焙烧矿中的铌、钪。首先将称量好的焙烧矿矿样放入小烧杯中，然后按照一定的酸矿比加入浓硫酸并搅拌均匀，最后将小烧杯置于水浴锅或油浴锅中加热至设定温度并保温若干时长。待保温结束后，将小烧杯中的溶液稀释 5 倍以防止过滤时浓硫酸溶液烧穿滤纸，然后采用布氏漏斗过滤分离浸出液和浸出渣，并用去离子水对滤渣进行洗涤。采用 ICP-MS 对浸出液和浸出渣中的铌、钪元素的含量进行分析。浸出实验装置示意图如图 5-64 所示。

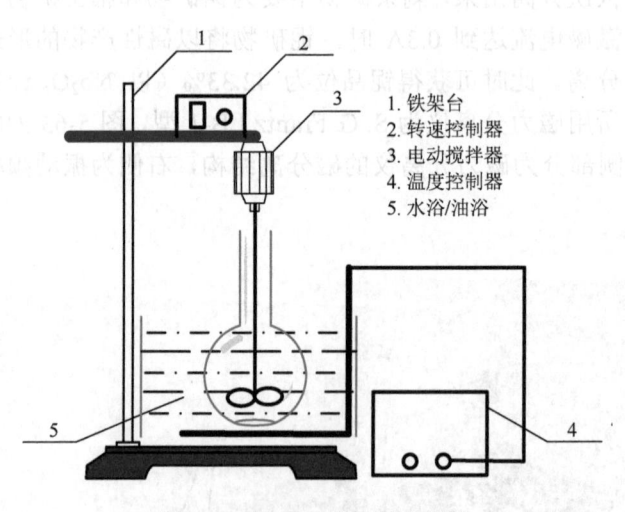

图 5-64 浸出实验装置示意图

1. 铁架台
2. 转速控制器
3. 电动搅拌器
4. 温度控制器
5. 水浴/油浴

5.5.4 主要含铁硅酸盐矿物在 $Ca(OH)_2$-C 体系中的反应

1. 钠辉石在 $Ca(OH)_2$-C 体系中的反应

将钠辉石、$Ca(OH)_2$ 和煤粉按照质量比 100∶20∶5 充分混合，在氩气保护气氮下以 10℃/min 的升温速率升温至 1500℃，反应物的 TG-DSC 曲线如图 5-65 所示。从图中可以看出，反应物质量在 412.5～451.5℃温度范围内呈减少趋势，且在 440.7℃左右有一个明显的吸热峰，说明该阶段的反应为吸热反应，可判断该阶段反应为 Ca(OH)$_2$ 的分解反应。在 963.1～1016.2℃区间内出现第二个吸热峰，该峰峰值位于 996.4℃左右。在该温度范围内，反应物质量损失较小，可判断该处反应与钠辉石分解或物相重组有关。随着温度的升高，在 1077.2℃处出现第三个吸热峰，且在 1025.9～1095.9℃的升温过程中，反应体系伴随有轻微失重，造成失重的原因为体系中低沸点物质的挥发。

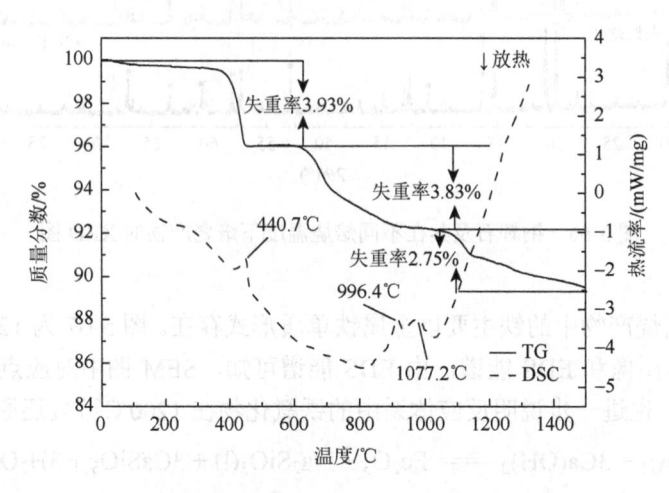

图 5-65　Ca(OH)$_2$-C-Na(Fe, Sc)(SiO$_3$)$_2$ 的 TG-DSC 曲线

式（5-83）为 Ca(OH)$_2$ 分解 NaFe(SiO$_3$)$_2$ 的化学反应式，且热力学计算结果表明式（5-83）在以上 TG-DSC 分析的温度范围内是可以自发进行的。为探究 Ca(OH)$_2$ 对 NaFe(SiO$_3$)$_2$ 实际的分解作用，实验拟将添加 Ca(OH)$_2$ 和煤粉的钠辉石（配比同 TG-DSC 分析）矿物分别在 600℃、800℃、1000℃、1200℃下焙烧 2h，然后对焙烧矿进行 X 射线衍射分析，图 5-66 为钠辉石原矿及其在不同焙烧条件下焙烧产物的 XRD 图。

从图中可以看出，在 600℃下焙烧钠辉石时，XRD 图中开始出现 Fe$_3$O$_4$ 和 CaSiO$_3$ 的衍射峰，仅有部分钠辉石分解并发生还原反应。当焙烧温度为 800℃时，XRD 图中可见 Fe$_3$O$_4$ 和 CaSiO$_3$ 的衍射峰，钠辉石在该阶段大量分解，XRD 图中钠辉石的衍射峰全部消失，分解产生的 Fe$_2$O$_3$ 被进一步还原为 Fe$_3$O$_4$。当焙烧温度达到 1000℃时，此时可明显观察到 CaFeSi$_2$O$_6$、Fe$_2$SiO$_4$ 和 CaSiO$_3$ 的衍射峰[80]。该现象说明钠辉石分解产生的 Fe$_3$O$_4$ 已被还原为 FeO，FeO 在反应体系内进一步反应生成 CaFeSi$_2$O$_6$、Fe$_2$SiO$_4$，该阶段铁元素以 Fe^{2+} 形式存在。当焙烧温度达到

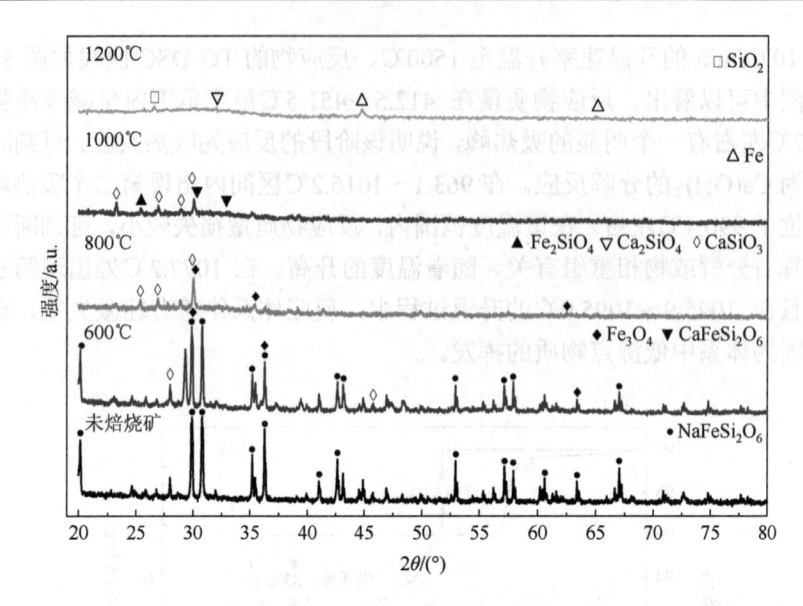

图 5-66 钠辉石及其在不同焙烧温度下焙烧产物的 XRD 图

1200℃时,焙烧产物中的铁主要以金属铁单质形式存在。图 5-67 为 1200℃下焙烧产物的 SEM 图像和 EDS 能谱,由 EDS 能谱可知,SEM 图中对应点处的含铁物相为金属铁,也进一步说明反应体系中的铁氧化物在 1200℃可被还原为金属铁。

$$2NaFe(SiO_3)_2 + 3Ca(OH)_2 =\!=\!= Fe_2O_3 + Na_2SiO_3(l) + 3CaSiO_3 + 3H_2O(g) \quad (5-83)$$

相关文献[45]中报道了天然钠辉石 TG-DTA 的分析结果,并对各吸热温度下钠辉石的焙烧产物进行 XRD 分析,结果表明钠辉石在 923.4℃开始分解,且在峰值温度为 970℃的焙烧产物中出现 Fe_2O_3。在本实验中,钠辉石在 600℃焙烧时即开始发生分解,在 800℃焙烧时 $NaFe(SiO_3)_2$ 全部完成分解,产物中铁以 Fe_3O_4 形式存在。将实验结果同文献报道内容相比较,可发现 $Ca(OH)_2$ 的加入降低了 $NaFe(SiO_3)_2$ 的分解温度。此外,焙烧矿 XRD 图中的 $CaSiO_3$ 衍射峰的出现也进一步证明 $Ca(OH)_2$ 参与了 $NaFe(SiO_3)_2$ 的分解反应。$Ca(OH)_2$ 对 $NaFe(SiO_3)_2$ 的分解反应发生在一个跨度较大的温度区间内,分解过程属缓慢渐进的过程,整个过程未产生明显热效应,因此,DSC 曲线上未出现较明显的吸热峰或放热峰。由铁物相随温度的变化规律可以看出,钠辉石在 C-$Ca(OH)_2$ 作用下首先被分解为 Fe_2O_3,然后 Fe_2O_3 在还原剂的作用下按照铁氧化物逐级还原规律逐步被还原为 Fe_3O_4、FeO 和 Fe。

钪属于微量元素,虽无法直接采用 X 射线衍射法检测其在萤石尾矿中的赋存形式,但可以根据其在矿物中以类质同象形式存在的特点确定其化学式。如 Sc^{3+} 是通过替换钠辉石中的 Fe^{3+} 进入钠辉石晶格中的,钪离子在钠辉石中的赋存矿物可以表示为 NaSc(SiO₃)₂[81, 82]。结合采用碱分解法分解含钪硅酸盐的特点，可以用反应式（5-84）来表示 CaO 分解 NaSc(SiO₃)₂ 的反应[83]。NaSc(SiO₃)₂ 的分解条件可以钠辉石完全分解时的条件为准[84]。

$$2NaSc(SiO_3)_2 + 3CaO \rightleftharpoons Sc_2O_3 + Na_2SiO_3(l) + 3CaSiO_3 \quad (5\text{-}84)$$

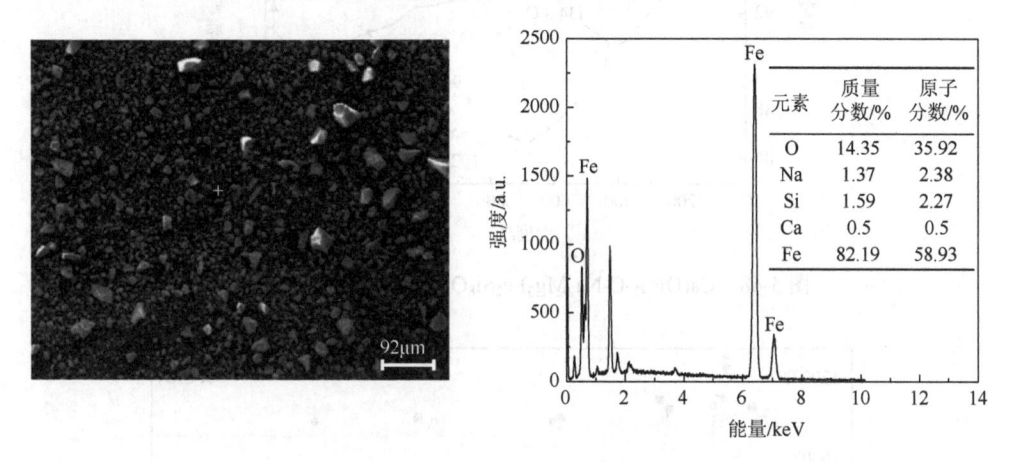

元素	质量分数/%	原子分数/%
O	14.35	35.92
Na	1.37	2.38
Si	1.59	2.27
Ca	0.5	0.5
Fe	82.19	58.93

图 5-67　1200℃下焙烧产物的 SEM 图及 EDS 能谱

2. 钠闪石在 Ca(OH)₂-C 体系中的反应

钠闪石作为白云鄂博矿中另一种主要的硅酸盐矿物，其在煤粉和 Ca(OH)₂ 作用下的分解反应同钠辉石类似。图 5-68 为钠闪石、Ca(OH)₂ 和煤粉按照 100∶20∶5 的质量比混合后混合物的 TG-DSC 曲线。从图中可以看出，DSC 曲线上存在 3 个吸热峰，峰值温度分别为 434.3℃、967.6℃、1344.1℃。第一个吸热阶段的温度区间为 430.3~439.3℃，该吸热阶段伴随有体系质量的下降，主要反应为 Ca(OH)₂ 的分解反应；第二个吸热阶段的温度区间为 963.0~977.3℃，在此升温段内体系无明显失重现象，该处吸热反应可能为少量 Na₂Mg₃Fe₂Si₈O₂₂(OH)₂ 的分解反应；第三个吸热阶段的温度区间为 1330~1357.6℃，体系质量在该温度段内持续下降，该阶段的吸热峰可能由反应物中低沸点的物质挥发引起。此外，DSC 曲线在 1022.3~1034.3℃升温段内有一放热峰，该放热峰峰值温度为 1026.0℃，该放热峰可能由反应体系内某一化合反应或者氧化钙对钠闪石的分解反应引起。

由图 5-68 中 DSC 曲线分析结果可知，反应体系内 Na₂Mg₃Fe₂Si₈O₂₂(OH)₂ [含 Na₂Fe₃Fe₂Si₈O₂₂(OH)₂]的分解温度可能在 1000℃附近。为了确定钠闪石的分解温度及在不同焙烧温度下焙烧料的变化规律，实验依据 TG-DSC 热分析的配料比例进行配料，将混合料分别在 600℃、800℃、1000℃、1200℃焙烧 2h，然后对各焙烧料进行 XRD 分析，分析结果见图 5-69。

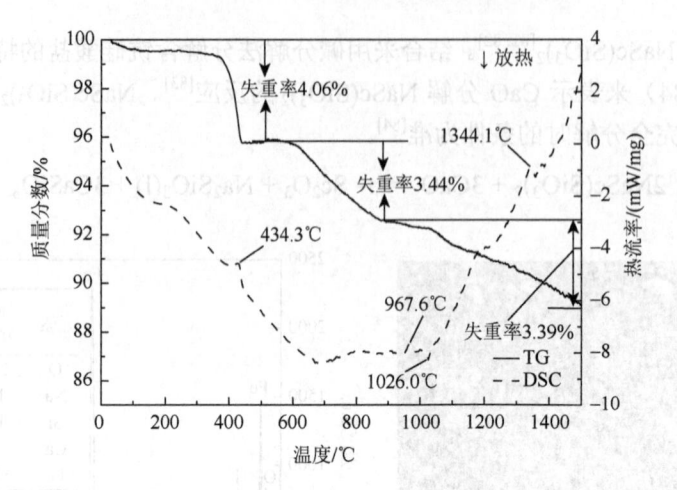

图 5-68　Ca(OH)$_2$-C-Na$_2$Mg$_3$Fe$_2$Si$_8$O$_{22}$(OH)$_2$ 的 TG-DSC 曲线

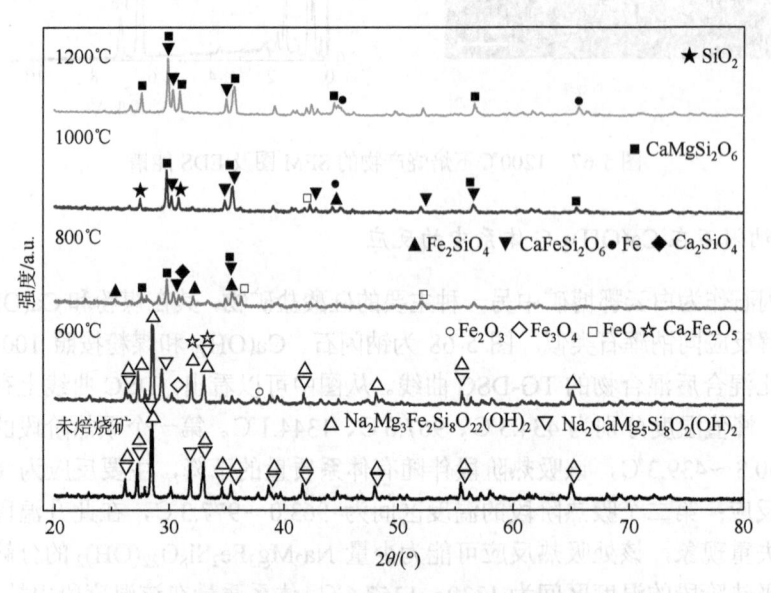

图 5-69　钠闪石及其在不同焙烧温度下焙烧产物的 XRD 图

从图 5-69 中可以看出，钠闪石在 600℃时仅发生轻微分解，XRD 图中可见 Ca$_2$Fe$_2$O$_5$ 和 Fe$_3$O$_4$ 衍射峰，但仍可明显观察到钠闪石衍射峰。Ca$_2$Fe$_2$O$_5$ 为钠闪石的分解产物 Fe$_2$O$_3$ 与 CaO 结合的产物，Fe$_3$O$_4$ 为 Fe$_2$O$_3$ 在还原气氛中还原的产物。该阶段的反应可以用化学反应式（5-85）和式（5-86）进行表示。当焙烧温度为 800℃时，XRD 图中钠闪石衍射峰完全消失，开始出现 FeO、Fe$_2$SiO$_4$、CaFeSi$_2$O$_6$ 和 CaMgSi$_2$O$_6$ 的衍射峰，说明钠闪石在该阶段分解产生的铁氧化物已经被还原为 FeO，且部分 FeO 同 SiO$_2$ 或 CaO 进一步反应生成 Fe$_2$SiO$_4$ 和 CaFeSi$_2$O$_6$[85]。该阶段发生的反应可以用化学反应式（5-87）～式（5-89）表示。当温度达到 1000℃时，焙烧产物的 XRD 图中 Fe_2SiO_4 衍射峰强度明显变弱，$CaFeSi_2O_6$ 衍射峰强度进一步增强，表明在该阶段有大量 Fe_2SiO_4 转化为 $CaFeSi_2O_6$，另外，由于该物相转变过程为放热反应，因此，可判定图 5-68 中 DSC 曲线上的放热峰是由 Fe_2SiO_4 发生物相转变引起的。从图 5-69 中可以看出，当温度由 1000℃升高至 1200℃时，XRD 图中金属铁的衍射峰强度逐渐增强，该现象说明钙铁辉石和铁橄榄石中的铁被还原为金属铁。

$$Na_2Mg_3Fe_2Si_8O_{22}(OH)_2 + 4CaO = 3CaMgSi_2O_6 + Fe_2O_3 + Na_2SiO_3 + CaSiO_3 + H_2O(g)$$
$$(5-85)$$
$$Fe_2O_3 + 2CaO = Ca_2Fe_2O_5 \quad (5-86)$$
$$FeSiO_3 + CaO = FeO + CaSiO_3 \quad (5-87)$$
$$2FeO + SiO_2 = Fe_2SiO_4 \quad (5-88)$$
$$Fe_2SiO_4 + 2CaO + 3SiO_2 = 2CaFeSi_2O_6 \quad (5-89)$$

5.5.5 铌矿物在 $Ca(OH)_2$-C 体系中的反应

1. $Ca(OH)_2$-C-铌精矿的热分析

由萤石尾矿中铌的元素平衡表（表 5-33）可知，尾矿中的铌主要以铌铁金红石、铌铁矿、易解石和烧绿石形式存在。为查明铌矿物在 $Ca(OH)_2$-C 体系中发生化学反应的温度，本节选取铌铁金红石为代表矿物，对配加煤粉和 $Ca(OH)_2$ 的铌精矿进行热分析，升温速率为 10℃/min，升温范围为 0～1500℃。图 5-70 为铌铁金红石、$Ca(OH)_2$ 和煤粉混合物的 TG-DSC 曲线。

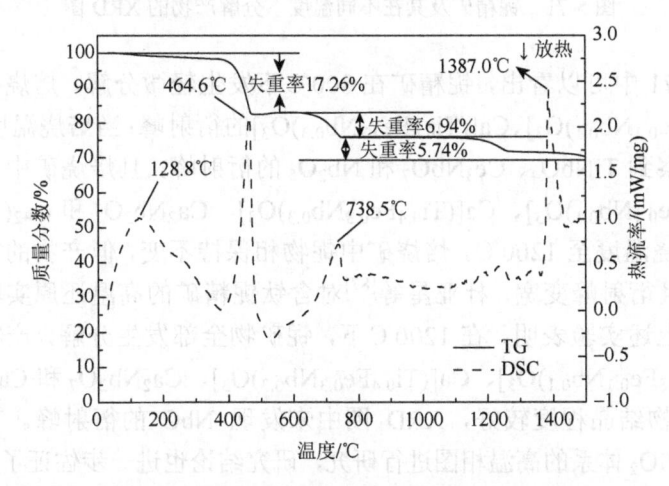

图 5-70 $Ca(OH)_2$-C-$(Ti,Nb,Fe)O_2$ 的 TG-DSC 曲线

从图 5-70 中可以看出，在升温过程中，DSC 曲线在 128.8℃、464.6℃、738.5℃、1387.0℃处出现四个吸热峰。在 422.3~476.6℃升温区间内，伴随有反应体系质量的降低，该阶段的吸热反应应为 Ca(OH)$_2$ 分解反应[86]。714.0~748.8℃温度区间内的吸热峰由铌铁金红石与氢氧化钙的反应引起，反应体系质量随水蒸气逸出而降低。1376.8~1389.4℃之间的吸热峰可能是由煤粉对铌矿物的还原反应引起的。

基于以上对铌铁金红石分解温度的初步判断，本实验将铌精矿、煤粉与氢氧化钙的混合物（质量比为 100∶5∶20）分别在 800℃、1000℃、1200℃下焙烧 2h，探究铌精矿的最佳分解温度，进而为萤石尾矿中铌矿物的焙烧分解提供参考。图 5-71 为铌精矿原矿及不同焙烧温度下焙烧矿的 XRD 图。

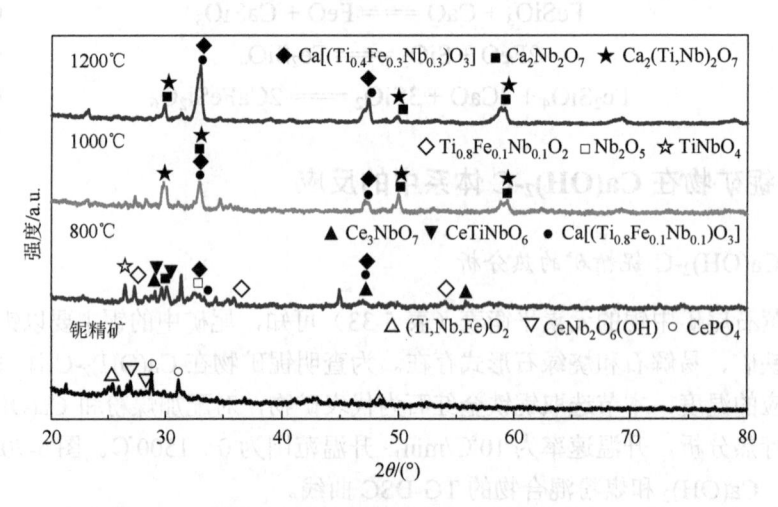

图 5-71　铌精矿及其在不同温度下分解产物的 XRD 图

从图 5-71 中可以看出，铌精矿在 800℃下发生轻微分解，焙烧矿中开始出现 Ca[(Ti$_{0.8}$Fe$_{0.1}$Nb$_{0.1}$)O$_3$]、Ca[(Ti$_{0.4}$Fe$_{0.3}$Nb$_{0.3}$)O$_3$]的衍射峰；当焙烧温度为 1000℃时，未能观察到 TiNbO$_4$、Ce$_3$NbO$_7$ 和 Nb$_2$O$_5$ 的衍射峰，且焙烧矿中铌矿物主要为 Ca[(Ti$_{0.8}$Fe$_{0.1}$Nb$_{0.1}$)O$_3$]、Ca[(Ti$_{0.4}$Fe$_{0.3}$Nb$_{0.3}$)O$_3$]、Ca$_2$Nb$_2$O$_7$ 和 Ca$_2$(Ti,Nb)$_2$O$_7$；继续提高焙烧温度至 1200℃，焙烧矿中铌物相保持不变，但产物的衍射峰强度明显增强，且衍射峰变宽，杜亚星等[87]对含钛铌精矿的高温还原实验也证实了这一说法。上述实验表明，在 1200℃下，铌矿物全部发生分解，产物由含钙铌矿物 Ca[(Ti$_{0.8}$Fe$_{0.1}$Nb$_{0.1}$)O$_3$]、Ca[(Ti$_{0.4}$Fe$_{0.3}$Nb$_{0.3}$)O$_3$]、Ca$_2$Nb$_2$O$_7$ 和 Ca$_2$(Ti,Nb)$_2$O$_7$ 组成，且产物结晶程度较好，XRD 图中未发现 NbC 的衍射峰。有关学者对 CaO-Nb$_2$O$_6$-TiO$_2$ 体系的高温相图进行研究，研究结论也进一步佐证了该高温体系中含铌钙钛矿和烧绿石型矿物存在的可能[88,89]。查阅相关文献，有学者[90-92]在碱

第5章 白云鄂博矿弱磁选铁尾矿分离回收有价元素铁、稀土、铌和钪

度为 1.0 时,对含铌铁精矿在 1200℃以上进行还原,产物中含铌矿物为(Na,Ca)(Nb,Ti)O$_3$,未发现有 NbC,且随着碱度的增大,焙烧料中(Na,Ca)(Nb,Ti)O$_3$ 的含量也逐渐增多,该研究结论与本实验结论相吻合。该阶段的化学反应可以表示为式(5-90)和式(5-91)。

$$Nb_2O_5(s) + 2CaO(s) \longrightarrow Ca_2Nb_2O_7(s) \quad (5\text{-}90)$$

$$(Ti,Nb,Fe)O_2(s) + CaO(s) \longrightarrow Ca(Ti,Fe,Nb)O_3(s) \quad (5\text{-}91)$$

由于铌矿物高温钙化的焙烧产物 Ca[(Ti$_{0.8}$Fe$_{0.1}$Nb$_{0.1}$)O$_3$]、Ca$_2$Nb$_2$O$_7$ 均为可溶于硫酸的物质[93, 94],因此,在铌的后续提取工艺中,可采用酸浸出的方法从铌矿物焙烧矿中提取铌[95]。

2. 铌精矿及焙烧产物微观分析

为了对比铌精矿焙烧前后的变化,采用 SEM-EDS 对铌精矿及不同焙烧温度下的焙烧产物进行分析。铌精矿中的铌钙矿、烧绿石等铌矿物均为含钙铌矿物,铌精矿焙烧产物同为含钙物质,为明确铌精矿在焙烧过程中发生的变化,实验选取含钙铌矿物作为对照样品。图 5-72 为铌矿物的 SEM 图及相应点的 EDS 能谱图。

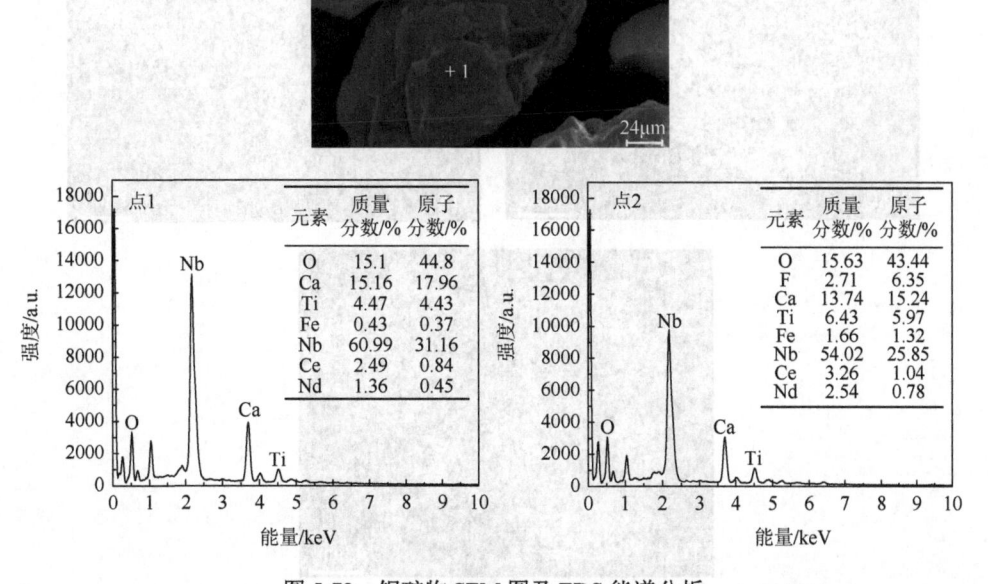

图 5-72 铌矿物 SEM 图及 EDS 能谱分析

从图 5-72 中可以看出，该铌矿物主要组成元素为 Nb、Ca、Ti、O，Ca 元素含量为 18%左右，由元素组成可判断该矿物为烧绿石。另外，相关文献表明，白云鄂博铌钙矿的 Ca 元素含量约为 11.32%，Nb 元素含量约为 52.47%。

采用 SEM-EDS 对低温（800℃）下铌精矿与 Ca(OH)$_2$ 在还原性气氛中的焙烧产物进行面扫描和打点分析，图 5-73 为焙烧产物的 SEM 图以及 Ca、Nb、O、Ti 元素的面分布图。从焙烧产物的 SEM 图中可以看出，在 800℃下焙烧后，铌矿物未发生熔融，颗粒表面平整，可见铌矿物在该条件下的分解反应属于固固反应。

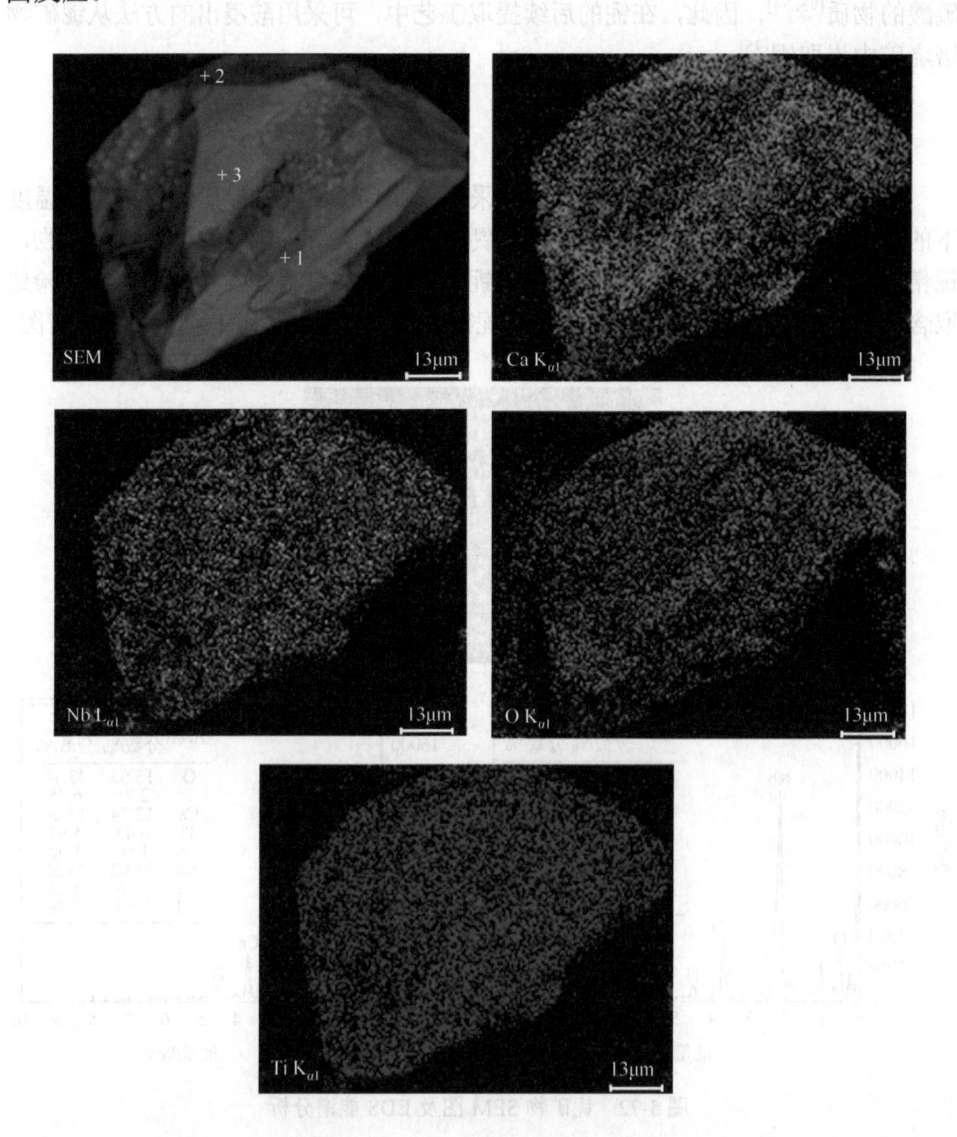

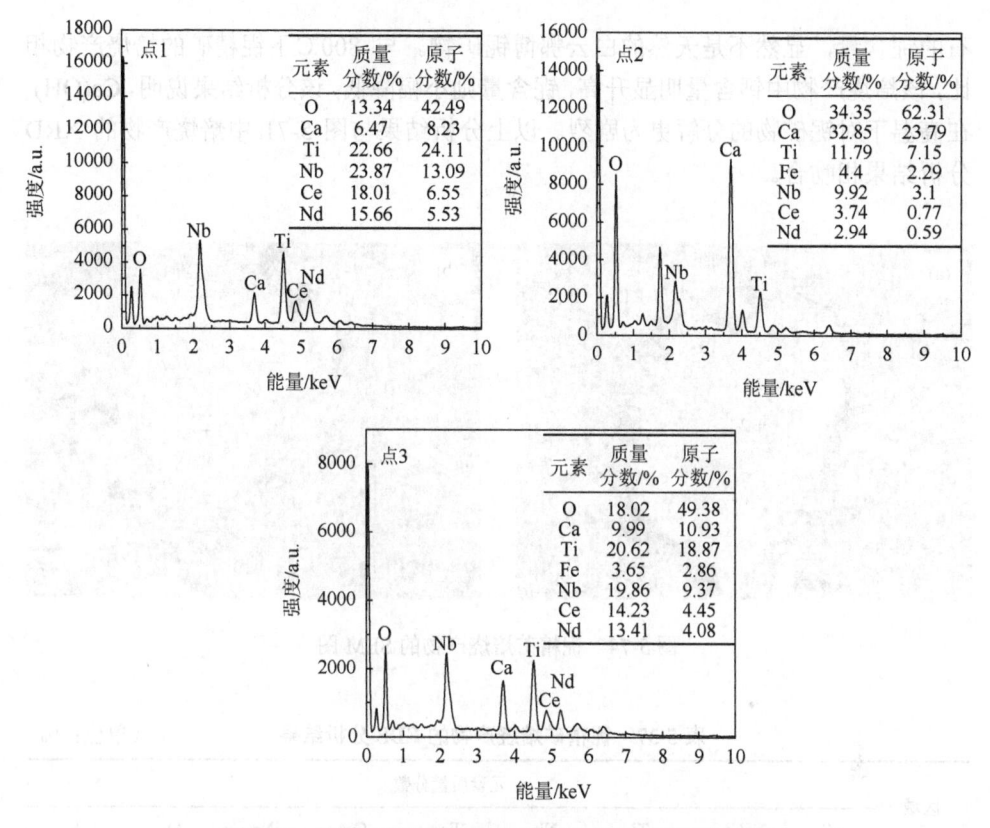

第 5 章　白云鄂博矿弱磁选铁尾矿分离回收有价元素铁、稀土、铌和钪

点1 元素	质量分数/%	原子分数/%
O	13.34	42.49
Ca	6.47	8.23
Ti	22.66	24.11
Nb	23.87	13.09
Ce	18.01	6.55
Nd	15.66	5.53

点2 元素	质量分数/%	原子分数/%
O	34.35	62.31
Ca	32.85	23.79
Ti	11.79	7.15
Fe	4.4	2.29
Nb	9.92	3.1
Ce	3.74	0.77
Nd	2.94	0.59

点3 元素	质量分数/%	原子分数/%
O	18.02	49.38
Ca	9.99	10.93
Ti	20.62	18.87
Fe	3.65	2.86
Nb	19.86	9.37
Ce	14.23	4.45
Nd	13.41	4.08

图 5-73　铌精矿焙烧矿 SEM-EDS 分析及元素面分布图

由图 5-73 中元素面分布图可以看出，Nb、Ti 元素在整个扫描区域内分布相对均匀，Ca 和 O 元素在图中深色区域分布较为密集，可根据元素分布差异将 SEM 图中的矿物颗粒大致分为两类物质，包含深色区域（点 2 所在区域）和浅色区域（点 1 和点 3 所在区域）。从点 1、2、3 的能谱分析可以看出，点 1 和点 3 所在区域的主要组成元素为 Nb、Ca、Ti、O 及稀土元素，且该区域的钙含量明显有别于铌钙矿和烧绿石等含钙铌矿物的钙含量，可判断该区域的铌矿物为新生成的物质，铌矿物在 800℃下已开始分解。深色区域（点 2 所在区域）的主要组成元素为 Ca、Ti、O，物相组成为 $CaTiO_3$。

为查明在还原性气氛下 $Ca(OH)_2$ 与铌精矿焙烧产物的元素分布特征，采用 SEM-EDS 对高温（1200℃）焙烧产物进行分析。图 5-74 为焙烧产物的 SEM 图，表 5-37 为图 5-74（a）、（b）中点 1~6 的 EDS 能谱分析结果。由 SEM 图可以看出，焙烧产物颗粒无明显棱角，颗粒表面粗糙，黏结现象明显，焙烧矿在 1200℃下已发生熔融。由 EDS 能谱分析结果可知，铌精矿的焙烧产物主要由 O、Ca、Ti、Nb 等元素组成，其他元素含量极少。该焙烧产物的铌含量明显低于铌钙矿或烧绿石的铌含量，显然不是天然的白云鄂博铌矿物。与 800℃下铌精矿的焙烧产物相比，该焙烧产物中钙含量明显升高，铌含量则小幅降低，该分析结果说明，Ca(OH)$_2$ 在高温下对铌矿物的分解更为剧烈。以上分析结果与图 5-71 中焙烧产物的 XRD 分析结果相吻合。

图 5-74 铌精矿焙烧产物的 SEM 图

表 5-37 铌精矿焙烧产物的 EDS 分析结果　　　　　　　　（单位：%）

区域	元素质量分数								
	O	Ca	Ti	Nb	Fe	Ce	Na	Mg	S
1	53.00	18.56	13.04	9.77	3.05	2.07	0.28	0.23	—
2	17.86	37.97	32.93	8.76	2.49	—	—	—	—
3	38.16	25.69	28.93	3.43	1.90	—	—	—	1.63
4	32.41	25.96	30.82	8.08	0.57	1.53	0.63	—	—
5	54.66	17.90	18.16	4.49	2.90	1.42	0.47	—	—
6	36.45	23.31	28.30	8.58	1.35	1.21	0.80	—	—

5.5.6　铌与钪的硫酸浸出

1. 铌精矿焙烧产物的浸出

前述研究已经证实，在 1200℃下，Ca(OH)$_2$ 可以将铌精矿分解为可溶于酸的 Ca(Ti,Fe,Nb)O$_3$ 和 Ca$_2$Nb$_2$O$_7$。为了揭示铌精矿焙烧产物中的铌在硫酸中的浸出机理，本节实验将采用浓硫酸分别在 200℃和 250℃下从焙烧产物中浸出铌，浸出时间均为 1h[96]。浸出结束后，蒸干浸出液，对结晶物和浸出渣的混合物进行 XRD 分析，分析结果如图 5-75 所示。

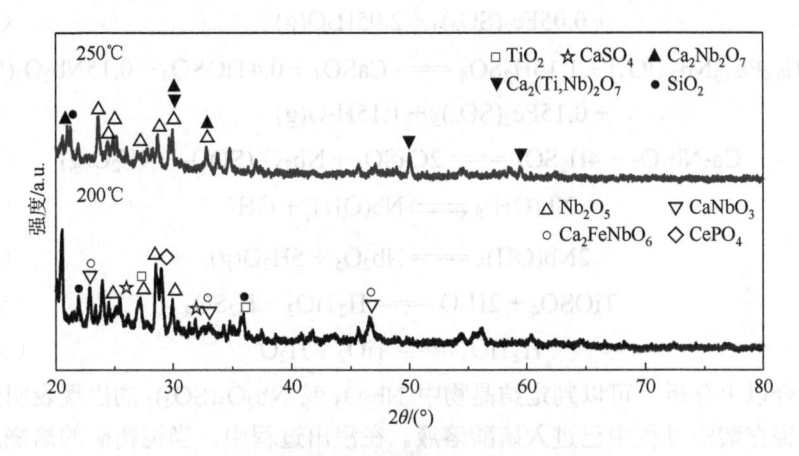

图 5-75 酸浸渣和酸浸液结晶物的 XRD 图

从图 5-75 中可以看出，结晶物和浸出渣的 XRD 图中可见明显的 Nb_2O_5 衍射峰，Nb_2O_5 为浸出液中铌的结晶物。可据此判断，Nb_2O_5 的形成过程包括两个环节，即铌精矿焙烧产物中的铌在酸中的溶解及浸出液中含铌化合物的结晶。在酸溶解过程中，$Ca[(Ti_{0.8}Fe_{0.1}Nb_{0.1})O_3]$、$Ca[(Ti_{0.4}Fe_{0.3}Nb_{0.3})O_3]$ 和 $Ca_2Nb_2O_7$ 中的铌以 $Nb(OH)_5$ 或 $Nb_2O_3(SO_4)_2$ 形式从铌矿物中浸出，浸出过程的化学反应可以用反应式（5-92）～式（5-97）来表示[97-101]。由于 $Nb(OH)_5$ 为两性化合物，其在碱性溶液中显酸性，而在酸性溶液中会电离出 OH^- 显碱性，因此，$Nb(OH)_5$ 在硫酸浸出液中不断电离出 $Nb(OH)_4^+$ 和 OH^-，化学反应式（5-98）的化学平衡不断向电离出 OH^- 的方向移动，铌元素最终以 $Nb(OH)_4^+$ 或 $Nb_2O_3(SO_4)_2$ 的形式赋存于硫酸溶液中。在酸液蒸发结晶过程中，随着酸量的不断降低，化学反应式（5-98）的化学平衡向生成 $Nb(OH)_5$ 的方向移动，以 $Nb(OH)_4^+$ 离子态存在的铌元素又重新转移至 $Nb(OH)_5$ 中。在结晶过程中，$Nb(OH)_5$ 受热分解为 Nb_2O_5 和水，其分解反应如式（5-99）所示。在该过程中，焙烧形成的钙钛矿 $Ca[(Ti_{0.8}Fe_{0.1}Nb_{0.1})O_3]$ 和 $Ca[(Ti_{0.4}Fe_{0.3}Nb_{0.3})O_3]$ 中的钛也会通过化学反应式（5-92）和式（5-93）所示的反应以 $TiOSO_4$ 形式溶入硫酸溶液，然后在结晶过程中通过反应式（5-100）和式（5-101）所示的反应以 TiO_2 形式析出。

$$Ca[(Ti_{0.8}Fe_{0.1}Nb_{0.1})O_3] + 1.95H_2SO_4 = CaSO_4 + 0.8TiOSO_4 + 0.1Nb(OH)_5 \\ + 0.05Fe_2(SO_4)_3 + 1.7H_2O(g) \quad (5\text{-}92)$$

$$Ca[(Ti_{0.4}Fe_{0.3}Nb_{0.3})O_3] + 1.85H_2SO_4 = CaSO_4 + 0.4TiOSO_4 + 0.3Nb(OH)_5 \\ + 0.15Fe_2(SO_4)_3 + 1.1H_2O(g) \quad (5\text{-}93)$$

$$Ca_2Nb_2O_7 + 2H_2SO_4 + 3H_2O \rightleftharpoons 2CaSO_4 + 2Nb(OH)_5 \quad (5\text{-}94)$$

$$Ca[(Ti_{0.8}Fe_{0.1}Nb_{0.1})O_3] + 2.05H_2SO_4 \rightleftharpoons CaSO_4 + 0.8TiOSO_4 + 0.05Nb_2O_3(SO_4)_2$$
$$+ 0.05Fe_2(SO_4)_3 + 2.05H_2O(g) \quad (5\text{-}95)$$

$$Ca[(Ti_{0.4}Fe_{0.3}Nb_{0.3})O_3] + 1.15H_2SO_4 \rightleftharpoons CaSO_4 + 0.4TiOSO_4 + 0.15Nb_2O_3(SO_4)_2$$
$$+ 0.15Fe_2(SO_4)_3 + 1.15H_2O(g) \quad (5\text{-}96)$$

$$Ca_2Nb_2O_7 + 4H_2SO_4 \rightleftharpoons 2CaSO_4 + Nb_2O_3(SO_4)_2 + 4H_2O(g) \quad (5\text{-}97)$$

$$Nb(OH)_5 \rightleftharpoons Nb(OH)_4^+ + OH^- \quad (5\text{-}98)$$

$$2Nb(OH)_5 \rightleftharpoons Nb_2O_5 + 5H_2O(g) \quad (5\text{-}99)$$

$$TiOSO_4 + 2H_2O \rightleftharpoons H_2TiO_3 + H_2SO_4 \quad (5\text{-}100)$$

$$H_2TiO_3 \rightleftharpoons TiO_2 + H_2O \quad (5\text{-}101)$$

综合以上分析，可以判定结晶物中 Nb_2O_5 或 $Nb_2O_3(SO_4)_2$ 的出现表明焙烧产物中的铌在酸浸过程中已进入硫酸溶液。在浸出过程中，当铌精矿的焙烧产物在 200℃下于硫酸中浸出 1h 后，浸出渣和浸出液结晶物的 XRD 图中仍可观察到含钙铌矿物，如 Ca_2FeNbO_6、$CaNbO_3$ 的衍射峰，说明在该浸出温度下焙烧产物中的铌元素浸出不完全。当酸浸出温度提高至 250℃时，其他条件保持不变，浸出渣和浸出液结晶物的 XRD 图中 Nb_2O_5 的衍射峰明显增多，$CaNbO_3$ 和 Ca_2FeNbO_6 衍射峰全部消失，仅可观察到 $Ca_2Nb_2O_7$ 和 $Ca_2(Ti,Nb)_2O_7$ 的衍射峰，且衍射峰强度较弱。对照实验表明，当浸出温度为 250℃时，铌精矿焙烧产物中的铌矿物在硫酸中的浸出效果较好。

2. 钪在硫酸中的浸出

钪没有独立矿物，主要以类质同象的形式赋存于多种矿物中，且在焙烧矿中的赋存形态无法得到直接验证。因此，本节以氧化钪在硫酸中的溶解反应来分析钪在硫酸中的溶解反应。反应的化学式可用式（5-102）进行表示。

$$Sc_2O_3 + 3H_2SO_4 \rightleftharpoons Sc_2(SO_4)_3 + 3H_2O \quad (5\text{-}102)$$

采用 HSC6.0 软件提供的热力学数据计算不同浸出温度下反应的标准摩尔吉布斯自由能变化值（$\Delta_r G_m^\ominus$），结果如图 5-76 所示。从图中可以看出，在 0～300℃ 的温度区间内，硫酸溶解 Sc_2O_3 反应的 $\Delta_r G_m^\ominus$ 均低于 –30kJ/mol，反应可自发进行。此外，可由标准摩尔吉布斯自由能变化值计算各个温度下化学反应的标准平衡常数（$K^\ominus$），表 5-38 为 6 个不同温度下的标准平衡常数。从表中可以看出，钪在硫酸中的溶解反应的平衡常数是随着温度升高而降低的。当溶解温度低于 245℃时，标准平衡常数 $K^\ominus$ 较大；当溶解温度为 300℃时，$K^\ominus$ 降至 7.362×10^2。在 245℃以下，钪在硫酸中的溶解反应进行的趋势明显，反应较为完全。因此，根据反应式（5-102）中化学反应的热力学计算结果判断，焙烧产物中的钪在硫酸中的浸出温度应低于245℃。

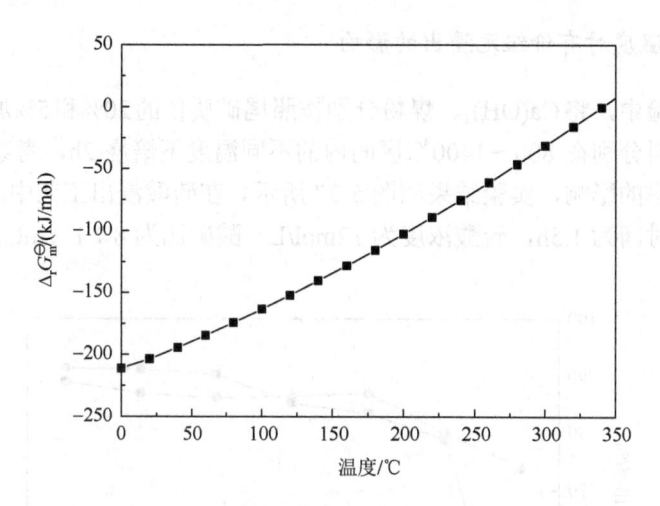

图 5-76 化学反应（5-102）的 $\Delta_r G_m^\ominus$ 与温度的关系

表 5-38 Sc$_2$O$_3$ 在硫酸中溶解反应的标准平衡常数

温度/℃	25	80	135	190	245	300
$K^\ominus$	1.904×10^{35}	6.171×10^{25}	2.349×10^{18}	2.101×10^{12}	1.734×10^{7}	7.362×10^{2}

5.5.7 萤石尾矿的焙烧-浸出实验

前期实验已对 Ca(OH)$_2$ 在还原气氛中分解含铁硅酸盐矿物进行了系统研究，研究结果表明，在适宜的高温焙烧条件下，含铁硅酸盐的结构会被 Ca(OH)$_2$ 破坏，为后续硅酸盐中钪的浸出提供有利条件。在焙烧过程中，含铁硅酸盐中的铁元素可以转化为金属铁，为采用弱磁选的方法回收硅酸盐中的铁创造条件，进而减少酸浸提取铌、钪时的矿物处理量。前期实验还对 Ca(OH)$_2$ 分解铌精矿及硫酸浸出焙烧产物进行了基础研究，研究结果表明，采用该方法分解铌矿物和浸出铌元素是可行的。基于 Ca(OH)$_2$ 分解硅酸盐和铌矿物的可行性分析，本实验将重点探索 Ca(OH)$_2$ 对萤石尾矿这一复杂矿物中相关矿物的分解条件，并对焙烧矿磁选回收铁的条件及硫酸浸出铌、钪的条件进行优化[102]。

萤石尾矿已经过弱磁选磁铁矿、强磁选赤铁矿处理，其中的主要铁矿物均已得到有效回收，萤石尾矿中的铁以硅酸盐中的低品质铁为主，对萤石尾矿中的铁回收的目的主要是除杂，铌、钪矿物的分解是焙烧环节的重点，因此，在确定矿物焙烧条件时，应当以铌、钪的分解效果为主要衡量依据。

1. 焙烧温度对有价组元浸出的影响

在本实验中，将Ca(OH)$_2$、煤粉分别按照尾矿质量的20%和5%加入萤石尾矿中，将混合料分别在800~1400℃区间内的不同温度下焙烧2h，考察焙烧温度对铌、钪浸出率的影响，实验结果如图5-77所示。在硫酸浸出工艺中，浸出温度为80℃，浸出时间为1.5h，硫酸浓度为12mol/L，酸矿比为8∶1（mL/g，下同）。

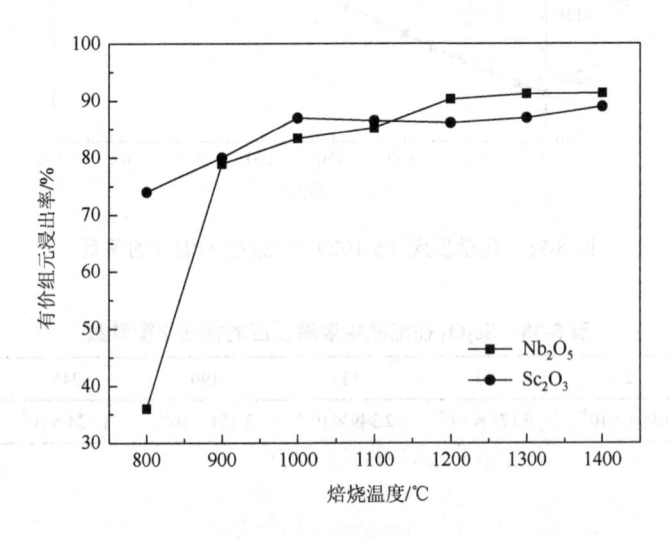

图 5-77 焙烧温度对有价组元浸出率的影响

由图 5-77 可知，当焙烧温度低于 1000℃时，铌、钪浸出率随温度升高呈线性升高的趋势，铌、钪浸出率最高可达到80%左右。当焙烧温度达到1000℃时，铌、钪浸出率均达到85%左右。继续升高焙烧温度，铌浸出率随温度变化缓慢升高，钪浸出率随温度变化不明显，铌矿物全部发生分解的温度略高于含钪矿物（主要为硅酸盐矿物）发生分解的温度。精矿的分解实验表明，铌精矿在 1000℃以上全部分解为溶于酸的物质，硅酸盐矿物在 800℃时即可全部发生分解，同时其结构遭到破坏，该分解特点同萤石尾矿中有价组元的浸出规律相统一。在1000℃以下，焙烧体系中反应物之间以固固反应为主，反应物的反应率较低，当焙烧温度达到 1000℃时，反应体系内开始出现熔融相，液相改善了反应物的传质条件，进而促进了化学反应的进行。从铌、钪的浸出效果来看，适宜的焙烧温度应为1200℃。

2. 氢氧化钙添加量对有价组元浸出的影响

在添加 5%煤粉的萤石尾矿中分别按照不同比例加入 Ca(OH)$_2$，然后将混合料分别在 1200℃下焙烧 2h。采用 12mol/L 的硫酸在 80℃下浸出焙烧矿中铌、钪，浸出时间为 1.5h，酸矿比为 8∶1。图 5-78 为氢氧化钙添加量对铌、钪浸出率的影响。

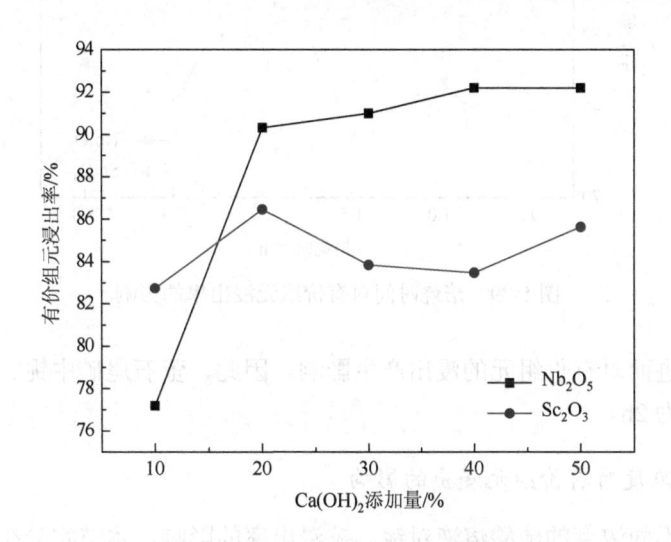

图 5-78 Ca(OH)$_2$ 添加量对有价组元浸出率的影响

从图中可以看出，当氢氧化钙添加量由 10%升高至 20%时，铌、钪浸出率急剧上升。当氢氧化钙添加量为 20%时，铌、钪浸出率分别处于 90%和 87%左右。氢氧化钙添加量的增加有效提高了反应物的浓度，提高了铌、钪矿物在相同焙烧时间内的分解率，导致硫酸溶液对铌、钪的浸出率相应提高。继续增加氢氧化钙的量，铌、钪浸出率变化幅度不明显。综合分析铌、钪浸出率可得焙烧过程中氢氧化钙的最佳添加量为尾矿质量的 20%。

3. 焙烧时间对有价组元浸出的影响

将萤石尾矿、煤粉和氢氧化钙以 100∶5∶20 的质量比进行混合，将混合料在 1200℃下分别焙烧 0.5h、1h、1.5h、2h、2.5h、3h。焙烧矿的硫酸浸出条件同前面一致，焙烧时间对铌、钪浸出率的影响如图 5-79 所示。

由图 5-79 可知，随着焙烧时间的延长，铌、钪元素的浸出率整体呈现先升高后降低的趋势。当焙烧时间小于 2h 时，铌、钪浸出率呈升高趋势；当焙烧时间为 2h 时，铌、钪的浸出率分别为 90.32%、86.15%。当焙烧时间超过 2h 后，铌、钪的浸出率明显降低，且钪浸出率降幅较大，可能是过长时间的焙烧导致焙烧产物

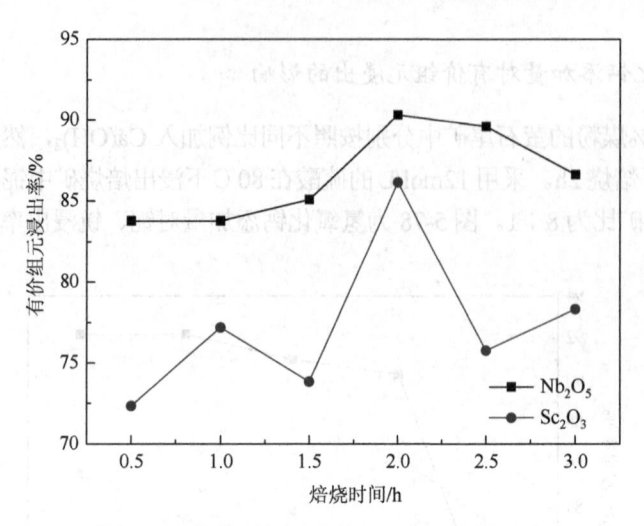

图 5-79 焙烧时间对有价组元浸出率的影响

严重烧结,进而对有价组元的浸出产生影响。因此,萤石尾矿中铌、钪的最佳焙烧分解时间为 2h。

4. 硫酸浓度对有价组元浸出的影响

为考察不同浓度的硫酸溶液对铌、钪浸出率的影响,本节实验在确定的最佳焙烧条件下对尾矿进行焙烧,然后分别研究了硫酸浓度为 6mol/L、9mol/L、12mol/L、15mol/L、18mol/L 时铌、钪的浸出率。其他浸出条件与前面保持一致。焙烧矿中铌、钪浸出率随硫酸浓度的变化规律如图 5-80 所示。

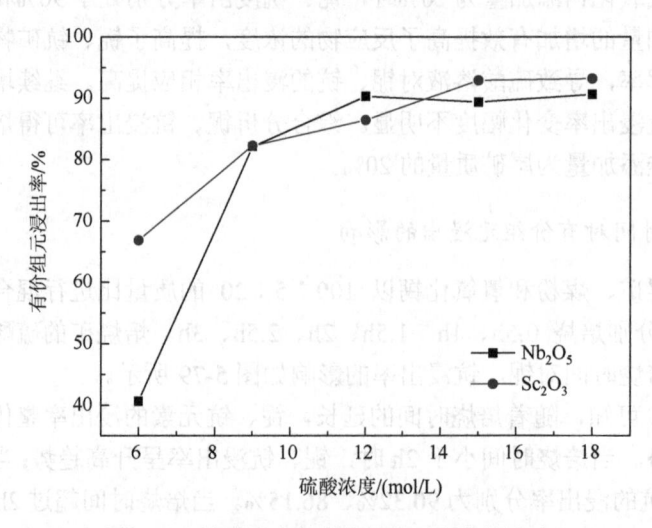

图 5-80 硫酸浓度对有价组元浸出率的影响

从图 5-80 中可以看出，随着硫酸浓度的升高，铌、钪浸出率先逐渐升高而后趋于稳定。其中，硫酸浓度为 12mol/L 和 15mol/L 分别为铌、钪浸出率变化趋势的转折点。当硫酸浓度低于 12mol/L 时，铌浸出率随着硫酸浓度的升高显著提高。当硫酸浓度分别为 12mol/L、15mol/L、18mol/L 时，铌浸出率分别为 90.32%、89.41%和 90.63%，即硫酸浓度达到 12mol/L 后，铌浸出率趋于稳定。钪浸出率随硫酸浓度的变化趋势与铌相似，只是钪浸出率是在硫酸浓度达到 15mol/L 后趋于稳定。当硫酸浓度分别为 15mol/L、18mol/L 时，钪的浸出率分别为 92.9%、93.17%，浸出率升高幅度极小。综合考虑铌、钪的浸出效果，可确定浸出实验采用的硫酸浓度应当不低于 15mol/L。在该系列实验中，铌浸出率最高为 90%左右，还可通过尝试改变浸出温度进一步提升铌浸出率。据文献报道[103]，15mol/L 的硫酸沸点为 220℃左右，18mol/L 的硫酸沸点约为 337℃。从浸出温度的提升空间来考虑，直接选用 18mol/L（98% H_2SO_4）的浓硫酸可有效提高硫酸溶液的沸点。因此，在浸出实验中，将硫酸浓度暂定为 18mol/L，而不采用浓度为 15mol/L 的硫酸。

5. 浸出温度对有价组元浸出的影响

本实验选取的硫酸浓度为 18mol/L，即不经过稀释处理的 98%浓硫酸，其他浸出条件与前面实验中保持一致。实验在 80℃、135℃、190℃、245℃、300℃等 5 个不同浸出温度下从焙烧矿中浸出铌、钪，考察浸出温度对铌、钪浸出率的影响，实验结果如图 5-81 所示。

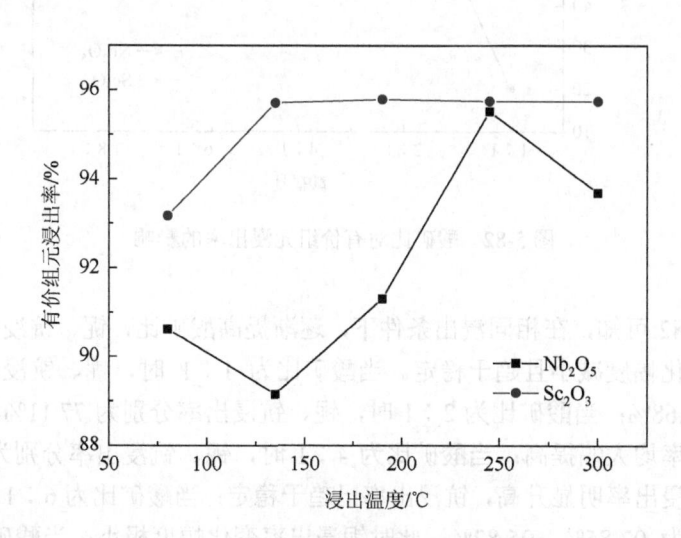

图 5-81 浸出温度对有价组元浸出率的影响

从图5-81中可以看出，浸出温度从80℃升高至190℃的过程中，铌浸出率仅存在小范围波动，基本维持在90%左右，并无明显升高趋势。当浸出温度升高至245℃和300℃时，铌浸出率分别升高至95.52%、93.69%。在245℃和300℃浸出温度下，铌浸出率或因检测误差也仅呈现出较小幅度的变化，浸出温度为245℃时，铌浸出率达到最高值。在钪浸出过程中，当浸出温度由80℃升高至135℃时，钪浸出率由93.17%提高至95.71%。继续升高浸出温度，钪浸出率无明显变化，浸出温度为135℃时钪浸出率达到最高值。综合以上分析可以得出，铌、钪浸出的最佳温度应为245℃。

6. 酸矿比对有价组元浸出的影响

为考察浸出过程中酸矿比对铌、钪浸出率的影响，本节分别在酸矿比为1∶1、2∶1、4∶1、6∶1、8∶1时对焙烧矿进行铌、钪浸出实验，浸出温度为245℃，其他浸出条件同前面保持一致。图5-82为酸矿比对铌、钪浸出率影响的实验结果。

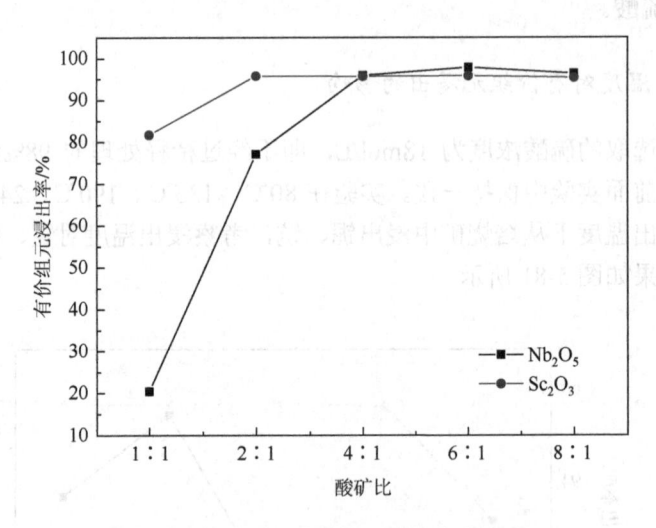

图 5-82 酸矿比对有价组元浸出率的影响

由图5-82可知，在相同浸出条件下，逐渐提高酸矿比，铌、钪浸出率先逐渐增大而后变化幅度减小且趋于稳定。当酸矿比为1∶1时，铌、钪浸出率分别为20.45%、81.68%；当酸矿比为2∶1时，铌、钪浸出率分别为77.11%、95.75%，铌、钪浸出率均大幅提高；当酸矿比为4∶1时，铌、钪浸出率分别为95.96%、95.72%，铌浸出率明显升高，钪浸出率已趋于稳定；当酸矿比为6∶1时，铌、钪浸出率分别为97.85%、95.82%，此时铌浸出率变化幅度极小；当酸矿比为8∶1时，铌、钪浸出率分别达到96.41%、95.37%，铌、钪的浸出率均达到稳定。由以上铌、钪浸出率数据可知，当酸矿比为4:1时，铌、钪浸出率均已接近最高值，由此可确定浸出实验的最佳酸矿比应为4:1。

5.5.8 萤石尾矿中铁的还原与磁选分离

1. 煤粉添加量对弱磁选铁的影响

萤石尾矿的铌、钪分解实验中确定的尾矿焙烧温度为1200℃，Ca(OH)$_2$添加量为20%，焙烧时间为2h。钠辉石、钠闪石同Ca(OH)$_2$、煤粉的焙烧实验已表明含铁硅酸盐中的铁可在上述焙烧条件下转化为金属铁，尾矿中残留的赤铁矿、磁铁矿在该条件下也会还原为金属铁。因此，本实验在已确定的焙烧温度、Ca(OH)$_2$添加量和焙烧时间的基础上，分别研究了煤粉配比为1%、2%、3%、4%、5%、6%时焙烧矿的磁选效果。本实验中焙烧矿磨矿粒度为-74μm的颗粒占矿物总量的95%，磁选所用磁感应强度均为270mT。煤粉配比对磁选效果的影响如图5-83所示。

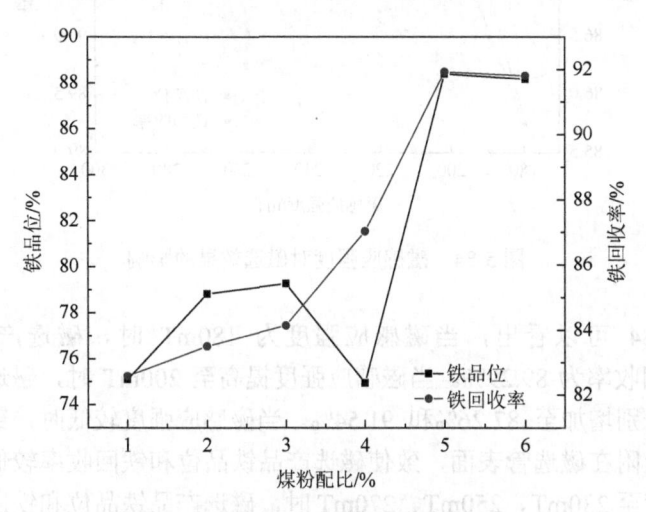

图5-83 煤粉配比对磁选效果的影响

由图5-83可以看出，随着煤粉配比的增加，铁品位和铁回收率整体呈升高趋势，当煤粉配比高于5%后，铁品位和铁回收率均趋于稳定。根据磁选效果可判定最佳的煤粉配比为5%，该条件下的焙烧矿经弱磁选可获得品位为88.39%的铁粉，铁回收率为91.92%。在焙烧过程中，当煤粉配比低于5%时，一方面，铁氧化物未能得到充分还原；另一方面，在1200℃下焙烧后多种物相黏结在一起，导致部分细小的金属铁颗粒在磨矿过程中难以完全解离，因此铁品位和回收率均处于较低水平。当煤粉配比高于5%时，石墨坩埚内CO浓度升高，还原气氛增强，铁氧化物被充分还原为金属铁，金属铁颗粒可聚集在一起并逐渐长大[104]，在磁

2. 磁感应强度对弱磁选铁的影响

按照萤石尾矿量的5%和20%分别向萤石尾矿中配入煤粉和Ca(OH)$_2$，将混合料在1200℃下焙烧2h 并将焙烧矿磨至-74μm 颗粒占矿物总量的95%，然后在180mT、200mT、230mT、250mT、270mT、290mT 六个不同磁感应强度下对焙烧矿进行磁选实验，实验结果如图5-84所示。

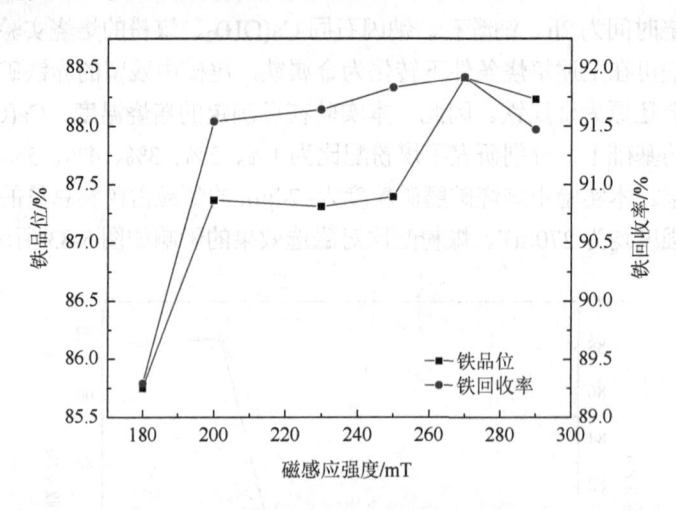

图 5-84 磁感应强度对磁选效果的影响

由图 5-84 可以看出，当磁感应强度为 180mT 时，磁选产品铁品位为 85.52%，铁回收率为 89.29%。当磁感应强度提高至 200mT 时，磁选产品铁品位和铁回收率分别增加至 87.26%和 91.54%。当磁感应强度较低时，部分金属铁未能通过磁极吸附在磁选管表面，致使磁选产品铁品位和铁回收率较低。当依次提高磁感应强度至 230mT、250mT、270mT 时，磁选产品铁品位和铁回收率均呈小幅度上升，采用 270mT 的磁场磁选所得产品铁品位为 88.39%，铁回收率为 91.92%。继续提高磁感应强度至 290mT，磁选产品铁品位和铁回收率不再增加，因此，确定适宜的磁感应强度为 270mT。

5.5.9 焙烧矿微观分析

1. 萤石尾矿焙烧矿的 SEM-EDS 分析

采用扫描电镜和能谱仪对焙烧矿进行分析，SEM 背散射电子图像及图中点1~9 对应的 EDS 能谱分析数据分别如图 5-85 和表 5-39 所示。

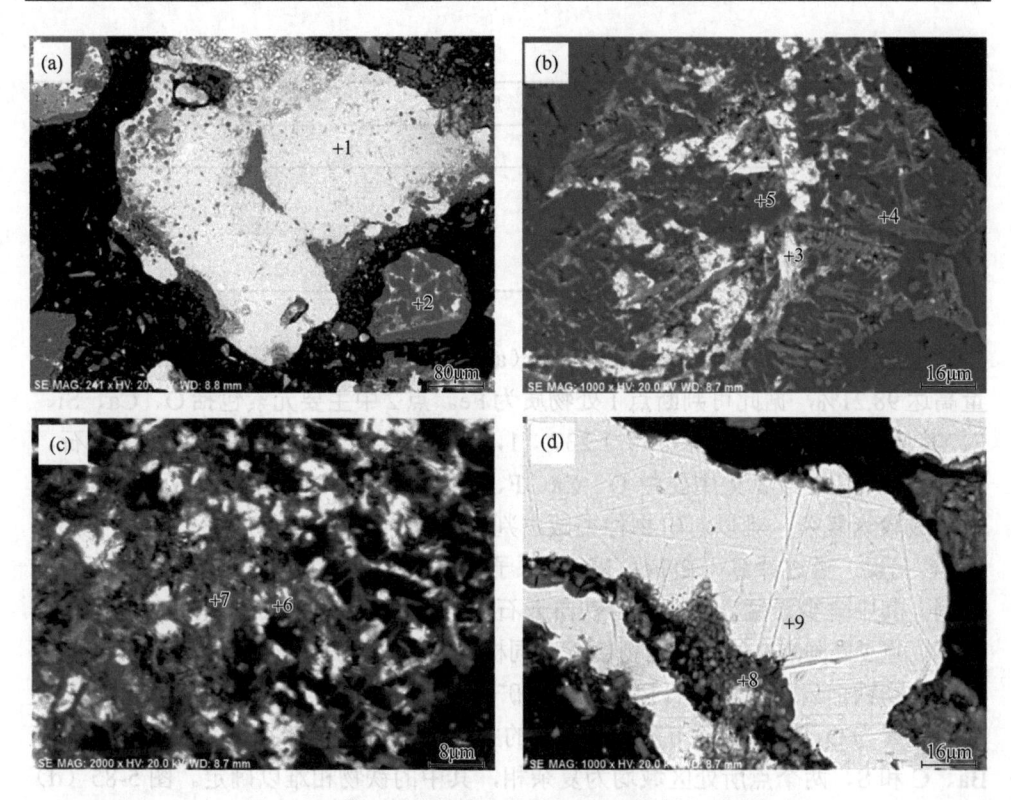

第5章 白云鄂博矿弱磁选铁尾矿分离回收有价元素铁、稀土、铌和钪 ·285·

图 5-85 萤石尾矿焙烧产物的 SEM 背散射电子图像

表 5-39 焙烧矿的 EDS 分析结果 （单位：%）

元素	质量分数									
	点 1	点 2	点 3	点 4	点 5	点 6	点 7	点 8	点 9
Fe	98.21	—	—	48.16	0.50	1.41	21.64	8.38	78.22
O	1.79	33.37	21.89	25.65	31.84	15.30	14.27	40.94	20.76
Ca	—	45.12	6.00	0.79	45.49	5.84	5.60	30.67	1.02
Si	—	11.74	0.60	0.14	11.83	1.84	3.90	0.37	—
F	—	9.49	4.40	—	9.60	2.14	—	—	—
Mg	—	0.28	—	13.04	0.18	0.82	2.79	1.13	—
Ba	—	—	42.05	—	—	61.25	26.77	1.68	—
P	—	—	10.52	—	—	10.25	—	—	—
Ti	—	—	8.98	—	—	—	—	—	—
C	—	—	5.56	5.48	—	—	5.99	15.73	—
Mn	—	—	—	6.75	—	—	2.34	—	—
Na	—	—	—	—	0.56	1.15	1.18	—	—

续表

元素	质量分数								
	点1	点2	点3	点4	点5	点6	点7	点8	点9
K	—	—	—	—	—	—	0.82	—	—
Al	—	—	—	—	—	—	2.35	—	—
S	—	—	—	—	—	—	12.36	1.09	—

根据 EDS 分析结果可知,图 5-85(a)中点 1 的组成元素为 Fe 和 O,Fe 含量高达98.21%,据此可判断点 1 处物质为 Fe。点 2 中主要元素包括 O、Ca、Si、F,其质量比为3.516∶4.754∶1.237∶1,可判断点 2 处的脉石矿物为枪晶石。图 5-85(b)中点 3 处主要由 O、Ca、F、Ba、P、Ti、C 等元素组成,该区域元素组成较为复杂,难以对矿物种类做出判断。点 4 中主要包括 Fe、Mg、Mn、O、C 元素,通过计算可知 Fe、Mn 的原子数之和同 C、O 的比例接近铁白云石的比例,其中含少量锰元素,符合铁白云石的组成特征,可判断该点处矿物为铁白云石。点 5 处同点 2 处元素比例接近,同样为枪晶石组成区域。在图 5-85(b)中,含铁矿物铁白云石与枪晶石和其他复杂矿物相连生。图 5-85(c)中,点 6 的主要组成元素为 O、Ca、Ba、F 和 P,点 7 的主要组成元素为 Fe、O、Ca、Si、Mg、Ba、C 和 S,两个点所处区域均为复杂相,其中的铁物相难以确定。图 5-85(d)中点 8 的主要构成元素为 Fe、O、Ca、C,且主要原子比例符合铁白云石的原子比例,由此可判断该点矿物为铁白云石。点 9 的主要元素为 Fe 和 O,且 Fe 与 O 的质量比为 3.768,该比例同 FeO 的 Fe、O 质量比 3.5 较为接近,可判断该点处物质为 FeO,图 5-85(d)中含铁矿物白云石与 FeO 相连生。在焙烧矿物中,铁元素可能以铁单质、FeO、铁白云石以及其他复杂相的形式赋存,其中铁单质可以通过磁选的方式进行回收。

2. 萤石尾矿焙烧产物的铁物相分析

为探明高温焙烧后铁物相的变化规律,本节实验对萤石尾矿、$Ca(OH)_2$ 和煤粉混合料在 1200℃下焙烧所得焙烧产物进行 X 射线衍射分析,并对铁的化学物相进行分析。表 5-40 为焙烧产物中铁的物相组成。从表中数据可以看出,焙烧产物中的铁几乎全部以金属铁形式存在,可通过弱磁选铁进行回收。图 5-86 为焙烧产物的 XRD 图。从图中可以看出,焙烧产物主要由枪晶石[$Ca_4Si_2O_7F_2$、$Ca_4Si_2O_7(F, OH)_2$]、石英和金属铁等组成。经过高温还原所得焙烧矿中的铁氧化物及含铁硅酸盐的衍射峰已经完全消失,焙烧后铁物相发生明显转变,从 XRD 图中能观察到的铁物相只有金属铁。

表 5-40　萤石尾矿焙烧产物中铁的化学物相分析　　　　（单位：%）

铁物相	碳酸盐	赤铁矿	硫铁矿	金属铁	硅酸盐
w(Fe)	0.49	0.26	0.82	19.89	<0.50

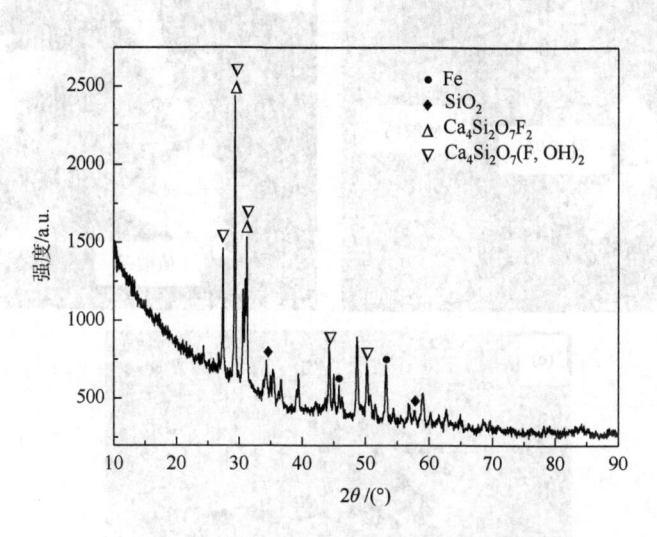

图 5-86　萤石尾矿焙烧产物的 XRD 图

3. 硫酸浸出渣的分析

表 5-41 为焙烧产物硫酸浸出渣的化学组成。从各组分含量来看，渣中主要元素为钙和硅，同时伴有少量的钡、硫及稀土元素。

表 5-41　硫酸浸出渣的化学组成（质量分数）　　　　（单位：%）

组分	Na_2O	K_2O	MgO	CaO	BaO	MnO_2	SiO_2	TiO_2	ThO_2
含量	0.28	0.030	<0.10	24.71	2.36	<0.10	15.42	<0.10	0.0046
组分	Al_2O_3	Sc_2O_3	REO	P_2O_5	Nb_2O_5	F	S	TFe	
含量	<0.10	0.0014	1.25	0.13	0.012	0.39	6.53	0.25	

从图 5-87 中焙烧产物硫酸浸出渣的 SEM 图像中可以看出，硫酸浸出渣含硫酸钙、硫酸钡、二氧化硅和少量的铁氧化物矿物。对浸出渣及萤石尾矿进行比放射性检测的结果表明，萤石尾矿的 α 放射性比活度为 3478Bq/kg，β 放射性比活度为 1546Bq/kg，总放射性比活度为 5024Bq/kg；浸出渣的 α 放射性比活度为 500Bq/kg 左右，β 放射性比活度为 241Bq/kg 左右，总放射性比活度约为 741Bq/kg。经过焙烧和酸浸出工艺处理的萤石尾矿的放射性强度已大幅度降低，根据《可免于辐射

防护监管的物料中放射性核素活度浓度》（GB27742—2011）的规定，酸浸出渣属于免于防辐射监管的物料[105,106]。

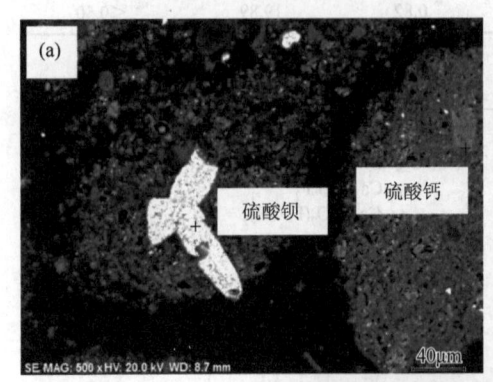

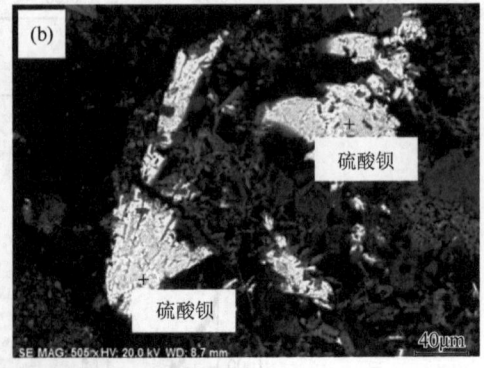

图 5-87 硫酸浸出渣的 SEM 图像

5.5.10 联合处理工艺中元素走向分析

在对萤石尾矿还原焙烧和活化焙烧条件进行优化的基础上，采用焙烧-磁选-浸出联合工艺处理萤石尾矿，并对矿物中主要元素在焙烧-磁选和硫酸浸出过程中的走向进行分析，表 5-42 为焙烧产物中主要组分在磁选精矿和尾矿中的分布情况，表 5-43 为磁选尾矿中主要组分在酸浸液和酸浸渣中的分布情况。从表 5-42 中可以看出，在萤石尾矿中，除铁元素外，随磁选流程进入磁选尾矿的氟、磷、稀土、铌、钪和钍的比例均接近或高于各自总量的 95%。从表 5-43 中可以看出，在硫酸浸出过程中，占总量 90% 以上的铁、磷、铌、钪溶解进入硫酸溶液；约有 60% 的稀土进入浸出渣，硫酸对焙烧矿中稀土的浸出率仅为 40% 左右，这是由于萤石尾矿中含有 2.25% 的 Na_2O，稀土元素在硫酸浸出过程中形成硫酸复盐沉淀，从而导致稀土元素在硫酸中的浸出率较低；有 76.34% 的钍进入溶液，可有效降低浸出渣的放射性强度；氟元素在浸出液和浸出渣中分布率接近。

表 5-42　焙烧产物中主要组分在磁选产品中的分布　　　　　　（单位：%）

组分	Fe	F	P	REO	Nb$_2$O$_5$	Sc$_2$O$_3$	ThO$_2$
精矿中分布率	92.51	2.39	5.02	3.55	2.72	4.18	3.80
尾矿中分布率	7.49	97.61	94.98	96.45	97.28	95.82	96.20

表 5-43　磁选尾矿中主要组分在硫酸浸出物中的分布　　　　　（单位：%）

组分	Fe	F	P	REO	Nb$_2$O$_5$	Sc$_2$O$_3$	ThO$_2$
浸出液中分布率	95.95	53.81	90.15	38.31	92.51	93.39	76.34
浸出渣中分布率	4.05	46.19	9.85	61.69	7.49	6.61	23.66

5.5.11　联合处理工艺的应用

将萤石尾矿联合处理工艺与萤石尾矿前序选矿工艺、稀土矿物碱分解工艺相结合，可初步得到一个针对弱磁选尾矿中铁回收、稀土回收与分解、微量有价组元回收的原则流程，流程如图 5-88 所示。

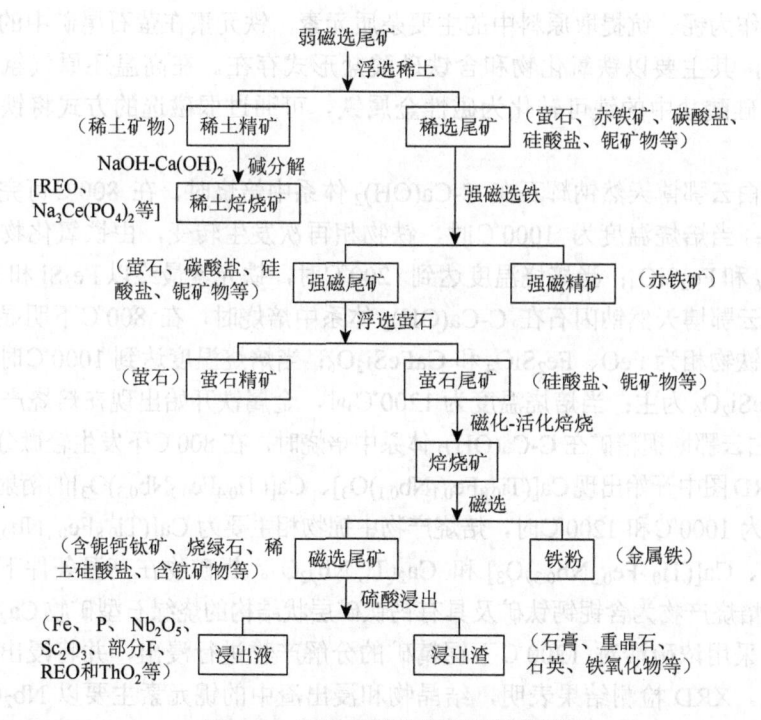

图 5-88　弱磁选尾矿处理原则流程图

从图中可以看出，对弱磁选尾矿进行浮选稀土-强磁选铁-浮选萤石处理，可完成对矿物中可选矿物的回收或抛除，此时，萤石尾矿中可供利用的主要矿物有铁、铌的载体矿物硅酸盐及铌矿物等。在还原条件下对萤石尾矿进行活化焙烧，可实现铁元素向金属铁的迁移，同时达到活化铌矿物和破坏硅酸盐矿物结构的目的，为铌、钪的湿法浸出提供有利条件。通过弱磁选可将活化焙烧矿中的金属铁回收，将磁选尾矿在浓硫酸中加热浸出，即可回收其中的铌、钪及部分稀土元素。另外，对于浮选所得稀土精矿，可通过复合碱焙烧的方式对其进行清洁分解。

5.5.12 本节小结

本节采用化学分析、SEM-EDS 等方法对萤石尾矿的化学成分、矿物组成、矿物赋存形态、主要有价组元的提取机理及条件进行研究，得出以下结论。

（1）白云鄂博矿经选铁、选稀土和选萤石，铌和钪可得到初步富集，含量均为原矿中铌、钪含量的 3 倍左右。铌元素在尾矿中主要以铌铁矿、铌铁金红石、易解石和烧绿石形式存在，铌在这四种矿物中的分布率为 74.16%。钪在尾矿中主要赋存于辉石和闪石等硅酸盐矿物中，钪在这两种矿物中的分布率为 66.62%。上述几类矿物为浸取铌、钪的目标矿物。

（2）作为铌、钪提取原料中的主要杂质元素，铁元素在萤石尾矿中的含量为 16%左右，其主要以铁氧化物和含铁硅酸盐形式存在。在高温还原气氛下，铁氧化物和硅酸盐中的铁可转化为磁性金属铁，可通过弱磁选的方式将铁元素予以回收。

（3）白云鄂博天然钠辉石在 C-Ca(OH)$_2$ 体系中焙烧时，在 800℃可完全分解为 Fe$_3$O$_4$；当焙烧温度为 1000℃时，铁物相再次发生转变，由铁氧化物转变为 CaFeSi$_2$O$_6$ 和 Fe$_2$SiO$_4$；当焙烧温度达到 1200℃时，铁元素最终以 Fe$_3$Si 和 Fe 形式存在。白云鄂博天然钠闪石在 C-Ca(OH)$_2$ 体系中焙烧时，在 800℃下明显发生分解，主要铁物相为 FeO、Fe$_2$SiO$_4$ 和 CaFeSi$_2$O$_6$；当焙烧温度达到 1000℃时，铁物相以 CaFeSi$_2$O$_6$ 为主；当焙烧温度为 1200℃时，金属铁开始出现在焙烧产物中。

（4）白云鄂博铌精矿在 C-Ca(OH)$_2$ 体系中焙烧时，在 800℃下发生轻微分解，焙烧矿的 XRD 图中开始出现 Ca[(Ti$_{0.8}$Fe$_{0.1}$Nb$_{0.1}$)O$_3$]、Ca[(Ti$_{0.4}$Fe$_{0.3}$Nb$_{0.3}$)O$_3$]的衍射峰；当焙烧温度为 1000℃和 1200℃时，焙烧产物中铌物相主要为 Ca[(Ti$_{0.8}$Fe$_{0.1}$Nb$_{0.1}$)O$_3$]、Ca$_2$Nb$_2$O$_7$、Ca[(Ti$_{0.4}$Fe$_{0.3}$Nb$_{0.3}$)O$_3$] 和 Ca$_2$(Ti, Nb)$_2$O$_7$。铌矿物在高温条件下发生物相重构，焙烧产物为含铌钙钛矿及具有钙钛矿层状结构的烧绿石型矿物 Ca$_2$Nb$_2$O$_7$。

（5）采用浓硫酸对 1200℃下铌精矿的分解产物进行浸出，并将浸出液进行结晶处理。XRD 检测结果表明，结晶物和浸出渣中的铌元素主要以 Nb$_2$O$_5$ 形式存在。

(6）将煤粉、Ca(OH)₂和萤石尾矿以5:20:100的质量比进行混合,然后将混合料在1200℃下焙烧2h,再将焙烧料磨至-74μm颗粒占物料总量的95%,采用270mT的磁感应强度对焙烧料进行弱磁选铁实验。实验可获得铁品位为88.39%的铁粉,磁选流程的铁回收率可达到91.92%。采用浓硫酸从焙烧料中浸出铌、钪和稀土,当酸矿比为4:1,浸出温度为245℃,浸出时间为1.5h时,铌、钪浸出率可分别达到95.96%、95.72%,而稀土浸出率较低。

(7）在实验确定的适宜的工艺条件下,对萤石尾矿焙烧产物进行弱磁选铁时,除铁元素外,约有95%的氟、磷、稀土、铌、钪、钍进入磁选尾矿。对磁选尾矿进行硫酸浸出实验,有90%以上的铁、磷、铌、钪可溶解进入硫酸溶液,钍的硫酸浸出率为76.34%,稀土的硫酸浸出率仅为40%左右,氟元素在浸出液和浸出渣中分布率较为接近。硫酸浸出渣属于免于防辐射监管的物料。

(8）将萤石尾矿在Ca(OH)₂-C体系中进行高温（1200℃）焙烧,铁氧化物及含铁硅酸盐中的铁可转化为金属铁,可通过弱磁选进行回收;经活化焙烧预处理,铌矿物及含钪矿物中的铌、钪可转变为易溶于酸的物质,为铌、钪的进一步提取和分离创造有利条件。

5.6 NaCl-Ca(OH)₂-C 焙烧萤石尾矿及有价元素的浸出回收

熔盐合成法就是将反应物与低熔点盐混合,加热使得盐类熔化而产生液相,反应物在熔体中进行反应。与传统反应相比,固相反应物在液态媒介中扩散,反应速率大大加快。该方法是在较低温度或较短时间内获得具有特定组分的各向异性粉体的有效方法。本节研究将在Ca(OH)₂-C体系中引入NaCl熔盐,利用NaCl低温熔融的特点加快反应物的传质,提高反应体系的化学反应速率,以期在较低的温度下实现目标矿物的活化焙烧,另一方面,在焙烧条件下,NaCl对含钪硅酸盐及铌矿物具有活化作用[107],可与Ca(OH)₂发生协同作用。在5.5节中Ca(OH)₂高温分解铌、钪、铁矿物的基础上,本节将重点研究低温条件下铌矿物和含钪矿物在NaCl-Ca(OH)₂-C体系中的反应规律,同时对焙烧产物在盐酸和硫酸中的浸出行为进行研究,在确保铌、钪、稀土高效浸出的同时,最大限度降低焙烧过程的能源消耗。

5.6.1 研究方法

1. 实验材料

本节实验所用萤石尾矿与5.5节实验所用尾矿相同,均为白云鄂博矿经过弱磁选铁、浮选稀土、强磁选铁和浮选萤石的尾矿。所用煤粉是由兰炭经过粉磨得到的，固定碳含量为 83.66%，所用氢氧化钙和氯化钠均为分析纯级化学试剂，所用盐酸是质量分数为 37%的饱和浓盐酸，硫酸是质量分数为 98%的浓硫酸。

2. 实验方法

活化焙烧流程：称取萤石尾矿矿样 30g，按照实验比例分别加入 Ca(OH)$_2$、NaCl 和煤粉，将混合料充分混合。采用石墨坩埚盛装混合料，以此确保坩埚内部的还原性气氛。将盛装混合物料的石墨坩埚置于马弗炉中，以10℃/min 的升温速率将炉温升至设定温度后进行保温，待保温结束后，取出石墨坩埚并将焙烧料冷却至室温。

盐酸浸出流程：称取一定量的焙烧料置于烧杯中，按照实验酸矿比加入盐酸，将烧杯放入水浴锅中水浴加热并进行搅拌浸出。浸出结束后，采用布氏漏斗过滤分离浸出液和浸出渣，采用 ICP-MS 分析滤液和滤渣中有价组元含量并计算有价组元浸出率。

硫酸浸出流程：在 105℃的烘箱中将盐酸浸出渣完全烘干，然后置于圆底烧瓶中，按照实验比例加入浓硫酸并搅拌至渣液混合均匀。将圆底烧瓶放入油浴锅中，加热浸出。浸出结束后，为避免高浓度硫酸在后续过滤过程中烧穿滤纸，向浸出液中加入去离子水将溶液稀释至硫酸体积的 5 倍左右，过滤浸出物并分析滤渣和滤液组分，计算有价组元浸出率[108]。

5.6.2 铌精矿在 NaCl-Ca(OH)$_2$-C 体系中的反应

1. NaCl-Ca(OH)$_2$-C-铌精矿的热分析

为了查明 NaCl-Ca(OH)$_2$-C 体系中氢氧化钙分解铌精矿的温度，本测试将铌精矿、NaCl、Ca(OH)$_2$ 和煤粉以 100∶10∶20∶5 的质量比进行混合，然后对混合料进行 TG-DSC 分析，图 5-89 为 NaCl-Ca(OH)$_2$-C-铌精矿混合料的 TG-DSC 曲线。

由混合物料的 TG-DSC 曲线可以看出，在升温过程中，DSC 曲线上可观察到四个吸热峰。第一个吸热峰峰值温度为 418.9℃，反应体系质量在该温度附近明显降低，该失重现象可能是由混合物料中水分挥发及 Ca(OH)$_2$ 热分解引起；第二个吸热峰峰值温度为616.9℃，反应体系质量在峰值温度附近降低量约为1.22%，该吸热峰可能是由 Ca(OH)$_2$ 与铌精矿发生反应时吸热所致；第三个吸热峰峰值温度为 888.3℃，且反应体系质量在该吸热峰峰值温度附近急剧降低，该阶段的反应为 NaCl 和 Ca(OH)$_2$ 共同参与的铌矿物分解反应，反应的起始温度在 800℃左右；

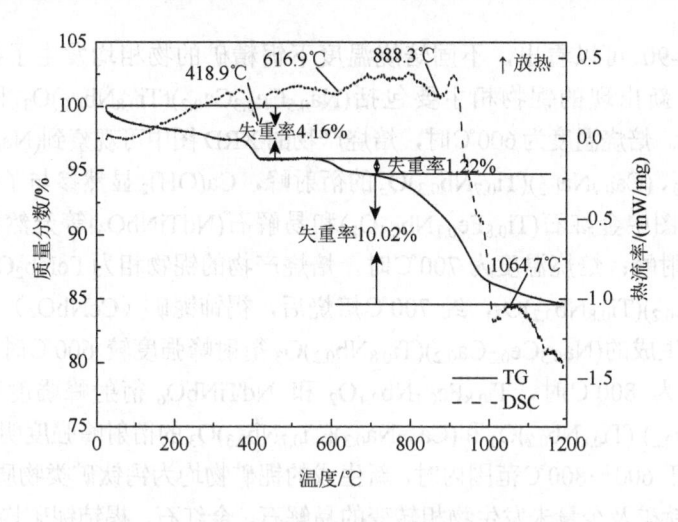

第5章 白云鄂博矿弱磁选铁尾矿分离回收有价元素铁、稀土、铌和钪

图 5-89 NaCl-Ca(OH)$_2$-C-铌精矿的 TG-DSC 曲线

第四个吸热峰峰值温度为 1064.7℃，反应体系质量的降低可能由煤粉对反应体系中少量铁氧化物的还原引起[109]。

2. 焙烧温度对铌物相转变的影响

为研究焙烧温度对铌精矿分解的影响，实验分别于 600℃、700℃、800℃下在 NaCl-Ca(OH)$_2$-C 体系中对铌精矿进行焙烧，NaCl、Ca(OH)$_2$ 和煤粉的配比分别为铌精矿质量的 10%、20%、5%，焙烧时间均为 2h，各焙烧条件下焙烧产物的 XRD 图如图 5-90 所示。

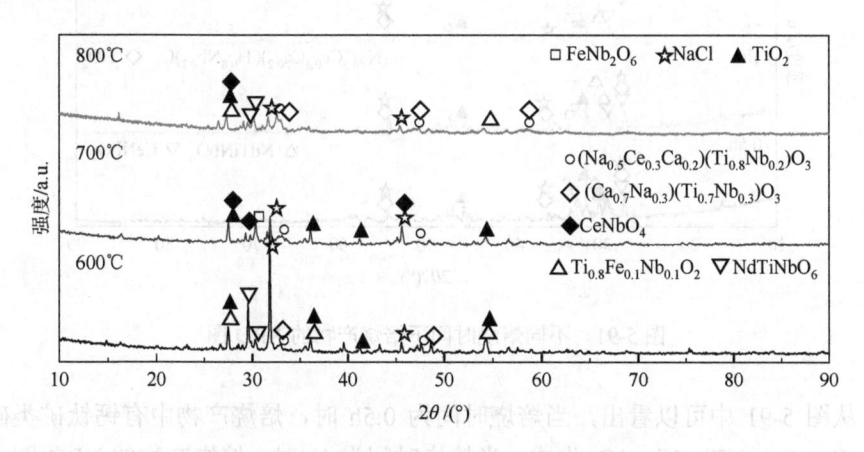

图 5-90 不同焙烧温度下焙烧产物的 XRD 图

从图 5-90 可以看出，不同焙烧温度下铌精矿的物相均发生了显著变化，焙烧产物中新出现的铌物相主要包括$(Na_{0.5}Ce_{0.3}Ca_{0.2})(Ti_{0.8}Nb_{0.2})O_3$ 和$(Ca_{0.7}Na_{0.3})(Ti_{0.7}Nb_{0.3})O_3$。焙烧温度为600℃时，焙烧产物的XRD图中可观察到$(Na_{0.5}Ce_{0.3}Ca_{0.2})(Ti_{0.8}Nb_{0.2})O_3$、$(Ca_{0.7}Na_{0.3})(Ti_{0.7}Nb_{0.3})O_3$ 的衍射峰，$Ca(OH)_2$ 显然参与了铌矿物的物相重构，但图中金红石$(Ti_{0.8}Fe_{0.1}Nb_{0.1}O_2)$和易解石$(NdTiNbO_6)$等天然铌矿物仍具有较强的衍射峰；焙烧温度为700℃时，焙烧产物的铌物相为$FeNb_2O_6$、$CeNdO_4$、$(Na_{0.5}Ce_{0.3}Ca_{0.2})(Ti_{0.8}Nb_{0.2})O_3$，经700℃焙烧后，褐铈铌矿（$CeNbO_4$）的衍射峰开始显现，新生成的$(Na_{0.5}Ce_{0.3}Ca_{0.2})(Ti_{0.8}Nb_{0.2})O_3$ 衍射峰强度较600℃时明显增强；当焙烧温度为800℃时，$Ti_{0.8}Fe_{0.1}Nb_{0.1}O_2$ 和 $NdTiNbO_6$ 衍射峰强度明显减弱，$(Na_{0.5}Ce_{0.3}Ca_{0.2})(Ti_{0.8}Nb_{0.2})O_3$和$(Ca_{0.7}Na_{0.3})(Ti_{0.7}Nb_{0.3})O_3$ 的衍射峰强度明显增强。当焙烧温度处于600~800℃范围内时，新生成的铌矿物均为钙钛矿类物质。产物中新生成的铌钙钛矿及少量未发生物相转变的易解石、金红石、褐铈铌矿均可溶于热浓硫酸[110-112]。

3. 焙烧时间对铌物相转变的影响

本组实验在铌精矿中分别加入$NaCl$、$Ca(OH)_2$和煤粉，其比例分别为铌精矿质量的10%、20%和5%。将混合物料在800℃下分别焙烧0.5h、1h、1.5h、2h。图 5-91 为不同焙烧时间下焙烧产物的XRD图。

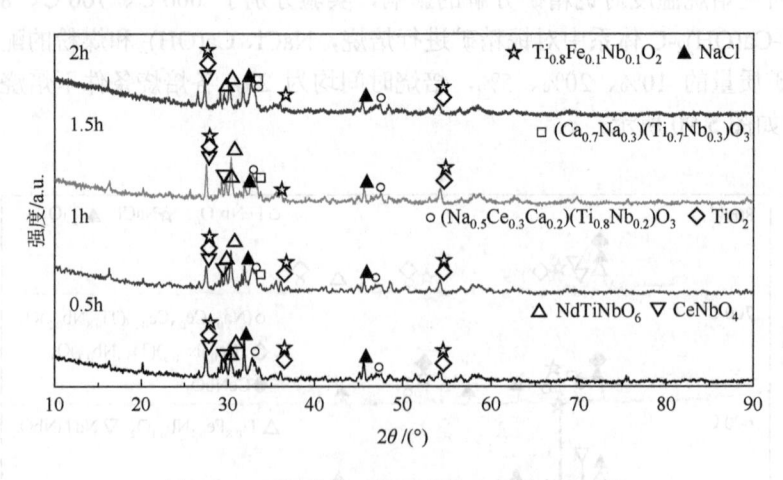

图 5-91 不同焙烧时间下焙烧产物的XRD图

从图 5-91 中可以看出，当焙烧时间为0.5h时，焙烧产物中有钙钛矿类矿物$(Na_{0.5}Ce_{0.3}Ca_{0.2})(Ti_{0.8}Nb_{0.2})O_3$生成；当焙烧时间为1h时，焙烧产物的XRD图中开始出现$(Ca_{0.7}Na_{0.3})(Ti_{0.7}Nb_{0.3})O_3$ 的衍射峰；延长焙烧时间至1.5h，$(Na_{0.5}Ce_{0.3}Ca_{0.2})$

(Ti$_{0.8}$Nb$_{0.2}$)O$_3$、(Ca$_{0.7}$Na$_{0.3}$)(Ti$_{0.7}$Nb$_{0.3}$)O$_3$ 及 Ti$_{0.8}$Fe$_{0.1}$Nb$_{0.1}$O$_2$、NdTiNbO$_6$ 的衍射峰强度均呈现逐渐增强的趋势；当焙烧时间延长至 2h 时，焙烧产物中(Na$_{0.5}$Ce$_{0.3}$Ca$_{0.2}$)(Ti$_{0.8}$Nb$_{0.2}$)O$_3$、(Ca$_{0.7}$Na$_{0.3}$)(Ti$_{0.7}$Nb$_{0.3}$)O$_3$ 衍射峰强度依然呈增强的趋势，金红石(Ti$_{0.8}$Fe$_{0.1}$Nb$_{0.1}$O$_2$)和易解石(NdTiNbO$_6$)衍射峰强度呈降低趋势。在焙烧时间由 0.5h 延长至 1.5h 的过程中，除新生成的铌物相外，金红石、易解石和褐铈铌矿的衍射峰强度也同时呈现出逐渐增强的趋势，铌精矿中的铌向金红石和易解石中富集，王正五等[113]对铌矿物焙烧实验的研究也证实铌元素有向易解石富集的趋势。另外，由于褐铈铌矿族的矿物晶体遭到破坏，发生了似晶体化，必须经过加热重结晶处理后才可获得其 X 射线衍射图谱[114]，因此，随着焙烧时间由 0.5h 延长至 1.5h，褐铈铌矿(CeNbO$_4$)的衍射峰强度也呈逐渐增强趋势。

4. 氢氧化钙对铌物相转变的影响

为研究 Ca(OH)$_2$ 对铌精矿的分解效果，本实验在固定煤粉和 NaCl 添加量分别为 5%和 10%的前提下，将配加 5%、10%、20%和 30% Ca(OH)$_2$ 的铌精矿在 800℃下焙烧 2h，然后对焙烧产物进行物相分析，图 5-92 为不同 Ca(OH)$_2$ 添加量下铌精矿焙烧产物的 XRD 图。

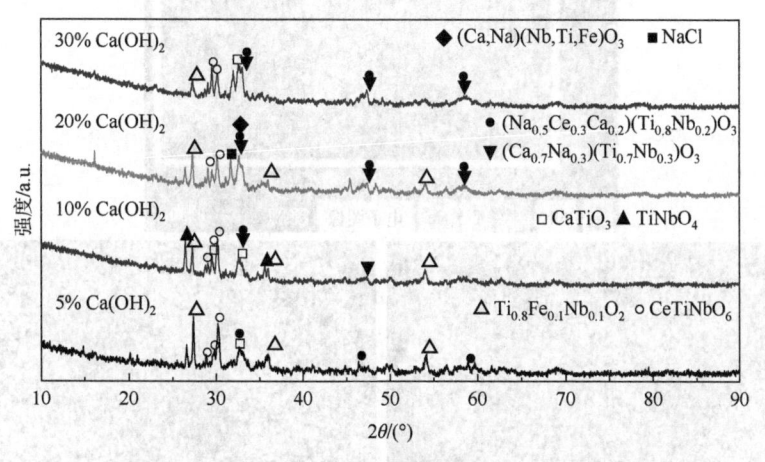

图 5-92 不同氢氧化钙添加量下焙烧产物的 XRD 图

从图 5-92 中可以看出，随着 Ca(OH)$_2$ 加入量的增多，焙烧产物 Ti$_{0.8}$Fe$_{0.1}$Nb$_{0.1}$O$_2$、CeTiNbO$_6$ 等天然铌矿物衍射峰的相对强度逐渐减弱。焙烧产物中出现的新物相主要包括钙钛矿族矿物[(Ca$_{0.7}$Na$_{0.3}$)(Ti$_{0.7}$Nb$_{0.3}$)O$_3$、(Na$_{0.5}$Ce$_{0.3}$Ca$_{0.2}$)(Ti$_{0.8}$Nb$_{0.2}$)O$_3$ 和 (Ca,Na)(Nb,Ti,Fe)O$_3$]。当 Ca(OH)$_2$ 添加量低于 10%时，铌矿物的分解产物主要为 (Na$_{0.5}$Ce$_{0.3}$Ca$_{0.2}$)(Ti$_{0.8}$Nb$_{0.2}$)O$_3$；当 Ca(OH)$_2$ 添加量介于 10%~30%时，(Ca$_{0.7}$Na$_{0.3}$)(Ti$_{0.7}$Nb$_{0.3}$)O$_3$ 和 (Ca,Na)(Nb,Ti,Fe)O$_3$ 开始出现在焙烧产物中。随着 Ca(OH)$_2$ 添加量

的增多，焙烧产物中 $Ti_{0.8}Fe_{0.1}Nb_{0.1}O_2$、$CeTiNbO_6$ 等天然铌矿物衍射峰的强度逐渐减弱，新生成的含铌钙钛矿的衍射峰强度逐渐增强。因此，在 NaCl-Ca(OH)$_2$-C 体系中焙烧分解铌精矿时，Ca(OH)$_2$ 的添加量对于铌矿物物相转变方式及转变程度具有重要影响。

5. 铌精矿焙烧产物分析

向由磁力分离仪分离得到的富铌精矿中添加 10%的 NaCl、20%的 Ca(OH)$_2$ 和 5%的煤粉，在 800℃下焙烧 2h，焙烧产物的 SEM 图及元素面分布如图 5-93 所示。由元素面扫描结果可知，铁元素在整个扫描区域分布相对均匀，钠元素和氯元素的分布区域一致，这表明钠元素和氯元素在焙烧产物中仍以氯化钠形式存在，氯化钠未明显参与铌矿物的重构，这与焙烧产物的 XRD 分析结果相吻合。钙元素、铌元素和钛元素的分布区域重合度较高，说明钙、铌和钛元素结合紧密，三者可能以含铌钙钛矿形式存在，该判断与 XRD 分析结果相吻合。

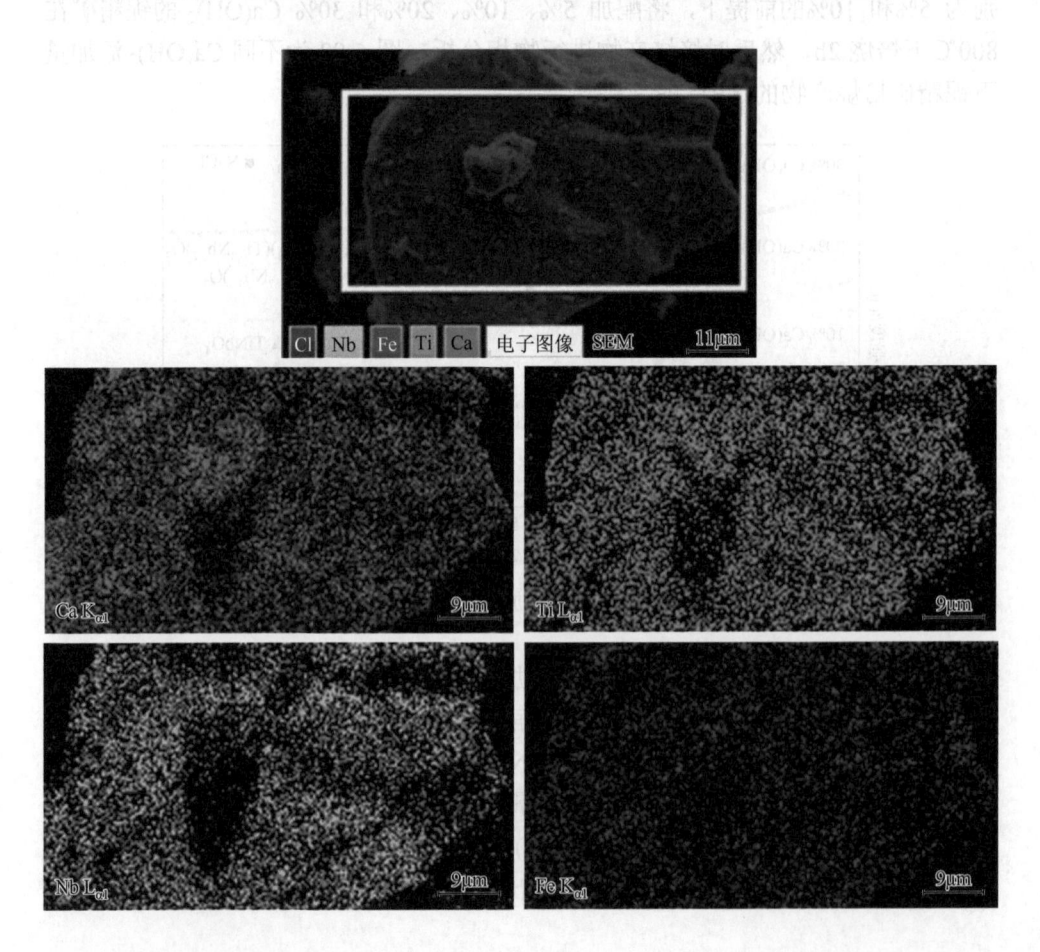

图 5-93 铌精矿焙烧产物 SEM 图及元素面分布图

利用扫描电镜对铌精矿焙烧产物进行微观分析，图 5-94 为铌精矿在 800℃焙烧 2h 所得焙烧产物的 SEM 图像和 EDS 能谱。由图 5-94（a）可以看出，各矿物颗粒界限清晰，铌矿物未发生烧结，由图 5-94（b）可明显看出，焙烧产物中的含铌矿物主要由 Nb、Ca、Ti、O 元素组成，另外含有 Ce、Nd 等稀土元素，由此可判断焙烧产物中的铌矿物为含铌钙钛矿。

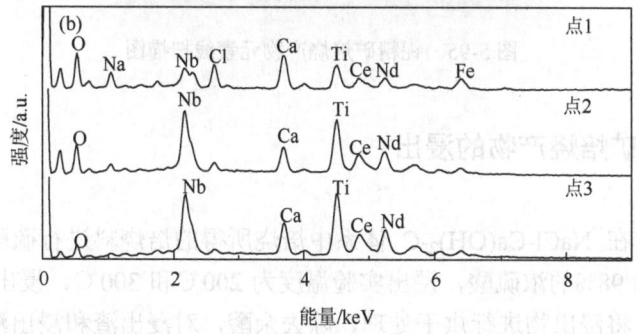

图 5-94 铌精矿焙烧产物的 SEM 图及 EDS 能谱

图 5-95 为铌矿物在 NaCl-Ca(OH)$_2$-C 体系中焙烧产物的元素线扫描图。在图 5-95 的虚线区域内，从中心向两侧，各元素的分布呈现出明显的梯度。其

中，Ca 元素的分布梯度为自中心向两侧呈降低趋势，Ce、Ti、Nb 元素的分布梯度为自中心向两侧呈升高趋势，由此可判断 Ti^{4+}、Nb^{5+} 是由虚线区域两侧以内扩散的方式向虚线区域内扩散并与 Ca^{2+} 结合，该反应过程也进一步说明焙烧产物中的 Ca-Ti-Nb 化合物为新生成的含铌物相。

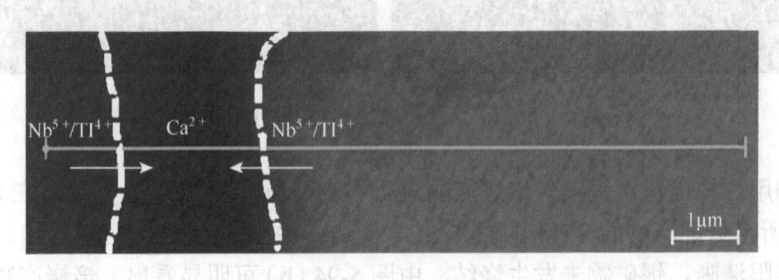

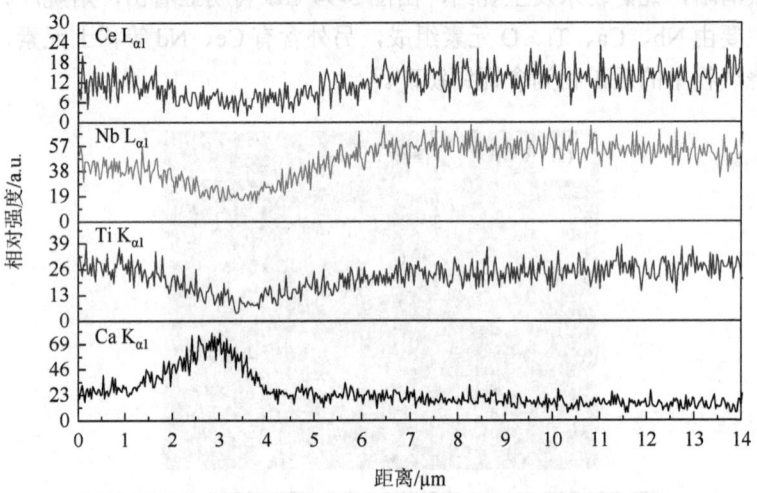

图 5-95 铌精矿焙烧产物元素线扫描图

5.6.3 铌精矿焙烧产物的浸出

将铌精矿在 $NaCl-Ca(OH)_2-C$ 体系中焙烧所得的焙烧料进行硫酸浸出，所用硫酸是浓度为 98% 的浓硫酸，浸出实验温度为 200℃和 300℃，浸出时间为 1h。浸出结束后，将浸出物进行烘干处理，除去余酸，对浸出渣和浸出液的结晶物进行分析，以此评价浓硫酸在不同温度下对焙烧料中铌的浸出效果，图 5-96 为不同浸出温度下浸出渣和结晶物的 XRD 图。由图 5-96 可看出，当浸出温度为 200℃或 300℃时，浸出渣和结晶物中的主要物质均为 $CaSO_3 \cdot 0.5H_2O$、Nb_2O_5、TiO_2、$CePO_4$、$Ca(H_2PO_4)_2$ 和 Na_3PO_4。其中，含铌物质主要为 Nb_2O_5。由铌精矿焙烧产物的物相分析可知，铌精矿在 NaCl-Ca(OH)$_2$-C 体系中焙烧时并不会产生 Nb$_2$O$_5$，因此，浸出渣和结晶物中的 Nb$_2$O$_5$ 源自硫酸溶液中含铌物质的结晶。结晶物中 Nb$_2$O$_5$ 的出现表明焙烧产物中的铌矿物已溶于浓硫酸，300℃时浸出液结晶物中 Nb$_2$O$_5$ 的衍射峰强度明显高于 200℃时 Nb$_2$O$_5$ 的衍射峰强度，浓硫酸在 300℃时可有效浸出焙烧料中的铌。

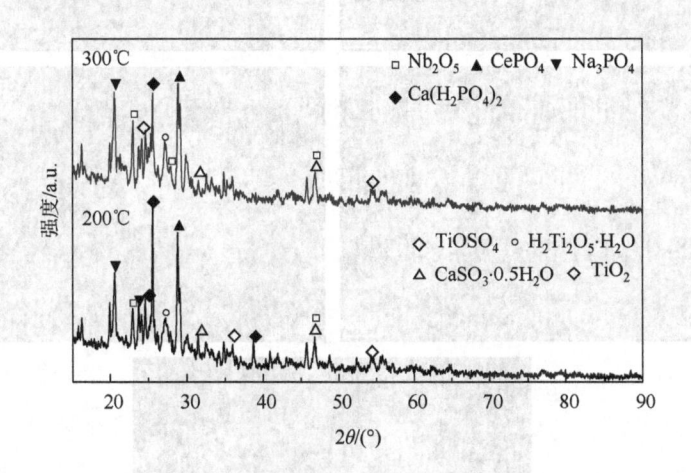

图 5-96 酸浸渣及酸浸液结晶物的 XRD 图

另外，浸出渣和结晶物中应该含有一定量的含铌硫酸盐 Nb$_2$O$_3$(SO$_4$)$_2$，由于 Nb$_2$O$_3$(SO$_4$)$_2$ 对应的物质粉末衍射卡片的缺失，故未能从浸出渣和结晶物的 XRD 图中观察到其衍射峰。图 5-97 为硫酸浸出渣和浸出液结晶物的 SEM-EDS 分析及元素面扫描分布图。由 EDS 能谱分析可以看出，SEM 图中点 1 和点 2 的主要构成元素为 O、S、Ca、Ti、Fe、Nb，铌元素可能以硫酸盐形式赋存于浸出渣和结晶物中[115, 116]。从 SEM 图中方框区域的元素面分布图来看，S、O 元素的分布区域明显覆盖 Nb 元素的分布区域，该分布特点表明 Nb 元素在该区域内是与 O、S 元素共同结合的。

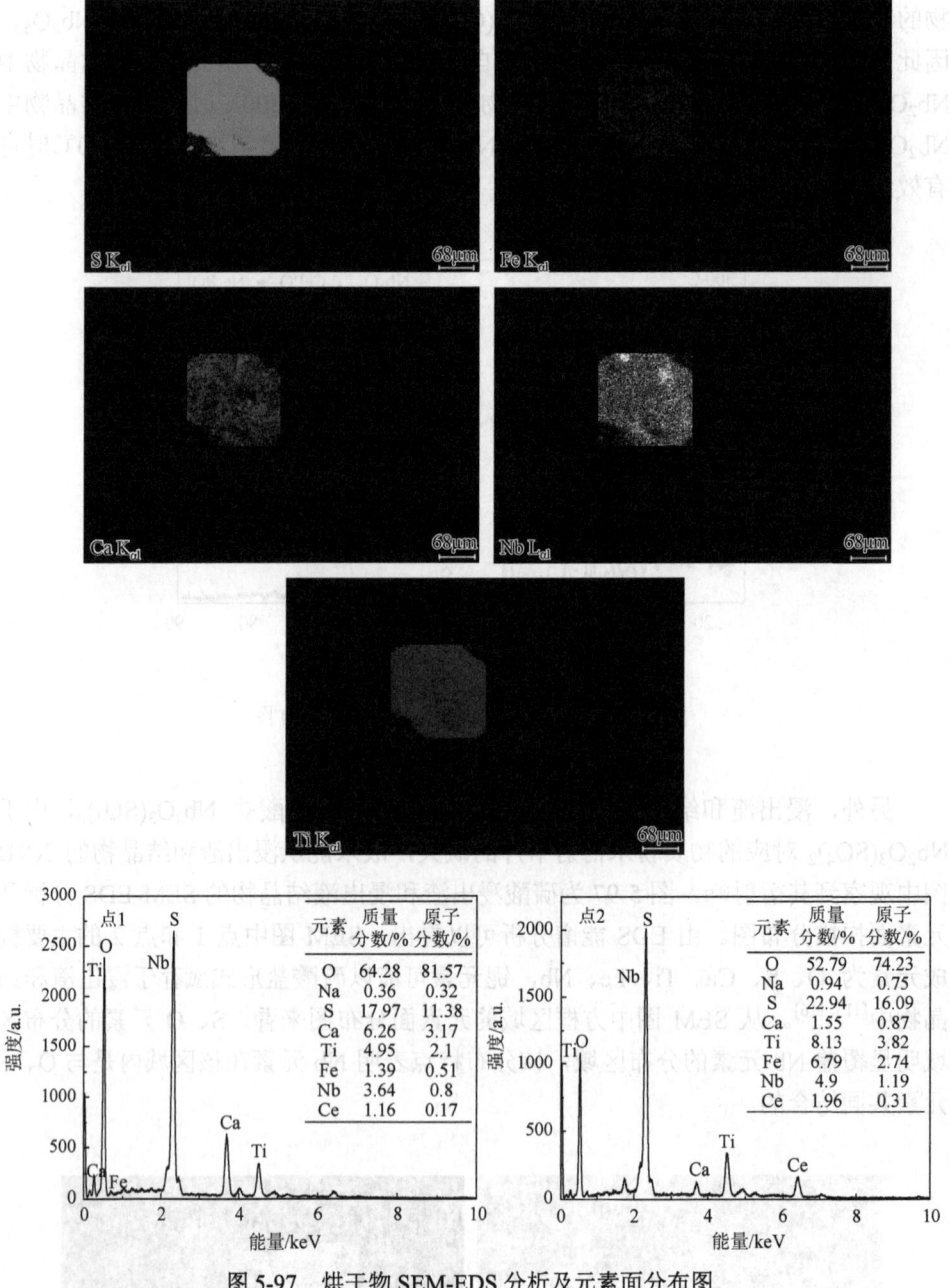

图 5-97 烘干物 SEM-EDS 分析及元素面分布图

5.6.4 硅酸盐矿物在 NaCl-Ca(OH)$_2$-C 体系中的反应

本节以萤石尾矿中的主要硅酸盐矿物钠辉石为研究对象，对其在 NaCl-

Ca(OH)₂-C 体系中的反应进行分析。NaCl、Ca(OH)₂ 和煤粉的添加量分别为钠辉石量的 10%、20%和 5%，图 5-98 为 NaCl-Ca(OH)₂-C-NaFe(SiO₃)₂ 混合料的 TG-DSC 曲线。

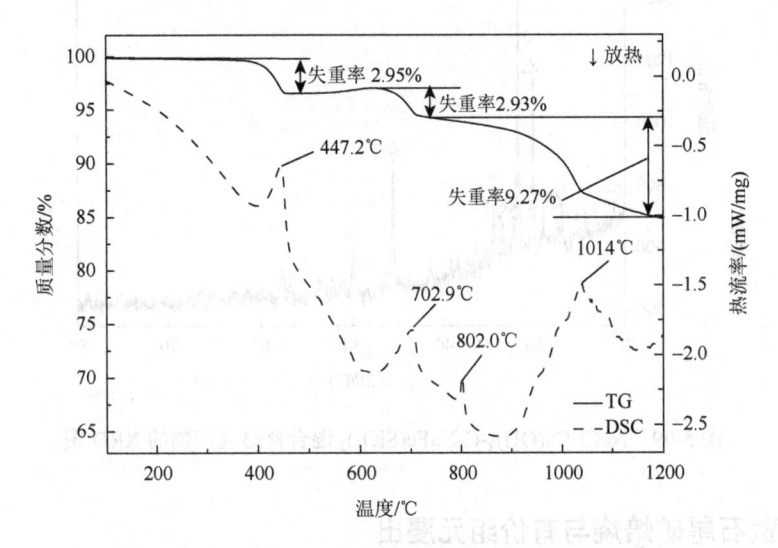

图 5-98　NaCl-Ca(OH)₂-C-NaFe(SiO₃)₂ 的 TG-DSC 曲线

从图 5-98 中可以看出，钠辉石在加热过程中的失重分为三个阶段。第一阶段温度范围为 420.8～458.6℃，该阶段的失重及吸热由 Ca(OH)₂ 的分解引起；第二阶段温度范围为 660.8～714.5℃，该阶段的主要反应可能为 Ca(OH)₂ 分解钠辉石的反应；第三阶段温度范围为 1000～1100℃，该阶段的反应可能为煤粉分解钠辉石的反应。802.0℃处微弱的吸热峰是由 NaCl 熔化吸热引起的。由以上分析可判断，Ca(OH)₂ 分解钠辉石的温度在 702.9℃左右。NaCl 加快钠辉石分解的作用可能仅显现在反应物的传质过程中。从 TG-DSC 曲线上来看，Ca(OH)₂ 分解钠辉石的温度远低于 NaCl 的熔融温度。因此，要研究钠辉石在 NaCl 熔融条件下的反应，可将反应温度控制在 800℃左右。

图 5-99 为钠辉石、NaCl、Ca(OH)₂ 与煤粉的混合料在 800℃焙烧 2h 所得焙烧产物的 XRD 图。焙烧实验的物料配比与 TG-DSC 实验中的物料配比相同。从图 5-99 中可以看出，焙烧产物中的含铁矿物主要有 Fe₃O₄、CaFeSiO₄ 和 FeSiO₃，铁以铁氧化物或含铁硅酸盐的形式存在，NaCl 并未直接参与钠辉石的分解反应。钠辉石分解所得铁氧化物中的部分氧化物被还原为 Fe₃O₄，另一部分被还原为 FeO，FeO 与 SiO₂、CaO 等物质结合生成 CaFeSiO₄、FeSiO₃。因此，在 800℃的焙烧温度下，钠辉石中仅有部分铁被还原为强磁性 Fe₃O₄，该部分铁可通过弱磁选方式予以回收。

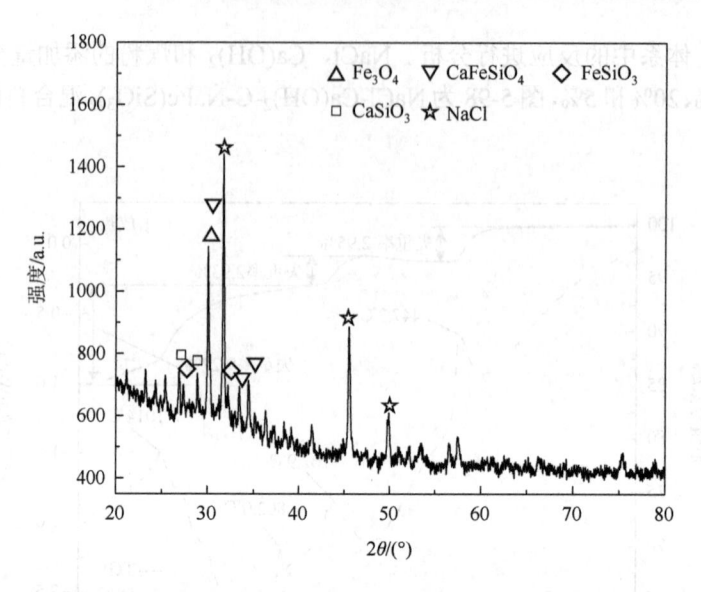

图 5-99 NaCl-Ca(OH)$_2$-C-NaFe(SiO$_3$)$_2$ 混合料焙烧产物的 XRD 图

5.6.5 萤石尾矿焙烧与有价组元浸出

1. NaCl 添加量对有价组元浸出的影响

将 NaCl、Ca(OH)$_2$、煤粉和萤石尾矿按照 10∶20∶5∶100 的质量比混合均匀，将混合料在 800℃下焙烧 2h，然后将焙烧矿置于 6mol/L 的盐酸溶液中浸出 2h，盐酸与焙烧矿的酸矿比为 8∶1，浸出温度为 90℃。浸出结束后，烘干浸出渣并对其进行二次硫酸浸出，浸出温度为 300℃，浸出时间为 1h。硫酸与盐酸浸出渣的酸矿比为 4∶1。图 5-100 和图 5-101 分别为有价组元盐酸浸出率及硫酸浸出率随 NaCl 添加量的变化规律。

从图 5-100 中可以看出，当 NaCl 添加量为萤石尾矿量的 10%时，钪、稀土和铌在盐酸中的浸出率分别为 85.56%、92.81%、18.94%；当 NaCl 添加量为 30%时，钪、稀土和铌在盐酸中的浸出率分别为 88.41%、96.24%、22.79%；在 NaCl 添加量由 10%提高至 30%的过程中，钪、稀土和铌在盐酸中浸出率略有提高，钪和稀土在盐酸中的浸出率较高，铌在盐酸中的浸出率极低；继续提高萤石尾矿中 NaCl 的添加量，钪和稀土的盐酸浸出率均无明显变化，铌浸出率呈明显降低趋势。分析图 5-101 中钪、稀土和铌在硫酸中的浸出规律可发现，当 NaCl 添加量高于 10%时，三种元素在硫酸中的浸出率整体呈降低趋势。综合分析盐酸和硫酸两步的浸出效果可知，当 NaCl 添加量介于 10%~30%时，钪、稀土和铌的综合浸出率随 NaCl 添加量的变化波动较小，当 NaCl 添加量高于 30%时，铌的综合浸出率

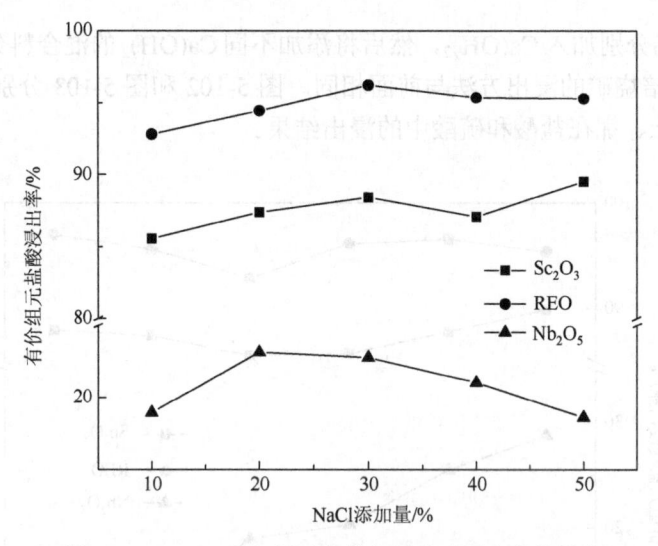

图 5-100 NaCl添加量对有价组元盐酸浸出率的影响

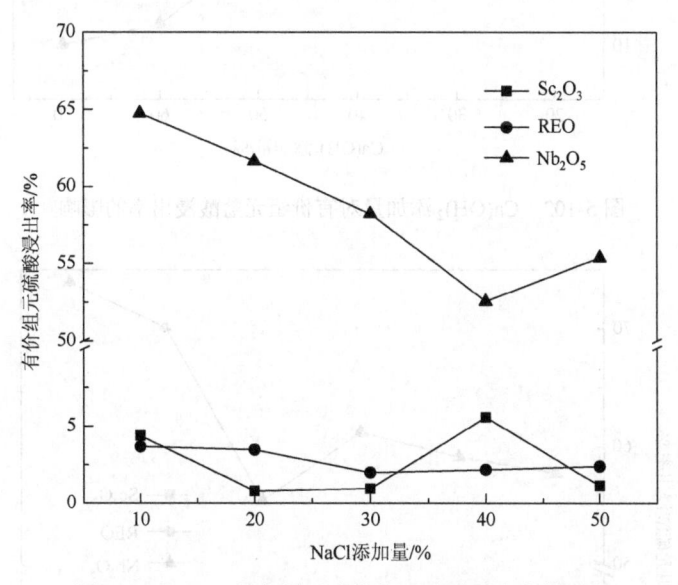

图 5-101 NaCl添加量对有价组元硫酸浸出率的影响

明显降低,钪和稀土元素的综合浸出率无明显变化。在焙烧过程中,NaCl添加量的变化对钪和稀土的综合浸出率影响不大,对铌元素的综合浸出率有一定影响,适宜的 NaCl 添加量应当为 10%~30%。

2. Ca(OH)$_2$ 添加量对有价组元浸出的影响

将 NaCl、煤粉和萤石尾矿以 10:5:100 质量比进行混合,并以萤石尾矿量的20%~70%分别加入Ca(OH)$_2$，然后将添加不同Ca(OH)$_2$的混合料分别在800℃下焙烧2h。焙烧矿的浸出方法与前面相同。图5-102和图5-103分别为不同焙烧矿中钪、稀土、铌在盐酸和硫酸中的浸出结果。

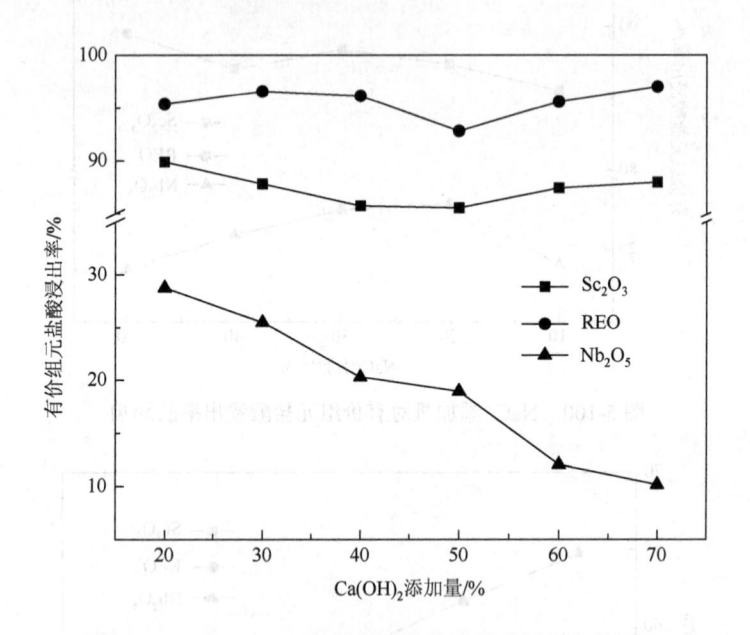

图5-102 Ca(OH)$_2$添加量对有价组元盐酸浸出率的影响

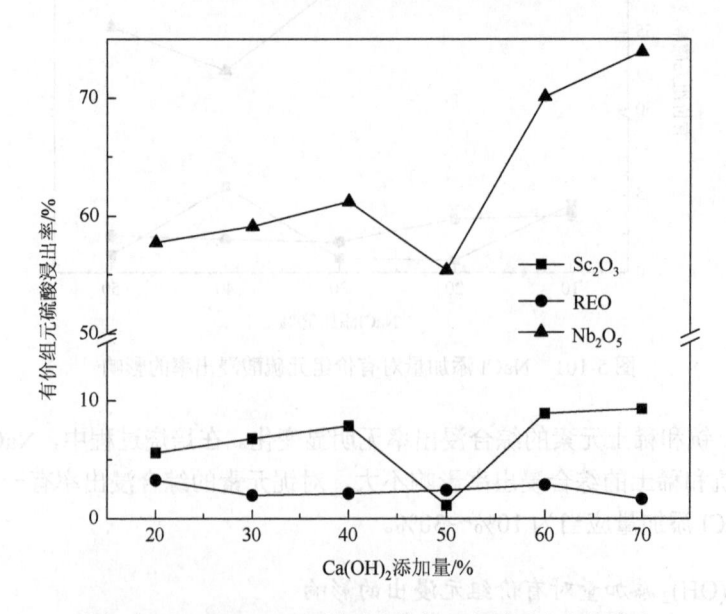

图5-103 Ca(OH)$_2$添加量对有价组元硫酸浸出率的影响

从图 5-102 中可以看出，焙烧时 Ca(OH)$_2$ 的添加量对于钪和稀土在盐酸中的浸出效果无明显影响，当 Ca(OH)$_2$ 添加量为 20%时，钪和稀土在盐酸中的浸出率分别可达到 90%和 95%左右，且随着 Ca(OH)$_2$ 添加量的增加，钪和稀土的浸出率波动极小。当 Ca(OH)$_2$ 添加量为 20%时，铌在盐酸中的浸出率为 28.77%；当 Ca(OH)$_2$ 添加量为 70%时，铌浸出率降至 10.17%。随着 Ca(OH)$_2$ 添加量的增加，铌在盐酸中的浸出率呈降低趋势，可能是由于过量的 Ca(OH)$_2$ 对盐酸产生消耗而致使铌的浸出率降低。从图 5-103 中可以看出，在硫酸浸出阶段，所浸出的有价组元以铌为主。当 Ca(OH)$_2$ 添加量发生改变时，铌虽然在硫酸中的浸出率会发生变化，但在两步酸浸出流程中的综合浸出率并无明显变化，铌的综合浸出率均在 85%左右。该结果表明，当 Ca(OH)$_2$ 添加量介于 20%~70%时，焙烧矿中的铌矿物均可充分转化为易溶于酸的矿物，因此，应选择 20%为最佳的 Ca(OH)$_2$ 添加量。

3. 硫酸配比对有价组元浸出的影响

从前面的实验结果来看，在盐酸和硫酸两步酸浸出流程中，钪和稀土的综合浸出率都可以达到 95%左右，而铌的最高综合浸出率未能达到 90%。本节实验将从铌的关键浸出环节硫酸浸出入手，通过改变硫酸浸出条件达到提高铌浸出率的目标。实验选取 5 组萤石尾矿焙烧矿，依次按照 1~5 顺序编号，在相同浸出条件下对 5 组矿物进行盐酸浸出并对浸出渣进行烘干处理。在硫酸浸出实验中，按照酸矿比 2∶1、4∶1、6∶1、8∶1、10∶1 依次对 1~5 号矿物的盐酸浸出渣进行硫酸浸出。除改变各组实验的硫酸配比外，其他浸出条件与前面保持一致。各元素的盐酸浸出率和硫酸浸出率分别如表 5-44 和图 5-104 所示。

表 5-44　各组矿物中有价组元的盐酸浸出率　　　　（单位：%）

焙烧矿编号	有价组元浸出率		
	Sc$_2$O$_3$	REO	Nb$_2$O$_5$
1	92.86	98.19	22.55
2	91.65	97.92	21.38
3	92.30	98.25	17.34
4	91.85	98.11	18.36
5	91.90	98.04	16.16

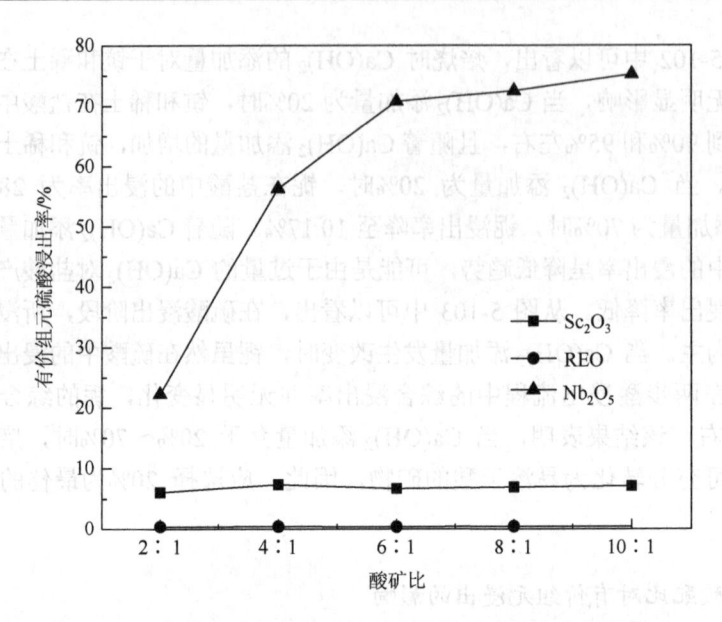

图 5-104 硫酸与矿物的酸矿比对有价组元硫酸浸出率的影响

由表 5-44 可以看出，萤石尾矿中钪和稀土在盐酸中的浸出率分别可达到 92%、98% 左右，表明盐酸可有效浸出矿物中的稀土。铌在盐酸中的浸出率在 16%~23% 之间小范围波动，可能是由铌矿物分布不均匀所致。由图 5-104 可知，在硫酸浸出过程中，当酸矿比为 2∶1 时，钪浸出率为 6% 左右，此时，钪的综合浸出率可达到 98% 左右；继续提高酸矿比，钪的硫酸浸出率及综合浸出率均无明显变化。在硫酸浸出过程中，铌的浸出率随酸矿比的提高而逐渐升高，当将酸矿比提高至 8∶1 时，铌综合浸出率可达到 90.85%；继续提高酸矿比，铌综合浸出率无明显升高趋势。综合以上分析，硫酸浸出过程的最佳酸矿比应为 8∶1。

4. 硫酸浸出温度对有价组元浸出的影响

从以上各节浸出实验的结果来看，钪或稀土在盐酸中的浸出率均可达到 90% 以上，而铌在盐酸中的浸出率较低，需对盐酸浸出渣进行二次硫酸浸出以提高铌的浸出率。本节实验将对硫酸浸出过程主要影响因素温度进行条件实验，确定最佳的硫酸浸出温度。实验选取 5 组萤石尾矿焙烧矿，按照 1~5 顺序编号，将 5 组焙烧矿分别进行盐酸浸出。在硫酸浸出实验中，按照硫酸浸出温度 100℃、150℃、200℃、250℃、300℃ 依次对 1~5 号浸出渣进行硫酸浸出。除硫酸浸出温度外，其他浸出条件与前面保持一致。各组矿物中钪、稀土和铌的盐酸浸出率如表 5-45 所示，图 5-105 为不同浸出温度下各有价组元的硫酸浸出率。

表 5-45　各组矿物中有价组元的盐酸浸出率　　　　　　　　（单位：%）

焙烧矿编号	有价组元浸出率		
	Sc$_2$O$_3$	REO	Nb$_2$O$_5$
1	93.76	97.98	35.72
2	93.84	97.95	37.46
3	92.23	97.96	39.94
4	91.99	97.68	42.02
5	92.31	97.80	41.58

图 5-105　浸出温度对有价组元硫酸浸出率的影响

由表 5-45 和图 5-105 可以看出，在各浸出温度下，稀土在盐酸中的浸出率均已接近 98%，在硫酸中的浸出率均处于 3%以下，可以忽略。钪在盐酸中的浸出率均已达到 92%左右，钪的浸出率随硫酸浸出温度的升高略有升高，当硫酸浸出温度为 200℃时，钪浸出率基本达到稳定，继续升高硫酸浸出温度，钪浸出率无明显变化。当硫酸浸出温度为 100℃时，铌浸出率为 20%，随着硫酸浸出温度的升高，铌在硫酸中的浸出率逐渐升高，当硫酸浸出温度为 200℃时，铌在硫酸中的浸出率为 53.68%，综合浸出率达到 93.62%，继续提高硫酸浸出温度，铌元素的综合浸出率变化较小。综合各有价组元的浸出效果可以得出，最佳的硫酸浸出温度应为 200℃或高于 200℃。

5. 盐酸配比对有价组元浸出的影响

为研究盐酸配比对焙烧矿中元素浸出率的影响，实验拟在不同酸矿比条件下对焙烧矿进行浸出，计算钪、稀土和铌元素在各条件下的浸出率，然后对浸出渣进行硫酸浸出。除盐酸配比外，其他浸出条件与前面保持一致。结合有价组元综合浸出效果及其在不同浸出液中的分布规律，确定最佳盐酸配比。图 5-106 为盐酸与焙烧矿的酸矿比对有价组元浸出率的影响规律，表 5-46 为不同盐酸浸出渣中各有价组元的硫酸浸出率，表中编号 1~5 分别代表酸矿比为 2∶1、4∶1、6∶1、8∶1、10∶1 时所得盐酸浸出渣。

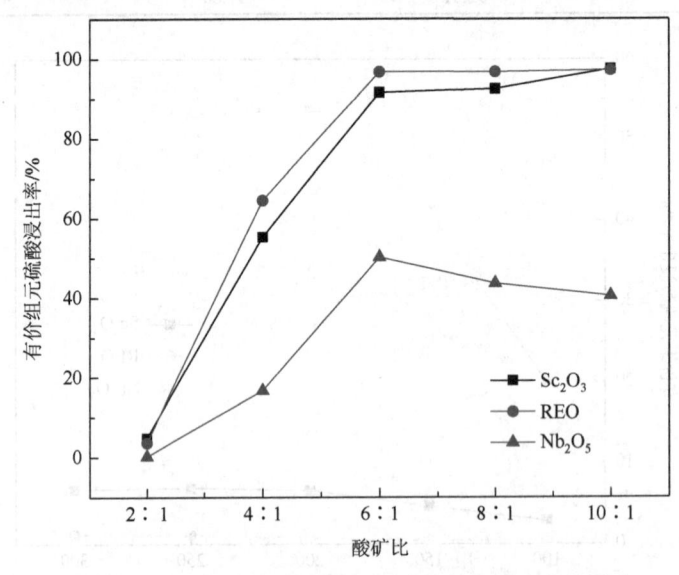

图 5-106　盐酸与焙烧矿酸矿比对有价组元浸出率的影响

表 5-46　各组盐酸浸出渣中有价组元的硫酸浸出率　　　　　　　　　　（单位：%）

盐酸浸出渣编号	有价组元浸出率		
	Sc_2O_3	REO	Nb_2O_5
1	84.32	77.34	91.81
2	39.32	28.59	74.38
3	6.67	1.69	42.26
4	6.95	1.41	49.21
5	0.56	0.86	51.67

从图 5-106 和表 5-46 中可以看出，当盐酸与焙烧矿比例为 2∶1 时，钪、稀土和铌在盐酸中的浸出率分别为 4.77%、3.59%、0.11%，在硫酸中对应的浸出率分别为 84.32%、77.34%、91.81%，各有价组元在盐酸中的浸出率极低，主要进入硫酸浸出液中，但综合浸出率均处于较低水平；当盐酸与焙烧矿比例为 4∶1 时，钪、稀土和铌在盐酸中的浸出率分别为 55.27%、64.50%、16.66%，在硫酸中的

浸出率分别为 39.32%、28.59%、74.38%，三种元素在盐酸或硫酸溶液中均大量存在，综合浸出率分别为94.59%、93.09%、91.04%；当盐酸与焙烧矿比例为6∶1时，钪、稀土和铌在盐酸中的浸出率分别为 91.56%、96.68%、50.17%，在硫酸中的浸出率分别为 6.67%、1.69%、42.26%，钪、稀土和铌的综合浸出率分别为98.23%、98.37%、92.43%，钪和稀土的综合浸出率有所提高，稀土几乎全部进入盐酸溶液，仍有少量钪元素进入硫酸溶液，而铌在两步浸出液中均大量分布，随着盐酸配比的提高，钪、稀土和铌均有向盐酸溶液中富集的趋势；继续提高盐酸与焙烧矿比例至 8∶1，钪、稀土和铌在盐酸中的富集程度及综合浸出率均无明显变化；当盐酸与焙烧矿比例达到 10∶1 时，在盐酸浸出过程中，钪、稀土和铌在盐酸中的浸出率分别为97.46%、97.18%、40.41%，钪和稀土元素几乎全部进入盐酸溶液，有价组元分布较为集中，该分布特点有利于有价组元的进一步提取与分离，此时，钪、稀土和铌的综合浸出率分别为98.02%、98.04%、92.08%。因此，10∶1 的酸矿比为最佳盐酸配比。

5.6.6　焙烧矿物相分析

在有价组元浸出效果确定的适宜焙烧条件下 [NaCl 添加量为 10%，$Ca(OH)_2$ 添加量为20%，焙烧温度为800℃，焙烧时间为2h] 对萤石尾矿进行焙烧，图 5-107 为萤石尾矿焙烧产物的 XRD 图。

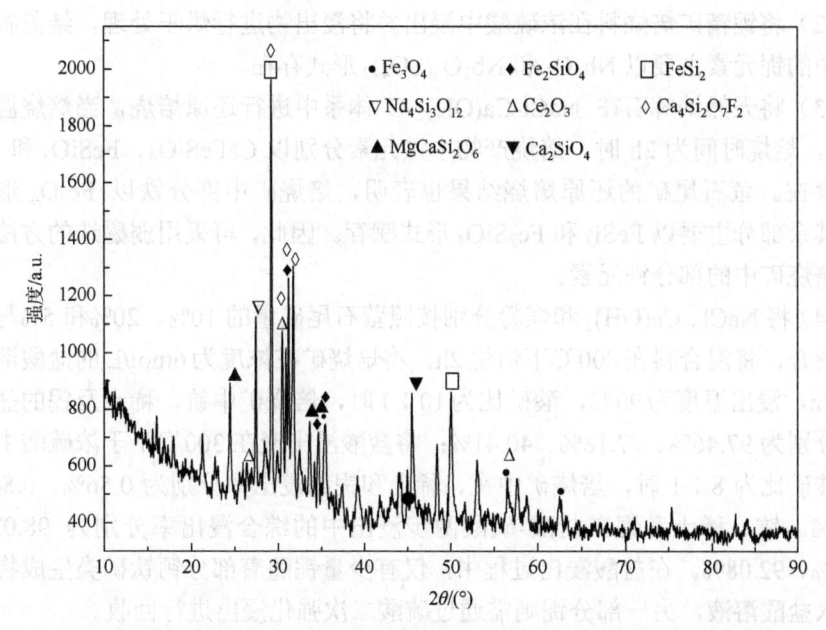

图 5-107　萤石尾矿在 NaCl-$Ca(OH)_2$-C 体系中焙烧产物的 XRD 图

从图 5-107 中可以看出，焙烧矿中的含铁物相主要包括 Fe_3O_4、$FeSi_2$ 和 Fe_2SiO_4。其中，Fe_3O_4 为强磁性物质，可通过弱磁选予以分离，其他含铁物质均属于弱磁性物质，难以通过弱磁选与其他物质分离。还原焙烧矿中稀土矿物主要以稀土氧化物（Ce_2O_3）和稀土硅酸盐（$Nd_4Si_3O_{12}$）形式存在，其中稀土可通过酸浸出流程予以回收。

5.6.7 本节小结

本节对铌精矿及含铁硅酸盐在 $NaCl-Ca(OH)_2-C$ 体系中的分解机理进行研究，初步厘清 $Ca(OH)_2$ 及还原剂在焙烧过程中的作用。在此基础上，将 $NaCl-Ca(OH)_2-C$ 体系引入萤石尾矿的焙烧过程中，对含铁矿物的物相重构现象进行分析，通过条件实验对焙烧条件及酸浸出条件进行优化，进而获得最佳的元素浸出效果。该研究的主要结论有以下几点。

（1）将铌精矿、NaCl、$Ca(OH)_2$ 和煤粉以质量比 100∶10∶20∶5 进行混合，当焙烧温度为 600℃，铌矿物即发生物相转变，新生成的铌矿物主要为$(Na_{0.5}Ce_{0.3}Ca_{0.2})$$(Ti_{0.8}Nb_{0.2})O_3$、$(Ca_{0.7}Na_{0.3})(Ti_{0.7}Nb_{0.3})O_3$。随着焙烧温度的升高、$Ca(OH)_2$ 含量的增加或焙烧时间的延长，焙烧产物中 $Ti_{0.8}Fe_{0.1}Nb_{0.1}O_2$ 等原生铌矿物的衍射峰强度进一步减弱，$(Na_{0.5}Ce_{0.3}Ca_{0.2})(Ti_{0.8}Nb_{0.2})O_3$、$(Ca_{0.7}Na_{0.3})(Ti_{0.7}Nb_{0.3})O_3$ 等新生成的含铌钙钛矿的衍射峰强度明显增强，铌矿物趋于完全分解。

（2）将铌精矿焙烧料在浓硫酸中浸出并将浸出物进行烘干处理，结晶物及浸出渣中的铌元素主要以 Nb_2O_5 和 $Nb_2O_3(SO_4)_2$ 形式存在。

（3）将天然钠辉石在 $NaCl-Ca(OH)_2-C$ 体系中进行还原焙烧，当焙烧温度为 800℃，焙烧时间为 2h 时，焙烧产物中铁元素分别以 $CaFeSiO_4$、$FeSiO_3$ 和 Fe_3O_4 形式存在。萤石尾矿的还原焙烧结果也表明，焙烧矿中部分铁以 Fe_3O_4 形式存在，其余部分主要以 $FeSi_2$ 和 Fe_2SiO_4 形式赋存。因此，可采用弱磁选的方法回收萤石焙烧矿中的部分铁元素。

（4）将 NaCl、$Ca(OH)_2$ 和煤粉分别按照萤石尾矿量的 10%、20%和 5%与萤石尾矿混合，将混合料在 800℃下焙烧 2h。将焙烧矿在浓度为 6mol/L 的盐酸溶液中浸出 2h，浸出温度为 90℃，酸矿比为 10∶1 时，焙烧矿中钪、稀土及铌的盐酸浸出率分别为 97.46%、97.18%、40.41%；将盐酸浸出渣在 300℃下于浓硫酸中浸出 1h，酸矿比为 8∶1 时，焙烧矿中钪、稀土和铌的浸出率分别为 0.56%、0.86%、51.67%。钪、稀土和铌在盐酸-硫酸两步浸出中的综合浸出率分别为 98.02%、98.04%、92.08%。在盐酸浸出过程中，仅有少量铌随着部分钙钛矿类生成物的溶解进入盐酸溶液，另一部分铌则需通过硫酸二次强化浸出进行回收。

（5）将萤石尾矿在 $NaCl-Ca(OH)_2-C$ 体系中进行低温焙烧，赤铁矿和含铁硅酸

盐中的部分铁元素可转变为易于弱磁分离的磁铁矿，铌矿物、稀土矿物和含钪矿物中的铌、稀土及钪可通过活化焙烧转变为溶于酸的物质。采用盐酸-硫酸分步浸出焙烧矿不仅可以实现盐酸对稀土和钪的集中浸出，还可以满足对有价组元高效浸出的要求。

5.7 本章小结

本章针对目前白云鄂博矿开发利用中存在的问题，以白云鄂博矿弱磁选铁尾矿为研究对象，对磁化焙烧-选铁和强磁选等选铁机制展开研究，并就磁化焙烧动力学及碱性助剂在焙烧过程中的应用问题进行探讨。对已抛除可选矿物、有价组元得到进一步富集的尾矿进行综合利用研究，结合火法预处理和湿法浸出工艺对有价组元进行回收，并对有价组元在冶金过程中的相变规律进行分析。本章得到的主要结论如下。

（1）利用 X 射线衍射、扫描电子显微镜、光学显微镜、化学分析等检测技术，并结合矿物分析系统对弱磁选铁尾矿进行工艺矿物学研究。结果表明，尾矿中主要矿物为赤铁矿、稀土矿物、萤石、磷灰石、重晶石、硅酸盐矿物及碳酸盐矿物。铁矿物和稀土矿物的单体解离度分别为 86.69%、79.31%。铁矿物连生体中的杂质主要包括萤石、硅酸盐及碳酸盐。根据铁矿物的工艺矿物学特征，提出了通过提高铁矿物解离度或比磁化系数来优化选铁条件。

（2）采用气基还原和煤基还原的方法分别对弱磁选铁尾矿进行磁化焙烧研究。适宜的气基磁化焙烧条件为：还原温度 580℃，还原时间 10min，N_2 流量 0.60L/min，CO 与 CO_2 混合气流量 1.18L/min，$V(CO):V(CO_2) = 45:55$。适宜的煤基磁化焙烧条件为：还原温度 610℃，还原时间 2h，碳氧摩尔比 0.43。气基还原产物经弱磁选铁可获得品位为 62.31%的铁精矿，铁回收率为 65.84%；煤基还原产物经弱磁选铁可获得品位为 51.65%的铁精矿，铁回收率为 45.66%。磁化焙烧等温动力学研究表明，等温还原反应的限制环节为气相扩散，最佳表观动力学机理模型为 Ginstling-Brundshtein 三维扩散模型，其函数表达式为 $F(\alpha) = 1-2\alpha/3-(1-\alpha)^{2/3}$，反应的表观活化能为 139.745kJ/mol，频率因子为 $1.95 \times 10^5 min^{-1}$。

（3）单矿物实验表明，CO 气氛下氟碳铈矿在 500℃未完全分解，在 600℃分解为 REOF 并出现裂纹。950℃时出现 $PrO_{1.83}$，1050℃时 REOF 部分分解为 $CeO_{1.66}$、Pr_2O_3，高温下 Ce 的氧化并不充分，仍有较多的 Ce^{3+} 存在。钠辉石在 570~650℃有部分铁被还原为 +2 价，但磁性未显著增加，仍保持钠辉石晶型，在 730℃时转化为 Na-Fe-Si 非晶体。在 900~1300℃时进行高温还原-磁选实验，得到铁品位 86.59%、回收率 84.12%的铁精矿，证实高温还原-磁选方法能够有效利用钠辉石中的铁资源。

(4) 对弱磁选铁尾矿浮选稀土的尾矿进行强磁选铁研究。结果表明，将稀选尾矿磨至粒度为–325 目占比为 90.95%，经"一粗一精"强磁选铁可获得品位为 50.04%的铁精矿，铁回收率为 62.14%。精矿中杂质以连生体中的硅酸盐和碳酸盐为主。与包钢选矿厂强磁选铁精矿对比，强磁选实验的精矿品位提升约 8 个百分点，铁的作业回收率提高 20 个百分点左右，碱金属、F、P、SiO_2 含量明显降低。

(5) 对碱性复合助剂参与弱磁选铁尾矿磁化焙烧的反应进行研究。结果表明，液相 NaOH 对铁氧化物与还原气的接触有阻碍作用，$Ca(OH)_2$ 有助于改善焙烧体系的还原性气氛。NaOH 和 $Ca(OH)_2$ 可将含铁硅酸盐中的铁以 Fe_2O_3 形式释放出而提高铁的回收率。弱磁选铁尾矿中氟碳铈矿的分解产物以 REO 为主，伴有少量 REOF，独居石矿物的分解产物主要以 REO 和 $REFeO_3$ 形式存在，分解产物难以完全溶解进入酸液。

(6) 采用热重-差示扫描量热（TG-DSC）和 XRD 分析法对白云鄂博铌精矿、含铁硅酸盐矿物在不同活化焙烧体系中的反应机理进行分析。研究结果表明，$Ca(OH)_2$ 可实现铌矿物向可溶性钙钛矿和烧绿石的转变，还可有效分解含铁硅酸盐矿物，产物中的铁相可进一步还原为磁性铁。在 $Ca(OH)_2$-C 体系中，铌矿物在 800℃下开始发生物相转变生成 $Ca[(Ti_{0.8}Fe_{0.1}Nb_{0.1})O_3]$、$Ca[(Ti_{0.4}Fe_{0.3}Nb_{0.3})O_3]$ 和 $Ca_2Nb_2O_7$；钠辉石和钠闪石等硅酸盐矿物在 800℃时可完全分解，产物中铁氧化物按照 $Fe_2O_3 \rightarrow Fe_3O_4 \rightarrow FeO \rightarrow Fe$ 顺序逐级还原。在 $NaCl$-$Ca(OH)_2$-C 体系中，铌矿物可在 600~800℃下发生物相重构转变为$(Na_{0.5}Ce_{0.3}Ca_{0.2})(Ti_{0.8}Nb_{0.2})O_3$ 和$(Ca_{0.7}Na_{0.3})(Ti_{0.7}Nb_{0.3})O_3$；钠辉石在 800℃时的焙烧产物中铁相主要有 Fe_3O_4、$CaFeSiO_4$、$FeSiO_3$。作为钪的主要载体矿物，硅酸盐矿物结构在 800℃下即遭到完全破坏，为钪的酸浸回收创造了有利条件。

(7) 结合活化焙烧、弱磁选铁及酸浸工艺，对萤石尾矿中有价组元的回收进行研究。研究结果表明，在适宜条件下，对 $Ca(OH)_2$-C 体系中的活化焙烧产物进行磁选，可获得品位为 88.39%的铁粉，铁回收率为 91.92%，该产品可作为炼钢原料使用；浓硫酸对焙烧产物中铌、钪的浸出率分别为 95.96%、95.72%。在磁选过程中，约有 95%的 F、P、REO、Nb_2O_5、Sc_2O_3、ThO_2 进入磁选尾矿。在磁选尾矿的硫酸浸出过程中，90%以上的 Fe、P、Nb_2O_5、Sc_2O_3 进入酸浸液，进入酸浸液的 F、REO 和 ThO_2 比例分别为 53.81%、38.31%、76.34%。浸出渣的放射性比活度达到了免于防辐射监管物料的标准。

(8) 对萤石尾矿在 $NaCl$-$Ca(OH)_2$-C 熔盐体系中活化焙烧，通过 HCl-H_2SO_4 联合浸出有价组元的工艺进行研究。研究结果表明，焙烧产物中 Sc_2O_3 和 REO 的盐酸浸出率均在 97%以上，Nb_2O_5 的盐酸浸出率仅有 40.41%。在盐酸浸出过程中，仅有部分铌随钙钛矿类矿物的溶解进入盐酸溶液，可通过硫酸强化浸出将 Nb_2O_5 的浸出率提高至 92.08%。

第 5 章 白云鄂博矿弱磁选铁尾矿分离回收有价元素铁、稀土、铌和钪

综上所述，本章提出的磁化焙烧或选稀土尾矿二次磨矿预处理方案可有效改善弱磁选铁尾矿的选矿指标，碱性复合助剂可实现稀土矿物的清洁分解，活化焙烧预处理-磁选-酸浸联合工艺的应用对实现白云鄂博尾矿资源综合利用具有重要意义。

参 考 文 献

[1] Li C, Sun H H, Bai J, et al. Innovative methodology for comprehensive utilization of iron ore tailings: Part 1. The recovery of iron from iron ore tailings using magnetic separation after magnetizing roasting[J]. Journal of Hazardous Materials, 2010, 174（1-3）: 71-77.

[2] Zhang X L, Han Y X, Sun Y S, et al. An novel method for iron recovery from iron ore tailings with pre-concentration followed by magnetization roasting and magnetic separation[J]. Mineral Processing and Extractive Metallurgy Review, 2020, 41（2）: 117-129.

[3] Yu J W, Han Y X, Gao P, et al. An innovative methodology for recycling iron from magnetic preconcentrate of an iron ore tailing[J]. Physicochemical Problems of Mineral Processing, 2018, 54（3）: 668-676.

[4] 麻瑞田, 张景智. 高炉炼铁原料制备技术[M]. 沈阳: 东北工学院出版社, 1992: 29.

[5] 华一新. 冶金过程动力学导论[M]. 北京: 冶金工业出版社, 2004: 28.

[6] 郭汉杰. 冶金物理化学教程[M]. 北京: 冶金工业出版社, 2010: 248-249.

[7] Daken L S, Gurry R W. The system iron-oxygen. II. Equilibrium and thermodynamics of liquid oxide and other phases[J]. Journal of the American Chemical Society, 1946, 68（5）: 798-816.

[8] 王筱留. 钢铁冶金学（炼铁部分）[M]. 2版. 北京: 冶金工业出版社, 2000: 80-82.

[9] 黄希祜. 钢铁冶金原理[M]. 4版. 北京: 冶金工业出版社, 2013: 436-437.

[10] 储满生, 王兆才, 柳政根, 等. 热压含碳球团自还原过程限制性环节的试验研究[J]. 过程工程学报, 2010, 35（1）: 121-126.

[11] 黄典冰, 杨学民, 杨天钧, 等. 含碳球团还原过程动力学及模型[J]. 金属学报, 1996, 32（6）: 629-636.

[12] 黄典冰, 孔令坛. 内配碳赤铁矿球团反应动力学及其模型[J]. 钢铁, 1995, 30（11）: 1-6.

[13] 赵文广, 高强, 赵卫东, 等. 白云鄂博铁精矿内配碳球团还原动力学研究[J]. 内蒙古科技大学学报, 2015, 34（2）: 112-117.

[14] 周政, 李艳军, 陈炳炎, 等. 铁矿石焙烧动力学研究现状及发展[J]. 金属矿山, 2015, 50（8）: 100-105.

[15] 王儒. 五峰鲕状赤铁矿悬浮焙烧-分选技术研究[D]. 沈阳: 东北大学, 2016.

[16] 丁银贵, 王静松, 曾晖, 等. 转炉尘泥含碳球团还原动力学研究[J]. 过程工程学报, 2010, 10（s1）: 73-77.

[17] 王臻, 春铁军, 李东升, 等. 高磷铁矿含碳团块直接还原动力学[J]. 过程工程学报, 2018, 18（3）: 530-536.

[18] 余永富, 刘根凡, 陈雯, 等. 菱铁矿在悬浮状态下的热解动力学[J]. 过程工程学报, 2012, 12（5）: 427-432.

[19] 易凌云. 铁矿球团 $CO-H_2$ 混合气体气基直接还原基础研究[D]. 长沙: 中南大学, 2013.

[20] 魏征. 旋转床气基直接还原赤铁矿粉特性及动力学研究[D]. 太原: 太原理工大学, 2018.

[21] 赵强. 强化褐铁矿磁化焙烧的新工艺及机理研究[D]. 长沙: 中南大学, 2010.

[22] 杨学民, 黄典冰, 孔令坛, 等. 煤种对含煤球团还原速度的影响[J]. 钢铁研究学报, 1997, 9（2）: 1-6.

[23] 杨学民, 郭占成, 王大光. 含碳球团还原机理研究[J]. 化工冶金, 1995, 20（2）: 118-127.

[24] 张世荣, 涂赣峰, 任存治, 等. 氟碳铈矿热分解行为的研究[J]. 稀有金属, 1998, 22（3）: 26-28.

[25] 吴文远, 孙树臣, 郁青春. 氟碳铈与独居石混合型稀土精矿热分解机理研究[J]. 稀有金属, 2002, 26（1）: 76-79.

[26] 向军,张成祥,涂赣峰,等.N$_2$气氛中氟碳铈矿焙烧产物分析[J].稀土,1994,15(1):66-68.

[27] 吴志颖.含氟稀土精矿焙烧过程中氟的化学行为研究[D].沈阳:东北大学,2008.

[28] 马莹,李娜,王其伟,等.白云鄂博矿稀土资源的特点及研究开发现状[J].中国稀土学报,2016,34(6):641-649.

[29] 温贵,刘亚峰,程素苹.包钢白云鄂博铁矿磁铁矿选矿工艺研究[J].现代矿业,2009,29(5):97-98.

[30] 林东鲁,李春龙,邬虎林.白云鄂博特殊矿采选冶工艺攻关与技术进步[M].北京:冶金工业出版社,2007:114,134,136,138,139.

[31] 曹永丹,曹钊,李解,等.白云鄂博稀土浮选研究现状及进展[J].矿山机械,2013,41(1):93-96.

[32] 熊大和,刘建平.SLon脉动与振动高梯度磁选机新进展[J].金属矿山,2006,41(7):4-7.

[33] 闫毅,李梅,高凯,等.从白云鄂博尾矿中回收铁的选矿试验[J].金属矿山,2017,52(4):177-181.

[34] 赵瑞超.从稀土浮选尾矿中回收铁的磁选试验研究[D].包头:内蒙古科技大学,2008.

[35] Xu G Y, Liu D W, Wang P R, et al. Recovering limonite by high intensity magnetic separation technology from Honghe Limonite ore[J]. Advanced Materials Research, 2013, 634-638: 3437-3441.

[36] 余永富,程建国,陈泉源.磁浮新工艺流程选别白云鄂博中贫氧化矿的研究[J].矿冶工程,1989,9(4):25-29.

[37] 徐光宪.稀土:上册[M].北京:冶金工业出版社,1995:210.

[38] 张鉴,白永兰.包钢选矿厂氧化矿选矿工艺流程分析与探讨[J].矿冶,2000,9(3):23,29-33.

[39] 时文中,朱国才,华杰,等.氯化铵焙烧法从混合型稀土精矿中回收稀土[J].河南大学学报(自然科学版),2002,32(4):45-48.

[40] Sun S C, Wu Z Y, Bian X, et al. Influence of NaCl-CaCl$_2$ on decomposing REPO$_4$ with CaO[J]. Journal of Rare Earth, 2007, 25(6): 779-782.

[41] Wu W Y, Bian X, Wu Z Y, et al. Reaction process of monazite and bastnasite mixed rare earth minerals calcined in CaO-NaCl-CaCl$_2$[J]. Transactions of Nonferrous Metals Society of China, 2007, 17(4): 864-868.

[42] Nebeal F, James T, Rahul R, et al. Investigation into coal-based magnetizing roasting of an iron-rich rare earth ore and the associated mineralogical transformations[J]. Minerals Engineering, 2017, 114(5): 37-49.

[43] 吴文远.稀土冶金学[M].北京:化学工业出版社,2005:52-55.

[44] 罗立群,陈敏,杨铖,等.鲕状赤铁矿的磁化焙烧特性与转化过程分析[J].中南大学学报(自然科学版),2015,46(1):6-13.

[45] 王月聪.钠辉石岩热分解特性及钠辉石的固相合成研究[D].包头:内蒙古科技大学,2012.

[46] 杨振刚.白云鄂博铁精矿焙烧过程氟、钾、钠逸出研究[D].包头:内蒙古科技大学,2013.

[47] 梁英教,车荫昌.无机热力学手册[M].沈阳:东北大学出版社,1993:92,250.

[48] 韩跃新,张成文,孙永升,等.Na$_2$CO$_3$促进复杂难选铁矿石深度还原的机理分析[J].东北大学学报(自然科学版),2012,33(11):1633-1636.

[49] 马鸿文,苏双青,王芳,等.钾长石分解反应热力学与过程评价[J].现代地质,2007,21(2):426-434.

[50] Gao P, Han Y X, Li Y J, et al. Fundamental research in comprehensive utilization of Bayan Obo ore by direct reduction[C]//Han Y X. Powder Technology & Applications Ⅱ. Zurich: Trans Tech Publications, 2010: 111-116.

[51] Gao P, Han Y X, Sun Y S, et al. Research on the reaction behavior of rare earth elements in reduction[C]//Dai S J. Powder Technology & Applications Ⅳ. Zurich: Trans Tech Publications, 2012: 268-272.

[52] 刘海蛟.浓NaOH溶液分解包头混合稀土矿的工艺研究[D].呼和浩特:内蒙古大学,2010.

[53] 张芳.白云鄂博铁精矿焙烧过程氟化物逸出机理研究[D].北京:北京科技大学,2015.

[54] 贾伟.氟碳铈矿焙烧脱氟过程的研究[D].沈阳:东北大学,2014.

[55] 王艺慈, 张建良, 宋小龙, 等. 含氟铁精矿焙烧过程中气态氟化物的逸出研究[J]. 稀土, 2014, 35 (1): 11-15.

[56] 张文娟, 李江涛, 王小波. 氢氧化钠分解氟碳铈矿的热力学分析[J]. 中南大学学报（自然科学版）, 46 (1): 34-40.

[57] 冯婕, 潘明友, 李德虎. 碱液法分解氟碳铈矿生产氯化稀土的研究[J]. 矿冶工程, 1998, 18 (2): 53-56.

[58] Huang Y K, T Zhang T A, Dou Z H, et al. Influence of microwave heating on the extractions of fluorine and rare earth elements from mixed rare earth concentrate[J]. Hydrometallurgy, 2016, 162: 104-110.

[59] 吴志颖. 含氟稀土精矿焙烧过程中氟的化学行为研究[D]. 沈阳: 东北大学, 2008.

[60] 王翔. 电磁高梯度磁选-浮选回收白云鄂博尾矿稀土、铌试验研究[D]. 包头: 内蒙古科技大学, 2023.

[61] 贺宇龙. 白云鄂博尾矿综合回收稀土、萤石、铌、钪选矿新工艺[D]. 包头: 内蒙古科技大学, 2020.

[62] Yan P, Zhang G F, Yang Y D, et al. Characterization and pre-concentration of scandium in low-grade magnetite ore[J]. Journal of the Minerals, Metals & Materials Society, 2019, 71 (12): 4666-4673.

[63] 李积芳, 曾兴兰. 牦牛坪氟碳铈矿选矿工艺[J]. 上海第二工业大学学报, 2003, 20 (1): 10-16.

[64] 段建军, 姜立峰, 贾艳. 白云鄂博选铌的工艺研究[J]. 包钢科技, 2009, 35 (s1): 28-31.

[65] Terry B, 金宝忠. 硅酸盐矿物的酸分解（一）：硅酸盐溶解的反应性和模式[J]. 湿法冶金, 1985, 4 (1): 38-46, 10.

[66] 余宗华, 毛建军, 徐舜. 攀枝花含钪钛尾矿分解试验研究[J]. 矿冶, 1999, 8 (1): 3-5.

[67] Kim J, Azimi G. Recovery of scandium and neodymium from blast furnace slag using acid baking-water leaching[J]. RSC Advances, 2020, 10 (53): 31936-31946.

[68] 张德文, 赵文怡, 许延辉, 等. 活化焙烧硫酸分解提取富铌渣中铌、钛、钪和稀土[J]. 稀土, 2013, 40 (6): 56-60.

[69] Borra C R, Mermans J, Blanpain B, et al. Selective recovery of rare earths from bauxite residue by combination of sulfation, roasting and leaching[J]. Minerals Engineering, 2016, 92: 151-159.

[70] Anawati J, Azimi G. Recovery of scandium from Canadian bauxite residue utilizing acid baking followed by water leaching[J]. Waste Management, 2019, 95: 549-559.

[71] Zhang B, Liu C J, Li C L, et al. Separation and recovery of valuable metals from low-grade REE-Nb-Fe ore[J]. International Journal of Mineral Processing, 2016, 150: 16-23.

[72] 张训迪, 刘承军, 喻竹英, 等. 含铌尾矿中铁与铌的分离与回收[J]. 有色金属（冶炼部分）, 2015, 67 (2): 5-8.

[73] Zhao M, Gao J, Shi Y, et al. Effect of niobium pentoxide (Nb_2O_5) on the microstructure and properties of the diopside glass-ceramics produced from Bayan Obo mine tailing[J]. Journal of the Australian of Ceramic Society, 2020, 56 (3): 1079-1087.

[74] 陈宏, 韩其勇, 魏寿昆, 等. 从含铌铁矿中提铌及制铌铁的新方法[J]. 钢铁, 1999, 34 (3): 13-19.

[75] 李梅, 胡德志, 柳召刚, 等. 白云鄂博稀土尾矿中钪的浸出方法研究[J]. 中国稀土学报, 2013, 31 (6): 703-709.

[76] 周乐光. 工艺矿物学[M]. 北京: 冶金工业出版社, 2007: 151-155.

[77] 李志章. 选矿实验与生产检测[M]. 北京: 冶金工业出版社, 2014: 101.

[78] 中国科学院地球化学研究所单矿物分选研究室. 单矿物分选[M]. 北京: 地质出版社, 1981: 17.

[79] 宋天锐. 重砂矿物分析方法[M]. 北京: 地质出版社, 1957: 76.

[80] 范敦城, 倪文, 李瑾, 等. 铁尾矿再选粗精矿深度还原含铁硅酸盐矿物的生成与还原[J]. 中南大学学报（自然科学版）, 2015, 46 (6): 1973-1980.

[81] Merlino S, Orlandi P. Jervisite, $NaScSi_2O_6$: a new occurrence, chemical data and crystal structure[J]. Periodico Di Mineralogia, 2006, 75 (2-3): 189-194.

[82] Zhang Y J, Zhao H B, Sun M L, et al. Scandium extraction from silicates by hydrometallurgical process at normal pressure and temperature[J]. Journal of Materials Research and Technology, 2020, 9 (1): 709-717.

[83] Bao X J, Wang Z J, Xi L J, et al. Separation of Sc$_2$O$_3$ from Bayan Obo tailings through an innovative rosting method[J]. Rare Metals, 2022, 41 (3): 1071-1076.

[84] 杨海琼, 董海刚, 赵家春, 等. 钪的回收技术研究进展[J]. 有色金属（冶炼部分）, 2014, 66 (3): 29-33.

[85] 鞠会霞, 胡文韬, 刘欣伟, 等. 含铁硅酸盐矿物重构与选择性回收[J]. 工程科学学报, 2015, 37(10): 1268-1275.

[86] 龙新峰, 吴娟. 热化学储能体系的分解动力学[J]. 华南理工大学学报（自然科学版）, 2014, 42 (10): 75-81.

[87] 杜亚星, 王广, 王静松, 等. 含钛铌铁精矿含碳球团直接还原试验研究[J]. 烧结球团, 2017, 42 (6): 51-56.

[88] Jongejan A, Wilikins A L. Phase equilibrium studies in the system CaO-Nb$_2$O$_5$-TiO$_2$[J]. Journal of the Less Common Metals, 1970, 21 (3): 225-253.

[89] Rotha R S, Vanderah T A, Bordet P, et al. Pyrochlore formation, phase relations, and properties in the CaO-TiO$_2$-(Nb, Ta)$_2$O$_5$ systems[J]. Journal of Solid State Chemistry, 2008, 181 (3): 406-414.

[90] 张诗瀚, 王广, 杜亚星, 等. 含钛铌铁精矿含碳球团熔分过程试验研究[J]. 有色金属科学与工程, 2018, 9 (3): 5-10.

[91] 杜亚星, 王广, 王静松, 等. 含铌铁精矿含碳球团还原过程中微观结构变化研究[J]. 武汉科技大学学报, 2017, 40 (5): 380-385.

[92] 李辽沙. 五元渣（CMSTA）中钛选择性富集的基础研究[D]. 沈阳：东北大学, 2001.

[93] 李洪桂. 稀有金属冶金学[M]. 北京：冶金工业出版社, 1990: 190-191, 243.

[94] 杨秀丽, 张军伟, 方夕辉. 低品位铌矿硫酸焙烧-草酸浸出回收铌[J]. 有色金属工程, 2014, 4 (3): 48-50.

[95] Yang X L, Zhang J W, Fang X H, et al. Kinetics of pressure leaching of niobium ore by sulfuric acid[J]. International Journal of Refractory Metals & Hard Materials, 2014, 45: 218-222.

[96] El-Hussaini O M, Mahdy M A. Sulfuric acid leaching of Kab Amiri niobium-tantalum bearing minerals, Central Eastern Desert, Egypt[J]. Hydrometallurgy, 2002, 64 (3): 219-229.

[97] 刘松岩, 何彪, 李秋菊, 等. 氧化铌的硫酸溶解机理研究[J]. 有色金属（冶炼部分）, 2018, 70 (7): 35-39.

[98] 申泮文, 车云霞, 罗裕基, 等. 无机化学丛书. 第8卷. 钛分族、钒分族铬、分族[M]. 北京：科学出版社, 2011: 268-280.

[99] 王明华, 黄振奇, 都兴红, 等. H$_2$SO$_4$分解钙钛矿的研究[J]. 矿冶工程, 2000, 20 (4): 57-59.

[100] 张迪, 于海燕, 潘晓林, 等. 钛酸钙化合物合成热力学与溶出动力学行为[J]. 材料与冶金学报, 2015, 14 (3): 164-169.

[101] 周春艳, 谭忠仁, 李顺安, 等. 铀烧绿石-铌钛铀矿型矿石处理研究[J]. 有色金属（选矿部分）, 1981, 33 (5): 52.

[102] 东北大学. 一种从尾矿中浸出铌钪的方法：中国, CN201710030923.5[P]. 2017-05-24.

[103] 南京化学工业公司设计院. 硫酸工艺设计手册：物化数据篇[M]. 南京：化工部硫酸工业科技情报中心站, 1990.

[104] 高鹏. 白云鄂博氧化矿深度还原-高效分选基础研究[D]. 沈阳：东北大学, 2010.

[105] 中华人民共和国国家质量监督检验检疫总局, 中国国家标准化管理委员会. 可免于辐射防护监管的物料中放射性核素活度浓度：GB 27742—2011[S]. 北京：中国标准出版社, 2011.

[106] 帅星. 四川冕宁牦牛坪矿区稀土行业固体废物产生量、属性与处理方式[J]. 环境科学导刊, 2015, 34 (6): 76-80.

[107] 白丽. 白云鄂博稀土尾矿焙烧-氯化反应的研究[D]. 沈阳：东北大学, 2008.

[108] 东北大学. 一种从尾矿中浸出铌、钪及稀土元素的方法：中国, CN201710030970.X[P]. 2019-06-04.

[109] 李翔. 难处理稀土铌矿中铁与稀土铌分离的工艺及机理研究[D]. 长沙：中南大学, 2014.

[110] 张惠斌. 矿石和工业产品化学物相分析[M]. 北京：冶金工业出版社，1992：222.
[111] 张波. 含铌尾矿综合利用工艺的基础研究[D]. 沈阳：东北大学，2012.
[112] 江西有色冶金研究所. 钨矿石中钨及其伴生元素的分析[M]. 北京：冶金工业出版社，1975：300.
[113] 王正五，赵团. 从包钢尾矿中选择性富集铌及其它物相的研究[J]. 内蒙古科技大学学报，2007，26（3）：207-211.
[114] 马凤俊，郑万禄，庄世杰. 内蒙白云鄂博西矿褐钇铌矿-褐铈铌矿族矿物的初步研究[J]. 矿物学报，1981，1（2）：123-128.
[115] Zhang B, Liu, C J, Li C L, et al. A novel approach for recovery of rare earths and niobium from Bayan Obo tailings[J]. Minerals Engineering，2014，65：17-23.
[116] 何起，孙映，李秋菊. Nb_2O_5 在硫酸中的溶解过程及热力学计算[J]. 有色金属工程，2018，8（5）：27-30.